Histoire des Sioux

Le peuple de Red Cloud

Tribus et réserves indiennes

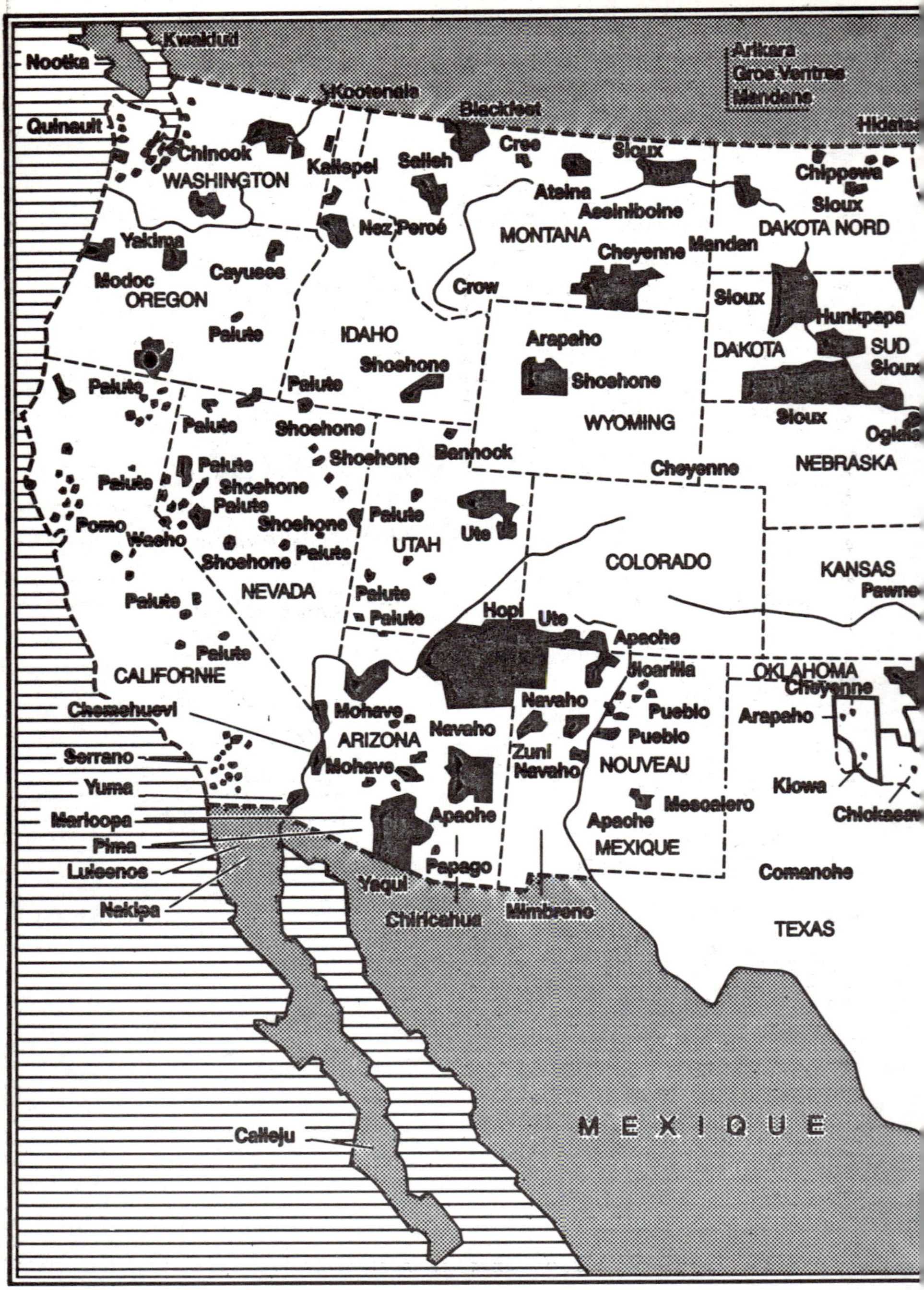

Les parties en noir indiquent les emplacements actuels des réserves indiennes. Les noms des tribus indiquent l'emplacement de ces tribus avant leur extinction ou leur mise en réserve, ce qui explique que certaines sont signalées plusieurs fois.

l'Amérique du Nord

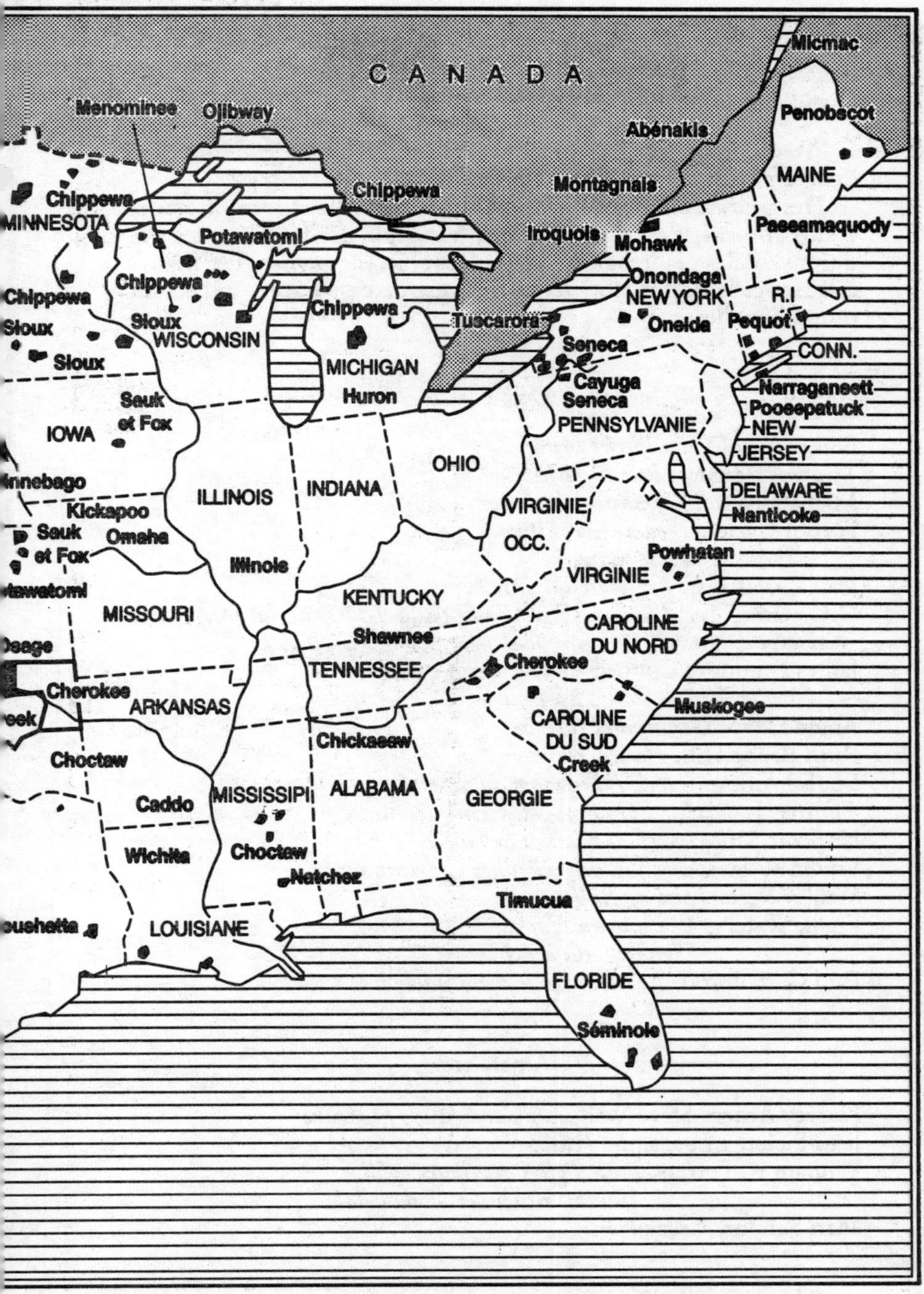

Nous avons établi une carte avec les groupes linguistiques puis les tribus les plus connues. Celle-ci ne prétend pas être exhaustive.

Collection dirigée par

Olivier Delavault

Nuage Rouge est la première collection en langue française exclusivement consacrée aux Indiens d'Amérique.

Des grands ouvrages historiques aux meilleurs textes littéraires et aux romans, c'est tout l'univers, le monde des légendes, les traditions orales, la religion, la philosophie, la poésie, les figures célèbres et le destin glorieux et tragique de ces peuples qui seront proposés au lecteur.

Déjà parus

Elliott Arnold, *La Flèche brisée*
Thomas Berger, *Little Big Man*
Michael Blake, *Danse avec les loups*
Forrest Carter, *Pleure, Geronimo*
Petit arbre
Jean Cazeneuve, *Les Indiens zuñis*
D.C. Cole, *Les Apaches chiricahuas 1846-1876, de la guerre à la réserve*
James Fenimore Cooper, *Le Dernier des Mohicans*
La Prairie
Angie Debo, *Géronimo l'Apache*
Ruth Beebe Hill, *Hanta Yo*
Louis l'Amour, *Hondo, l'homme du désert*
Thomas E. Mails, *L'Homme-Médecine des Sioux*
N. Scott Momaday, *La Maison de l'aube*
Edwin R. Sweeney, *Cochise, chef des Chiricahuas*
Stanley Vestal, *Sitting Bull*
Frank Waters, *Le Livre du Hopi*
L'homme qui a tué le cerf
Paul G. Zolbrod, *Le Livre des Indiens navajos*

À paraître

Harvey Arden, Steve Wall, *Les Gardiens de la sagesse*
Jean Pictet, *L'Épopée des Peaux-Rouges*
William K. Powers, *La Religion des Sioux oglalas*
Yuwipi, rituel des Sioux oglalas
Mari Sandoz, *Crazy Horse*

George E. Hyde

Histoire des Sioux

Le peuple de Red Cloud

Traduit de l'américain
par Philippe Sabathe

Nuage rouge

ÉDITIONS DU ROCHER
Jean-Paul Bertrand
Éditeur

Cet ouvrage a paru sous le titre original *Red Cloud's Folk, a History of the Oglala Sioux Indians.* University of Oklahoma Press, 1975

ISBN 2 268 01561 0

AVANT-PROPOS

Le nombre d'études historiques et ethnographiques consacrées aux Indiens des Plaines est considérable, surtout aux État-Unis. Mais si elles se comptent par milliers, seules quelques centaines sont dignes d'intérêt et méritent d'être signalées. À ce titre, les textes publiés dans cette collection – entre autres celui de George E. Hyde – appartiennent à ces « classiques incontournables ».

Hyde est né en 1882 et mort en 1968. Il grandit à Omaha, ville frontière du Nébraska. Là, très tôt, il s'intéressa à la civilisation des Indiens des Plaines. L'un de ses amis de l'époque était le fils du photographe Eatle, qui avait lui-même été très lié avec Buffalo Bill Cody, George Armstrong Custer et le chef sioux brûlé Spotted Tail. On imagine les renseignements précieux qu'il put recueillir auprès d'un tel compagnon. Parmi ses relations, se trouvait également George Bent qui vécut quarante années chez les Cheyennes durant la seconde moitié du XIX*e siècle. Ces hommes sont en partie à l'origine des travaux de Hyde qui est surtout connu pour sa trilogie sur les Sioux, mais écrivit aussi des textes importants sur d'autres tribus. Dans ce domaine de recherche on peut affirmer qu'il y a un avant Hyde et un après Hyde. Son œuvre est en effet depuis longtemps devenue un monument. Il n'est pas exagéré de dire que le présent ouvrage est et demeure, en histoire, le meilleur du monde sur les Sioux. Pour des livres aussi fondamentaux, une mise à jour n'est pas vraiment nécessaire. Seules des études très spécialisées en matière d'archéologie ou de linguistique pourraient prétendre à plus de précision et d'exactitude, eu égard à des découvertes récentes. Les livres « qui* *font date » résistent sans difficulté à l'épreuve du temps et sont souvent en mesure d'en remontrer à nombre de nouveaux. Ainsi, en ce qui concerne les classements géographiques et linguistiques des différentes bandes sioux, les recherches de Hyde n'ont rien à envier à celles des universitaires modernes qui, très souvent, sans l'avouer ouvertement, ont eu recours aux travaux de cet autodidacte.*

Tous les livres de George E. Hyde ont été rédigés d'après des témoignages directs ou des archives que personne n'avait pensé à consulter : vieux récits de voyages dont certains remontent au XVIe *siècle. La rédaction du présent volume dura ainsi plus de dix longues années, dix années de solitude et de souffrance. Si Hyde commença très tôt ses investigations, il fut affecté dans le même temps par une grave maladie aux yeux. Il ne pouvait lire que d'un œil et au prix d'une immense fatigue. On ne peut donc qu'être admiratif devant cet homme qui fut pourtant l'objet des railleries des autres historiens. Il n'eut pour seul soutien que sa sœur qui le soignait et s'occupait de tout. On l'imagine le nez dans ses fiches... Des milliers de fiches, régulièrement modifiées et réactualisées, recélant des renseignements que lui seul connaissait. Il compulse, doute, sourcille, s'interroge, compare et vérifie ses sources d'informations. Il veut, exige l'exactitude. Pas un mot gratuit ne viendra ternir l'œuvre. Hyde s'efface, décrit les faits, rien que les faits. Il ne juge pas, ne donne pas son avis : il expose après un examen rigoureux. Si une seule incertitude subsiste, il écrit simplement : « Il apparaîtrait que, mais nous n'en sommes pas sûr », « nous ne le savons pas », « il est vraisemblable que »... Tout est passé au crible, les faits et les hommes, rien ni personne n'est épargné. La politique indienne des Blancs, celle des « Amis des Indiens » aussi bien que celle des colons de la Frontière ou celle de l'armée des États-Unis, est analysée et exposée sans concession, souvent avec beaucoup d'humour. De même, bien que l'on devine toute l'affection qu'il éprouve pour les Indiens, lorsque ces derniers sont dans l'erreur, qu'ils ne se sont pas comportés comme il aurait fallu, Hyde le dit. Lorsque, par vanité, Red Cloud se montre indigne de sa fonction de chef, Hyde l'accuse. Lorsque l'indiscipline des jeunes guerriers fait échouer au dernier moment les plans soigneusement préparés, Hyde s'insurge, moins par sentimentalisme que par une sorte de pragmatisme politique et historique. Une telle attitude peut parfois surprendre et laisser penser que Hyde a une vision cynique de l'histoire, mais c'est cette neutralité totale qui, répétons-le, fait de son œuvre ce monument incomparable. Beaucoup d'idées reçues sont battues en brèche et notamment celle du Bon Sauvage telle qu'elle fut immortalisée par la littérature du XVIIIe siècle. Il porte un coup fatal à quelques mythes durables, ceux qui, par exemple, font des « écumeurs de prairies comme Sitting Bull et Crazy Horse » les seuls leaders de la nation sioux et de sa résistance. On apprend ainsi que ce n'était pas Sitting Bull que les Américains craignaient le plus, mais bien Red Cloud ; que Spotted Tail avait une vision autrement plus clairvoyante de l'avenir, car considérant l'invasion blanche comme irréversible, il préférait les acquis de la diplomatie à la gloriole de quelques victoires sans lendemain. Les lecteurs risquent d'être surpris par la réalité crue des événements, mais les faits sont têtus et parlent d'eux-mêmes.*

Olivier Delavault

PRÉFACE

Le présent ouvrage évoque dans son intégralité l'histoire d'une tribu sioux téton. Il en retrace l'évolution des origines jusqu'à son confinement dans une réserve imposé par le gouvernement des États-Unis dont la politique à l'égard des tribus indiennes contribua à l'éclatement de ce groupe. Jamais encore une telle étude n'avait vu le jour. Certains épisodes marquants de l'histoire des Sioux ont été maintes fois relatés, mais aucun ouvrage ne s'est encore attaché à faire revivre une tribu en particulier. Ce sont souvent les guerres successives de 1854 à 1890 qui ont intéressé les historiens et leurs récits ne s'engagent généralement dans aucune autre perspective.

En étudiant l'histoire des premières migrations des Sioux oglalas et de leurs parents tétons, l'auteur de cet ouvrage a dû aborder un sujet qui demeure généralement ignoré de presque tous les historiens des Sioux. Pourtant, sans une claire connaissance de ces lointains événements, il nous est impossible de comprendre l'histoire plus récente de ce peuple, ainsi que celle des autres tribus avec lesquelles il entra en contact. Au cours de leur migration – du Minnesota aux Black Hills, en traversant le coteau du Missouri –, les Oglalas et les autres Tétons cessèrent d'être de petits groupes d'hommes et de femmes sans ressources, parcourant à pied les vastes plaines peuplées de bisons, pour devenir sept puissantes tribus d'Indiens à cheval. Cette progression des Tétons en direction de l'ouest fut conduite par les Oglalas ; ils furent les premiers à s'établir à l'ouest du Missouri, à atteindre les Black Hills, et les premiers également à descendre vers le sud en direction de la Platte River. Leur histoire, en ce sens, est peut-être plus représentative du destin de leur race que ne pourrait l'être celle de n'importe quelle autre tribu téton. Cette histoire, la présente étude s'est donné pour but de l'exposer de la façon la plus claire et la plus objective.

Les chapitres de ce livre qui traitent de la création de l'agence de Red Cloud et des premières années de son existence ont été rédigés à partir des rapports officiels, des récits des Indiens et du témoignage d'anciens employés de l'agence, des négociants, des interprètes, ainsi que d'autres Blancs qui connurent les débuts de la réserve. Cette partie du livre présente un des épisodes les plus importants et les plus significatifs de l'histoire des Sioux, bien que négligé par la plupart des historiens. Concernant les années 1870-1879, la plupart des études consacrées aux Tétons s'intéressent presque exclusivement aux petites bandes d'incorrigibles écumeurs des prairies généralement associées aux noms de Sitting Bull et de Crazy Horse. Les Sioux de l'agence, nettement plus nombreux que les groupes d'Indiens hostiles, sont en règle générale oubliés des chroniqueurs qui ne leur font réintégrer l'histoire qu'au printemps de 1876 en vertu du stéréotype suivant : tous les habitants de la réserve en état de combattre se seraient empressés de rejoindre les troupes de Sitting Bull et de Crazy Horse. Pour cette période, l'auteur a tenté d'accorder aux Sioux de l'agence toute l'attention que méritait leur situation de groupe majoritaire au sein de la tribu, d'expliquer leur attitude et leur conduite lors de cette guerre qui leur fut imposée, et de laver ces Indiens pacifiques de l'accusation mille fois répétée selon laquelle, en 1876, tous les guerriers rejoignirent les rebelles. Il importe de réfuter cette accusation, car les autorités gouvernementales justifièrent le traitement cruel qu'elles infligèrent aux Sioux de l'agence, ainsi que l'occupation des Black Hills et de leurs lieux de chasse, en décrivant les bandes amicales de la réserve comme des insoumis dont les guerriers – nourris, armés et équipés par les agents indiens – auraient joué un rôle décisif dans les attaques contre Crook et Custer. La réalité, examinée sans préjugés se révèle très différente : en 1876, les Sioux de l'agence vivaient en paix ; la guerre qui se rallumait n'était pas la leur ; ils firent tout leur possible pour s'en tenir à l'écart, et à quelques exceptions près, ils y parvinrent.

Pour écrire l'histoire indienne, il est indispensable de faire appel aux Indiens eux-mêmes. Les informations qu'ils peuvent fournir, en quelque sorte puisées à la source, représentent une aide inestimable pour le chercheur, à condition toutefois d'être utilisées à bon escient et soigneusement vérifiées. Il est d'usage dans certains cercles de croire qu'un Indien des Plaines est capable de conserver en mémoire des événements qui se sont produits trois ou quatre siècles auparavant. En fait quatre-vingt-dix, dans de très rares cas cent ans, semblent des limites au-delà desquelles on ne peut remonter. En 1916, les Oglalas ne se rappelaient aucune des circonstances ayant précédé et suivi la mort de leur grand chef Bull Bear en 1841 ; en 1933, ils se souvenaient vaguement de quelques anecdotes liées à l'épidémie de choléra de 1849, mais étaient incapables de reconstituer toute l'histoire de ce tragique événement. La mémoire des Cheyennes, en 1910, ne remontait pas au-delà de la bataille de Crow de 1820, et la même chose peut être dite des Arapahos. Le capitaine L. H. North, qui connut très bien les Pawnees, me signala que vers 1865 le fait le plus lointain dont ils avaient un clair souvenir était la bataille de la Loup Fork contre les Skidis, qui eut lieu après 1770. Avec les Sioux tétons, nous avons affaire à des Indiens qui utilisaient des pictogrammes, appelés « chroniques d'hiver », pour garder des témoignages du passé ; mais lorsque ces chroniques furent expliquées par leurs détenteurs peu après l'année 1875, il apparut clairement que ces gardiens des archives tribales ne conservaient pas plus de souvenirs que les autres membres du groupe. Ils connaissaient le nom des pictogrammes représentant les principaux événements de chaque année écoulée, mais lorsqu'il leur fallait remonter au-delà de soixante ans, ils n'avaient plus qu'une idée très imprécise de la signification exacte des dessins. Les traditions orales des Indiens, cela va de soi, évoquent des époques beaucoup plus reculées que celles qui relèvent de leur mémoire historique proprement dite ; mais ces récits se déroulent dans des contrées en partie imaginaires, où les fleuves, les lacs, les montagnes ne sont pas identifiés par leur position ou leur nom exacts, où les dates des événements supposés sont largement approximatives, où les principaux acteurs demeurent inconnus ou sont inventés, où souvent même l'identité des tribus concernées a été oubliée. Ces traditions sont très utiles pour étudier les premières migrations, mais elles peuvent difficilement être considérées comme un matériel historique fiable. Des Oglalas vivants, il n'est possible d'obtenir aucune information intéressante remontant au-delà de 1850. La période antérieure doit être étudiée à partir d'autres sources. Même pour une période plus récente, leur mémoire est loin d'être entièrement fidèle, et la plupart de leurs déclarations demandent vérification. Leurs souvenirs sont essentiellement personnels ; très peu d'entre eux peuvent parler avec certitude des événements qui marquèrent la génération de leurs parents, et les années où leurs grands-parents étaient encore jeunes n'ont laissé pratiquement aucune trace dans leur esprit. Il ne s'agit pas de défaillances qui leur sont propres : elles relèvent de la fragilité de la nature humaine.

L'auteur a utilisé le pluriel anglais, marqué par un « s » final, pour écrire les noms des bandes et des tribus : les Oglalas, les Tétons, les Kiyuksas. L'habitude prise par de nombreux auteurs d'employer ce qu'on pourrait appeler le pluriel indien et d'écrire « un Oglala », « sept Oglala », est considérée de nos jours, pour une raison assez incompréhensible, comme une preuve d'érudition ; mais cette forme grammaticale indienne n'a aucune justification lorsqu'elle est transposée telle quelle dans une langue où le pluriel s'exprime d'une manière différente. Écrire « sept Oglala » en anglais est tout aussi erroné qu'écrire « sept Espagnol » ou « sept État de l'Ouest » *.

* A la différence de l'anglais, le français accorde les adjectifs aussi bien que les noms, en genre aussi bien qu'en nombre. Pour certains mots

De nombreuses personnes m'ont apporté leur aide pour la préparation et la rédaction de ce livre. J'adresse mes plus vifs remerciements à ma sœur, Mabel L. Reed, ainsi qu'à M. John VanMale, de Denver, pour les encouragements qu'ils m'ont prodigués. Je dois au Dr Scudder Mekeel de Harvard, anciennement de Yale, des informations inédites sur les premiers chefs et les premières bandes d'Oglalas. Feu le capitaine L. H. North de Columbus dans le Nebraska, et M. George F. Will de Bismarck dans le Dakota du Nord, m'ont également fourni de nombreux renseignements sur les Indiens. Ma reconnaissance va enfin à miss Edith Tobitt et à miss Bertha Baumer, bibliothécaires, ainsi qu'au personnel de la bibliothèque d'Omaha, qui m'ont permis d'avoir accès à un grand nombre d'ouvrages anciens et de documents officiels.

George E. Hyde,
Omaha, Nebraska, avril 1936.

usuels, l'accord ne pose pas de problème : Cheyenne(s), Iroquois(e), Algonquin(e, s), Sioux et Natchez étant invariables. En revanche, pour les mots étrangers qui ne sont pas entrés dans le vocabulaire français, l'application rigoureuse de cette règle impliquerait la création de nombreux féminins et féminins pluriels contraires à l'usage ; une « Oglalae », les valeurs « tétones », une femme « navajoe », « creeke », etc. Il semble ici que le problème est assez vite résolu. Une solution consisterait à considérer les désignations des tribus comme des mots invariables, mais dès lors, en ce qui concerne l'accord du pluriel, la distinction entre les mots nettement francisés, que l'on ne peut guère éviter d'accorder, et les autres ne serait pas facile à établir : faudrait-il écrire les Apaches, les Comanches, les rites apaches, mais les Calville, les Shoshone, les rites hopi, les Navahos mais les Arapaho... ? Pour le pluriel, nous avons donc choisi de nous en remettre au bon sens et de tout accorder. (*N.d.E.*)

PREMIÈRE PARTIE

MIGRATIONS ET HISTOIRE ANCIENNE

Le bison du Nord et le bison du Sud : voilà le gibier qui a conduit notre nation là où elle se trouve aujourd'hui.

RED CLOUD, 1875.

I

À TRAVERS LE COTEAU JUSQU'AU MISSOURI
1650-1770

Les Dakotas ou Sioux, originaires du Sud, s'établirent au XVIe siècle dans le haut bassin du Mississipi, une région de lacs et de marécages où les voyages s'effectuaient essentiellement dans des canoës en écorce. Ces Sioux, qui se donnaient parfois le nom de *Otchenti Chakowin* ou Conseils des Sept Feux, appartenaient aux plus sauvages et aux plus belliqueuses des tribus de langue sioux. Lorsque nous les découvrons, au début du XVIIe siècle, nous les voyons attaquer vigoureusement les tribus de langue algonquin qui vivaient plus loin, au nord et au nord-est. Au début, les Sioux eurent l'avantage dans ces batailles, mais les Algonquins, entrés en contact avec les Français au Canada et peu après avec les Anglais dans la baie d'Hudson, se procurèrent des armes en métal et des armes à feu. Grâce à la supériorité de leur équipement, ils retournèrent la situation à leur profit et repoussèrent graduellement les Sioux jusque dans le sud du Minnesota.

Un examen de la documentation disponible montre que le retrait des Sioux du haut Mississipi s'effectua en deux vagues distinctes. La première vague, touchant le groupe des Yanktonais, incluant les Yanktons, et les Tétons, commença à se déplacer après le milieu du XVIIe siècle ; la seconde, concernant les *Sioux de l'Est* [1], n'entama son exode qu'après 1735. On n'a pas de certitude absolue concernant la première phase du recul des Sioux, mais de la date, de la direction et des circonstances de leur déplacement on peut déduire sans grand risque d'erreur qu'aux environs de 1670 les Yanktonais et les

Tétons furent attaqués sur leur territoire par les Crees et leurs alliés, désormais armés de fusils, et contraints de battre en retraite vers le sud.

Lorsque nous reconstituons leur histoire, à partir de fragments d'informations retrouvés dans les archives françaises et de quelques vagues traditions indiennes, il semble qu'aux environs de 1650 les Sioux commencèrent à attaquer les Crees qui occupaient au nord, la région de Rainy Lake. D'après Nicolas Perrot, qui se trouvait alors en pays indien, ces tribus vivaient encore à l'âge de pierre et n'avaient été soumises à aucune influence des Blancs lorsque ces guerres débutèrent ; mais les Sioux étaient de farouches guerriers, et ils prirent rapidement l'avantage. Les plus proches voisins sioux des Crees étaient le groupe de Yanktonais qui forma plus tard une tribu distincte en prenant le nom d'Assiniboins. Crees et Yanktonais entretenaient des relations amicales, et allaient jusqu'à contracter des mariages. Une troupe de guerriers sioux, se rendant au camp des Assiniboins, y trouva quelques Crees et les attaqua. Ils s'en prirent également aux Assiniboins qui s'étaient montrés hospitaliers avec ces étrangers. Bientôt, les Assiniboins se retrouvèrent dans une situation fort inconfortable. Voulant rester neutres dans une guerre sans merci entre leur propre tribu et leurs amis Crees, leur position devint proprement intenable et ils furent contraints de choisir leur camp. Ils s'allièrent aux Crees, et l'affirmation des Français selon laquelle les Crees recevaient à cette époque des fusils et des marchandises européennes qu'ils échangeaient avec les Assiniboins nous offre la seule explication vraisemblable de ce choix. En ces temps reculés, les liens de parenté étaient très forts parmi les Indiens, mais nous avons de nombreux exemples de bandes désertant leur tribu lorsque leurs intérêts matériels entraient en jeu.

L'arrivée des Anglais dans la baie d'Hudson marqua un tournant décisif dans les guerres entre les Sioux et les Crees. Les Français commençaient à atteindre les régions situées à l'ouest du lac Supérieur, mais ils avaient peu de fusils et de produits manufacturés à offrir aux Indiens, et leurs échanges commerciaux étaient très irréguliers. Les Anglais, à l'inverse, étaient bien approvisionnés, en particulier en fusils de bonne qualité, et après l'apparition du *Nonsuch* dans la baie d'Hudson, en 1668, d'importantes flottilles de canoës commencèrent à s'y rendre chaque été pour faire du commerce. Les plus nombreux des Indiens des Hautes Terres à venir ainsi faire du troc avec les Anglais furent dès le début les Crees et les Assiniboins, et c'est sans aucun doute sur les rives de la baie que ces tribus obtinrent les armes qui leur permirent de vaincre les Sioux. Nous pouvons aisément suivre ces événements dans leurs grandes lignes. Le récit de Perrot indique que les Sioux attaquèrent les Crees avant 1650 et ne tardèrent pas à « les défaire ». Radisson parle d'un affrontement meurtrier entre les Sioux et les Crees en 1658. Marquette rencontra les Crees en 1670, armés seulement d'arcs et de flèches, mais quatre ans plus tard, à Sault de Sainte Marie, ces mêmes Crees, disposant de fusils, attaquèrent et massacrèrent les émissaires sioux qui ne possédaient pour leur part que de simples couteaux de pierre et d'autres objets tout aussi primitifs. En 1673, le père Nouvel signala que les Algonquins du Nord, parmi lesquels figuraient en bonne place les Crees, commerçaient régulièrement avec les Anglais de la baie d'Hudson, et prédit que les Français perdraient bientôt la clientèle de ces tribus. En 1684, une grande flottille de canoës chargés de Crees, transportant également quatre cents Assiniboins, descendit la Hayes River jusqu'à la baie d'Hudson pour faire du troc avec les Anglais. Ceux-ci échangeaient surtout des fusils et des munitions, que les Indiens appréciaient au plus haut point car avec de bonnes armes à feu ils pouvaient réduire les Sioux à leur merci. Ce fut à peu près vers cette époque, comme le rapporte de la Potherie, que les Crees, se déplaçant en canoës, commencèrent à chasser de plus en plus fréquemment les Sioux de leurs villages, les obligeant à chercher refuge dans des endroits inhospitaliers, où ils ne trouvaient pour se nourrir que des racines, des glands et des écorces. Quiconque douterait de la terrible efficacité des armes à feu employées contre des populations vivant encore à l'âge de pierre devrait lire la description que donna sir Alexander Mackenzie de la véritable terreur que les Crees firent régner en pays athabascan vers la fin du XVIIIe siècle. De petits groupes de Crees armés d'excellents fusils chassaient comme des lapins les malheureux habitants de la contrée, et ceux-ci étaient si effrayés que la seule vue d'un panache de fumée suspect à plusieurs kilomètres suffisait à les faire détaler. Truteau, en 1795, affirma clairement que la crainte inspirée par les Sioux tétons aux autres tribus de la vallée du Missouri et de l'est des Black Hills tenait essentiellement au fait qu'ils possédaient de nombreuses armes à feu, alors que leurs adversaires en étaient pratiquement dépourvus.

Nous possédons peu de détails sur ces guerres tribales, mais il est probable que les Sioux Yanktonais, les plus proches voisins des Crees, furent le plus durement touchés lorsque ces derniers acquirent des fusils et passèrent à l'offensive. Les Tétons s'étaient apparemment établis au sud des Yanktonais, dans les prairies à hautes herbes de l'ouest du Mississipi, près de Sauk Rapids, où ils se trouvaient encore en 1680. Un repli des Yanktonais en direction du sud aurait de ce fait exposé directement les Tétons aux assauts des Crees et des Assiniboins, les contraignant également à battre en retraite ; c'est vraisemblablement ce qui se produisit car en 1700, nous découvrons les Yanktonais, les Yanktons et les Tétons tous réfugiés très loin au sud de leurs anciens villages. Les Sissetons et les autres Sioux de l'Est ne furent pas sérieusement affectés par ces conflits avec les Crees, peut-être parce qu'ils vivaient dans des régions marécageuses d'accès plus difficile, mais il est également permis de penser que les Crees et leurs alliés montraient plus d'animosité envers les Yanktonais et les Tétons qu'envers les Sioux de l'Est. Au début du XVIIIe siècle, nous voyons en effet les Sioux de l'Est blâmer leurs parents occidentaux pour ces guerres continuelles et même, comme le soutiennent les Français, offrir leurs services aux Crees, et aux Assiniboins pour mater les turbulents Sioux de l'Ouest [2].

Les traditions orales des Sioux concernant cette époque proviennent uniquement des Sioux de l'Est. Elles sont peu précises, car essentiellement recueillies par des missionnaires qui ignoraient pratiquement tout de l'histoire antérieure de ces Indiens ; elles n'offrent guère d'indications permettant de suivre les migrations des Sioux de l'Ouest, d'abord en direction du sud jusqu'à la vallée de la Minnesota, ensuite en direction de l'ouest vers le Missouri. Les documents laissés par les Français sont plus utiles, mais également insuffisants, et nous ne pouvons faire que des suppositions sur ce que furent les diverses péripéties de ces déplacements.

Chassés de leurs foyers entre Red Lake et la source du Mississipi peu après 1670, les Yanktonais se replièrent vers le sud en traversant les prairies à hautes herbes de l'ouest du Mississipi et atteignirent le grand coude de la Minnesota, dans la région de Swan Lake. Nous pouvons supposer qu'arrivé là, le groupe se divisa : les Yanktons, franchissant la Minnesota, occupèrent la région de la Blue Earth River jusqu'à Pipestone Quarry tandis que les Yanktonais (la branche mère) remontèrent lentement la vallée de la Minnesota. Les Tétons, précédant ou suivant le groupe des Yanktonais, semblent également s'être scindés en deux lorsqu'ils atteignirent la Minnesota : ceux qui furent connus par la suite sous le nom de Brûlés et d'Oglalas franchirent le cours d'eau et s'avancèrent dans la prairie à l'ouest de la Blue Earth, alors que les Tétons saones remontèrent la Minnesota jusqu'à sa source.

Dans la mesure où les Tétons et les Saones se retrouvèrent plus tard en avant des Yanktons et des Yanktonais dans leur progression commune vers l'ouest, on peut estimer qu'ils furent les premiers à s'éloigner du Mississipi. Les cartes françaises de l'époque, que certains érudits considèrent comme l'une des meilleures sources pour situer les tribus Sioux aux différents stades de leurs migrations, peuvent être mises à contribution pour confirmer ou infirmer cette hypothèse, selon ce que l'on cherche à prouver. La plupart d'entre elles sont en effet trop rudimentaires pour permettre une étude sérieuse, et certaines ont été modifiées par la suite, si bien que les dates qu'elles portent constituent parfois de véritables casse-tête. La célèbre carte de de l'Isle dite « de 1708 » a ainsi conduit historiens et ethnologues à commettre d'innombrables erreurs.

Que les Tétons se soient divisés en deux groupes en atteignant le coude de la Minnesota semble incontestable. C'est également là, de manière certaine, que les Yanktons se séparèrent du groupe des Yanktonais ; et lorsque après 1735, les Sissetons, descendant vers le sud en traversant les mêmes prairies que les Tétons et les Yanktonais quelques décennies auparavant, atteignirent à leur tour cette région, on sait qu'ils se scindèrent eux aussi : une partie franchit la Minnesota pour aller chasser près de la Blue Earth tandis que le groupe primitif, représentant la branche mère, remonta le fleuve jusqu'à sa source. En l'occurrence, le grand coude de la Minnesota semble avoir été une sorte de piège naturel, attirant l'une après l'autre les hordes de migrants venus du nord et les plaçant toutes devant le même choix : traverser la rivière pour occuper les prairies qui s'étendaient au sud ou la remonter en direction de l'ouest en demeurant dans des régions plus boisées. A chaque fois, les Sioux réglèrent apparemment le problème selon leur manière habituelle, en se querellant et en se séparant en deux groupes qui suivirent chacun leur voie ; les plus conservateurs, constituant la branche mère de la tribu, remontèrent le cours d'eau sans s'en écarter tandis que les autres, formant de nouvelles bandes, le franchirent et s'enfoncèrent au sud dans des prairies où les bisons abondaient.

Les Yanktons et ceux des Tétons qui passèrent au sud de la Minnesota arrivèrent dans des plaines regorgeant de bisons et se dirigèrent bientôt vers le coteau des Prairies. Les autres, ceux qui ne s'éloignèrent pas de la rivière, restèrent dans des contrées plus boisées, ce qui leur valut le surnom de Saones (de *Tchanona* et *Tchankute,* « Tireurs-parmi-les-Arbres »), un terme péjoratif inventé par leurs parents plus téméraires des grandes plaines. Comme nous le verrons plus tard, ce nom fut appliqué à la fois aux Tétons saones et à une partie des Yanktonais.

Si nous considérons la migration des Tétons à partir du coude de la Minnesota River, nous ne disposons pour la connaître que des déclarations des Sioux de l'Est, faites vers le milieu du XIXe siècle. Ils affirment que les Tétons vivaient autrefois dans le Minnesota et se répandirent ensuite graduellement vers l'ouest. Le Tétons eux-mêmes, en 1840, n'avaient plus que de vagues réminiscences de leurs terres originelles du Mississipi ; Riggs, qui les interrogea cette année-là à Saint Pierre, sur le Missouri, s'aperçut qu'ils avaient presque oublié qu'ils venaient de l'est et que leurs chefs, dans des temps plus lointains, avaient siégé autour des mêmes conseils que ceux des Sioux de l'Est. Mais si nous examinons la situation à partir de la Grande Boucle du Missouri, en regardant vers l'est, nous pouvons dater leur progression et, en relevant les noms des tribus Sioux avec lesquelles ils furent en contact étroit, ainsi que d'autres indices, il est possible de nous faire une idée relativement claire de leur migration.

Les foires commerciales où les Sioux de l'Ouest obtenaient leurs fusils et d'autres produits européens étaient d'une importance vitale pour eux, aussi l'emplacement de ces foires constitue-t-il un des moyens les plus sûrs pour suivre leurs déplacements. Vers 1750, ces rencontres annuelles avaient lieu près de la source de la Minnesota, alors qu'en 1700 elles étaient organisées au confluent de la Minnesota River et du Mississipi. Nous pouvons en déduire qu'à cette époque les Tétons et les Yanktons, qui ne connaissaient toujours pas le cheval, ne s'étaient pas encore aventurés très loin vers l'ouest. On peut également supposer que Lesueur rencontra les Tétons en 1700, et il est même probable qu'une des bandes qui passaient alors l'hiver près de sa palanque sur la Blue Earth ait été celle des Oglalas, car il donna à ces Indiens le nom de *Ojalespoitans,* ou « Village-Divisé-en-Nombreuses-Petites-Bandes ». Comme il n'existe pas de « j » dans la langue sioux, ce son étant représenté par « gl » en dialecte téton, le nom exact devait être *Oglales-poit-ton, Oglala* signifiant « divisé, répandu, éparpillé », et *ton* « village ». *Poit,* moins évident, semble être un mot algonquin (*poituc* : « hommes »,

« gens ») que les premiers Français employaient souvent en écrivant les noms tribaux des Sioux, comme Assinipoits pour Assiniboins, ou Mascoutepoits (« Hommes-de-la-Prairie »), une ancienne désignation des Sioux tétons. Mais même si le terme forgé par Lesueur est proche du mot Oglala, cette ressemblance ne nous apprend rien par elle-même. C'est sa traduction, « Village-Divisé-en-Nombreuses-Petites-Bandes », qui est réellement significative, car elle offre la meilleure explication possible de l'origine du nom de cette tribu, dont les membres venaient de franchir la Minnesota et de se diviser en petits camps dispersés dans la prairie. D'autres histoires furent répandues parmi les Oglalas dans la seconde moitié du XIXe siècle concernant l'origine de leur nom, selon la plus populaire, deux chefs se seraient autrefois querellés et l'un aurait insulté l'autre en lui lançant (« éparpillant ») de la terre au visage. Mais ce récit n'a aucun sens, et est par ailleurs presque certainement apocryphe [3].

Que Lesueur, en 1700, n'ait pas mentionné les Brûlés n'a rien de surprenant, car tout semble indiquer que ce nom (*Sichangu*, « brûlés », ou « cuisses brûlées ») apparut après 1750. Les Brûlés vivaient probablement eux aussi dans la région de la Blue Earth à l'époque de Lesueur, mais devaient y être connus sous un autre nom.

Ces indices, ainsi que d'autres, montrent qu'au début du XVIIIe siècle, les Tétons du groupe des Oglalas et des Brûlés chassaient dans les prairies situées à l'est de la Blue Earth, passaient l'hiver dans sa vallée boisée et remontaient chaque printemps jusqu'au confluent de la Minnesota et du Missisipi pour y procéder à leurs échanges annuels. Ces Tétons se déplaçaient tous à pied, et entretenaient des liens étroits avec les Yanktons, qui s'étaient déjà suffisamment avancés dans les prairies pour se voir attribuer le nom de Village-de-la-Pierre-Rouge, car ils avaient atteint la région du sud-ouest du Minnesota où est situé Pipestone Quarry (« la carrière de catlinite »).

L'occupation par les Sioux de l'Ouest du territoire bordant la Minnesota ne fut évidemment pas pacifique. D'après la tradition sioux, ils rencontrèrent une partie ou la totalité des Cheyennes dans la haute vallée, près de Yellow Medicine, et ils les repoussèrent en direction du nord-ouest. En 1700, les Iowas et les Otoes revendiquaient encore les terres situées le long de la Blue Earth, mais jugeant leurs voisins sioux trop belliqueux, ils s'étaient depuis peu repliés vers l'ouest pour se joindre aux Omahas. Ces derniers avaient auparavant vécu dans la région de Pipestone Quarry. Là, selon leur tradition, ils furent attaqués et massacrés par les Yanktons – vraisemblablement après 1680. S'enfuyant vers l'ouest, ils construisirent de nouveaux villages sur la rive occidentale de la Big Sioux River, près de Sioux Falls ; mais ils y furent de nouveau agressés et pourchassés, et les survivants descendirent vers le sud pour s'établir près du confluent de la Big Sioux et du Missouri. A cette époque les Omahas ne possédaient ni chevaux ni armes en métal ; ils représentaient une proie facile pour des tribus disposant d'armes à feu qui, comme l'affirme leur tradition, les contraignirent sans difficulté à battre en retraite vers l'ouest pour y trouver un havre de paix. Tous ces faits sont consignés dans les documents français, qui indiquent qu'à cette date les Sioux de l'Ouest et leurs alliés du haut Mississipi avaient coutume de rassembler d'importantes troupes armées de fusils pour attaquer les Omahas et certaines autres tribus de l'Ouest. Selon le rapport de Lesueur, il semblerait que les Omahas aient été refoulés jusqu'au Missouri avant 1700.

Les rares écrits sur cette période lointaine de l'histoire des Sioux ont contribué à répandre l'idée erronée selon laquelle, après avoir repoussé les Omahas vers l'ouest, les Yanktons et les Tétons progressèrent aussitôt dans la même direction et allèrent s'établir sur le Missouri, dans le Dakota du Sud. Cette hypothèse, qui est suggérée et presque affirmée dans le *Indian Handbook* de Hodge, repose entièrement sur la supposition que la carte de de l'Isle fut réalisée et achevée autour de l'année 1708. Or ceci est faux. La carte a été complétée de longues années après cette date et, comme Justin Windsor l'a justement montré, a même été corrigée par une personne qui y a porté des annotations en anglais. Elle signale effectivement des Tétons et des Yanktons installés sur le Missouri, en dessous de la Grande Boucle, mais aussi des Ponkas, qui en 1708 faisaient encore partie de la tribu des Omahas et ne furent connus des Français sous leur propre nom qu'après 1780. Pour qui connaît un tant soi peut les sources historiques de cette époque, il est clair que la carte de de l'Isle a été modifiée par quelqu'un disposant des informations rapportées du haut Mississipi par J.-B. Monier et J.-B. Truteau entre 1787 et 1797. L'opinion selon laquelle les Tétons et les Yanktons atteignirent le sud de la Grande Boucle avant 1708 est par ailleurs en contradiction avec le fait avéré que les Omahas, après un repli vers l'embouchure de la Big Sioux remontèrent la vallée du Missouri et s'établirent à l'endroit même où leurs ennemis Tétons et Yanktons étaient supposés s'être déjà installés. Ils y arrivèrent après 1723 et y demeurèrent jusque vers 1750, avant de redescendre le long de la rive gauche du Missouri jusqu'au nord du Nebraska.

Si nous acceptons l'hypothèse que les Sioux de l'Ouest rencontrés par Lesueur près de la Blue Earth en 1700 étaient bien les Tétons du groupe des Oglalas et des Brûlés, il faut maintenant nous demander pourquoi les Yanktons – à cette époque, ils parcouraient les prairies très loin à l'ouest de la Blue Earth –, laissèrent ces Tétons les dépasser dans leur migration vers l'ouest et atteindre les premiers le Missouri. L'explication en est très simple. En 1700, les bisons et le gibier se trouvaient encore en abondance près de la Blue Earth, mais vers la fin du premier quart du XVIIIe siècle, les Sioux de l'Est y chassant chaque année, la région avait cessé d'offrir des terrains de chasse intéressants. Les traditions des Sioux de l'Est affirment explicitement que les Tétons s'éloignèrent vers l'ouest à la recherche des bisons ; or les troupeaux ayant commencé à se raréfier à l'est près de la Blue Earth, il va de soi que les Tétons établis dans ce secteur furent les premiers à se diriger vers l'ouest. Ce faisant, ils dépassèrent les Yanktons, que les terrains de chasse près de Pipestone Quarry et de la source de la Des Moines River suffisaient encore à nourrir [4].

Les Oglalas et les Brûlés chassaient désormais loin vers l'ouest, sur le coteau des Prairies et même au-delà, jusqu'à la vallée de la James River (qu'ils appelaient *Tchan-sansan*). Concevoir cette progression vers l'ouest comme une marche conquérante serait cependant une grossière erreur. En effet, les Tétons, alors divisés en d'innombrables petits camps, se contentaient simplement d'errer de-ci de-là sur le coteau, à la recherche des insaisissables troupeaux de bisons. Ils ne possédaient toujours pas de chevaux, et le coteau était une région très dure pour des nomades qui devaient se déplacer à pied, à raison de sept à huit kilomètres par jour, en faisant porter tout leur équipement par les chiens et les femmes ; même les fillettes de six ou sept ans étaient chargées de lourds fardeaux. Et comme il existait très peu de bois et d'abris sur le coteau, ils devaient chaque hiver revenir vers l'est pour trouver refuge dans une vallée boisée. Au printemps, ils apportaient des peaux et des fourrures à leur *rendez-vous*[5] annuel, la foire commerciale où les Sioux du Mississipi leur fournissaient des fusils, des munitions et des marchandises venues d'Europe. En ce temps-là, vers le milieu du XVIIIe siècle, la rencontre avait lieu près de la source de la Minnesota. Jonathan Carver en entendit sans doute parler en 1776 par les marchands blancs du haut Mississipi. Le récit de son voyage le long de la Minnesota et de l'hiver qu'il passa parmi les Indiens de cette région porte toutes les marques d'une affabulation. Tout comme Le Raye plus tard, Carver a dû exploiter les informations recueillies auprès des marchands de fourrures pour décrire son séjour imaginaire chez les Sioux de l'Ouest.

Pendant toute cette période, les Saones demeurèrent apparemment dans la haute vallée de la Minnesota, sans s'associer aux migrations de leurs cousins oglalas et brûlés. Ces hommes des régions boisées se considéraient certainement comme les véritables Tétons, et estimaient sans doute que les Oglalas et les Brûlés s'étaient mis à l'écart de la tribu. De fait, les Saones avaient en leur possession un très vieux calumet et plusieurs objets sacrés qui semblent avoir appartenu à la tribu originelle des Tétons avant son abandon des anciennes terres du haut Mississipi. Pour les années 1690 à 1720, les cartographes français placent les Tétons (c'est-à-dire les Saones) près de Big Stone Lake, à proximité de la source de la Minnesota. Ils semblent s'être concentrés un certain temps dans cette région avant d'entreprendre leur migration vers le Missouri, alors que les Yanktonais étaient regroupés autour du lac Qui Parle, un peu plus bas dans la vallée de la Minnesota.

Au cours des cinquante dernières années, l'origine du nom *Saone* a été jugée inexplicable et, comme elle est en rapport direct avec l'histoire lointaine des Tétons, quelques précisions nous paraissent s'imposer. Le mot Saone n'apparaît pas dans les premiers documents français parlant des Sioux, et cette absence confirme ce que S. R. Riggs apprit à Fort Pierre en 1840, à savoir que Saone (ou *Sanyona*) était un surnom que les Oglalas et les Brûlés employaient pour désigner cinq tribus de Tétons : les Miniconjous, les Sans Arcs, les Two Kettles, les Hunkpapas et les Blackfeets. Ce mot était en conséquence peu utilisé dans le Minnesota, mais relativement répandu dans le haut Missouri, où nous voyons Truteau l'employer en 1795 en l'écrivant *Chahony*. Truteau confirme par ailleurs l'observation de Riggs selon laquelle il servait à désigner cinq tribus de Tétons, car il parle de cinq tribus de Saones, qu'il appelle les « Indiens du Nord ». En raison de leur proximité avec les Saones, les Arikaras et les Mandans avaient tendance quant à eux à donner ce nom à tous les Sioux. En 1840, son usage demeurait encore courant et d'importants camps de Sioux continuaient d'être appelés Saones. Mais cinquante ans plus tard, il était presque oublié, et lorsqu'en 1889, les missionnaires entreprirent des recherches sur l'origine et l'utilisation de ce terme, ils ne recueillirent que des informations confuses et le plus souvent contradictoires. Certains Sioux déclarèrent que Saone venait de *Sanyoni wichasha* (« les hommes saones ») et était un surnom jadis employé par les Oglalas et les Brûlés pour désigner les Municonjous, les Sans Arcs et les Two Kettles ; d'autres prétendirent qu'il était dérivé de *Sanyona* et ne s'appliquait pas du tout aux Tétons, mais seulement à une fraction des

Yanktonais. Quant à sa signification exacte, les Indiens interrogés en avaient seulement une vague idée, mais il semble que tous s'accordaient à penser que Saone signifiait plus ou moins tirer ou lancer un projectile quelconque.

Partant de ces indications, nous constatons qu'au début du XVIIIe siècle, les Sioux aimaient donner à leurs bandes des noms en relations avec l'acte de tirer. Saone correspondait indiscutablement à un nom de ce type, inventé par les Oglalas et les Brûlés des grandes plaines sans arbres. Il désignait leurs parents qui vivaient près des bois, dans la vallée de la Minnesota, c'est-à-dire aussi bien les autres Tétons que les Yanktonais. En examinant les vieilles listes des noms de bandes sioux, nous relevons que les Yanktons ont eu parmi eux une bande *Tchankute* (de *tchan* « arbre », et *kute* « tirer ») ; les Sissetons aussi chez lesquels ce mot fut traduit par « tireurs dans les bois » ; et il exista chez les Yanktonais du Nord une bande nommée *Tchanyona,* ce qui signifiait dans leur dialecte « Tireurs-parmi-les-Arbres ». *Tchanyona* n'était d'ailleurs qu'une prononciation différente de *Sanyona,* le nom que Riggs donna aux Saones en 1840.

Tout ceci tend à montrer que le nom de Saones désigna de nombreux groupes sioux qui vécurent au début du XVIIIe siècle dans la haute vallée de la Minnesota. Lorsque ces groupes se scindèrent, les Saones de sang téton qui gagnèrent le Missouri conservèrent ce nom, ainsi qu'une partie des Yanktonais qui émigrèrent dans la même direction ; certains Saones rejoignirent les Yanktons, mais il resta suffisamment d'Indiens s'appelant ainsi dans la vallée de la Minnesota pour former une bande de Saones composée d'éléments venus de plusieurs tribus sioux, dont Lewis et Clark mentionnèrent l'existence lors de leur expédition de 1804.

Près de ces Saones (« tireurs parmi les arbres ») de la haute vallée de la Minnesota se trouvaient les Wazikutes (« Tireurs-parmi-les-Pins »), ainsi que les Masikotas, dont le nom dérivé des mots sioux *mazi* (« fer ») et *kute* (« tirer ») indique clairement qu'ils possédèrent très tôt des armes à feu. Quand les Tétons saones se rapprochèrent du Missouri, non seulement les Yanktonais mais également une partie des Wazikutes et des Masikotas les suivirent. En 1840, certains Wazikutes se trouvaient avec les Yanktonais errant entre Devil's Lake et le Missouri, tandis qu'une fraction des Masikotas avait rejoint les Saones two kettles. La tradition cheyenne nous apprend que les Masikotas étaient des Sioux qui, dans des temps très anciens, occupaient la région du Big Stone Lake et du lac Traverse, près des sources de la Minnesota et de la Red River, et qu'une partie d'entre eux suivirent les Cheyennes jusqu'au Missouri et demeurèrent avec eux. Aujourd'hui encore, de nombreux Cheyennes se reconnaissent comme descendants des Masikotas.

Pendant la période 1700-1750, alors qu'ils s'éloignaient lentement vers l'ouest en suivant les bisons, les Oglalas et les Brûlés prirent sans doute part aux expéditions périodiques que les Sioux de l'Ouest et leurs alliés du haut Mississipi lançaient contre les tribus du Missouri. Ces grandes troupes de guerre descendaient apparemment la Big Sioux et la Little Sioux en canoës pour atteindre le Missouri, si bien que ces cours d'eau reçurent le nom de *rivières des Sioux*[6] bien avant que ces Indiens se fussent établis dans la région. Les rapports des Français mentionnent plusieurs expéditions dirigées contre les Omahas et leurs voisins, entre 1700 et 1740. Certains d'entre eux, reproduits dans les volumes de Margry, qualifient les Sioux de l'Ouest de fauteurs de troubles belliqueux, qui n'écoutent pas les conseils de modération des Français et méritent d'être exterminés. Les premières conséquences de ces raids sioux furent le repli des Omahas jusqu'au Missouri et l'abandon par les Iowas et les Otoes de leurs anciens foyers du nord de l'Iowa et du sud du Minnesota. Lesueur affirme que les Iowas gagnèrent le Missouri en 1700 pour vivre auprès des Omahas, et cette information est corroborée par les traditions des deux tribus. Quant aux Otoes, au lieu de se joindre aux Omahas, ils s'en allèrent plus au sud et traversèrent le Missouri pour se fixer dans le sud du Nebraska.

Ainsi, vers 1700-1725, les Omahas et une partie des Iowas occupaient la rive nord du Missouri, près du confluent de la

Big Sioux, et au-dessus d'eux, sur la même rive, se trouvaient les Arikaras, un peuple étroitement apparenté aux Skidis pawnees qui avait été chassés du nord-est du Nebraska par les Padoucas. Ces habitants du Missouri et de la Big Sioux représentaient une population très importante. Les Arikaras se répartissaient en de nombreux villages de huttes de terre ; les Omahas formaient eux aussi une grande tribu comprenant au moins un gros village de Iowas dans leur groupe. Mais à l'exception des Iowas, tous ces Indiens ne détenaient pas d'armes à feu et vivaient encore pratiquement à l'âge de pierre. En conséquence, lorsqu'ils étaient attaqués par les troupes de guerre sioux et celles de leurs alliés – tous armés de fusils –, leur seul recours était la fuite.

Peu après 1723, ces Indiens remontèrent le Missouri jusqu'au Dakota, poussés de toute évidence par une impérieuse nécessité. Ils vivaient de l'agriculture et ne se seraient pas déplacés sans de sérieuses raisons : en gagnant le Dakota du Sud ils délaissaient des terres fertiles pour aller s'installer dans une région où l'espoir de tirer leur subsistance du sol était des plus médiocres. De fait, lorsque nous examinons leur migration, nous ne pouvons lui trouver d'autre explication raisonnable que la crainte de subir une fois de plus les raids sioux et ceux de leurs alliés ; en étudiant les documents français, nous découvrons d'ailleurs des rapports signalant que les Sioux de l'Ouest préparèrent des expéditions contre les tribus du Missouri en 1727, puis de nouveau en 1729.

Vers 1730-1740, les Arikaras avaient établi de nouvelles colonies sur les deux rives du Missouri, sur un territoire s'étendant entre l'actuelle Chamberlain et l'actuelle Pierre, tandis que les Omahas et les Iowas, ayant franchi le Missouri, avaient construit des villages sur la rive nord de la White River. A cette époque, les Ponkas, un groupe de la tribu des Omahas, s'éloignèrent et remontèrent la Bad River, où il semble s'être joints aux Arikaras, qui lançaient alors des expéditions de chasse en direction des Black Hills. Mais là ils furent attaqués par des guerriers à cheval (de toute évidence des Kiowas), et pris d'une telle frayeur qu'ils abandonnèrent la Bad River et retrouvèrent les Iowas et les Omahas demeurés au confluent de la White River. Vers 1750, ces tribus redescendirent le long de la rive ouest du Missouri jusqu'au nord du Nebraska, mais à peine eurent-elles fondé de nouveaux villages qu'elles furent derechef assaillies par d'importantes forces sioux. Les Iowas se replièrent alors vers le sud, tandis que les Omahas, continuant de descendre le Missouri, s'installèrent à Omaha Creek, au sud du confluent de la Big Sioux, mais cette fois, à l'ouest du Missouri. Les Ponkas, pour leur part, demeurèrent près du confluent de la Niobrara River et bâtirent un village sur un site aisément défendable en le fortifiant à la manière des Arikaras.

Telle était la situation dans le haut Missouri lorsque les Tétons du groupe des Oglalas et des Brûlés firent leur première apparition dans cette région. Après avoir lentement dérivé vers l'ouest, leurs petites bandes atteignirent la James River, où elles entrèrent probablement en contact avec les Arikaras. Puis, vers le milieu du XVIIIe siècle, elles s'avancèrent jusqu'au sud du coteau du Missouri, le franchirent et débouchèrent dans la grande vallée qui s'étendait au-delà. Ces Tétons n'étaient nullement des conquérants, mais de pauvres gens traversant péniblement à pied d'immenses espaces, et si l'on en croit les traditions sioux et arikaras, il semble que leurs bandes descendirent pour la première fois jusqu'au Missouri pendant la mauvaise saison, pour chercher de l'aide dans les villes des Arikaras. Les Tétons sioux étaient toutefois des mendiants d'un genre particulier, ne feignant l'humilité que lorsqu'elle pouvait leur être utile : s'ils suppliaient un jour les Arikaras, ils revenaient plus tard pour leur tendre un piège et les tuer, et ils durent dès le début être considérés par ces derniers comme de redoutables voisins.

En 1760, lorsque les Tétons arrivèrent dans le haut Missouri, les cités arikaras abritaient une population peut-être égale à celle de la nation sioux tout entière. Situés sur la rive orientale du Missouri leurs villages s'étendaient de l'emplacement de l'actuelle cité de Pierre jusqu'à un point voisin de l'extrémité supérieure de la Grande Boucle. Leurs ruines, encore visibles aujourd'hui, indiquent qu'ils avaient de solides fortifications : fossés, remblais et palissades en bois de cèdre. Au sud de la Grande Boucle, sur la rive est, près du confluent du Crow Creek, se dressait un village très important, fermement défendu et constituant une sorte d'avant-poste méridional de la colonie. Sur la rive ouest, trois villages fortifiés s'élevaient sur l'emplacement de Old Fort George, en face de l'actuelle Degrey et, juste au sud du confluent de la Bad River, se trouvait un autre groupe de trois places fortes. Les vestiges laissés par les Arikaras dans ce secteur n'ont d'ailleurs pas manqué d'impressionner les archéologues, aussi bien par leur étendue que par l'exceptionnelle puissance défensive de certains forts. La grande ville-forteresse, située sur la rive est à une dizaine de kilomètres au sud de Pierre, occupait une position dominante sur un plateau ; bien que protégée sur plusieurs côtés par de profonds ravins et autres accidents du relief, un haut mur de terre comprenant de nombreux bastions et saillants la renforçait. L'ensemble révèle de la part de ses bâtisseurs une évidente maîtrise et une étonnante compréhension des lois de l'architecture militaire. Ce village couvrait de 130 à 150 acres, ce qui indique que sa population était largement supérieure à celle de n'importe quel autre village indien construit à l'époque dans la vallée du Missouri. Quiconque a examiné les ruines des cités arikaras ne peut douter de la véracité de ce que ces Indiens affirmèrent à Truteau en 1795 : aux environs de 1760, ils auraient compté quatre mille guerriers sur une population totale de vingt mille âmes [7].

En 1760, les Arikaras possédaient un grand nombre de chevaux. Bien qu'essentiellement sédentaires et agriculteurs, ils avaient l'habitude d'organiser deux fois par an de grandes chasses au bison dans les plaines, s'avançant vers l'ouest jusqu'aux Black Hills et probablement aussi vers l'est jusqu'à la James River. Au printemps, ils faisaient leurs plantations, demeuraient assez longtemps dans leurs villages pour s'occuper du maïs, puis les quittaient pour chasser le bison ; rentrés chez eux au moment de la récolte, ils repartaient à la chasse à l'approche de l'hiver et ne revenaient qu'au printemps. Ils entretenaient des relations amicales avec les Kiowas et d'autres tribus errantes des Black Hills, qui leur procuraient des chevaux ainsi que quelques produits de fabrication espagnole. Jusqu'en 1790, les Kiowas se rendirent souvent dans les villages des Arikaras, où ils échangeaient leurs chevaux et leurs produits d'origine espagnole contre du maïs et d'autres marchandises.

Aussi, quand aux environs de 1760 les premiers camps de Sioux tétons commencèrent à franchir la James River et à s'approcher de la Grande Boucle du Missouri, se trouvèrent-ils confrontés à la puissante nation arikara. Les Arikaras n'étaient plus ces hommes craintifs, dépourvus de montures ou d'armes en métal, que les pillards sioux avaient pu contraindre, après 1725, à remonter le Missouri jusque dans le Dakota. Ils étaient désormais à cheval ; des lames de sabres espagnols étaient fixées à l'extrémité des longues et lourdes lances qu'ils utilisaient pour tuer les bisons, et en terrain découvert ils pouvaient affronter et vaincre sans difficulté n'importe quel petit groupe de Sioux, dont les guerriers se déplaçaient toujours à pied. Les Sioux avaient de leur côté l'avantage de disposer de nombreux fusils, et lorsque des troupes de guerre de plusieurs centaines d'hommes venus du Minnesota les attaquaient, les Arikaras n'avaient d'autre ressource que de se réfugier dans leurs villages fortifiés. Les Sioux, dans l'impossibilité d'y pénétrer, se retiraient généralement en emportant quelques scalps, des chevaux et tout le maïs qu'ils trouvaient dans les champs. Un autre aspect important de la situation à cette époque tient à la guerre indienne [8] qui contraignit les Français à mettre fin à leurs échanges commerciaux dans la région du haut Mississipi ; aussi les Sioux ne reçurent-ils plus aucun produit européen jusque vers 1770. Sans un approvisionnement régulier en armes et en munitions, ils perdirent pour un temps la supériorité que leur conférait la possession de fusils dans leurs guerres contre les tribus du haut Missouri. Nous pouvons donc accorder crédit aux Arikaras lorsqu'ils affirmèrent en 1804 à Lewis Clark qu'à l'origine ils ne redoutaient pas les

Sioux et que ce n'est qu'après avoir été décimés par la variole, qu'affaiblis, ils avaient commencé à craindre les nomades venus de l'est. Les Arikaras connurent en effet trois grandes épidémies de variole entre 1772 et 1780, au cours desquelles ils virent périr à peu près les quatre cinquièmes de leur population.

Il apparaît donc clairement que lorsque les Tétons du groupe des Oglalas et des Brûlés s'avancèrent pour la première fois jusqu'au Missouri dans la région de la Grande Boucle, ils se présentèrent aux Arikaras comme de pauvres solliciteurs plutôt que comme d'audacieux ennemis. Selon la tradition téton, ils reçurent leurs premiers chevaux des Arikaras, et leurs plus anciennes chroniques d'hiver indiquent que leur attitude envers leurs riches voisins était le plus souvent pacifique. Truteau raconte qu'il vit des Tétons en visite amicale chez les Arikaras, prévenant même leurs hôtes que d'autres bandes de Sioux envisageaient d'attaquer leurs villages. On peut ainsi très aisément imaginer de petits groupes de Tétons arrivant à pied, vers 1760, les poteaux de leurs tipis liés en faisceaux sur les flancs de leurs gros chiens, leurs femmes et leurs fillettes chargées de ballots, pour visiter les villages des Arikaras et leur demander du maïs, des courges séchées, du tabac, obtenant parfois quelques chevaux de leurs voisins compréhensifs. Mais ces mêmes Tétons, instables et sauvages, pillaient aussi les villages, et payaient probablement le prix de leur ingratitude, car les chroniques d'hiver des Brûlés rappellent qu'à cette époque ils étaient souvent agressés par des guerriers à cheval, qui venaient les attaquer dans leurs propres campements. Comme ces attaques avaient lieu dans les plaines de l'est du Missouri, les Arikaras en étaient vraisemblablement les auteurs, puisqu'ils étaient la seule tribu de cette région à posséder des chevaux.

A peu près à la même période, les Tétons du groupe des Saones avancèrent eux aussi lentement en direction de l'ouest. Venant du haut bassin de la Minnesota, ils traversèrent le coteau des Prairies sensiblement plus au nord que les Oglalas et les Brûlés, passant par Kettle Lakes, où, selon leur tradition, la tribu des Two Kettles acquit son nom. Leurs alliés yanktonais progressaient derrière eux, tout comme les Yanktons le faisaient plus au sud sur les traces des Oglalas et des Brûlés. Entre 1725 et 1750, les Saones et les Yanktonais furent engagés dans une guerre féroce avec les Assiniboins et les Crees qui vivaient au nord de leur région. Les Cheyennes, dont un des villages de huttes de terre se dressait sur la Cheyenne Fork de la Red River, se trouvèrent pris entre les adversaires et, ayant été agressés par les deux camps, furent contraints vers 1740 de s'enfuir au-delà du Missouri. Peut-être est-ce à cause de cet interminable conflit que l'avant-garde saone semble avoir pénétré dans la vallée du Missouri un peu plus tard que les Oglalas et les Brûlés et, tandis que ces derniers atteignaient le fleuve au sud des villages arikaras, les Saones l'approchaient par le nord, nettement au-dessus de la Grande Boucle.

En 1770, la progression vers l'ouest de tous les groupes tétons fut provisoirement interrompue par leur rencontre avec les Arikaras, dont la présence sur les deux rives du fleuve représentait une barrière infranchissable. Très peu nombreux et toujours dépourvus de chevaux, les Tétons ne pouvaient en effet, en aucune manière, courir le risque de franchir le Missouri et de s'aventurer dans les régions inconnues de l'Ouest en laissant derrière eux des ennemis susceptibles de leur interdire de repasser le cours d'eau en sens inverse. Mais la fatalité joua alors en faveur des Tétons, et en l'espace de quelques années les Arikaras furent brisés et cessèrent d'être un obstacle. Tout d'abord, la variole porta un coup mortel à leur puissance ; puis les Sioux du Minnesota, de nouveau approvisionnés en armes et en munitions, recommencèrent à lancer d'importantes troupes de guerre contre les tribus du haut Missouri. Le village fortifié de la rive est, qui servait d'avant-poste aux Arikaras au sud de la Grande Boucle, fut détruit par une de ces troupes. Les habitants des autres villes, décimés et affaiblis par la maladie, n'étaient plus en mesure de résister aux assauts de leurs ennemis, et ils durent abandonner leurs anciennes cités pour remonter lentement le

Missouri. En 1786, les survivants étaient regroupés dans cinq ou six villages établis sur la rive ouest, juste en dessous du confluent de la Cheyenne River. La traversée du Missouri au sud de la Grande Boucle n'étant désormais plus contrôlée par les Arikaras, les Oglalas franchirent alors le fleuve près du confluent de Crow Creek et entamèrent une nouvelle progression vers l'ouest en remontant la Bad River. Les Brûlés ne tardèrent pas à les suivre ; mais plus au nord, les Saones se retrouvèrent à leur tour face aux Arikaras, installés près du confluent de la Cheyenne, et leur migration vers l'ouest fut bloquée jusqu'en 1795, date à laquelle les Arikaras furent de nouveau contraints de battre en retraite en direction du nord [9].

II

DANS LE PAYS DES BLACK HILLS 1775-1834

Les Arikaras ne constituant plus un obstacle sur leur route, les Tétons étaient maintenant en mesure de poursuivre leur progression vers l'ouest. Les Oglalas ouvrirent la marche et franchirent le Missouri à Sioux Pass, juste au-dessous de la Grande Boucle, à la hauteur de Crow Creek. Nul ne connaît avec exactitude la date de cet événement. En 1840, les marchands de Fort Pierre affirmèrent à S. R. Riggs que la traversée du fleuve par les Oglalas était très récente, remontant probablement aux environs de 1800, mais c'est peu probable car trop tardif [1]. Les Arikaras disparurent vraisemblablement de la région de la Grande Boucle vers 1775, et la traversée des Oglalas eut sans doute lieu aussitôt après. À cette époque, les Tétons envoyèrent en effet des troupes de guerre au-delà du Missouri, et en 1775 ou 1776 une troupe d'Oglalas conduite par Standing Bull s'avança suffisamment loin vers l'ouest pour atteindre les Black Hills.

Les Brûlés ne tardèrent pas à suivre leurs parents Oglalas de l'autre côté du fleuve, et la rive ouest du Missouri, du confluent de la White River jusqu'aux villages arikaras reconstruits au sud de la Cheyenne, se trouva dès lors sous le contrôle des Tétons. Les Oglalas se dirigèrent vers les Black Hills en remontant la Bad River, tandis que les Brûlés, choisissant un itinéraire plus méridional, s'engageaient de leur côté dans la vallée de la White River. La plupart de ces Indiens, dépourvus de chevaux, se déplaçaient à pied et vivaient dans de petits tipis dont les courts piquets et les revêtements de peau pouvaient être aisément transportés par leurs chiens. Les Cheyennes occupaient à cette époque la région des Black Hills, et, selon leur tradition, les premiers Sioux qui apparurent chez eux arrivèrent tous à pied et en petits groupes. Ils quémandèrent des chevaux, puis revinrent en plus grand nombre d'été en été, jusqu'à devenir assez puissants pour attaquer les autres tribus.

Ces Tétons continuaient à considérer la région de la Minnesota comme leur foyer, d'autant plus que leurs seules sources d'approvisionnement en fusils, munitions et autres produits européens se trouvaient là. Ils devaient donc se rendre dans l'Est au moins une fois par an pour y procéder à leurs échanges. Pendant les premières années qui suivirent le départ des Arikaras ils ne se montrèrent sans doute à l'ouest du Missouri que pour chasser le bison l'été et obtenir des chevaux des tribus vivant près des Black Hills. A l'approche de l'hiver, ils retournaient de l'autre côté du fleuve en direction de l'est. Lorsque Truteau les rencontra, à l'automne 1794, ils se trouvaient pour la plupart sur la rive est, au sud de la Grande Boucle ; mais une partie d'entre eux devaient déjà passer l'hiver sur le Missouri, car quand James Mackay les découvrit, pendant l'hiver 1795-1796, ils tenaient un conseil près du confluent de la James River [2]. Truteau affirme que les Tétons du Missouri se rendaient alors chaque printemps à la grande foire commerciale des Sioux, près de la source de la Minnesota. Dix ans plus tard, ils étaient solidement établis sur le Missouri et trouvaient peu pratique d'avoir à faire une fois par an le long voyage jusqu'au sud du Minnesota. Une nouvelle foire s'ouvrit donc pour eux sur la James River, à une courte distance à l'est de la Grande Boucle.

Lors de leur première traversée du Missouri, les Oglalas ne formaient qu'un petit groupe de quelques dizaines d'individus tout au plus. S'ils avaient autrefois compté un plus grand nombre de personnes, comme l'indique leur nom de « Village-Divisé-en-Nombreuses-Petites-Bandes », leurs rangs s'étaient considérablement clairsemés au cours de leur dure migration à travers le coteau. Une fois à l'ouest du Missouri, leur faiblesse numérique ne les empêcha cependant pas de s'avancer courageusement à découvert dans les plaines, où ils obtinrent rapidement des chevaux. Ils purent bientôt la sillonner sans la moindre crainte, chasser le bison et affronter leurs multiples ennemis. Leur nom fut de plus en plus souvent cité dans les nouvelles que les Sioux se transmettaient lors de leurs rencontres, et leur réputation d'audace, ainsi que leur habileté à trouver du gibier en abondance et des chevaux d'excellente qualité, commencèrent à attirer dans leur camp les membres les plus aventureux des bandes sioux qui s'attardaient encore à l'est du Missouri.

La région dont les Oglalas avaient désormais pris possession n'était pas particulièrement hospitalière, même par comparaison avec le reste du Dakota, et le nom que les Sioux avaient donné à son principal cours d'eau, *Schicha Wakpa* (Bad River, « Mauvaise Rivière »), l'indique assez clairement. La Bad River, qui coulait d'ouest en est du pied des Black Hills jusqu'au Missouri, était un cours d'eau caractéristique des grandes plaines, bouillonnant et presque débordant au début du printemps mais pratiquement à sec en été, ne retenant ici et là dans son lit aride que quelques bassins d'eau saumâtre. Au nord de la Bad River, la plaine s'étendait sans interruption jusqu'à la vallée de la Cheyenne, que les Indiens appelaient par contraste la Good River. Aux premières semaines du printemps, cette plaine était verdoyante, mais à partir de la fin du mois de mai, les herbes commençaient à brunir et à se dessécher. Au début de l'été commençaient les incendies de prairie, et les nuits étaient illuminées par la progression des murs de flammes, qui gravissaient lentement les tertres et les collines en formant des cercles de feu autour de leurs pentes. Les incendies transformaient régulièrement de vastes étendues de terrain en déserts de cendres et de suie, mais le gibier abondait dans les plaines, et tant qu'ils trouvaient suffisamment de viande pour se nourrir, les Oglalas ne se souciaient pas vraiment de la beauté des paysages. Ils en vinrent même très vite à aimer leur nouvel environnement, avec ses hautes plaines sèches et venteuses ; un pays sauvage où un homme devait faire appel à toutes ses ressources pour survivre. Ils parlaient avec mépris de terres plus proches du Missouri où la vie était moins difficile, et des Sioux qui les habitaient, les *Kutawichasha* (« Ceux-des-Bassses-Terres ») – un nom qui servit plus tard à désigner plus spécifiquement les Brûlés du Sud.

A quelques kilomètres seulement au sud de la Bad River se trouvait une région très inhospitalière, même pour les Oglalas : les Big Badlands, une vaste étendue tourmentée de collines d'argile aux formes fantastiques, sillonnée de profondes et mystérieuses vallées, avec çà et là des plateaux alcalins, d'un blanc de neige sous la lumière du soleil, où l'on pouvait encore voir les ossements gigantesques de monstres préhistoriques. Dans la pleine chaleur de l'été, les collines et les buttes d'argile ondulaient et dansaient sous le soleil, semblant parfois se refléter dans le ciel. Les Indiens considéraient cette région comme une terre des esprits : les hommes qui s'y aventuraient étaient égarés par des maléfices destinés à les faire mourir de froid ou de soif, et personne ne les revoyait plus jamais.

Au sud de cette barrière désolée s'étendait la région de la White River, où les Brûlés avaient décidé d'établir leur nouveau foyer. C'était une vallée nettement plus accueillante que celle de la Bad River, et on est en droit de se demander pourquoi les Oglalas, qui étaient pourtant arrivés les premiers, s'étaient installés dans la contrée la moins riante. Peut-être trouvèrent-ils des bisons en nombre suffisant près de la Bad River et, leur subsistance étant assurée, n'eurent-ils tout simplement pas l'idée de pousser plus au sud leurs explorations.

Concernant les vingt années qui suivirent leur installation à l'ouest du Missouri, nous ne disposons pour connaître l'histoire des Oglalas ou des Brûlés que des informations contenues dans les chroniques d'hiver des Sioux. La chronique d'hiver était un *aide-mémoire*[3] composé de pictogrammes colorés peints sur une peau de bison, chaque dessin représentant l'événement le plus caractéristique d'une année particulière, ou selon les Sioux, d'un « hiver ». De toute évidence ces « archives » ont commencé à être constituées peu de temps après que les Oglalas eurent franchi le Missouri ; certaines d'entre elles paraissent avoir été partiellement copiées sur les autres, et une seule, la chronique des Brûlés conservée par Baptiste Good, s'efforce de couvrir la période antérieure à 1775. Trois chroniques oglalas ont été publiées. La première, celle d'Américan Horse, était tenue par une famille de la bande des True Oglalas (« Vrais Oglalas »), donc vraisemblablement présente depuis l'origine au sein de la tribu. Les deux autres, celles de Cloud Shield et de White Cow Killer, appartenaient à des familles de la branche des Smoke People (« Hommes de Smoke »), qui ne semble pas s'être jointe aux Oglalas avant 1825 [4].

La première série de la chronique d'Américan Horse illustre la découverte des Black Hills par une troupe de guerre oglala dirigée par Standing Bull pendant l'hiver 1775-1776. Celle de Cloud Shield raconte le même événement, mais en le situant un an plus tard. Aucune des deux chroniques ne mentionne une quelconque rencontre avec les Kiowas à ce moment-là, mais selon la tradition de ces derniers, c'est à cette époque qu'ils subirent des attaques de la part des Tétons. Un groupe entier de Kiowas fut anéanti lors d'une bataille avec les Sioux, et les Kiowas durent finalement renoncer à leur troc avec les Arikaras dans leurs villages du Missouri. En 1795, Truteau entendit raconter que les Kiowas erraient quelque part dans la haute vallée de la Cheyenne, craignant de s'aventurer plus près du Missouri en raison de l'hostilité des Tétons.

Les Omahas et les Ponkas qui, à maintes reprises, avaient été traqués par les Tétons et leurs alliés et contraints de fuir, étaient maintenant solidement établis dans le nord-est du Nebraska ; ils s'étaient procuré des chevaux et étaient régulièrement approvisionnés en armes et en munitions par les Sacs et les Fox du Mississipi, qui se rendaient une fois par an au village des Omahas pour obtenir des fourrures. La chronique d'Américan Horse nous apprend que vers 1778, les Ponkas firent la paix avec les Oglalas, puis rassemblèrent en secret une troupe de guerre et attaquèrent traitreusement leur camp. Repoussés, ils furent poursuivis par les Oglalas et perdirent soixante guerriers. Selon Cloud Shield, une femme Omaha qui vivait dans le camp des Oglalas fut tuée pendant l'hiver 1784-1785. Conduits par leur grand chef Blackbird, les Omahas attaquèrent les Oglalas et les Brûlés, et les combats se poursuivirent jusqu'à ce qu'une nouvelle paix soit conclue en 1791-1792.

À cette époque, les Oglalas et les Brûlés s'opposaient aux Arikaras qui vivaient au nord de leur territoire, sur la rive ouest du Missouri, ainsi qu'aux Omahas et aux Ponkas, qui occupaient une position identique au sud ; ils étaient également en conflit avec les Kiowas, les Crows et plusieurs autres tribus des Black Hills. Les raids et les actions de représailles se succédaient pratiquement sans discontinuer, interrompus seulement de temps à autre par des cessez-le-feu qui ne duraient guère plus de quelques mois. Les hostilités avec les Crows commencèrent réellement en 1785-1786, lorsque Bear's Ears, un Brûlé en visite chez les Oglalas, et Broken-Leg-Duck, un Oglala de renom, furent tués alors qu'ils volaient des chevaux dans un camp de Crows. Ceux-ci vivaient en ce temps-là au nord-ouest des Black Hills, apparemment dans la région de la Little Missouri, mais les Tétons les contraignirent rapidement à s'enfuir en direction de l'ouest, au-delà de la Powder River.

Les Oglalas et les Brûlés portèrent ensuite leur animosité sur les Cheyennes. Dans sa phase initiale, la guerre contre les Cheyennes semble n'avoir concerné que les Brûlés. Owner-of-Flute, un célèbre chef brûlé qui conduisait une troupe de guerre à l'assaut des Cheyennes, souffrit de malchance et fut tué, probablement avec la plupart de ses hommes. Après cela, les Brûlés et les Oglalas rassemblèrent une importante troupe de guerre et surprirent une bande de Cheyennes au sud des Black Hills, en tuant un grand nombre et capturant leur camp avec tout ce qu'il contenait. Les chroniques d'hiver situent ces événements vers 1794, et cette date est confirmée par Truteau, qui mentionne dans son journal, en 1795, l'existence d'un conflit entre Cheyennes et Tétons.

Dans ces incessantes guerres des plaines, les Oglalas et les Brûlés ne traitaient pas tous leurs voisins et adversaires de la même manière, montrant une haine impitoyable pour certaines tribus et une inclination marquée à tolérer la présence de certaines autres. Ainsi, chassèrent-ils sans rémission les Crows et les Kiowas, alors qu'ils firent bientôt la paix avec les Cheyennes et leur permirent de demeurer dans la région des Black Hills. Ils semblent également avoir été un peu conciliants avec les Arikaras, du moins quand cela les arrangeait. Au cours des premières années passées sur la Bad River, ils regagnaient chaque hiver le sud du Minnesota, franchissant le Missouri deux fois par an à peu de distance des terres occupées par les Arikaras, et leur attirance pour le maïs, les courges séchées et le tabac les conduisit vraisemblablement à leur faire de fréquentes visites. Après 1785, les Oglalas paraissent avoir abandonné leur habitude de se retirer chaque automne à l'est du Missouri ; ils passaient désormais l'hiver sur le fleuve ou à proximité, et leurs chroniques indiquent qu'ils hivernaient même parfois dans les villages arikaras.

Les Arikaras, quoique terriblement affaiblis par les épidémies, étaient encore capables de se battre, et à plusieurs reprises, seuls ou alliés aux Mandans, ils allèrent jusqu'à attaquer les Tétons dans leurs propres camps. Ainsi, d'après American Horse, en 1783-1784, les Arikaras et les Mandans assaillirent le camp des Tétons, mais ils furent repoussés et perdirent vingt-cinq guerriers. La chronique de Flame rapporte qu'en 1786-1787, un chef saone portant un casque de fer fut tué par les Arikaras, et selon American Horse, pendant l'hiver 1788-1789, un célèbre Oglala nommé Last Badger périt en les affrontant. Les hivers 1789-1790 et 1790-1791 furent très rigoureux, avec d'abondantes chutes de neige, et les Oglalas, qui ne pouvaient plus chasser, faillirent mourir de faim. En 1792-1793, les Tétons et les Arikaras conclurent la paix et la chronique de Flame les montre hivernant ensemble, ce qui signifie sans doute qu'un important rassemblement de Tétons eut lieu chez les Arikaras. À cette époque, Jacques d'Église, le premier marchand blanc à remonter le Missouri jusqu'à la

Grande Boucle, se trouvait dans les villages des Arikaras et il est possible que la nouvelle de son arrivée y ait attiré un grand nombre de Tétons. Plusieurs chroniques d'hiver des années 1792-1795, à l'époque où les Français de Saint Louis commencèrent à rendre visite aux Arikaras, montrent les Tétons campant tout l'hiver dans leurs villages. Un des dessins représente une hutte de terre figurant des villes arikaras, et un fusil, qui fut interprété plus tard comme voulant signifier que les Tétons les assiégèrent et les combattirent pendant toute la saison froide ; mais cette explication est fausse : le fusil était plus vraisemblablement une allusion aux armes que les Arikaras recevaient alors de leurs visiteurs blancs.

L'identité du Good Whiteman (« Bon-Homme-Blanc ») des chroniques d'hiver demeure très mystérieuse. Il ne pouvait s'agir de Truteau, mais peut-être ce nom désignait-il Jacques d'Église. Selon la chronique d'American Horse, en 1794-1795, Good Whiteman se présenta avec deux autres hommes dans un camp téton ; il y fut bien traité et repartit avec un lot de fourrures. En 1797-1798, il envoya un marchand, nommé Little Beaver par les Indiens (Registre Loisel), commercer avec les Tétons, et l'année suivante il revint lui-même chez eux avec de nombreux fusils à échanger. Or d'Église est le seul négociant français à s'être trouvé dans la région du haut Missouri aux dates indiquées par les chroniques.

Lorsque Truteau remonta le Missouri à l'automne 1794, il fut arrêté et dévalisé en aval de la Grande Boucle par une bande de Tétons dont le camp recevait à ce moment-là la visite de quelques Yanktons. Ces hommes, de toute évidence des Brûlés, étaient restés en arrière des autres par crainte de s'aventurer à l'ouest du Missouri. Ils avaient chassé sur le coteau, et n'y ayant trouvé que peu de gibier, ils se nourrissaient principalement de riz sauvage récolté dans le lac de la prairie. Ils apprirent à Truteau qu'une de leurs bandes, forte de vingt-deux habitations, chassait sur la White River, à l'ouest du Missouri. Ce petit groupe était probablement composé des plus intrépides des Brûlés, qui chassaient dans la région de la White River et hivernaient dans la vallée du

Missouri. Ils se trouvèrent de nouveau près de la White River l'automne suivant, quand John Evans, un des hommes de Mackay, les rencontra et faillit tomber entre leurs mains.

Les Tétons tentèrent de dissuader Truteau d'aller rendre visite aux Arikaras, qu'ils décrivirent comme une race misérable, à l'esprit vil. Ils lui parlèrent des Saones, qui vivaient plus au nord sur la rive est du fleuve, comme d'un groupe distinct du leur : ils les appelaient les Indiens du Nord. Ils lui racontèrent que l'été précédent, ces Indiens du Nord, divisés en cinq bandes, avaient attaqué les Arikaras dans leurs villages, et que ceux-ci s'étaient enfuis sans même prendre le temps d'achever leurs récoltes. Après avoir échappé aux Tétons, Truteau emmena son groupe à pied sur la rive ouest jusqu'aux villes arikaras, au sud du confluent de la Cheyenne. Il les trouva désertées, mais tout au long du fleuve, au nord de la Grande Boucle, il découvrit de nombreux signes de la présence des Tétons.

Ayant passé l'hiver plus au sud, Truteau revint sur ses pas au printemps 1795 et rencontra cette fois les Arikaras chez eux. Il note qu'ils étaient en bons termes avec une partie des Saones, dont une des branches s'était même établie dans leurs villages. Il s'agit probablement des Miniconjous, dont le nom rappelle qu'ils tentèrent de s'intaller dans la vallée du Missouri et d'y faire pousser du maïs. Truteau raconte également qu'en juin 1795, une bande de Tétons appelée Ta Corpa vint prévenir les Arikaras que d'autres Sioux se préparaient à les attaquer avec cinq cents hommes. Cette bande pourrait être la troisième bande des Miniconjous, appelée Ta-co-eh-pa par Lewis et Clark. Il ressort de ces faits que les Miniconjous furent vraisemblablement les premiers parmi les Saones à franchir le Missouri et à atteindre les villages arikaras près du confluent de la Cheyenne, dont ils avaient déjà largement remonté le cours en 1804. Quant aux Oglalas, c'est certainement à eux que Truteau fait allusion lorsqu'il affirme qu'une bande de Tétons vivait alors dans les plaines, près du territoire des Cheyennes, mais il ne donne aucune indication plus précise à leur sujet.

Les observations de Truteau et les pictogrammes des chroniques d'hiver indiquent clairement qu'en 1795 les Oglalas se trouvaient déjà loin du Missouri, occupés à harceler ou massacrer les tribus de la région des Black Hills ; les Brûlés commençaient pour leur part à chasser le long de la White River, mais ne s'y risquaient encore qu'en petit nombre. Quant aux Saones, demeurés pour la plupart à l'est du fleuve, ils faisaient alterner les attaques en force contre les Arikaras et les visites de bon voisinage dans leurs villages. Une partie des Saones, en entretenant des relations amicales avec les Arikaras, avaient pu s'établir sur la rive ouest du Missouri, et étaient prêts à poursuivre leur lente progression dans les plaines dès que les Arikaras auraient cessé de contrôler le passage du fleuve. Pendant l'été 1794, les Saones s'en étaient pris aux Arikaras et les avaient expulsés de leurs villages. Truteau rapporte qu'une bande d'Arikaras remonta alors le Missouri pour se placer sous la protection des Mandans, tandis qu'une autre s'enfuyait vers le sud et rejoignait les Skidis pawnees au Nebraska. Ces deux bandes n'étaient pas revenues lorsqu'un an plus tard les Tétons ta corpas vinrent prévenir les Arikaras que les Sioux s'apprêtaient à lancer contre eux une offensive de grande envergure. Cette attaque eut probablement lieu car l'année suivante, en 1796, Evans découvrit tous les Arikaras réfugiés chez les Mandans. De nombreux fait indiquent qu'à cette époque le conseil des Arikaras était profondément divisé : certains d'entre eux souhaitaient rester près des Mandans, les autres préféraient rechercher l'amitié plus risquée des Tétons. Ceux-ci commencèrent d'ailleurs à ce moment-là à rendre visite aux Arikaras dans leurs nouveaux villages, et les chroniques évoquent une bataille dans laquelle les Tétons se joignirent aux Arikaras contre les Mandans et leurs alliés hidatsas. Peu de temps après, les Tétons s'étant de nouveau enfoncés dans les plaines, les Mandans et les Hidatsas attaquèrent les Arikaras et les contraignirent à fuir. En 1799, les Arikaras, ayant redescendu une nouvelle fois le Missouri construisirent trois nouveaux villages sur la rive ouest, au-dessous du confluent de la Grand River. Ils s'y établirent fermement et purent ainsi résister à tous les assauts de leurs ennemis jusque vers 1825 [5].

Les événements décrits ci-dessus furent de la plus haute importance pour l'avenir des Oglalas, car le départ des Arikaras du confluent de la Cheyenne permit aux Saones d'emprunter sa vallée pour poursuivre leur migration vers l'ouest. Leur avant-garde fut bientôt suffisamment avancée pour prendre part aux opérations de guerre des Oglalas que les autres Saones ne tardèrent pas à rejoindre en grand nombre. En 1840, une bonne moitié des Indiens connus sous le nom d'Oglalas étaient probablement d'ascendance saone. La progression le long de la Cheyenne fut conduite par les Miniconjous, suivis par les groupes qui allaient devenir plus tard les Sans Arcs et les Two Kettles. Les autres Saones – connus par la suite sous le nom de Hunkpapas et de Blackfeets – demeurèrent sur la rive est, rendant de fréquentes visites aux Arikaras de l'autre côté du fleuve mais n'osant apparemment pas s'aventurer à l'ouest de leurs villages, car les Arikaras affirmaient que ces terres leur appartenaient et ils étaient encore assez puissants pour empêcher des bandes nomades de s'installer sur leur territoire.

Entre 1795 et 1804, les Français de Saint Louis commencèrent à faire du commerce avec les Tétons, établissant une série de comptoirs provisoires dans la région de la Grande Boucle ; les Oglalas et les Brûlés passaient généralement l'hiver avec les marchands près du confluent de la Bad River, tandis que les Saones hivernaient à proximité des postes de la Cheyenne. À cette époque, certains des Yanktons s'étaient avancés jusqu'au Missouri et vivaient sur le territoire des Tétons, au-dessous de la Grande Boucle. Une partie des Brûlés – de toute évidence les futurs Brûlés du Sud – étaient étroitement liés à ces Yanktons, que les interprètes de Lewis et Clark appelèrent d'ailleurs Bois Brûlés yanktons, alors qu'ils donnaient aux véritables Brûlés le nom de Bois Brûlés tétons [6].

Lorsque Lewis et Clark remontèrent le Missouri, à l'automne 1804, la situation décrite par Truteau en 1795 s'était sensiblement modifiée. Les Brûlés vivaient désormais à l'ouest du Missouri, leurs anciens territoires de l'est étant maintenant occupés par des bandes de Yanktons venus de la région de la Des Moines River ; les Oglalas et les Brûlés tenaient leurs foires annuelles au confluent de la Bad River, où leurs échanges se faisaient essentiellement avec les Français de Saint Louis ; les Arikaras avaient quitté le confluent de la Cheyenne pour s'établir au sud de la Grand River et, leurs villages ne constituant plus un obstacle, les Saones, conduits par les Miniconjous, avaient franchi le Missouri en grand nombre et remontaient rapidement la vallée de la Cheyenne.

Lewis et Clark entrèrent en contact avec les Brûlés au confluent de la Bad River, et entendirent parler d'un autre camp, situé un peu plus au nord, qui était de toute évidence un camp oglala. Ils estimèrent leur nombre à une soixantaine de tipis, rassemblant tout au plus trois cent soixante individus, dont cent vingt guerriers ; ils avancèrent aussi des chiffres étonnamment faibles pour les autres tribus du haut Missouri. Pendant de nombreuses années, les évaluations de Lewis et Clark concernant la population des Tétons dans les premières années du XIXe siècle ont divisé les spécialistes. Quelques-uns acceptent les chiffres des deux explorateurs, mais les autres les considèrent comme totalement erronés, insistant sur le fait que de nombreux membres de ces tribus ne furent certainement pas pris en compte. Ces Tétons étaient venus du Mississipi et avaient contraint la puissante tribu des Arikaras à leur céder le passage, puis ils avaient franchi le Missouri et envahi la région des Black Hills, en chassant les redoutables Crows, les Kiowas et quelques autres tribus de moindre importance. La conquête des Black Hills avait été l'œuvre des seuls Oglalas et Brûlés, et il ne semble guère raisonnable de penser qu'ils aient pu s'imposer de la sorte avec en tout et pour tout deux ou trois centaines de guerriers. C'est une manière de voir les choses. D'un autre côté, il ne faut ni oublier que Lewis et Clark firent leurs estimations avec le concours des marchands français, dont certains vivaient depuis vingt ans parmi les tribus du haut Missouri, ni qu'il n'existait dans les plaines aucune cachette naturelle, où des Tétons auraient pu subsister à l'insu des marchands. Tous les autres faits connus confirment qu'à l'origine les Tétons furent peu nombreux, et il n'est pas totalement absurde de supposer que leurs bandes réduites soient parvenues à conquérir sans peine la région du Missouri. En effet à l'époque où ils atteignirent cette région, de petits groupes de Crees armés réussissaient bien à parcourir des centaines de kilomètres avec femmes et enfants, hantant le pays athabascan, dont les habitants terrorisés s'enfuyaient à la seule vue d'un fusil. Le dénombrement des Oglalas fait par Atkinson en 1825 indique, il est vrai, que leur population quadrupla pendant les vingt années qui suivirent la visite de Lewis et Clark, mais cet accroisement brutal, pour étonnant qu'il paraisse, peut aisément s'expliquer. Il fut essentiellement dû au fait que d'importantes bandes appartenant à d'autres tribus tétons se joignirent aux Oglalas pendant ces deux décennies, et dans une moindre mesure à une augmentation de leur taux de natalité ainsi qu'à une chute de leur mortalité infantile. Avant d'avoir franchi le Missouri, les Tétons menaient une existence précaire, se déplaçant à pied, leurs femmes et leurs fillettes lourdement chargées, généralement mal nourris et souvent confrontés à de longues périodes de disette. À l'ouest du fleuve, une fois qu'ils disposèrent de montures, leur vie devint nettement plus facile, en particulier pour les femmes, et l'emploi des chevaux pour la chasse leur permit d'avoir de la viande en abondance pendant pratiquement toute l'année. Leur taux de natalité s'accrut donc rapidement, et à partir de 1800 on put voir dans leurs camps de nombreux enfants en bonne santé. En 1875, un membre de la commission des Black Hills étudia avec soin le taux de natalité des Oglalas et aboutit à la conclusion que la population de la tribu pouvait doubler tous les vingt ans uniquement grâce à ses nouveau-nés [7].

Lewis et Clark divisèrent les Oglalas en deux bandes, les She-o et les O-kan-dan-dahs. Les She-o (*Shiyo* « Tétras-à-Longue-Queue ») constituaient la première bande et leur chef, Wah-tar-par, était également le grand-chef de la tribu. Cet homme, appelé aussi Wach-char-par, « On-His-Guard », était probablement *Wachape*, « Stabber », car selon leur tradition il y a toujours eu un chef de ce nom parmi les Oglalas, mais aucune mention n'est faite de « On-His-Guard ». La chronique d'hiver de Cloud Shield révèle qu'un éminent Oglala nommé Stabber mourut de froid pendant l'hiver 1783-1784. Le chef cité par Lewis et Clark pourrait avoir été son fils. En 1845, Francis Parkman rencontra chez les Oglalas un autre chef appelé Stabber, et en 1875 une bande d'Oglalas s'appelait Stabber Band (« La bande de Stabber »). La seconde bande signalée par Lewis et Clark, les O-kan-dan-dahs (*Oglalas*, qui devinrent plus tard les True Oglalas, « Vrais Oglalas ») était dirigée par le chef O-ase-se-char (*Owashicha*, « Bad Wound »), autre nom régulièrement porté par les chefs oglalas. En 1856, le général Harney fit de Bad Wound le fils ou peut-être le petit-fils du chef identifié par Lewis et Clark, – le grand-chef des Oglalas [8]. Lewis et Clark ne parlent pas de White Blanket, ou Shenouskar (*Shinouska*, « White Blanket » ou « White Robe »), mentionné par Zebulon Pike en 1805 comme le grand-chef des Oglalas. Les informations recueillies par Pike sur le Mississipi pourraient avoir daté de un ou deux ans lorsqu'elles parvinrent dans l'Est, et White Blanket était peut-être mort quand Lewis et Clark rédigèrent leur rapport sur les Oglalas.

Bien qu'ils aient constitué en 1825 la plus importante division de la tribu, les Kiyuksas n'apparaissent pas dans le relevé de 1804 des deux explorateurs. Ils semblent avoir été les premiers Tétons à franchir le Missouri, car Le Borgne, le frère du Bull Bear, dit à Francis Parkman en 1846 que la grotte où, enfant, il avait eu son rêve, était située dans les Black Hills. En se basant sur son âge, on peut en déduire que sa famille, appartenant depuis toujours aux Kiyuksas, vivait déjà dans les Black Hills en 1782. On a pu reconstituer l'histoire des Kiyuksas jusqu'en 1750, lorsqu'ils habitaient encore près du Mississipi. Une partie d'entre eux dériva ensuite vers l'ouest, et dans les premières années du XIXe siècle ils se divisèrent en deux groupes, le premier établi près de la source de la Des Moines, le second demeurant entre Devil's Lake et le Missouri. Les Kiyuksas qui se mêlèrent aux Oglalas et aux Brûlés après 1804 faisaient probablement partie du groupe de la Des Moines. Une autre bande apparut parmi les Oglalas après 1825, celle de Red Water (Minisalas, ou Minishas). Elle fut désignée par Lewis et Clark comme une bande de Brûlés. Ce passage des bandes d'une tribu à l'autre n'avait rien d'extraordinaire, car les Tétons formaient un seul peuple, parlant le même dialecte et observant les mêmes coutumes. Lorsqu'ils s'avançaient en vagues successives dans les plaines de l'ouest du Missouri, il n'était pas rare que des familles ou des bandes entières quittent une tribu pour s'intégrer à une autre quand leurs intérêts matériels étaient en jeu.

À l'époque où Lewis et Clark les visitèrent, les Oglalas et leurs parents tétons étaient engagés dans une nouvelle guerre contre les Crows. Aux environs de 1785, les Oglalas avaient chassé les Crows des terres qui s'étendaient au nord des Black Hills, les contraignant à se retirer à l'ouest de la Powder River. Les Crows, désormais tenus à distance, ne furent plus guère inquiétés par les Tétons, qui se contentaient d'envoyer de temps à autre de petits détachements de guerriers voler leurs chevaux. De leur côté, les Crows revenaient parfois en nombre vers l'est et essayaient d'atteindre les villages des Mandans et des Hidatsas sur le Missouri, près du confluent de la Knife River, où ils souhaitaient échanger des chevaux contre des produits de fabrication britannique, et certains de leurs groupes étaient surpris et attaqués par les Tétons. La tension entre les deux tribus se maintint ainsi pendant quinze ou vingt ans sans donner lieu à aucun incident majeur ; mais vers 1801, selon les chroniques d'hiver, une troupe de guerre téton qui s'était aventurée en pays crow fut attaquée près du confluent de la Powder River et perdit trente guerriers. Les Tétons firent alors circuler un calumet de guerre et rassemblèrent une importante force d'Oglalas, de Brûlés, de Miniconjous et de Cheyennes, qui pénétra sur le territoire des Crows et s'empara d'un de leurs camps.

Quelques années plus tard, vers 1820, sur la Tongue River, les Crows exterminèrent jusqu'au dernier une troupe de guerre de Cheyennes bow strings. En apprenant la nouvelle, les Cheyennes envoyèrent un calumet et obtinrent l'appui des Oglalas et de plusieurs autres tribus tétons. Les Cheyennes et les Sioux coalisés franchirent la Powder River, repérèrent sur la Tongue un camp Crow d'une centaine d'habitations, s'en approchèrent pendant la nuit et, au lever du soleil, ils surprirent et capturèrent ses occupants [9].

En ces temps lointains, toute défaite, qu'il s'agisse de la destruction d'une troupe de guerre ou de la mort d'un chef ou d'un guerrier éminent, provoquait automatiquement un grand rassemblement des camps, suivi d'une offensive en force contre l'ennemi. Les rituels observés à cette occasion étaient immuables, et pratiquement identiques chez les Tétons et les Cheyennes. L'expédition de représailles n'était jamais lancée immédiatement après l'annonce de la mauvaise nouvelle ; les Indiens concernés laissaient passer « un hiver », pendant lequel les parents des défunts emmenaient le calumet de guerre dans les camps voisins, pleurant publiquement leurs morts et demandant à leurs hôtes de les aider à les venger. Dans chaque campement, les dirigeants tenaient conseil pour décider si les chefs devaient accepter ou refuser le calumet. Il était presque toujours accepté, et lorsque les chefs l'avaient fumé, cela signifiait qu'ils prenaient part à l'expédition. L'été suivant, les bandes se regroupaient et se mettaient en route, pénétrant aussi discrètement et aussi rapidement que possible en territoire ennemi, précédés par des éclaireurs chargés de repérer les villages de l'adversaire. Lorsque l'un d'eux avait été signalé, la troupe faisait halte au bord d'un cours d'eau ; les femmes, les enfants et les vieillards n'allaient pas plus loin, tandis que les guerriers, après une rapide marche de nuit, tentaient de s'emparer à l'aube du village ennemi. Ces opérations étaient souvent couronnées de succès, des clans entiers étaient capturés, de nombreux guerriers tués, un grand nombre de femmes et d'enfants faits prisonniers, et les troupeaux de chevaux ainsi que tout l'équipement des vaincus tombaient aux mains des vainqueurs. Après l'attaque du village Crow en 1820, les camps oglalas et cheyennes regorgèrent pour un temps de femmes et d'enfants Crows, dont la plupart avaient été adoptés par leurs ravisseurs.

Les Sioux tétons utilisaient également une autre méthode pour mobiliser des forces importantes. Chaque année ils attendaient que leur chasse d'été soit terminée pour organiser leur Danse du Soleil. Aussitôt après la fin des cérémonies, ils rassemblaient une troupe de guerre de plusieurs centaines d'hommes, pénétraient un pays ennemi et lançaient une offensive destructrice. Les Tétons semblent avoir employé pour la première fois cette tactique alors qu'ils vivaient dans le Minnesota et se déplaçaient encore à pied, s'avançant chaque année jusqu'au Missouri pour attaquer les Omahas, les Arikaras ou les Mandans.

Chaque été de 1800 à 1825, les Oglalas chassaient le bison dans les plaines situées immédiatement à l'est des Black Hills, en étroite collaboration avec les Saones de la Cheyenne River et les Cheyennes. Ces derniers demeuraient parfois dans la haute vallée de la Cheyenne, ou descendaient plus au sud jusqu'à la North Platte, où se trouvait un de leurs lieux de campement favoris, dans Horse Creek, à l'ouest de l'actuelle frontière entre le Nebraska et le Wyoming. Les Kiowas ne se hasardaient plus dans les Black Hills, par crainte des Sioux, mais venaient souvent jusqu'à la North Platte échanger des chevaux et des produits espagnols avec les Cheyennes et d'autres tribus amies. Selon toute probabilité, Horse Creek doit son nom aux marchés de chevaux qui se tenaient alors près de son confluent. En 1815, les Kiowas s'y rendirent pour participer à une foire avec les tribus du Nord. Cette année-là, les Sioux se montrèrent pour la première fois sur la Upper Plate, de toute évidence amenés par les Cheyennes, qui pensaient sans doute les convaincre de conclure la paix avec les Kiowas. Mais à peine la foire commencée, un Brûlé se prit de querelle avec un Kiowa et le tua d'un coup de massue. Les Sioux attaquèrent aussitôt les Kiowas et leurs alliés, les pourchassant dans les montagnes jusqu'à la source de la North Platte. Ce fut certainement à cette époque qu'une bande d'Arapahos et de Cheyennes se joignit aux Kiowas et descendit avec eux jusqu'à la Red River. Ainsi se constitua l'étrange camp mixte des Indiens marchands, formé de Kiowas, de Comanches, d'Apaches de la Prairie, de Cheyennes et d'Arapahos, qui continua pendant plusieurs années de voyager du Nord au Sud en traversant les grandes plaines. Ces Indiens marchands se trouvaient de nouveau dans le Nord vers 1821, campant sur la Platte avec les Cheyennes, lorsque les Crows se présentèrent à ces derniers pour réclamer leurs femmes et leurs enfants capturés en 1820.

Entre 1800 et 1825, les Oglalas adoptèrent un rythme saisonnier régulier, allant et venant entre les Black Hills et le confluent de la Bad River. Au début, ils hivernèrent sur le Missouri, profitant de la saison froide pour faire du commerce avec Loisel à Cedar Island, près de la Grande Boucle, ou avec d'autres marchands français de Saint Louis. Mai peu après 1805, ils commencèrent à passer l'hiver dans les contreforts orientaux des Black Hills, habituellement près de Bear Butte. Au printemps, ils descendaient la Bad River en chassant, se joignaient aux Saones et aux Brûlés sur le Missouri et se livraient avec eux à un passe-temps lucratif et amusant consistant à intercepter et dévaliser les marchands qui remontaient le fleuve pour aller faire du troc avec les Arikaras et les Mandans. Leur Danse du Soleil annuelle avait lieu tantôt sur le Missouri, tantôt dans la plaine près des Black Hills ; les activités de l'été s'achevaient alors avec le rassemblement d'une grande troupe de guerre qui partait aussitôt attaquer les Crows ou une autre tribu hostile. Avec le retour de la mauvaise saison, les Oglalas regagnaient leurs camps d'hiver près de Bear Butte, où ils avaient généralement pour voisins des Saones et des Cheyennes.

C'est à cette époque que le nom des Kiyuksas apparut pour la première fois dans les chroniques oglalas, et que plusieurs autres bandes de Saones et de Brûlés les rejoignirent. Red Water et sa bande semblent avoir été, à l'origine, des

Brûlés. Ce chef aida bientôt Bull Bear, le chef des Kiyuksas, à prendre le contrôle de la tribu et à devenir le grand chef des Oglalas. La bande de Lone Man, le père de Red Cloud, était elle aussi issue des Brûlés, et l'un de ses chefs pourrait avoir été Man-Afraid-of-His Horse, père du chef du même nom qui naquit dans le camp des Oglalas pendant l'hiver 1814-1815. Red Cloud, quant à lui, naquit entre les Black Hills et le Missouri pendant l'hiver 1821-1822 [10].

À l'exception de quelques marchands français qu'ils considéraient comme des amis, les Tétons n'entretinrent pas de bonnes relations avec les Blancs qui remontèrent le Missouri après 1804 ; on peut même dire qu'ils manifestèrent une propension croissante à traiter tous les hommes blancs comme des ennemis. Les Français de Saint Louis avaient appris à se soumettre de bonne grâce à la coutume des Tétons qui consistait à arrêter les marchands, soit pour les dévaliser purement et simplement, soit pour les contraindre à échanger leurs marchandises selon un barème fantaisiste souvent fixé par leurs chefs. Mais les Américains qui commençaient maintenant à remonter le fleuve n'avaient pas cette souplesse, et toute tentative de les voler ou de les maltraiter risquait de se transformer en un affrontement meurtrier. En 1807, l'enseigne Pryor fut chargé de raccompagner chez lui le chef Mandan que Lewis et Clark avaient convaincu de se rendre à Washington. Ayant atteint les villages des Arikaras, le détachement de Pryor fut attaqué par cette tribu et par des Tétons qui se trouvaient à proximité ; après un vif accrochage il fut contraint de battre en retraite et de redescendre le fleuve. Un chef Oglala nommé Red Shirt fut abattu lors de cet incident. Sa mort provoqua la colère des Tétons, et en 1810 ils essayèrent d'arrêter les marchands américains Crooks et McClellan au sud de la Grande Boucle. Six cents Oglalas et Saones prirent part à l'opération, mais les Américains leur échappèrent en se glissant dans leurs embarcations après la tombée de la nuit et suivirent tranquillement le cours du Missouri. La même année, un trappeur nommé Carson, qui s'était arrêté dans les villages des Arikaras, fit feu sur Blue

Blanket, un célèbre chef téton qui se tenait sur l'autre rive, et le tua. En représailles, les Oglalas et les Saones massacrèrent trois Blancs, puis en 1811 les Tétons firent une tentative audacieuse pour intercepter et dépouiller l'important groupe des Astoriens [11]. Les Brûlés, les Miniconjous et quelques Yanktons les attaquèrent en-dessous de la Grande Boucle, mais jugeant qu'ils n'étaient pas assez nombreux, ils prièrent courtoisement les Blancs de bien vouloir attendre l'arrivée des Oglalas et des Saones, partis chasser dans les plaines. Les Américains déclinèrent cette gracieuse invitation, pressèrent l'allure et se retrouvèrent bientôt en sécurité dans les villes arikaras. À cette époque, les Oglalas se rendaient au Missouri avec les Saones de la haute vallée de la Cheyenne River, tandis que les Brûlés étaient habituellement accompagnés par quelques Miniconjous venant également de la Cheyenne.

De 1800 à 1817, les échanges commerciaux des Tétons se firent presque uniquement avec les Français de Saint Louis, avec lesquels les Sioux entretenaient des relations des plus amicales. Le vieux poste de Registre Loisel sur Cedar Island, près du confluent de la Bad River, fut repris en 1809 par Manuel Lisa, de Saint Louis, qui construisit un comptoir pour le commerce avec les Indiens. Les chroniques d'hiver font mention de l'incendie d'un comptoir survenu sur l'île à cette date, et comme elles indiquent que Little Beaver (nom apparemment donné à Loisel) périt dans la catastrophe, il est possible que celui-ci ait été soit l'associé soit un employé de Lisa. Nous possédons peu d'informations sur les Tétons à cette époque, et les chroniques d'hiver ne nous en fournissent guère, car lorsqu'elles furent interprétées, peu après 1877, leurs possesseurs eux-mêmes se montrèrent très imprécis quant à la signification exacte d'un grand nombre de pictogrammes. Ils expliquèrent ainsi qu'en 1815-1816, les Oglalas construisirent un bâtiment semblable à ceux des Blancs, dans lequel ils passèrent tout l'hiver, puis qu'ils en érigèrent un second en 1818-1819 et un troisième l'année suivante, alors qu'il va de soi que les dessins d'habitations des chroniques font référence à la construction de comptoirs commerciaux par les Blancs, près desquels les Oglalas avaient l'habitude d'hiverner. Les chroniques relatent également que plusieurs comptoirs furent construits par Choze, nom donné par les Tétons à Joseph La Framboise, un des marchands qu'ils apprécièrent particulièrement pendant cette période.

Les compagnies américaines de fourrures entrèrent dans la compétition après 1817. La concurrence devenant rapidement sévère, les marchands eurent recours à l'arme la plus efficace dans ce genre de guerre commerciale en fournissant aux Tétons de grandes quantités de mauvais alcool. Ce fut de toute évidence dans ces circonstances que mourut le père de Red Cloud, car celui-ci affirma à maintes occasions que son père avait été tué par la boisson. L'événement se produisit probablement vers 1825, car on sait que Red Cloud était très jeune lorsqu'il perdit son père et qu'il fut élevé par ses sœurs aînées.

Comme nous l'avons déjà signalé, les Arikaras s'étaient établis vers 1799 dans trois nouveaux villages situés sur la rive ouest du Missouri, entre les confluents de la Grand River et de la Moreau River. En 1810, ils n'avaient plus que deux villages, mais solidement fortifiés, et bien que souvent assiégés par d'importantes troupes de guerre tétons, ils ne couraient aucun risque de tomber sous les assauts. Aussi longtemps que les Arikaras maintenaient de bonnes relations avec les Blancs et étaient approvisionnés en armes et en munitions par les marchands, ils pouvaient résister à toutes les attaques sioux ; mais avec une inconséquence stupéfiante, ils s'attirèrent la colère des marchands par des actes d'hostilité renouvelés, qui culminèrent en 1823 lorsqu'ils s'en prirent, apparemment sans raison, au groupe de trappeurs de Ashley, venus dans leurs villages pour échanger des chevaux. Ashley parvint à sortir ses hommes du piège dans lequel treize d'entre eux périrent cependant et battit hâtivement en retraite en redescendant le Missouri. S'arrêtant à une distance raisonnable des villages de ses agresseurs, il envoya des émissaires dans toutes les directions pour demander de l'aide aux autres trappeurs et aux marchands tandis qu'un messager partait requérir le soutien de l'armée. Les pionniers du haut Missouri répondirent rapidement à son appel, mais les soldats furent nettement plus lents, et plusieurs semaines s'écoulèrent avant qu'un petit détachement de fantassins et de fusiliers, commandés par le colonel Henry Leavenworth, fasse son apparition au nord de la Grande Boucle.

Les marchands s'étaient entre-temps rendus dans tous les camps tétons, pressant les Indiens de se joindre à leur expédition punitive contre les Arikaras et lorsque les soldats arrivèrent dans leurs bateaux une impressionnante troupe de guerre était déjà formée, comprenant les Oglalas, les Miniconjous, les Saones, des Brûlés et quelques Yanktons. Les Saones fire hearts étaient venus en nombre de l'est du Missouri, mais ils avaient la réputation d'être très versatiles, plutôt hostiles aux Blancs, et pouvaient aisément se retourner contre leurs alliés et s'unir aux Arikaras s'ils voyaient la moindre possibilité de profit dans cette trahison. Le colonel Leavenworth, qui avait pris le commandement de toutes ces forces, comptait maintenant environ onze cent hommes sous ses ordres, soit presque deux fois le nombre de guerriers arikaras.

Partant du camp qu'il avait établi à une douzaine de kilomètres au sud des villages ennemis, le colonel déclencha son offensive le 9 août. Les Arikaras enfourchèrent leurs chevaux et se portèrent courageusement au-devant de leurs adversaires, mais les Tétons se ruèrent sur eux et, après un affrontement très âpre, les repoussèrent à l'intérieur de leurs fortifications. Ayant accompli cette action avec panache, les Tétons se retirèrent ensuite pour observer les soldats blancs, dont les marchands leur avaient longuement vanté les prouesses, venir à bout des défenses des Arikaras. Mais le colonel Leavenworth, trop circonspect, n'ordonna pas l'assaut et les Indiens, écœurés, se détournèrent des Blancs pour se répandre dans les champs de maïs des Arikaras, où ils passèrent le reste de la journée à festoyer. « Aidé les soldats blancs et pris beaucoup de maïs aux Arikaras », telle fut la première notation de leurs chroniques d'hiver pour cette année-là.

Dans la matinée du 10 août, le colonel disposa ses forces en ordre de bataille. Les Tétons, occupant toujours une position stratégique dans les champs de maïs – où ils gardaient leurs marmites sur le feu –, attendaient avec impatience que les Blancs contraignent les Arikaras à sortir afin de pouvoir les exterminer. Mais le colonel Leavenworth se montra tout aussi hésitant que la veille. Après avoir placé ses hommes en ligne pour l'assaut, il changea d'idée et leur fit prendre une autre position. L'artillerie tira quelques obus sur les villages mais les Arikaras, bien qu'effrayés, n'abandonnèrent pas leurs fortifications. Ainsi une seconde journée fut-elle perdue. Dans l'après-midi, la plupart des trappeurs et des marchands, ainsi que certains soldats, tous poussés par la faim, allèrent rejoindrent les Sioux dans les champs de maïs. Pour les Tétons, la mesure était comble. Chargeant hâtivement sur leurs poneys tout le maïs qu'ils pouvaient emporter, ils se retirèrent, non sans avoir dérobé auparavant huit chevaux au colonel afin de les ramener chez eux comme trophées.

Dans la soirée, les chefs arikaras sortirent avec des calumets de paix. Le colonel Leavenworth les écouta avec bienveillance, mais certains civils refusèrent de le fumer et laissèrent clairement entendre qu'ils ne se sentiraient liés par aucun traité de paix. Effrayés, les chefs regagnèrent leurs villages, puis revinrent le lendemain matin et conclurent la paix avec le colonel. Mais comme ils refusaient de restituer les biens qu'ils avaient volés au groupe de Ashley et que ce refus était une violation manifeste des clauses du traité, le colonel Leavenworth fut contraint malgré lui d'envisager une action armée. Il la reporta toutefois au lendemain, mais au lever du soleil, les assaillants s'aperçurent que tous les Arikaras, hommes, femmes, enfants, avaient profité de la nuit pour s'enfuir [12].

Cette campagne sans gloire contre les Arikaras inspira aux Tétons un profond mépris pour les soldats blancs. L'expédition avait néanmoins suffisamment effrayé les Arikaras pour les inciter à abandonner leurs villages, qui furent partiellement incendiés par leurs adversaires. A son retour, la tribu fut plus que jamais harcelée par les Tétons, de toute évidence poussés à agir de la sorte par la vindicte des marchands. Quand la sécheresse détruisit leurs récoltes, les Arikaras, découragés, prirent la décision héroïque de partir pour le Nebraska afin d'y rejoindre leurs parents, les Skidis pawnees. Un mystère demeure : comment parvinrent-ils à traverser sans dommage le pays des Tétons ? Il y a de bonnes raisons de supposer qu'ils suivirent la route de la Powder River, à l'ouest des Black Hills. Mais le fait est qu'ils se retrouvèrent une nouvelle fois en butte à l'hostilité des marchands et des Tétons en atteignant le Nebraska. Les Skidis pawnees étaient en effet en bons termes avec les Blancs, et en leur décrivant avec force détails tous les méfaits des Arikaras, les marchands finirent par les convaincre de ne pas laisser leurs parents en fuite s'installer chez eux. À la même époque, les Oglalas descendirent en grand nombre jusqu'à la Upper Platte, où selon toute vraisemblance ils attaquèrent et défirent les Arikaras déjà très alarmés par l'approche des dragons du colonel Henry Dodge qui remontaient alors la Platte dans leur direction. Vers 1835, les infortunés Arikaras décidèrent alors de regagner le haut Missouri. Mais ils ne tentèrent pas de reprendre possession de leurs anciens villages, au sud de la Grand River, préférant s'établir nettement plus au nord, près de la Knife River, dans un village déserté par les Mandans.

Le départ des Arikaras de la Grand River ouvrit enfin la route de l'Ouest aux Tétons qui étaient encore bloqués sur la rive est du Missouri. Ces Saones, en majorité des Hunkpapas et des Blackfeets sioux, franchirent alors le fleuve et occupèrent les anciennes terres des Arikaras, qui s'étendaient entre la Cheyenne River et le Cannonball.

En 1825, les Oglalas virent leur premier bateau à vapeur et signèrent leur premier traité avec les États-Unis. Le navire remonta le Missouri au début de l'été avec à son bord les membres de l'expédition Atkinson. Ceux-ci débarquèrent en plusieurs points de la vallée pour rencontrer les conseils des tribus tétons et obtenir l'assentiment de leurs chefs au traité, qui n'était rien d'autre qu'un simple accord de paix et d'amitié. Le 22 juin, les Brûlés, les Yanktons et quelques Yanktonais signèrent le traité à Fort Lookout, situé sur la rive ouest au sud de la Grande Boucle, là où les Oglalas avaient initialement franchi le fleuve. Le 4 juillet, au confluent de la Bad River, les chefs oglalas offrirent aux officiers de l'expédition un festin composé de viande de chien. Le lendemain les Oglalas et les Saones signèrent à leur tour le traité. Poursuivant sa remontée du Missouri, l'expédition rencontra ensuite les Saones fire hearts sur la rive est du confluent de Hidden Creek, puis les Hunkpapas dans les anciens villages des Arikaras, au sud de la Grand River.

Malheureusement, aucun des membres de l'expédition n'avait les compétences nécessaires pour écrire une narration détaillée de ses contacts avec les Indiens, et leurs rapports ne contiennent que des informations générales sur les territoires des tribus, leur importance numérique et les noms de certains de leurs chefs [13]. Nous y apprenons que les Brûlés, estimés à trois mille individus, occupaient alors la vallée de la White River, jusqu'aux Black Hills, et tenaient leur foire annuelle à Fort Lookout, au sud de la Grande Boucle. Les Oglalas, évalués à mille cinq cents personnes, dont trois cents guerriers, vivaient dans la vallée de la Bad River, entre les Black Hills et le Missouri, et leur foire avait lieu près de Fort Téton, au confluent de la Bad River. Lorsqu'ils signèrent le traité de 1825, les Oglalas accueillaient dans leurs rangs plusieurs bandes de Saones (d'après les noms de leurs chefs, de toute évidence des Miniconjous et des Sans Arcs). Les rapports de l'expédition Atkinson indiquent que les Saones, forts de trois mille âmes, se divisaient à ce moment-là en deux groupes répartis de part et d'autre du Missouri, entre la Bad River et un point situé environ à soixante-quinze kilomètres au nord du confluent de la Cheyenne : le premier, constitué essentiellement de Miniconjous et de Sans Arcs, vivait dans la vallée de la Cheyenne, tandis que le second, des Saones fire hearts et des Hunkpapas, chassait à l'est du Missouri, son territoire s'étendant jusqu'à la source de la Minnesota. Les Saones de l'Est procédaient habituellement à leurs échanges sur la James River, ceux de l'Ouest parfois au confluent de la Cheyenne. Il ressort clairement de ces rapports qu'en 1825, les Saones, connus plus tard sous les noms de Hunkpapas, Sioux blackfeets et Two Kettles, demeuraient encore pour la plupart à l'est du Missouri. Mais les Arikaras, qui avaient si longtemps occupé et contrôlé la rive ouest étaient maintenant sur le point de s'en retirer, laissant la voie libre pour une nouvelle avance des Saones.

En étudiant les noms qui figurent sur le traité de 1825, nous pouvons nous faire une idée relativement précise de l'organisation des Oglalas à cette époque. Le traité fut approuvé par huit chefs dont quatre chefs de guerre, ce qui signifie que la tribu se composait alors de quatre bandes. La première, dirigée par Standing Bull, *Tatanyka Najin,* avec Black Elk pour chef de guerre, n'était autre que l'ancienne division des True Oglalas, qui avait retrouvé une nouvelle fois sa place dirigeante. Son chef était probablement le fils du Standing Bull qui avait découvert les Black Hills vers 1775. La seconde bande, dont le chef était Shoulder et le chef de guerre Lone Bull – deux noms que les Oglalas se transmirent par la suite –, était apparemment celle des Shiyos (« Tétras-à-Longue-Queue »), qui semble s'être fondue en 1845 dans celle des True Oglalas. La troisième bande de 1825 était certainement celle des Kiyuksas, car son chef de guerre était le célèbre Bull Bear, *Mato Tatanyka,* qui devait devenir quelques années plus tard le grand-chef des Oglalas. Le chef de cette bande était alors Crazy Bear, *Mato Witko ;* dans le traité, il est appelé par erreur Full White Bear, sans doute une corruption de Fool White Bear, *mato* désignant indifféremment l'ours blanc ou le grizzli et *witko* signifiant imbécile ou fou (plusieurs Oglalas s'appelèrent Crazy Bear, « Ours Fou », au cours des décennies suivantes). La quatrième bande signataire du traité n'a pu être identifiée. Son chef est appelé Ghost Boy, *Wa-na-re-wag-she-go,* probablement une déformation de *Wanonre-chege,* Ghost Heart, nom employé jusqu'en 1876 par les Oglalas. Son chef de guerre, Mad Soul, *Na-ge-nish-ge-ah,* pourrait avoir été en réalité Mad

Shade – *nagi* signifiant esprit ou ombre –, nom également très répandu chez les Oglalas (la famille portant ce nom fit partie des True Oglalas après 1870).

Ces quatre bandes de 1825 rassemblaient de toute évidence les Oglalas qui furent connus après 1835 sous le nom de Bear People – les hommes de Bull Bear. Les Smoke People, les hommes de Smoke, qui constituèrent plus tard l'autre moitié de la tribu, comprenant les bandes de Smoke, du père de Red Cloud et de quelques autres chefs mineurs, ne sont pas mentionnés dans le traité. Leurs bandes, comme celle de Red Water, avaient déjà rejoint les Oglalas à cette époque, mais continuaient, semble-t-il, à être classées parmi celles des Saones et des Brûlés. On peut supposer que leurs membres prirent pour la première fois le nom d'Oglalas lorsqu'ils quittèrent définitivement leurs anciennes tribus pour suivre Bull Bear sur la Platte en 1834.

Entre 1825 et 1835, les chroniques d'hiver des Oglalas relatent des événements apparemment sans importance, mais que les Oglalas eux-mêmes jugèrent suffisamment intéressants ou significatifs pour les porter sur leurs calendriers. La guerre contre les Crows se poursuivait et une autre contre les Pawnees était sur le point d'éclater. En 1832, le peintre George Catlin rendit visite aux Indiens du confluent de la Bad River, mais ses textes imprégnés de romantisme, issus d'un esprit brouillon et dépourvu de toute rigueur, ne nous apprennent strictement rien, excepté les noms de deux ou trois individus, par ailleurs si mal transcrits qu'ils sont à peine reconnaissables. Sa seule observation présentant un quelconque intérêt concerne Whirlwind : elle nous apprend que cet Indien, devenu célèbre par la suite, faisait partie de la bande des Kiyuksas.

A cette époque, vers 1830, Fort Téton, le vieux poste commercial des Oglalas au confluent de la Bad River, avait été abandonné et remplacé sur le même site par Fort Tecumseh. L'importante compagnie qui contrôlait ce comptoir était alors en train d'établir des annexes près des Black Hills, afin d'épargner aux Indiens le long trajet jusqu'au Missouri pour échanger leurs fourrures. Une de ces annexes, Brûlé Post, se trouvait à Butte Cachée, sur la White River, très près de l'emplacement actuel de l'agence des Oglalas de Pine Ridge. L'annexe des Cheyennes était située au confluent de la Cheyenne River et de Cherry Creek, celle des Saones à la jonction de la Cheyenne et de Belle Fourche, la branche nord de la Cheyenne. Quant à celle des Oglalas, Oglala Post, elle avait été érigée sur la branche sud, près de Rapid Creek, à l'est de Bear Butte. Les petites compagnies de fourrures, pour leur part, ne bâtissaient pas d'annexes mais envoyaient leurs marchands vivre dans les camps indiens.

Oglala Post fut construit vers 1829. Thomas L. Sarpy, appelé Red Lake par les Oglalas, avait la responsabilité de cette annexe. Dans la nuit du 19 janvier 1832, alors que Sarpy et ses hommes travaillaient dans la pièce centrale, une bougie allumée tomba dans un baril de poudre ouvert : l'explosion tua Sarpy et blessa ses trois compagnons, James Parker, Pineau le Yankton et Louison le Brûlé. Pineau Springs, un trou d'eau situé près du confluent de la Bad River, dut son nom à Pineau. L'annexe des Oglalas fut rapidement reconstruite, et ces derniers continuèrent d'y échanger leurs fourrures jusqu'en 1834 [14].

De 1805 à 1835, les Oglalas furent probablement plus heureux qu'ils ne l'avaient jamais été auparavant. Vivant dans les régions reculées des grandes plaines, ils n'étaient pratiquement pas dérangés par les Blancs, ne fréquentant qu'une petite poignée de marchands français qu'ils considéraient comme leurs amis. Ils avaient maintenant des chevaux en abondance, leurs terres regorgeaient de gibier, la viande séchée ou les animaux fraîchement tués ne manquaient jamais dans leurs camps, et l'appel à venir festoyer ne cessait de s'y faire entendre. La quantité de nourriture que ces Indiens pouvaient consommer était d'ailleurs stupéfiante. Même les guerres de cette période dorée avaient leur charme, se prolongeant d'une année sur l'autre de raid en raid et de vol de chevaux en vol de chevaux, parfois émaillées d'événements plus graves comme l'extermination d'une troupe de guerre, la prise d'un camp ennemi ou la mort mystérieuse, en une nuit, de tous les chevaux du chef Standing Bull. Durant ces années, les Oglalas établissaient toujours leurs camps en vue des Black Hills, qui de loin dans la plaine apparaissaient comme une vague forme bleue au-dessus de l'horizon, mais qui, vues de près, dressaient leurs parois sinistres et sombres contre le ciel. En hiver, les camps étaient dressés dans des vallées abritées de la bordure orientale du massif, et parfois les Oglalas s'aventuraient dans des vallées plus hautes pour chasser le cerf et l'élan ou couper du bois pour leurs tipis ; mais *Pa Sapa,* les Black Hills, restait une terre sacrée, le cœur du pays des Tétons, et ils ne se risquaient que très rarement à y camper. La migration des Sioux jusqu'aux Black Hills et leurs premières années dans cette région n'ayant laissé aucune trace écrite dans leurs chroniques, une page entière de l'histoire des Tétons nous demeure et nous demeurera à jamais inaccessible. Ici et là, toutefois, nous pouvons nous faire une vague idée de ces richesses perdues. Ainsi en va-t-il du Race Track [15], dont la piste de rondins entourait complètement le pied des Black Hills. Lorsqu'en 1876 les Indiens durent céder leurs montagnes sacrées, ils déclarèrent : « Nous vous donnons les terres jusqu'au Race Track. » Bear's Lodge, Medicine Pipe Mountain, Old Woman's Hill, Dancer's Hill, Buffalo Gate : chacun de ces noms évoque une histoire de ces temps anciens, mais la plupart d'entre elles ont sombré dans l'oubli.

III

DES BLACK HILLS À LARAMIE
1834-1841

Nous arrivons maintenant à l'époque où les marchands blancs vont réussir à convaincre les Oglalas d'aller vivre au sud de leur nouveau foyer, sur la Platte River, et pour comprendre cet événement il paraît nécessaire d'expliquer ici comment se déroulait alors le commerce des fourrures. De 1825 à 1835, la Compagnie américaine des fourrures eut pratiquement le monopole des échanges avec les Tétons, conduisant les opérations de son comptoir central de Fort Tecumseh, plus tard rebaptisé Fort Pierre, situé au confluent du Missouri et de la Bad River. La politique de cette compagnie consistait à utiliser le savoir-faire des Indiens, ce qui signifie qu'elle dépendait essentiellement d'eux pour obtenir ses fourrures et que, s'il lui arrivait d'en acheter à des trappeurs blancs, il était hors de question pour elle d'encourager des groupes de Blancs à poser des pièges sur les terres indiennes. Mais à partir de 1824, prenant le contre-pied de cette politique, le général Ashley et ses associés entreprirent de mettre au travail d'importantes brigades de trappeurs blancs. En s'enfonçant vers l'ouest, au-delà de la Powder River jusqu'aux montagnes Rocheuses, ces hommes découvrirent des régions où les animaux à fourrure n'avaient pas encore été chassés et ramenèrent à Saint Louis de telles quantités de splendides peaux, en particulier de castors, que les autres marchands en furent stupéfaits. La Compagnie des montagnes Rocheuses, comme on devait bientôt l'appeler, ne se préoccupait que très peu des Indiens, cherchant seulement à ne pas s'attirer leur hostilité et faisant de temps à autre du troc avec eux pour obtenir des chevaux. Les brigades de trappeurs demeuraient à l'œuvre d'un bout à l'autre de l'année, campant en pleine nature comme les Indiens et se déplaçant de cours d'eau en cours d'eau à la recherche de bons terrains de chasse. Ainsi naquit en moins d'une décennie ce type unique d'Américain : le trappeur des Rocheuses, un Indien blanc, le plus souvent marié à une femme indienne. Pendant de longues années, en troupes importantes ou en petits groupes de deux ou trois individus, ces trappeurs explorèrent systématiquement tous les coins et recoins des montagnes et des plaines à la recherche des castors, se liant d'amitié avec les Indiens chaque fois qu'ils en avaient la possibilité, les affrontant avec courage quand ils ne pouvaient pas faire autrement.

La Compagnie américaine des fourrures ne tarda pas à prendre conscience des bénéfices énormes réalisés par les trappeurs des Rocheuses et décida d'en prendre sa part. Elle organisa une brigade de trappeurs blancs, mit à leur tête les plus entreprenants de ses chefs et les envoya dans les montagnes. Retrouvant la piste des trappeurs des Rocheuses, les nouveaux venus se mirent à les suivre partout où ils allaient, dans l'espoir d'apprendre leurs secrets et de découvrir les meilleurs terrains de chasse. Ils furent même accusés de dresser les Indiens contre leurs rivaux afin de gêner leurs opérations. Indignée par ces procédés, la Compagnie des montagnes Rocheuses tenta de répliquer en envoyant un lot sélectionné de marchandises dans le haut Missouri, afin de battre la Compagnie américaine sur son propre terrain en brisant son monopole des échanges avec les Indiens. Mais la Compagnie américaine tint ferme et finit par obliger sa concurrente à se retirer.

À cette époque, la Compagnie des Rocheuses s'était réorganisée : certains de ses membres n'allaient plus dans les montagnes, s'occupant uniquement de la collecte des fourrures et de l'approvisionnement des brigades à l'œuvre sur le terrain. À vrai dire, ces hommes n'étaient pas vraiment des associés de la Compagnie ; leur seul lien était un contrat stipulant qu'ils devaient recueillir les fourrures et fournir chaque année aux trappeurs les produits dont ils avaient besoin. En 1834, ces négociants, William Sublette et Robert Campbell, décidèrent d'emprunter la piste de Santa Fe pour livrer leur chargement, car les Arikaras se trouvaient alors sur la Platte et les deux hommes craignaient d'être attaqués et dévalisés s'ils suivaient leur route habituelle en remontant la vallée jusqu'aux Rocheuses. Ayant été considérablement retardés, ils commencèrent bientôt à craindre d'arriver trop tard pour le rendez-vous annuel de la Compagnie. Sublette partit donc en avant, mais une fois dans les montagnes, il découvrit que la Compagnie des Rocheuses ne l'avait pas attendu et s'était déjà procuré ailleurs ses fournitures – ce qui les laissait, lui et son partenaire, avec un important stock de marchandises sur les bras pour lesquelles ils n'avaient aucun débouché. Entre-temps, Campbell avait atteint le confluent de la Laramie Fork, sur la North Platte, et en attendant le retour de Sublette, il ordonna à ses hommes de construire un petit dépôt à l'emplacement du futur Fort Laramie, qu'il nomma Fort William en l'honneur de son compagnon.

Ayant abandonné tout espoir de vendre son stock à la Compagnie des Rocheuses, Campbell, qui était un homme de ressources, eut alors l'idée de demander aux Oglalas de quitter les Black Hills, de venir s'installer sur la Platte et d'échanger leurs fourrures au nouveau poste établi par Sublette. Lucien Fontenelle revenait à ce moment-là des montagnes en redescendant la Platte, et lorsqu'il atteignit Bellevue, au sud de l'actuelle Omaha, il écrivit à sa propre firme, la Compagnie américaine, pour l'informer des projets de Campbell. Après avoir expliqué que Campbell avait l'intention de faire de son comptoir le principal centre du commerce avec les Sioux et les Cheyennes, il précisa : « Il a d'ores et déjà envoyé des hommes auprès de ces Indiens pour les attirer sur la Platte River. On trouve ici du gibier en abondance d'un bout à l'autre de l'année, et la situation pourrait y être très avantageuse pour le commerce des fourrures [1]. »

Fontenelle et les autres dirigeants de la Compagnie américaine voyaient de toute évidence dans les projets de Campbell une tentative de leur voler leur clientèle indienne. Ils contrôlaient depuis si longtemps la totalité des échanges avec les Sioux et les Cheyennes qu'ils en étaient venus à considérer leurs relations avec ces derniers comme une chasse gardée, au point que leurs rivaux potentiels faisaient inévitablement pour eux figure de braconniers. Ils avaient d'ailleurs déjà subi une concurrence de ce genre entre 1827 et 1829 lorsque les frères Bent, ayant établi un comptoir sur l'Arkansas, étaient remontés jusqu'aux Black Hills et avaient convaincu plusieurs bandes de Cheyennes et d'Arapahos de les suivre dans le Sud pour faire du commerce avec eux.

En 1895, le major Powell publia un article sur les premières années de Fort Laramie dans le *Weekly* de Frank Leslie. Powell avait obtenu la plupart de ses informations du général Carlin, qui avait servi au fort à ses débuts. Selon lui, lorsque la construction du premier dépôt de la Laramie Fork fut achevée, deux hommes, Kiplin et Sabille, furent envoyés à Bear Butte, dans les Black Hills, et persuadèrent Bull Bear de s'installer sur la Platte avec une centaine de tipis : « Et ce fut ainsi que les Sioux apparurent pour la première fois dans cette région [2]. » Une étude des archives de l'époque révèle que Kiplin était en réalité C. E. Galpin, habituellement appelé Gilpin. Il vivait encore au voisinage de Fort Laramie en 1842 et s'établit plus tard dans le haut Missouri, où il continua à faire du commerce avec les Sioux pendant de nombreuses années. John Sabille, un autre marchand, donna son nom à un affluent de la Laramie Fork et à une vallée, Sybille's Hole. En 1843, il se trouvait de nouveau sur le Missouri, près du confluent de la Cheyenne River.

Ainsi, en 1834, les Oglalas furent-ils brusquement arrachés à leur chère région des Black Hills et transplantés dans une terre inconnue, sur les rives de la North Platte. Les relations qu'ils entretenaient depuis de longues années avec la Compagnie américaine des fourrures furent brutalement rompues. Mais Sublette et Campbell cédèrent bientôt leur comptoir à la Compagnie des Rocheuses qui, craignant d'y perdre de l'argent, le revendit peu après à la Compagnie américaine. En l'espace de quelques mois, les Oglalas se retrouvèrent donc en face de leurs vieux partenaires, tandis que le dépôt initial de la Laramie Fork était reconstruit et rebaptisé Fort John. Mais les Sioux perdirent rapidement le souvenir de ces événements. En 1870, lorsque le gouvernement envoya une commission à Fort Laramie pour négocier avec les Oglalas, un de leurs chefs, prenant un air éminemment supérieur, entreprit lors d'un conseil, de fustiger l'ignorance des Blancs : « Qui a construit le premier comptoir sur cette terre ? », demanda-t-il d'une voix chargée de mépris. À sa grande stupéfaction, un des commissaires du gouvernement lui répondit tranquillement : « J'ai bâti le premier comptoir ici. » Cet homme aux cheveux blancs n'était autre que Robert Campbell, de Saint Louis, celui-là même qui avait fait construire en 1834 le dépôt de la Laramie Fork.

Le major Powell précise dans son article que Bull Bear se rendit sur la Platte à l'automne 1834 avec cent tipis ; comme les Oglalas étaient à cette époque évalués à deux cents tipis ou plus, nous pouvons en déduire qu'une fraction seulement de la tribu fit partie du premier voyage vers le sud. Bull Bear, après avoir hiverné près du nouveau poste, fut apparemment rejoint au printemps 1835 par la plupart des autres bandes oglalas, car lorsque Samuel Parker remonta la Platte pendant l'été, il y trouva deux mille Oglalas, soit l'équivalent d'environ deux cents tipis [3]. Ces Indiens venaient de chasser le bison près de la fourche de la Platte et revenaient vers la Laramie Fork pour y faire leurs échanges. On sait que quelques Oglalas demeurèrent dans les Black Hills. Ils se rapprochèrent ensuite peu à peu de la vallée du Missouri, où ils maintinrent un petit camp distinct jusqu'en 1865.

Les terres de la Upper Platte où s'installèrent les Oglalas étaient revendiquées par les Cheyennes et les Arapahos. De nombreuses bandes de ces deux tribus étaient parties vivre dans l'Arkansas, mais on trouvait encore plusieurs de leurs camps à proximité de la Platte. Jusqu'en 1855, la région comprise entre les deux branches de la rivière continua d'ailleurs d'être désignée comme un territoire des Cheyennes et des Arapahos, bien que les Oglalas en aient été les seuls occupants depuis deux décennies.

Avant d'émigrer vers le sud, les Cheyennes s'étaient engagés dans une guerre mouvementée avec les Pawnees, dont les villages de huttes de terre se dressaient près de la Loup Fork de la Platte, dans l'est du Nebraska. Les Skidis pawnees avaient depuis longtemps l'habitude d'hiverner près de la fourche de la Platte, où se trouvaient également leurs terrains de chasse favoris. Ils s'y heurtaient fréquemment aux Cheyennes, la victoire revenant tantôt à l'une, tantôt à l'autre des deux tribus. Mais juste avant 1830, les Pawnees massacrèrent jusqu'au dernier un groupe de guerriers cheyennes. Ceux-là, suivant leur coutume, attendirent « un hiver », puis « tournèrent les flèches » contre les Pawnees et firent circuler un calumet de guerre dans tous les camps de leurs alliés. Lorsqu'ils se mirent en campagne, l'été suivant, leur troupe comptait un grand nombre de Sioux et d'Arapahos. Remontant vers la source de la Loup Fork, ils surprirent les Skidis pawnees et les attaquèrent. Les Cheyennes se lancèrent dans la bataille avec leurs flèches sacrées liées à l'extrémité d'une lance portée par un de leurs hommes-médecine. Un Pawnee en mauvaise santé qui souhaitait en finir avec la vie s'était avancé entre les lignes et assis sur le sol pour attendre la mort. Lorsque l'homme-médecine cheyenne galopa jusqu'à lui et tenta de le percer de sa lance, l'homme saisit l'arme et la lui arracha des mains. Les Pawnees chargèrent alors et récupérèrent la lance et les flèches sacrées. Cet incident découragea à tel point les Cheyennes qu'ils cessèrent le combat et battirent en retraite avec leurs alliés, pleurant et gémissant sur la perte irréparable de leurs objets sacrés [4].

Cette bataille, qui reçut le nom de Medicine Arrow, semble avoir attiré l'attention des Tétons sur les Pawnees, car à partir de cette date leurs chroniques d'hiver font fréquemment référence à des combats contre ces derniers. Dans cette guerre, les Brûlés paraissent avoir joué le rôle principal en attaquant les villages des Pawnees, tandis que les Oglalas, après s'être installés sur la Platte, se contentèrent de les harceler lorsqu'ils s'aventuraient dans les plaines pour leurs chasses au bison bisannuelles. En 1832, les Pawnees avaient tellement souffert des agressions des Brûlés qu'ils abandonnèrent la Loup Fork et construisirent de nouveaux villages sur la rive sud de la Platte. Mais le gouvernement américain ne l'entendit pas de cette oreille, craignant que les nouveaux venus ne s'en prennent aux marchands et aux émigrants qui remontaient la rivière pour se rendre dans l'Ouest. Quelques années plus tard, ses agents persuadèrent les Pawnees de regagner la Loup Fork. Selon les Indiens, on leur fit alors la promesse solennelle de les protéger de l'hostilité des Sioux, mais cet engagement ne fut jamais tenu.

Une partie des Pawnees se trouvait encore sur la Platte, et les bandes qui étaient retournées sur la Loup Fork y reconstruisaient leurs villages lorsque, en juin 1845, une importante troupe de cavaliers sioux apparut un matin sur une crête dominant l'un de ces nouveaux villages. Les Sioux dévalèrent la pente jusqu'aux habitations – une soixantaine de huttes de terre – tuèrent quelques Pawnees, volèrent un grand nombre de chevaux, puis regagnèrent la crête, mirent leur butin à l'abri et chargèrent une nouvelle fois. Alertés par les bruits de la bataille, de nombreux Pawnees accoururent de la Platte, distante seulement d'une trentaine de kilomètres, pour venir en aide à leurs parents, mais les Skidis pawnees du village le plus proche se retranchèrent derrière leurs murs, refusant de porter secours à leurs voisins. Les Sioux continuèrent d'appliquer la même tactique, chargeant, tuant quelques adversaires, incendiant quelques huttes, emmenant les chevaux jusqu'à la crête, puis se remettant en ordre de bataille et chargeant de nouveau. La plupart des Pawnees s'étaient réfugiés dans la maison de leur grand-chef, une hutte de terre de grandes dimensions ; ils avaient ouvert des meurtrières dans les murs et tentaient désespérément de s'opposer à la marée humaine qui déferlait sur eux. Les enclos entourant la maison du chef renfermaient de nombreux chevaux dont les

Sioux essayaient de s'emparer, galopant avec une témérité folle jusque sous la bouche des fusils pawnees ; plusieurs d'entre eux furent tués, mais leurs compagnons chargèrent leurs corps sur la croupe de leurs montures et les emportèrent pour éviter que les Pawnees ne les scalpent. Le combat se poursuivit ainsi pendant plusieurs heures, et lorsque les Sioux se retirèrent enfin, les Pawnees étaient si effrayés qu'ils jetèrent leurs morts dans des silos à maïs et des fossés, ramassèrent en hâte quelques affaires et abandonnèrent leur village. Ils déploraient environ soixante-dix tués, parmi lesquels Middle Chief, un autre grand-chef, et l'interprète La Chapelle. La moitié de leurs huttes étaient en cendres et la quasi-totalité de leurs chevaux avaient disparu [5].

Lorsque les Oglalas s'installèrent sur la Platte, ils commencèrent à chasser le bison près de sa fourche, se heurtant bientôt aux Skidis pawnees qui fréquentaient les mêmes terrains de chasse. Comme nous l'avons vu Bull Bear fit son apparition dans la région avec une centaine de tipis, passa l'hiver à proximité du nouveau comptoir de la Laramie Fork, puis descendit la Platte au printemps pour chasser le bison, rejoint en chemin par cent autres tipis de la tribu. Aucun combat avec les Pawnees n'est signalé à cette époque, les Oglalas ayant regagné la Laramie Fork en juillet après avoir achevé leur chasse ; mais l'hiver suivant, ainsi que le relatent leurs chroniques d'hiver, ils affrontèrent les Pawnees sur la Platte prise par les glaces et les défirent.

Il est bien connu que les Sioux donnaient souvent le nom de Pawnees (Padanis) aux Arikaras, et leurs chroniques d'hiver offrent maints exemples de la confusion qu'ils faisaient entre les deux tribus. Pendant l'été 1835, tous les Arikaras quittèrent le village des Skidis pawnees sur la Loup Fork et gagnèrent la fourche de la Platte. Ils y rencontrèrent le colonel Henry Dodge et ses dragons, et semblent s'y être arrêtés pour la durée de l'hiver. Comme nous savons par ailleurs que les Skidis pawnees hivernèrent nettement plus en aval de la Platte, à la hauteur de Grand Island, et qu'ils n'eurent à déplorer cet hiver-là qu'un léger accrochage avec les Sioux, il paraît clair que la bataille remportée par les Oglalas sur la rivière gelée ne les opposa pas aux Pawnees, mais à leurs vieux ennemis les Arikaras. Rufus Sage, évoquant cet affrontement, indique qu'il se produisit près de Ash Hollow, sur la North Platte : les vaincus regagnèrent leur village sur Cedar Bluff, près de la ville actuelle de North Platte, et dans leur fuite pour échapper à d'autres attaques sioux, ils eurent juste le temps de ramasser en toute hâte une partie de leurs affaires [6]. Ces détails s'accordent parfaitement avec ce que nous connaissons des mouvements des Arikaras à cette époque, et cet épisode nous permet par ailleurs de comprendre pourquoi et comment ils quittèrent à ce moment-là le Nebraska pour s'établir sur le haut Missouri, dans les anciens villages des Mandans et des Hidatsas.

Les Oglalas s'en prirent ensuite aux Skidis pawnees, les contraignant en l'espace de quelques années à renoncer à leur vieille habitude d'hiverner et de chasser près de la fourche de la Platte. Les trois autres tribus pawnees chassaient sur les affluents de la Kansas River, et les Skidis, délogés par les Oglalas, obtinrent l'autorisation de chasser avec eux.

American Horse rapporte que pendant l'hiver 1837-1838, un Oglala nommé Paints-His-Cheeks-Red et toute sa famille furent massacrés par des Pawnees sur la North Platte. La chronique d'hiver des Brûlés relate également cet événement, précisant que cinq personnes y trouvèrent la mort. Spotted Horse, un neveu de Paints-His-Cheeks-Red, fit alors circuler un calumet de guerre dans tous les camps sioux afin de recruter des guerriers pour venger la mort de ses parents. Le raid de représailles semble avoir eu lieu en 1838, et selon les chroniques d'hiver, les Oglalas attaquèrent les villages pawnees et y volèrent un certain nombre de chevaux, mais sur le chemin du retour, ils se trouvèrent à court de vivres et durent manger leur butin, qu'ils ne purent donc pas ramener dans leurs camps comme preuve de leur victoire.

L'été suivant, les Sioux et leurs alliés pénétrèrent sur les terrains de chasse pawnees, sur les affluents de la Kansas, les combattirent et leur infligèrent une sévère défaite, tuant quatre-vingts d'entre eux et ne perdant de leur côté qu'un seul guerrier. Une telle réussite fut sans doute due à l'emploi d'une tactique soigneusement mise au point : ils surveillaient les Pawnees jusqu'à ce qu'ils sortent de leur camp pour chasser, attendaient sans se montrer qu'ils aient fatigué leurs chevaux en poursuivant les bisons et qu'ils se soient divisés en petits groupes pour les dépecer, puis ils surgissaient brusquement sur des montures fraîches et encerclaient quelques groupes tout en repoussant les autres vers leur camp. Les Pawnees, avec leurs femmes et leurs enfants, étaient trop éparpillés pour pouvoir faire front avant d'avoir rejoint leur camp et les Sioux, s'étant assuré tous les avantages, taillaient en pièces un groupe après l'autre en ne laissant que des cadavres derrière eux. Telles étaient les péripéties sanglantes dont un simple dessin, souvent répété dans les chroniques d'hiver, se bornait à présenter froidement le résultat : « Tué cent Pawnees. »

Bull Bear conduisit lui-même l'expédition de 1839, et sa troupe de guerre regagnait son camp lorsqu'elle rencontra le voyageur allemand Wislizenus sur la South Platte. Nous trouvons dans les carnets de ce dernier la seule description physique connue de ce grand chef des Oglalas : « Plutôt âgé, trapu, d'une stature épaisse. » Il est également présenté par Wislizenus comme un bon ami des Blancs, très apprécié et respecté des marchands [7].

Pour une raison inexpliquée, les Oglalas qui suivaient Bull Bear, ainsi que les Kiyuksas, les True Oglalas, la bande de Red Water et quelques autres petits camps, se mirent à cette époque à chasser à l'ouest de la Laramie Fork, s'avançant dans les plaines de Laramie presque jusqu'à la source de la North Platte. À partir de 1840, leurs terrains de chasse de la fourche de la Platte furent occupés par les Oglalas de la division de Smoke, ainsi que par plusieurs bandes de Brûlés qui commençaient alors à quitter leurs anciennes terres de la haute vallée de la White River pour se fixer sur la Platte.

La conséquence immédiate de ce déplacement vers l'ouest fut que les Oglalas de Bull Bear entrèrent en conflit avec les

Snakes, qui vivaient à l'ouest des montagnes et possédaient d'importants troupeaux d'excellents chevaux qui excitaient leur convoitise. Les Cheyennes et les Arapahos du Nord, qui se montraient souvent près de la source de la North Platte, se joignirent aux Oglalas dans leur lutte contre les Snakes. De leur côté, les Crows de la région de la Bighorn s'aventuraient de temps à autre au sud pour attaquer les Oglalas et les Cheyennes, tant et si bien que lorsque les hommes de Bull Bear vinrent chasser dans les plaines de Laramie, ils se retrouvèrent en quelque sorte au carrefour des routes empruntées par les troupes de guerre de plusieurs tribus. C'était une bonne région pour la chasse, mais aussi pour les affrontements tribaux, et les Oglalas y rencontrèrent bientôt en abondance autant d'ennuis que de bisons.

En combattant les Snakes et en reprenant leur vieille guerre avec les Crows au point où ils l'avaient laissée dix ans auparavant, les Oglalas ne tardèrent pas à se heurter également aux trappeurs blancs. En 1840, les trappeurs des Rocheuses tinrent leur dernier rassemblement annuel ; certains quittèrent la région, d'autres continuèrent de travailler en petits groupes indépendants. Le castor n'étant désormais plus rentable pour les grandes compagnies de fourrures, le temps des brigades de trappeurs était révolu, mais la plupart de ces hommes étaient incapables de s'adapter à un autre mode de vie, aussi demeurèrent-ils dans les montagnes, poursuivant tant bien que mal leurs activités et vivant dans les camps indiens pendant la morte saison. Comme un grand nombre d'entre eux partageaient l'existence des Crows et des Snakes, les Oglalas qui affrontaient ces tribus voyaient souvent des Blancs se battre aux côtés de leurs ennemis, et ils subissaient parfois des pertes élevées qu'ils attribuaient au tir meurtrier des trappeurs.

Un sentiment d'hostilité à l'égard des Blancs, à l'origine dirigé uniquement contre les trappeurs alliés au Snakes et aux Crows, se répandit rapidement parmi les Oglalas et les autres Indiens de la Upper Platte qui parlèrent bientôt de tuer ou de chasser de leur territoire tous les Blancs qui y vivaient, à l'exception de quelques marchands jouissant de leur confiance. La conduite de la majorité des Blancs justifiait amplement cette animosité. Le commerce avec les Indiens, intimement lié à celui des peaux de castors, paraissait alors sur le point de s'éteindre, et le nombre des comptoirs encore en activité diminuait d'année en année. Pourtant, en cette période de récession marquée, des hommes ambitieux et sans scrupules, obsédés par les bénéfices considérables réalisés par leurs prédécesseurs, tentaient de les imiter par tous les moyens possibles, faisant une concurrence sauvage aux grandes compagnies qui se contentaient pour leur part de gérer la crise en attendant des jours meilleurs.

En 1835, le petit dépôt de la Laramie Fork était le seul comptoir de la Upper Platte, mais au cours des années suivantes plusieurs autres établissements furent ouverts à proximité, et la Compagnie américaine des fourrures, qui avait jusqu'alors bénéficié du monopole des échanges dans cette région, se trouva bientôt engagée dans une guerre commerciale sans merci. Comme il était de règle dans les affrontements entre Blancs pour le contrôle du marché indien, l'alcool fut l'arme de prédilection de tous les combattants. D'abord vendu très cher, il fut ensuite donné gratuitement aux Indiens quand la compétition devint vraiment sérieuse. Les Oglalas avaient déjà connu une situation semblable dans le haut Missouri vers 1822, et un grand nombre d'entre eux s'étaient alors entre-tués dans des querelles d'ivrognes. Ils savaient que l'alcool était mauvais pour eux, beaucoup ne souhaitaient pas en avoir dans leurs camps, mais lorsqu'il leur était proposé avec insistance ils n'avaient pas la force morale de le refuser. Débutant vers 1840, cette guerre des marchands plongea les Oglalas, les Brûlés et les Cheyennes de la Upper Platte dans un état de terrible prostration pendant plusieurs années. En temps ordinaire, le meurtre d'un Sioux par un autre Sioux était extrêmement rare, mais l'alcool coulant à flots dans les camps, de tels événements devenaient quoditiens. Pour cette période, les chroniques d'hiver et les récits de Rufus Sage font état de nombreux cas de morts violentes, et tout porte à croire que la réalité fut beaucoup plus effroyable.

Ce fut pendant ces années de misère qu'entra en scène un petit Français au caractère emporté, nommé John Richards, qui devait par la suite jouer un rôle très important dans l'histoire des Oglalas. Richards, souvent décrit comme un *desperado,* fut le premier fournisseur d'alcool des camps de la Upper Platte. Ayant franchi clandestinement la frontière avec un chargement de whisky provenant des colonies mexicaines du sud de l'Arkansas River, il emprunta des pistes de montagne et livra sa funeste marchandise à ses employeurs, Pratte, Cabanne and Co., qui avaient ouvert un comptoir sur la Laramie Fork, non loin de Ford John, le poste de la Compagnie américaine. Avec ce stock à leur disposition, Pratte et Cabanne commencèrent à séduire les Indiens, obtenant très rapidement qu'ils leur cèdent toutes leurs fourrures. La Compagnie américaine réagit à cette attaque en jouant simultanément sur deux tableaux. Adoptant une attitude hautement morale, elle adressa une plainte en bonne et due forme au gouvernement des États-Unis, le pressant d'envoyer un agent indien dans la Platte pour mettre fin au scandale, s'arrangeant par ailleurs pour que cet agent soit un de ses propres employés. Dans le même temps, réaliste et forte de son expérience en la matière, elle se procura de l'alcool en grande quantité et entreprit de combattre le feu par le feu en le distribuant aux Indiens. Lorsque l'agent du gouvernement arriva sur la Laramie Fork, les marchands prévenus de sa visite, avaient caché toutes leurs provisions d'alcool et ils l'accueillirent avec des protestations d'innocence. Il ne put évidemment pas faire grand-chose, mais réussit peut-être à évincer John Richards car celui-ci, emportant un chargement comprenant principalement de l'alcool, s'en alla alors poursuivre ses coupables activités dans la région des Black Hills, où son passage de camp en camp fut marqué par la mort de nombreux Sioux tués dans des bagarres d'ivrognes. Sitôt l'agent reparti, les marchands de la Laramie Fork ressortirent leurs stocks d'alcool et recommencèrent à le distribuer aux

Indiens. Le bruit courut à cette époque que la Compagnie américaine avait drogué le sien, probablement en lui ajoutant du laudanum : cette pratique était supposée être un geste d'humanité, car le mélange d'alcool et de laudanum plongeait les Indiens dans un état de stupeur profonde, qui les empêchait de se quereller et de s'entre-tuer [8].

Alors que l'alcoolisme faisait des ravages dans les camps oglalas, la vieille opposition qui couvait entre le grand chef Bull Bear et le chef de bande Smoke se transforma en crise ouverte et connut son aboutissement. Bull Bear, aussi valeureux fût-il, était un véritable despote qui faisait régner la terreur parmi ses guerriers, n'hésitant pas à poignarder tout homme qui n'obéissait pas à ses ordres. Il n'avait jamais payé pour une femme, prenant les filles qui lui plaisaient et laissant leurs parents attendre en vain le dédommagement traditionnel. Il ne supportait pas non plus le moindre rival, et lorsque les marchands, soutenant l'aimable Smoke, le poussèrent à se dresser contre le grand-chef vieillissant, Bull Bear traversa fièrement son camp, se planta devant sa hutte et le défia à haute voix de sortir l'affronter. Ne recevant pas de réponse, Bull Bear pris de fureur larda de coups de couteau le cheval préféré de Smoke, qui était à l'attache devant son tipi, puis regagna à pied son propre camp. Bien qu'ouvertement défié et injurié, Smoke n'osa pas protester ; mais lui et ses amis, parmi lesquels figurait le jeune Red Cloud, élaborèrent à la suite de cet affront un plan pour se débarrasser du vieux chef, et attendirent patiemment leur heure pour l'exécuter.

L'occasion d'agir se présenta pour eux aux cours de l'automne 1841. Le terrible Bull Bear, n'ayant avec lui qu'une poignée de guerriers, se rendit un jour au camp de Smoke sur la Chugwater, un petit affluent de la Laramie Fork situé à quelques kilomètres au sud-est de Fort John. Des employés de la Compagnie américaine étant en train d'y livrer de l'alcool, les hommes de Smoke offrirent à boire à ceux de Bull Bear, puis s'arrangèrent pour qu'une rixe éclatât. Le vieux lion, alerté par le tumulte, se rua hors de son tipi pour mettre fin à la bataille et fut aussitôt abattu, par le jeune Red Cloud lui-même selon certains dires. Un combat féroce s'ensuivit. Le frère de Red Cloud, un chef nommé Yellow Lodge, fut tué ainsi que six guerriers, et un grand nombre d'autres furent blessés avant que le calme ne puisse être rétabli.

Francis Parkman entendit raconter cette histoire cinq ans plus tard par Rouleau, qui se trouvait dans le camp lorsque l'affrontement se produisit. Rufus Sage le situe en novembre 1841. Mais les Oglalas d'aujourd'hui n'ont plus aucun souvenir de la mort de Bull Bear, un événement qui divisa pourtant leur tribu en deux factions hostiles et eut une influence considérable sur la suite de leur histoire. Le Dr Charles A. Eastman, un Sioux authentique, a décrit cet épisode tel qu'il lui fut raconté des années plus tard par des Oglalas, et sa narration offre un exemple frappant de ce que l'on pourrait appeler leur mémoire refoulée. Eastman écrit ainsi que les troubles au sein de la tribu commencèrent avec l'arrivée à Fort Laramie du général Harney, venu signer un traité de paix avec les Sioux. En réalité, Fort Laramie n'existait pas encore à cette époque, le général Harney ne se rendit dans la région que quatorze ans après la mort de Bull Bear, et nullement dans le but d'y conclure un traité. Eastman poursuit en expliquant que les Oglalas refusèrent de signer le traité, mais que le général Harney soudoya le méchant chef « Bear Bull », qui tenta alors d'obliger ses hommes à changer d'avis. Sur quoi le père de Red Cloud (mort en réalité depuis des années) s'avança et défia le chef, qui le trucida sur-le-champ. Le jeune Red Cloud tua en conséquence le tyran Bear Bull, ce qui lui valut d'être acclamé par tous comme un véritable héros [9].

La chronique d'hiver d'American Horse donne comme date exacte de cet événement l'hiver 1841-1842 : les Oglalas, qui campaient sur la Chugwater, se saoulèrent et se battirent entre eux, à la suite de quoi les Kiyuksas de Bull Bear se séparèrent du reste de la tribu. Ils furent suivis par les True Oglalas, par la bande de Red Water et quelques autres. Une bonne moitié de la tribu fit ainsi sécession, et quarante ans plus tard, dans leur réserve, les Oglalas étaient encore partagés en deux partis rivaux connus sous le nom de Bear People, les partisans de Bull Bear, et de Smoke People, les hommes de Smoke. À dater de ce jour fatidique de novembre 1841 où le vieux chef fut assassiné dans le camp de Smoke, les deux factions de la tribu ne cessèrent de s'éloigner l'une de l'autre. Les Bear People descendirent graduellement en direction du sud-est, pour finalement occuper les terres du Nebraska et du Kansas situées entre la Platte et la Smoky Hill Fork. Les Smoke People, de leur côté, remontèrent au nord de Fort Laramie et s'établirent de manière permanente près de la source de la Podwer River dans le centre-nord du Wyoming.

Lorsque, cinq ans après le drame de la Chugwater, Francis Parkman vint passer un été dans les camps oglalas, il les trouva désemparés, privés de chef et profondément divisés. Eagle Feather, le fils du vieux Red Water, déclara que depuis la mort de leur grand-chef les Oglalas avaient été comme des orphelins égarés, incapables de gérer correctement leurs propres affaires. Whirlwind, le guerrier qu'avait rencontré George Catlin en 1832, avait été désigné pour succéder à Bull Bear, mais il ne dirigeait en réalité que sa propre bande, les Kiyuksas. Les autres chefs étaient dans une situation similaire, chacun ne légiférant que pour lui-même et pour son petit groupe. Lorsque les Oglalas de cette époque se rassemblaient en larges camps afin de prendre une décision importante, c'était uniquement pour se trouver en désaccord sur presque tout et se séparer rapidement de nouveau, chaque bande regagnant son territoire en maudissant amèrement toutes les autres.

IV

LES ANNÉES D'ERRANCE
1842-1851

Peu de temps après la mort de Bull Bear, les Oglalas se trouvèrent confrontés à de nouvelles conditions de vie avec l'apparition dans les plaines des convois d'émigrants. Ce ne furent d'abord que quelques chariots bâchés de blanc qui remontaient la vallée de la Platte ; puis ils se firent plus nombreux jusqu'à devenir un véritable flot, emportant une armée de Blancs aux mœurs étranges qui se dirigeaient tous vers l'ouest. Les Oglalas avaient le plus souvent trouvé plaisir à la fréquentation des marchands et s'étaient plus ou moins accommodés des trappeurs, mais ces étrangers étaient radicalement différents. Ils emmenaient avec eux des femmes et des enfants, et leur attitude à l'égard des Indiens était essentiellement faite de peur et de méfiance. Les Sioux remarquèrent d'ailleurs que les nouveaux venus s'entendaient généralement plutôt mal avec les Blancs établis depuis longtemps dans les plaines. Ils semblaient mépriser tous ceux qui vivaient en compagnie des Indiens ; les marchands et les trappeurs, de leur côté, maudissaient les hommes des caravanes qui venaient défigurer la région. Les Oglalas étaient très intrigués par cette ruée d'émigrants, car ils ne comprenaient pas ce que tous ces gens allaient chercher dans l'Ouest. Mais graduellement, ils prirent conscience que les Blancs étaient en train de saccager la vallée de la Platte, détruisant l'herbe, coupant les arbres, faisant fuir le gibier, et transformant leurs terres en un pays de l'homme blanc, où l'Indien n'était plus toléré que comme un intrus tenu de respecter des lois et des règlements dont il ne percevait ni l'importance ni la signification.

Il serait cependant absurde de considérer l'arrivée des émigrants comme l'unique raison de l'hostilité des Indiens à l'égard des Blancs au début des années 1840. Toutes les sources montrent que cette animosité fut d'abord dirigée contre les trappeurs, qui étaient déjà la cible des attaques indiennes depuis plusieurs années lorsque les émigrants commencèrent à devenir un sujet d'inquiétude. Dans le cas des Oglalas, la haine croissante qu'ils éprouvaient pour les Blancs résultait pour une grande part de leur découragement face aux ravages de l'alcoolisme. Par ailleurs, de nombreux trappeurs vivaient parmi les Snakes et les Crows à l'époque où les Oglalas leur livraient une guerre sans merci ; ils se trouvaient donc tout naturellement impliqués dans le conflit et aidaient parfois leurs hôtes à se défendre. D'autres fois ils étaient eux-mêmes agressés par les Oglalas, qui leur volaient fréquemment leurs chevaux.

En 1841, Oglalas et Cheyennes interceptèrent sur la Sweetwater River, à l'ouest d'Independence Rock, le convoi du Dr E. White, qui était guidé par Thomas Fitzpatrick. Les Indiens tinrent conseil toute la nuit pour décider si les émigrants devaient ou non être attaqués. La plupart des guerriers étaient en faveur de l'asssaut. Finalement, les chefs firent savoir à Fitzpatrick que son groupe pouvait poursuivre son chemin, mais le prévinrent que dorénavant plus aucune caravane ne serait autorisée à traverser la région. Le même été, cinq cents guerriers sioux, cheyennes et arapahos s'opposèrent dans une bataille rangée à une importante troupe de trappeurs près de la frontière entre le Colorado et le Wyoming, à l'emplacement de l'actuelle Battle Creek. Fraeb, le chef des trappeurs, fut tué ainsi que quatre de ses hommes ; les Indiens, pour leur part, subirent des pertes qui attisèrent leur colère, et l'hiver suivant les calumets de guerre ne cessèrent de circuler entre les camps [1].

Lorsque Fremont arriva à Fort John en juillet 1842, il fut informé de l'agitation croissante des Indiens et apprit qu'une troupe de huit cents tipis d'Oglalas, de Cheyennes et d'Arapahos remontait la North Platte avec l'intention de « nettoyer » un camp de trappeurs et de Snakes de la Sweetwater pour venger les guerriers tués l'année précédente par les hommes de Fraeb. Leurs chefs, qui se trouvaient alors à Fort John, tentèrent de retenir Fremont. Ils ne contrôlaient apparemment plus leurs propres bandes et craignaient que celles-ci ne s'en prennent à un convoi d'émigrants. Malgré leurs avertissements, Fremont poursuivit sa route vers l'ouest. Il ne tarda pas à rencontrer des Oglalas à la mine penaude, revenant tristement vers la Laramie Fork, qui lui racontèrent que la grande troupe de guerre rassemblée pour l'expédition de représailles avait été secouée par de violentes dissensions internes. Certains des guerriers voulaient attaquer une caravane près d'Independence Rock, les autres avaient des projets différents, et après avoir failli en venir aux mains ils avaient traversé la Platte près du confluent de la Sweetwater pour aller chasser dans les plaines de Laramie.

Bull Bear n'avait alors disparu que depuis quelques mois, mais déjà les Oglalas étaient divisés et souffraient de manière évidente de l'absence d'un véritable chef à leur tête. Nos sources sont trop insuffisantes pour reconstituer dans le détail tous les événements de cette période. Cependant, les informations fournies par Fremont, Sage, Parkman et plusieurs autres témoins nous montrent une partie des Oglalas vivant et chassant à l'ouest et au sud-ouest de Fort John, avec les Cheyennes du Nord et certains Arapahos, tandis que d'autres bandes de la tribu chassaient et campaient à l'est et au sud-est du fort avec les Brûlés et des Miniconjous des Black Hills. En juin 1843, Fremont rencontra un Oglala près de Bijou Creek, sur la South Platte, qui lui dit que sa bande descendait vers le sud pour rendre visite aux Arapahos, en train de chasser près de la source de la Bijou. En août de la même année, Sage découvrit un millier de tipis d'Indiens rassemblés sur la South Platte pour les cérémonies de la Hutte-Médecine des Cheyennes ; il signale que de nombreux Sioux y participaient.

Lorsque Fremont remonta de nouveau la Platte en 1845, il trouva les Sioux fort en colère contre les émigrants qui avaient fait fuir les bisons de la région de la North Platte, obligeant ainsi les Indiens à se rendre au-delà des monts Laramie pour chercher leur nourriture. Les émigrants, de leur côté, se plaignaient d'être harcelés et dépouillés par les Sioux, si bien qu'au cours de l'été, le colonel S. W. Kearny fut envoyé sur la Platte avec un détachement de dragons pour impressionner les tribus par une démonstration de force. Sur la Laramie Fork, Kearny assista à un conseil des Sioux et les prévint sans détours qu'ils seraient sévèrement châtiés s'ils maltraitaient les émigrants. Le vieux Bull Tail, un chef Brûlé, répondit au nom de tous les Indiens. Il est intéressant de noter que dans ce conseil, de même que dans celui de 1851, qui se tinrent pourtant sur le territoire oglala, ce furent les Brûlés qui occupèrent le devant de la scène. Il faut supposer que les Brûlés, réputés jusqu'en 1825 être les vrais Tétons et d'ailleurs habituellement désignés sous ce nom, étaient considérés par les Oglalas comme la branche la plus ancienne, peut-être même la branche mère de leur groupe initial. De nombreux indices paraissent aller dans ce sens, bien qu'aucune preuve décisive ne puisse être avancée à ce sujet.

Les Oglalas présents au conseil qui accueillit Kearny appartenaient certainement à la division de Smoke, car Red Cloud, qui vivait avec eux, affirma qu'il y avait assisté et qu'il avait vu défiler les dragons. Les hommes du groupe de Bull Bear, dirigés alors par Whirlwind, chassaient à ce moment dans les plaines de Laramie, loin de Fort John. Sur le chemin du retour, ils s'arrêtèrent dans les contreforts des monts Laramie afin de couper de nouveaux piquets pour leurs tipis. Le fils de Whirlwind, Male Crow, quitta le camp avec une troupe de guerre pour attaquer les Snakes, mais les Oglalas durent affronter un ennemi largement supérieur en nombre et furent massacrés jusqu'au dernier. La chronique d'American Horse, dans le camp de Bull Bear, situe cet événement pendant l'hiver 1844-1845, tandis que celle de Cloud Shield, de la faction de Smoke, se contente d'un laconique : « Crazy Horse dit ses prières et part en guerre. » Il s'agissait probablement du père du futur vainqueur de Custer, car nous savons par l'éclaireur Frank Grouard que le nom de Crazy Horse fut transmis de père en fils dans cette famille de chefs pendant plusieurs générations. Nous tenons également de Parkman, que les Snakes, craignant la vengeance des Oglalas, obtinrent de Vaskiss qu'il ramenât à Whirlwind le scalp de son fils Male Crow, accompagné d'un présent. Mais Whirlwind rejeta l'offre de paix des Snakes, et pendant l'hiver envoya un calumet de guerre jusque dans la vallée du Missouri, demandant à tous les Tétons de se joindre à lui pour une croisade punitive contre les Snakes. L'été suivant, en 1846, deux camps de Miniconjous arrivèrent pour participer à la grande expédition au pays des Snakes, mais Whirlwind s'était entretemps laissé convaincre par Bordeaux, le marchand de Fort John, de renoncer à son projet. Il ne conduisit donc pas au combat les guerriers qu'il avait appelés à son aide. Il semble qu'il ait dès ce moment perdu toute autorité sur son groupe, car lorsque se posa en juillet la question d'aller ou non chasser le bison dans les plaines de Laramie, Whirlwind s'y opposa, mais ses hommes partirent quand même au-delà des montagnes, laissant le chef déconfit seul avec une demi-douzaine de huttes. Cet été-là, le petit camp de Whirlwind et la famille de Bull Bear faillirent mourir de faim, car il n'y avait aucun bison près de la Chugwater et de Horse Creek, où ils avaient choisi de demeurer.

De leur côté, les Oglalas de Smoke et quelques Cheyennes avaient fini par se décider à attaquer les Snakes sur leurs terres, mais il semble qu'ils se soient disputés en route, comme ils l'avaient fait en 1842, et l'expédition tourna court. Edwin Bryant vit leur troupe de guerre, forte de six cents tipis et de quelque trois mille Sioux, prête à partir près de Fort John. Un peu plus tard, le Dr White, qui arrivait de l'Oregon, découvrit un camp sioux et cheyenne de deux cent cinquante tipis, représentant ce qui restait au bout de quelques semaines de la grande armée levée contre les Snakes. Les hommes de Smoke étaient du nombre, ainsi que Galpin, qui apprit à White que les guerriers étaient à la recherche des Snakes et des trappeurs, et avaient l'intention de massacrer tous ceux qu'ils trouveraient pour venger sept Sioux prétendument attaqués et tués par les Snakes et leurs amis blancs [2].

Cet été de 1846, Francis Parkman le passa parmi les Oglalas, et c'est à ce séjour que nous devons l'admirable ouvrage intitulé *The California & Oregon Trail.* Parkman comprenait instinctivement les Indiens ; ils n'étaient pour lui ni de nobles hommes rouges ni de répugnants primitifs, mais des êtres humains ayant leur part de défauts et de qualités. Parmi tous les livres écrits à l'époque sur ce sujet, le sien est certainement celui qui présente l'image la plus complète et la plus fidèle du vieil Ouest américain et des personnages qui y jouèrent un rôle prédominant : l'Indien, le marchand, le trappeur, l'émigrant. Parkman vécut une partie de l'été en compagnie des partisans de Bull Bear, qui chassaient alors dans les plaines de Laramie, et nous ne connaissons rien de comparable à la description de la vie libre et sauvage qu'il en donna.

Pendant l'été 1931, le Dr Scudder Mekeel, de l'université de Yale, se rendit à la réserve de Pine Ridge avec un exemplaire du livre de Parkman et lut à quelques vieux Oglalas les passages concernant leurs ancêtres. Ils se montrèrent très intéressés et eurent une longue controverse sur l'identité des Blancs et des Indiens mentionnés dans l'ouvrage. Ils pensèrent tout d'abord que Parkman était l'homme qui avait épousé Bear Robe, la fille de Bull Bear, celui qu'ils appelaient Yellow Whiteman (Homme-Blanc Jaune), mais ils décidèrent finalement que le mari de Bear Robe ne pouvait avoir été que Henry Chatillion, le guide de Parkman. Voilà un autre exemple de la mémoire défaillante de ces Indiens, qui en 1931 n'avaient plus qu'un souvenir extrêmement peu précis des grands hommes de leur tribu ayant vécu à l'époque de Parkman, soit à peine quatre-vingt-cinq ans auparavant. Un jour, un Oglala nommé Frank Man-Afraid-of-His-Horse, vint demander au Dr Mekeel s'il pouvait l'aider à découvrir qui avait été son grand-père blanc. Après discussion, il s'avéra que Frank était le petit-fils de Henry Chatillion. La chose était absolument incontestable. Sa mère, la fille de Yellow Whiteman et de Bear Robe, avait épousé Young-Man-Afraid-of-His-Horse, et Frank était né de cette union. Young-Man-Afraid-of-His-Horse avait eu par ailleurs une seconde épouse, une Oglala, qui avait donné le jour à Amos Man-Afraid-of-His-Horse, le chef actuel de cette célèbre famille. Frank Man-Afraid-of-His-Horse est lui-même marié à une des plus jeunes filles de Red Cloud [3].

La chronique d'hiver d'American Horse indique qu'en 1845-1846 White Bull et trente Oglalas furent tués par les Crows et les Snakes. Dans celle de White Cow Killer, le chef disparu est appelé White Buffalo Bull, et son groupe est dit avoir été massacré par les seuls Crows. De son côté, Cloud Shield rapporte que les coupables étaient des Snakes, tandis que la chronique des Brûlés dénombre trente-huit Oglalas tués par les Crows.

Au cours de l'été 1847, les Tétons lancèrent leur offensive annuelle contre leurs ennemis traditionnels, les Pawnees. Quatre cent Sioux à cheval attaquèrent un camp de chasse de deux cent seize Pawnees et en tuèrent quatre-vingt-trois. Pour cette année-là, la chronique d'American Horse signale seulement qu'une grande fête fut donnée par Big Crow et Conquering Bear, au cours de laquelle des chevaux et de nombreux présents furent distribués. Cloud Shield mentionne que Long Pine, un Sioux, fut assassiné par un autre Sioux ; White Cow Killer relate que « Diver s'est rompu le cou ». À l'exception du massacre des Pawnees, il semble que 1847 ait été une année sans histoires sur la Upper Platte.

Mais le flot des émigrants continuait de s'écouler sans interruption vers l'Ouest. En 1847, précisément, un nouveau mouvement s'amorça. Au printemps, Kimball remonta la Platte avec une caravane de Mormons, cent quarante-trois hommes et soixante-treize femmes, qui atteignirent Salt Lake en juillet et se mirent aussitôt à cultiver la terre. L'été suivant, Brigham Young traversa la vallée de la Platte avec trois cent quatre-vingt-dix-sept chariots, emportant douze cents personnes, et deux autres caravanes se présentèrent ensuite, rassemblant trois cent quatre-vingt-quinze chariots et mille cent quatre-vingt-huit voyageurs. Les dégâts provoqués par le passage des émigrants devenaient de plus en plus perceptibles, même pour l'Indien le moins observateur. La disparition progressive des bisons commençait à alarmer sérieusement les chefs, et les rapports annuels du Bureau indien de cette époque expriment de graves préoccupations. Les agents et les surintendants pressentaient en effet que la diminution du nombre des bisons annonçait une crise violente dans les plaines, mais le seul souci du gouvernement était alors de maintenir ouverte à n'importe quel prix la route vers l'Ouest.

Les émigrants qui remontaient la Platte constituaient certainement une nuisance pour les Sioux et leurs voisins, mais l'hostilité que les Indiens éprouvaient à leur égard semble avoir été entretenue et sciemment aggravée par les propos d'un grand nombre de marchands, qui tenaient les voyageurs pour responsables de tous les maux frappant la région. Dans la mesure où la route suivie par les émigrants ne touchait les terrains de chasse de la Platte que sur environ cent cinquante kilomètres, l'affirmation des marchands selon laquelle les émigrants auraient été à l'origine de la disparition des bisons était tout bonnement absurde. Les hommes qui lançaient de telles accusations n'avaient probablement pas l'intelligence, ni peut-être le courage, de reconnaître que les grands troupeaux avaient commencé à devenir plus rares bien avant l'apparition des caravanes dans la vallée de la Platte. Les marchands eux-mêmes étaient en réalité largement responsables de la décimation des bisons. En 1832, Catlin vit un troupeau de mille cinq cents têtes totalement anéanti par des Indiens près de Fort Pierre, dans le haut Missouri, parce qu'un marchand souhaitait expédier une cargaison de langues salées au marché de Saint Louis. Catlin soutient que seules les langues furent utilisées, les peaux et la chair des animaux tués étant abandonnées aux loups. Quant aux Indiens coupables de cette tuerie, ils ne reçurent qu'un peu d'alcool en paiement de leur exploit.

En 1832, les bisons étaient souvent en très petit nombre dans la vallée du Missouri, les Indiens connaissaient alors de longues périodes de sévère disette ; puis, quand les troupeaux faisaient leur réapparition, tout allait mieux pour un certain temps. Le prince Maximilien rapporta que les Tétons qui campaient près de Fort Pierre faillirent mourir de faim pendant l'hiver 1833 parce qu'il n'y avait aucun bison dans la région. Les troupeaux furent nombreux près de la Niobrara et de la White River en 1841 et durant les quelques années qui suivirent. À partir de 1843, le long de la Platte, de Grand Islands jusqu'à la fourche, les bisons, effrayés par les émigrants, commencèrent à disparaître, mais de grands troupeaux demeurèrent dans les plaines aussi bien au nord qu'au sud de la route suivie par les caravanes. Ce fait est d'ailleurs à l'origine des termes géographiques Bison du Nord et Bison du Sud, que les Oglalas employaient pour désigner les contrées giboyeuses situées respectivement au nord et au sud de la Platte.

Lorsque nous le comparons au nombre des peaux de bisons vendues aux marchands de fourrures pendant les années 1840, celui des animaux chassés par les émigrants le long de la Platte pour se nourrir semble ne représenter qu'une partie insignifiante du gigantesque massacre qui était alors en train de s'accomplir. Fremont a estimé que de 1833 à 1843 environ quatre-vingt-dix mille peaux furent annuellement mises sur le marché par les compagnies. Il s'agissait uniquement de peaux d'hiver de femelles, tuées entre novembre et mars, les peaux d'été produisant un cuir de moindre qualité et les peaux des mâles n'étant pas commercialisées. Pour la seule année 1847, cent dix mille peaux de femelles furent transportées en bateau jusqu'à Saint Louis. Si l'on considère que les Blancs – marchands, trappeurs et émigrants réunis – tuèrent au total approximativement cinq mille bisons par an pendant les années 1850, il faut admettre que les Indiens eux-mêmes, sans cesse sollicités par les marchands, furent les principaux auteurs de ce carnage. Les animaux destinés au commerce ne constituaient en fait qu'une petite partie du nombre de bisons abattus chaque année par les Indiens, qui utilisaient les peaux pour leur habillement, leur literie, la couverture de leurs tipis et la fabrication de nombreux objets indispensables à leur vie quotidienne.

On a écrit beaucoup d'absurdités sur le soin que prenait soi-disant l'Indien sauvage à ne rien laisser perdre du bison qu'il tuait. Ce mythe a été répandu par les Indiens des réserves lorsque les derniers troupeaux eurent été exterminés par les chasseurs blancs, mais les hommes qui avaient pu voir comment les Indiens se comportaient réellement pendant leurs chasses auraient été les derniers à lui accorder crédit. En 1850, la capitaine H. Stansbury et ses hommes rencontrèrent des Oglalas qui traquaient des bisons sur la Laramie Fork, et ils furent scandalisés de constater qu'ils n'en prenaient que des morceaux soigneusement choisis, abandonnant les énormes cadavres presque intacts, non écorchés, à l'appétit des loups. À la même époque, les Oglalas se plaignaient amèrement des émigrants, qui selon eux massacraient inutilement les troupeaux.

Pendant cette période, qui s'étendit de 1840 à 1855, la tribu oglala vagabonda d'un lieu à l'autre, comme un navire privé de gouvernail. La plupart de ses membres haïssaient les émigrants, mais une étrange attirance les poussait chaque été vers la vallée de la Platte pour camper près de la piste de l'Oregon, effrayant les voyageurs les plus timorés afin de leur soutirer des présents, suppliant ceux qui ne s'en laissaient pas compter de leur faire l'aumône. Bull Bear, en écoutant les conseils intéressés des marchands, avait cru offrir à son peuple une chance inespérée de connaître une vie meilleure, mais l'avait en réalité conduit dans une impasse, que ni les marchands ni lui-même n'avaient pu prévoir. La majorité des Oglalas se rendaient parfaitement compte qu'ils ne tiraient aucun avantage de leurs contacts répétés avec les Blancs le long de la route des émigrants. Mais sans une ferme direction, ils étaient incapables de briser le lien qui les retenait sur la Platte, où ils erraient ici et là et se laissaient prendre un peu plus chaque année dans la trame des événements que la fatalité semblait tisser pour leur perte.

Au début de l'été 1849, le plus important flot d'émigrants qu'ait jamais vu la région commença à remonter la Platte.

Aux Mormons et aux voyageurs se dirigeant vers l'Oregon s'ajoutaient maintenant des milliers d'autres colons qui se ruaient vers la Californie et les mines d'or nouvellement découvertes à l'ouest des grandes plaines. Le choléra asiatique venait d'apparaître aux États-Unis, et l'épidémie faisait rage sur les bateaux à vapeur qui parcouraient le Missouri ; les émigrants l'amenèrent avec eux dans la vallée de la Platte, la transmettant aussitôt aux Indiens. « Beaucoup sont morts de crampes », rapportent laconiquement les chroniques d'hiver de cette année-là. Pendant l'été, le groupe du capitaine Stansbury remonta la Platte et constata que tous les camps sioux avaient été atteints. Une partie des Indiens avaient contracté la maladie alors qu'ils campaient près de la South Platte et ils s'étaient enfuis en direction du nord, certains mourant en route, pour aller dresser leurs camps le long de la piste de l'Oregon, où ils suppliaient en vain les émigrants de leur donner des médicaments. Les Sioux croyaient que les Blancs les avaient empoisonnés d'une manière mystérieuse, mais ils étaient trop affaiblis et trop effrayés pour avoir l'idée de lancer contre eux des actions de représailles. Près de Ash Hollow, Stansbury tomba sur cinq tipis abandonnés remplis de cadavres, puis un peu plus loin sur un petit camp dont les occupants avaient survécu à la maladie mais vivaient dans la terreur de la voir réapparaître. En progressant sur la piste, il découvrit également un important camp sioux frappé par l'épidémie. Il envoya son médecin soigner les malades qui avalèrent sans hésitation tous les médicaments qu'il leur administra, car un grand nombre d'entre eux étaient fermement convaincus qu'ils allaient leur sauver la vie.

Pendant cette épidémie, les Oglalas de la division de Smoke s'enfuirent en direction du nord jusqu'à la White River. Tandis qu'ils bivouaquaient près de l'emplacement de l'actuelle agence de Pine Ridge, Red Cloud aurait, selon certains, tenté de trouver un remède contre le choléra ; la décoction de feuilles de cèdre qu'il proposa finalement semble avoir été appréciée pour le soulagement qu'elle procurait aux patients. Plusieurs auteurs ont voulu voir dans ce fait la preuve que Red Cloud était un médecin. En réalité tous les Sioux étaient à ce moment-là mortellement effrayés, et la plupart des hommes et des femmes, indépendamment de leurs connaissances médicales, essayaient désespérément de découvrir un moyen d'atténuer leurs souffrances.

Les rapports des agents indiens montrent que le choléra asiatique sévit pendant plus d'un an parmi les Sioux de l'Ouest, qui souffrirent ensuite de dramatiques épidémies de variole et de rougeole. Comme les Indiens croyaient dans leur grande majorité que ces maladies étaient provoquées par la sorcellerie des Blancs, cherchant traîtreusement à les détruire, leur ressentiment à l'égard des émigrants qui remontaient la Platte s'en trouva naturellement décuplé. Prenant conscience de l'hostilité grandissante des Indiens de la Upper Platte, le gouvernement des États-Unis acheta alors le vieux comptoir de la Laramie Fork – que tout le monde appelait désormais Fort Laramie – et y installa une garnison. L'année de 1849 vit ainsi s'achever la période du commerce des fourrures dans ce secteur. La Compagnie américaine construisit un petit comptoir à l'ouest de Horse Creek, sur la rive sud de la Platte, et en confia la direction à Andrew Drips. Ce poste devint le nouveau centre des échanges commerciaux des Oglalas et des Brûlés. Joseph Bissonette, qui avait récupéré le stock de ses anciens employeurs, Pratte, Cabanne & Co., commerçait également avec ces deux tribus. Plusieurs autres marchands exerçaient eux aussi leur activité dans les parages, traitant aussi bien avec les Indiens qu'avec les émigrants, car à cette époque le négoce avec les Blancs était d'une certaine manière souvent plus profitable qu'avec les Indiens.

Depuis plusieurs années, le surintendant aux Affaires indiennes de Saint Louis, T. H. Harvey, pressait le gouvernement de réunir sur la Upper Platte un grand conseil des tribus des montagnes et des plaines du Nord, afin d'apaiser les Indiens de la Platte, de plus en plus agités par le passage des émigrants sur leurs terres, et de prendre les premières mesures destinées à placer les camps et les villages sous le contrôle des autorités fédérales. Chaque année, Harvey répétait dans son rapport que les bisons se faisaient de plus en plus rares, et que la disparition des grands troupeaux finirait inévitablement par provoquer une crise violente parmi les populations des plaines et des montagnes. D. D. Mitchell, qui succéda à T. H. Harvey, demanda lui aussi avec insistance qu'un conseil soit rassemblé sur la Upper Platte, et en février 1851 le Congrès finit par voter les crédits nécessaires à la réalisation de ce projet.

Au début de l'été 1851, le Bureau indien envoya des émissaires dans les vallées de l'Arkansas, de la Platte, du Missouri, et même de la Yellowstone River, pour informer les tribus de la tenue d'un grand conseil sur la Upper Platte et pour les convaincre d'y envoyer des délégations. Mais les Indiens ne se montrèrent pas très intéressés même après avoir pris connaissance de la liste des cadeaux de choix qui leur seraient offerts s'ils assistaient à la réunion. Pour les Pawnees, les Snakes, les Crows et autres ennemis jurés des Sioux, la perspective de risquer leur vie en s'aventurant sur le territoire de leurs féroces adversaires dans le seul but de signer une paix voulue par les Blancs devait paraître parfaitement insensée. Néanmoins, en multipliant les promesses et les flatteries, les agents et les marchands réussirent à amener plusieurs délégations à Fort Laramie, parmi lesquelles un groupe de Snakes des montagnes, quelques Crows et d'autres Indiens de la Yellowstone. Les Pawnees ne se déplacèrent pas. Tous les Oglalas étaient présents, la réunion se tenant sur leurs terres, ainsi que la plupart des Brûlés et quelques camps de Cheyennes et d'Arapahos. Pendant deux semaines, des centaines d'Indiens campèrent dans Horse Creek, à quelques kilomètres à l'est de Fort Laramie, festoyant aux frais du gouvernement, se rendant mutuellement visite d'un camp à l'autre et jurant, à la demande des Blancs, qu'une paix éternelle régnerait désormais entre les tribus. Finalement, ils « touchèrent la plume [4] » pour conclure le traité, reçurent leurs cadeaux et se remirent en route pour rentrer chez eux.

Le conseil de Horse Creek fut présenté comme un événement exceptionnel par certains auteurs, comme De Smet, qui voulut y voir l'aube d'une nouvelle ère de paix et de fraternité parmi les tribus de l'Ouest. En réalité, la paix ne dura que les deux semaines pendant lesquelles les Indiens campèrent ensemble sous la surveillance vigilante de l'armée. Au cours des premières années qui suivirent le rassemblement, les agents des Sioux ne cessèrent d'affirmer dans leurs rapports à Washington que leurs administrés respectaient scrupuleusement les engagements pris à Horse Creek. Rien n'était plus faux. Les Sioux continuaient comme par le passé à faire la guerre aux Crows, aux Pawnees et à leurs ennemis traditionnels. Les agents dissimulaient ce fait car ils étaient les premiers bénéficiaires des livraisons de vivres et de présents faites annuellement aux Indiens en récompense de leur bonne conduite, comme le prévoyait le traité, et ils tenaient à ce que le gouvernement demeure convaincu qu'il ne dépensait pas en vain son argent. En vérité les Sioux du haut Missouri dénonçaient le traité avec obstination, suppliant leurs agents de faire savoir au Grand-Père-Blanc qu'ils ne voulaient pas de ses cadeaux, qu'ils considéraient comme une tentative de restreindre leur liberté d'action, et ils proclamaient sur tous les tons qu'ils n'avaient pas l'intention de mettre fin à leur guerre contre les Crows. Passant sous silence ces récriminations, les agents allaient chercher chaque année les produits offerts par le gouvernement, leur faisaient remonter le Missouri en bateau à vapeur, puis s'en appropriaient la plus grande partie, en persuadant quelques-uns des chefs soumis qui traînaient autour des comptoirs de signer des reçus prouvant qu'ils avaient tous été distribués.

Les agents auraient toutefois pu s'épargner la peine de rédiger de faux rapports s'ils avaient lu le traité avec plus d'attention ; car il semble évident que les officiels de Washington ne se souciaient aucunement, ou seulement dans la mesure où les intérêts des Blancs étaient concernés, de savoir si les tribus indiennes vivaient ou non en bonne entente. En allouant cent mille dollars pour financer le conseil de paix, plus d'autres sommes annuelles prévues par les clauses du traité, ces politiciens réalistes n'avaient eu pour objectif que d'amadouer les Indiens de la Platte, protégeant ainsi la précieuse route des émigrants, et d'obtenir sans effusion de sang le droit d'établir des garnisons sur les territoires sioux. L'idée de pacifier les tribus n'avait été mise en avant que pour satisfaire certaines catégories d'honorables habitants de l'Est, qui croyaient en toutes sortes de choses hautement improbables, comme par exemple l'instauration d'une paix éternelle entre les belliqueuses tribus des sauvages Indiens des plaines. Lors du conseil de Horse Creek, les prérogatives territoriales des Indiens furent longuement discutées par les chefs et les marchands les plus avisés, et les territoires de chasse de chaque tribu furent soigneusement délimités par le traité. Nous apprenons ainsi qu'en 1851 les Sioux ne revendiquèrent aucune des terres situées au sud de la Platte, la frontière méridionale de leur territoire longeant la North Platte de la fourche de la rivière jusqu'à Red Buttes, près du confluent de la Sweetwater. La région de la Powder River, qui allait bientôt être occupée par les bandes des Oglalas du Nord, était désignée dans le traité comme faisant partie des terres crows.

Les Sioux semblent avoir été considérés comme une entité unique lors de la signature du traité, et seuls quelques-uns de leurs chefs, soigneusement sélectionnés par les marchands, furent autorisés à « toucher la plume ». Brave Bear, un chef brûlé, fut le premier signataire, les autres chefs sollicités étant des Brûlés et des Sioux du Missouri. Par la suite, les Oglalas parlèrent de ce traité comme s'il n'avait concerné que leur tribu, alors qu'en réalité aucun de leurs chefs ne le signa. Ce fut au conseil de Horse Creek que Brave Bear, le chef de la bande Wazhazha des Brûlés, devint le grand-chef de tous les Sioux tétons. Nous ignorons totalement comment il parvint à évincer des candidats aussi sérieux que Whirlwind, Smoke ou Red Water. En 1841, Brave Bear avait été engagé par les marchands de la Compagnie américaine des fourrures pour décourager leurs rivaux de Fort Platte installés dans les camps d'hiver des Brûlés de la White River, il avait rempli sa mission avec un enthousiasme évident, volant les chevaux des marchands, attaquant leur camp et allant même jusqu'à tenter de les assassiner. Cependant, dix ans plus tard, il était devenu plus responsable. Il fit un excellent chef, de la trempe d'un Bull Bear, s'imposant par la force à ses rudes guerriers et prompt à se servir de ses armes lorsque l'un d'eux s'avisait de lui tenir tête.

Les informations concernant les chefs oglalas, entre l'épidémie de choléra de 1849 et l'affaire Grattan de 1854, sont si parcellaires que nous ne pouvons dire ni quand ni comment intervinrent les modifications qui affectèrent la direction de la tribu. Whirlwind et Red Water survécurent de toute évidence au choléra, car nous trouvons leurs noms dans la liste des chefs du *Indian Tribes*[5] de Schoolcraft. Cette liste, datée de 1850, indique que les Oglalas, dirigés par quatre chefs, étaient alors divisés en six bandes regroupant quatre cents tipis. Le premier chef cité est Whirlwind, et le vieux Red Water, âgé à cette époque de plus de quatre-vingt-cinq ans, vient en second. Le nom de Smoke n'est pas mentionné, ses rivaux de la division de Bull Bear dominant probablement la tribu à ce moment-là ; mais cinq ans seulement après l'établissement de cette liste, nous retrouvons Man-Afraid-of-His-Horse, un jeune chef de la division de Smoke, reconnu par tous comme le véritable dirigeant des Oglalas. Ce changement brutal à la tête de la tribu est très intrigant. Après la mort de Whirlwind et de Red Water, survenue apparemment peu après 1850, le seul survivant parmi les vieux chefs était Smoke, un homme encore vigoureux, estimé aussi bien par les Indiens que par les marchands. Pourquoi fut-il écarté au profit d'un de ses propres partisans ? Et pourquoi le neveu de Smoke, Red Cloud, d'à peine cinq ans le cadet de Man-Afraid-of-His-Horse, fut-il également évincé ? Les plus vieux Oglalas que l'on peut interroger aujourd'hui ignorent pratiquement tout de cette affaire, mais ils insistent sur le fait que les Blancs n'ont jamais compris leur système de gouvernement tribal, ni la hiérarchie, ni les responsabilités de leurs chefs et de leurs autres dirigeants. Ils affirment qu'ils n'ont jamais eu de grand-chef avant 1851, date à laquelle les Blancs les persuadèrent de désigner un chef capable de négocier avec le gouvernement au nom de toute la tribu. Cette explication semble véridique. Man-Afraid-of-His-Horse, considéré comme un grand-chef par les Blancs, était ordinairement appelé « notre Homme Vaillant » par les Oglalas eux-mêmes. Et ce surnom nous permet de comprendre pourquoi il fut en définitive préféré aux autres chefs plus âgés pour diriger la tribu, car il signifie que Man-Afraid-of-His-Horse, à l'instar de Brave Bear chez les Brûlés, était le représentant le plus réputé de la toute-puissante caste des guerriers.

Né vers 1815, ce célèbre chef appartenait dans sa jeunesse, selon He Dog, au petit clan dirigé par le père de Red Cloud. Son nom apparut pour la première fois sur un document en 1845, lorsqu'en tant que chef d'un petit groupe oglala de la North Platte il accusa réception d'une livraison annuelle de marchandises ; sur le reçu qu'il authentifia, il était appelé Man-Afraid-of-The-Dog, *Tachonce-ko-ki-te*, et le second chef du camp était nommé White Cottonwood, *Wagi-ensca*[6]. Il ne fit ensuite pratiquement plus parler de lui jusqu'en 1854, année où il devint le grand-chef de tous les Oglalas. Sa famille, comme celles de nombreux autres chefs, a tenté d'accréditer l'idée que son nom lui avait été donné comme une sorte de titre honorifique après qu'il fut devenu un guerrier redouté. Elle affirme qu'il ne signifie nullement qu'il avait peur de sa monture[7], mais plutôt que sa renommée était telle que ses ennemis étaient pris de panique à la seule vue de son cheval, et qu'il aurait pu aussi bien être appelé « Ils-Craignent-Son-Cheval », ou encore « Même-Son-Cheval-Leur-Fait-Peur ». Cette explication a été acceptée par la plupart des auteurs, qui ont une fâcheuse tendance à croire tout ce que leur racontent les Indiens. Deux faits semblent cependant contredire cette hypothèse : d'une part les Sioux n'avaient pas l'habitude d'attribuer de nouveaux noms flatteurs à leurs chefs lorsqu'ils se faisaient connaître par leurs exploits guerriers ; d'autre part les propres déclarations de la famille de Man-Afraid-of-His-Horse attestent que ce nom fut transmis en son sein de père en fils pendant plusieurs générations. En vérité, il remonte aux environs de 1760, lorsque les Sioux commencèrent à se procurer leurs premiers chevaux et rencontraient les plus grandes difficultés pour apprendre à monter ces étranges animaux. Sachant qu'en général les Sioux préféraient de beaucoup les surnoms humoristiques aux titres de gloire pompeux, nous pouvons deviner sans peine comment les ancêtres de Man-Afraid-of-His-Horse acquirent leur nom.

Man-Afraid-of-His-Horse aurait été à l'origine un Kiyuksa, mais en 1865 il était le chef de la bande des Hunkpatilas, Ceux-Qui-Campent-à-la-Corne, la corne, ou l'extrémité du cercle du camp, étant la place d'honneur réservée à l'élite de la tribu. Après que son pouvoir de grand-chef lui eut été retiré par les autorités gouvernementales pour être confié à Red Cloud, les hommes de Man-Afraid-of-His-Horse furent appelés Payabyas, qui signifiait « Poussés-de-Côté », un nom qui faisait probablement référence à la fois à la destitution de leur chef et au fait qu'ils avaient perdu avec lui le droit de camper à la place d'honneur.

V

DU SANG SUR LA TERRE
1852-1856

L'achat en 1849 de Fort Laramie par le gouvernement et la décision d'y établir une garnison inaugurèrent une nouvelle ère dans les relations entre les Oglalas et les Blancs. Dans un premier temps, les Indiens semblèrent apprécier la présence des soldats, dont on leur avait expliqué qu'ils se trouvaient là pour protéger la région des dégâts commis par les émigrants. Ils réalisèrent cependant très rapidement qu'en envoyant des troupes sur la Platte, le Grand-Père-Blanc n'avait en réalité pensé qu'à la protection des voyageurs, et que l'objectif des soldats n'était pas de surveiller les émigrants, mais de soumettre les tribus indiennes.

L'agent Thomas Fitzpatrick, de l'agence de la Upper Platte et de l'Arkansas River, fut le premier à protester contre l'envoi de petites garnisons à Laramie et au nouveau poste créé près du passage de l'Arkansas. Fitzpatrick avait été trappeur et marchand de fourrures dans les montagnes et les plaines pendant plus de trente ans, et aucun autre pionnier de l'Ouest n'avait une expérience des Indiens comparable à la sienne. À maintes reprises, il s'insurgea très violemment dans ses rapports annuels contre l'idée de placer une compagnie d'infanterie dans un poste minuscule isolé au cœur du pays indien, qu'une troupe de guerriers pouvait à tout moment couper du reste du monde. Il montra aussi qu'il était ridicule de vouloir assurer la protection des caravanes avec de simples fantassins. Il suggéra d'envoyer deux détachements de trois cents cavaliers sur la Platte et sur l'Arkansas, d'où ils pourraient maintenir l'ordre en lançant des expéditions punitives chaque fois que le besoin s'en ferait sentir. Selon lui, si de telles forces étaient laissées plusieurs années sur le terrain et utilisées à bon escient, les soldats pourraient ensuite être retirés, car les tribus, ayant constaté de quelle puissance disposait le gouvernement, y réfléchiraient désormais à deux fois avant de s'en prendre aux Blancs qui traversaient la région.

Certains officiers semblaient partager les appréhensions de Fitzpatrick concernant l'envoi d'unités d'infanterie en pays sioux, à neuf cents kilomètres des renforts les plus proches. Ainsi le colonel Fauntleroy recommanda-t-il en 1852 que Fort Laramie, Fort Kearney, sur la Lower Platte, le petit poste sur l'Arkansas et Fort Leavenworth soient abandonnés, et que dix compagnies de dragons soient concentrées dans un nouveau fort situé près du confluent de la Republican River, à l'endroit où fut plus tard érigé Fort Riley. Fauntleroy estimait que de ce nouveau poste, plus proche du pays indien que Fort Leavenworth, les soldats pourraient sortir dès le début du printemps et rayonner dans toutes les directions, contrôlant à la fois les émigrants et les Indiens en faisant des expéditions annuelles dans les plaines, qui suffiraient à intimider n'importe quelle tribu montrant des signes d'agitation [1].

Le colonel Fauntleroy venait à peine de transmettre sa suggestion à l'état-major, et l'agent Fitzpatrick continuait de rédiger des rapports indignés sur l'envoi de fantassins dans des postes isolés, lorsque le premier incident sérieux éclata à Fort Laramie. Il se produisit en juin 1853. Le fort était alors occupé par une compagnie du 6e régiment d'infanterie, soit environ cinquante hommes, soldats et officiers, commandés par le lieutenant R. B. Garnett. Près du fort se tenait comme à l'habitude le grand rassemblement des Sioux et des Cheyennes – probablement cinq à six cents tipis et mille à douze cents guerriers – qui attendaient l'agent indien et la livraison de leurs provisions annuelles. Un jour, un Miniconjou, appartenant à une petite bande qui était venue rendre visite aux Oglalas et aux Brûlés, ouvrit le feu sur un soldat qui traversait la rivière dans la petite embarcation servant de bac à la compagnie. Il n'y avait que vingt hommes au fort à ce moment-là, mais un officier et quatre ou cinq fantassins furent aussitôt dépêchés au camp des Indiens pour procéder à l'arrestation du coupable. Le campement des Miniconjous comptait une quarantaine de tipis et se dressait à proximité de plusieurs camps d'Oglalas et de Brûlés nettement plus importants. La plupart des hommes étaient partis à la chasse, et ceux qui restaient lorsqu'ils virent les soldats s'approcher, commencèrent à prendre la fuite. Malheureusement, un excité crut bon de tirer sur les uniformes bleus, qui répliquèrent aussitôt, tuant cinq Sioux. Ils regagnèrent le fort sans leur prisonnier.

Les Blancs qui passaient sur la route au même moment furent mis en émoi par la fusillade, craignant que les Sioux n'attaquent les caravanes pour se venger. Ils accusèrent les militaires d'être à l'origine de l'incident, affirmant que le Miniconjou avait demandé au soldat se trouvant dans le bateau de lui faire traverser la rivière et qu'il n'avait tiré sur lui qu'après avoir été brutalement repoussé [2]. Le journal de Maria A. Belshaw, dont le convoi passa par Fort Laramie ce jour-là, signale que quatre ou cinq jours plus tard les Indiens prirent leur revanche en attaquant un petit camp d'émigrants à proximité du fort, tuant un homme, sa femme et leurs deux enfants. Quelques soldats sortirent alors en patrouille et attaquèrent les premiers Indiens qu'il aperçurent, en tuant un et en blessant un autre [3]. Cette seconde affaire n'est pas mentionnée dans les rapports de l'armée.

Lorsque le 10 septembre l'agent Fitzpatrick arriva sur les lieux, il trouva les Sioux d'une humeur si vindicative qu'il demanda au commandant de deux compagnies de fusiliers montés allant dans l'Oregon et qui s'étaient arrêtées pour camper près du fort, de ne pas s'éloigner pendant qu'il conférait avec les chefs et tentait d'apaiser la fureur des Indiens. Il avait apporté avec lui les amendements au traité de 1851, avec l'intention de les faire approuver par les Sioux, mais les chefs refusèrent, lui rétorquant rageusement qu'ils ne voulaient plus jamais entendre parler de papiers à signer. Ils demandèrent également que l'armée quitte la région, expliquant que les soldats blancs, amenés là pour maintenir la paix, avaient été les premiers à y faire couler le sang. Dans son rapport, Fitzpatrick nota que les parents des Indiens tués proféraient des menaces à l'encontre des Blancs, et protesta une fois de plus contre la politique consistant à poster de petites garnisons d'infanterie dans des régions isolées, au milieu de puissantes tribus d'Indiens à cheval.

Il semblerait qu'à cette occasion Fitzpatrick et certains des chefs les plus amicaux parvinrent à éviter le pire. Quant à l'armée, qui ne comptait comme toujours que sur la force pour traiter avec les Indiens, elle disposait alors de trop peu d'hommes pour pouvoir faire autre chose qu'accroître la tension. Avec leur stupidité habituelle, les soldats du fort n'avaient rien trouvé de mieux que d'engager comme interprète un homme que les Indiens détestaient profondément. Seul moyen de communication possible entre les officiers et les chefs, cet homme était un bravache porté sur la boisson, passant le plus clair de son temps à insulter et à menacer les Indiens, et il répétait inlassablement aux jeunes officiers que leur squelettique compagnie d'infanterie avait été envoyée à Fort Laramie pour combattre et soumettre les Sioux. Parmi ses auditeurs les plus attentifs se trouvait le sous-lieutenant J. L. Grattan. D'origine irlandaise, fraîchement sorti de West Point, Grattan était impatient de faire ses preuves. Il parlait sans cesse d'affrontements avec les Indiens et de ce qu'il ferait s'il avait un jour la possibilité de « montrer aux Sioux de quel bois il se chauffait ».

Il eut sa chance l'été suivant, en 1854, quand les Sioux se rassemblèrent de nouveau en grand nombre à quelques kilomètres du fort pour attendre leur agent et leurs livraisons annuelles. Le même petit groupe de Miniconjous fauteurs de troubles que l'année précédente campait avec les Brûlés. Le 17 août, une caravane de Mormons en route pour l'Utah passait près du camp des Brûlés lorsqu'un bovin leur échappa. Les voyageurs, qui craignaient de s'approcher des

Indiens, poursuivirent leur route ; un des Miniconjous abattit alors l'animal et le dépeça. L'incident fut rapporté au fort par les Mormons indignés avec force exagérations dramatiques et le grand-chef des Brûlés, Brave Bear, dut venir présenter sa propre version de l'histoire afin de calmer les esprits. Se souvenant de la fusillade de l'été 1853, Brave Bear suggéra d'attendre l'arrivée de l'agent indien pour régler l'affaire, mais les jeunes officiers ne l'entendaient pas de cette oreille, et ils exigèrent une action immédiate. Brave Bear offrit alors de convaincre le Miniconjou fautif de se rendre. La discussion se poursuivit jusque dans la soirée. Peu de temps auparavant, le lieutenant Fleming, l'officier commandant du fort, avait promis au lieutenant Grattan de lui confier la responsabilité du premier détachement qui serait envoyé dans les camps indiens en cas de troubles, et Grattan demandait maintenant avec insistance à son supérieur l'autorisation de se rendre dans le camp des Brûlés pour arrêter le Miniconjou.

Les chefs et les marchands savaient très bien qu'une telle initiative se soldait presque toujours par un affrontement armé. Cette politique néfaste, consistant à vouloir arrêter des Indiens sauvages coupables de délits mineurs, fut des années durant une des caractéristiques constantes des rapports conflictuels entre l'armée et les tribus indiennes. Aucune clause des traités n'autorisa jamais les militaires à procéder à des arrestations, et le traité de 1851 alors en vigueur, stipulait très clairement que si un Indien commettait un délit contre les Blancs, sa tribu, par l'intermédiaire de son chef, se chargeait elle-même de la réparation. C'était très exactement ce que proposait Brave Bear. Les hommes d'expérience n'ignoraient pas que l'Indien sauvage moyen ne supportait pas d'être arrêté. Il était très effrayé par cette étrange coutume des Blancs, les soupçonnant de le séparer des siens pour pouvoir le tuer en secret de quelque horrible manière, aussi refusait-il presque toujours de se rendre, préférant mourir les armes à la main. Dans ce contexte, donner l'ordre d'arrêter un Indien équivalait pratiquement à le condamner à mort, et une décision de ce genre n'aurait dû être envisagée que dans les cas les plus extrêmes.

Le 19 août, lorsque Man-Afraid-of-His-Horse, le grand-chef des Oglalas, arriva au fort, la décision d'agir avait été prise et Grattan se préparait à aller arrêter le Miniconjou. Le sous-lieutenant demanda des volontaires pour une mission dangereuse, sélectionna vingt-neuf hommes, puis traversa la Laramie River avec son détachement et deux obusiers et descendit la route des émigrants. Man-Afraid-of-His-Horse partit avec les soldats, afin d'aider Brave Bear et d'éviter que l'incursion des fantassins ne dégénère en bataille rangée. L'interprète du fort était également avec eux. Déjà passablement éméché avant le départ, il trouva du whisky en chemin et atteignit le camp des Brûlés totalement ivre, menaçant et insultant tous les Indiens sur son passage.

À environ sept kilomètres de Fort Laramie, le groupe dépassa le petit comptoir commercial de Gratiot, puis suivit la route qui montait à l'est le long d'un éperon rocheux. Parvenus au sommet de cette éminence, les soldats découvrirent toute la vallée, grouillante de tipis et de troupeaux de chevaux. Immédiatement à l'est de l'éperon s'étendait le camp des Oglalas, fort de plus de trois cents tipis ; quelque cinq kilomètres plus loin, on apercevait le comptoir de Bordeaux, à l'est duquel se dressait un village de deux cents tipis de Brûlés ; un peu plus loin encore on voyait un second camp de cent tipis de la même tribu, parmi lesquels se trouvaient les vingt tipis des Miniconjous. Au total, plus de six cents tipis étaient visibles ; chacun abritant en moyenne deux guerriers, il y avait là au moins mille deux cents guerriers et près de cinq mille Indiens.

Quand les soldats longèrent le camp oglala, les Indiens commencèrent à rassembler leurs chevaux, ce qui était un signe inquiétant, qui aurait dû alerter le lieutenant s'il avait eu assez d'expérience pour en comprendre le sens. Au comptoir de Bordeaux, à l'ouest du premier village des Brûlés, le groupe fit halte pour discuter avec le marchand, qui refusa d'accompagner Grattan jusqu'aux tipis des Miniconjous, lui promettant seulement, sans s'engager davantage, de l'y rejoindre un moment plus tard. Bordeaux était un bon commerçant et un homme avisé, mais qui avait très peu de goût pour les affrontements. En 1846, alors qu'il travaillait à Fort John, un trappeur mécontent l'avait défié de l'affronter dans un duel au fusil, et au grand dam de son épouse indienne et de sa famille, il était resté caché dans sa chambre, refusant d'en sortir jusqu'à ce que l'homme ait disparu. Il conseilla au lieutenant de laisser le chef des Brûlés, Brave Bear, convaincre le Miniconjou de se rendre sans opposer de résistance. Il lui demanda également de faire taire l'interprète ivre ou de le renvoyer purement et simplement au fort. Le bonhomme était en effet monté sur son cheval et le faisait courir au grand galop aux abords du camp en lançant des cris de guerre. Comme les Indiens avaient l'habitude d'épuiser leurs montures de cette manière avant chaque bataille, afin de les mettre hors d'haleine et de leur faire trouver leur second souffle, ce comportement devait obligatoirement les amener à penser que les soldats étaient venus pour se battre. Pour accroître encore leurs craintes, l'interprète les apostrophait dans leur propre langue, leur disant qu'il allait tous les tuer, qu'il mangerait leur cœur avant le coucher du soleil, et d'autres vantardises du même genre. Grattan ne tint aucun compte du conseil de Bordeaux et reprit sa route en direction du camp des Miniconjous.

Brave Bear rejoignit les soldats à l'entrée de son propre village, près du comptoir de Bordeaux, et les accompagna jusqu'au camp le plus éloigné, où vivait la bande de Brûlés qui accueillait les Miniconjous. Parvenu à destination, Grattan fit aligner ses fantassins et placer ses deux obusiers en face des tipis des Indiens. De longs pourparlers s'engagèrent alors, Brave Bear et Man-Afraid-of-His-Horse faisant la navette entre le camp et le détachement d'infanterie, en appelant au bon sens de chacun, essayant de persuader le Miniconjou de se laisser arrêter, puis tentant de convaincre le lieutenant d'attendre l'arrivée de l'agent indien. Le Miniconjou se montra intraitable. Ne pouvant accepter de se livrer à ses ennemis, il se conduisit en vrai guerrier : il expliqua aux deux chefs qu'il préférait mourir là où il se trouvait et demanda que les autres Indiens se retirent pour le laisser affronter seul les soldats, car il ne souhaitait pas mettre ses amis en difficulté. Pendant ce temps, les chefs avaient envoyé chercher Bordeaux, chargeant un messager de l'informer que l'interprète sabotait les négociations en déformant volontairement tout ce qu'ils disaient au lieutenant. Un cheval sellé fut présenté au marchand, qui déclina l'offre de monter en selle, prétextant que les étriers étaient mal attachés. Pendant qu'il feignait d'ajuster les courroies, des coups de feu se firent entendre ; le Français alla alors se réfugier sur le toit plat de sa maison et refusa d'en redescendre.

Grattan avait fini par perdre le peu de patience qu'il était capable de montrer. Il avait aboyé un ordre et ses hommes, qui se reposaient à terre, s'étaient mis debout et avaient fait feu en direction des tipis des Miniconjous. Brave Bear bondit alors en avant, hurlant aux Indiens de ne pas répliquer ; mais à cet instant précis les fantassins tirèrent une seconde salve, les deux obusiers tonnèrent et le chef des Brûlés s'écroula, mortellement blessé. Les obusiers ayant été mal réglés, la mitraille ne fit qu'emporter le sommet des tipis, sans blesser personne. Les Indiens qui se trouvaient à l'intérieur et ceux qui se dissimulaient dans les buissons ouvrirent alors le feu sur les soldats. Grattan et les servants des obusiers tombèrent aussitôt ; les survivants tournèrent les talons et s'enfuirent, certains dans un chariot, la plupart à pied. Les Brûlés et les Miniconjous se mirent en selle et se lancèrent à leur poursuite. Les Blancs réussirent apparemment à atteindre les bâtiments de Bordeaux, où un blessé se cacha. Les autres remontèrent la route aussi vite qu'ils purent, mais à peine eurent-ils dépassé le camp de Brave Bear que les guerriers qui les poursuivaient les rattrapèrent, tandis que les Oglalas du premier camp surgissaient au sommet de l'éperon rocheux et déferlaient sur eux au galop. Pris entre deux charges convergentes de guerriers à cheval, les hommes de Grattan périrent jusqu'au dernier. Le soldat qui avait trouvé refuge chez Bordeaux mourut de ses blessures [4].

Toute la nuit qui suivit la fusillade, des centaines de Sioux en ébullition se tinrent rassemblés à proximité du comptoir de Bordeaux où Brave Bear agonisant avait été transporté et où s'étaient réunis la plupart des autres chefs. Le marchand les harangua avec véhémence, plaidant pour sauver sa vie ainsi que celle de tous les Blancs de la Upper Platte. Il parla jusqu'à l'aube, multipliant flatteries et promesses, distribuant des présents aux guerriers les plus influents. Il sacrifia ainsi la plus grande partie de son stock, mais avec l'aide des chefs il parvint à éviter un massacre général. Les Indiens envisageaient en effet d'attaquer sur-le-champ Fort Laramie, où une dizaine d'hommes attendaient avec une inquiétude croissante le retour de Grattan, mais ils en furent heureusement dissuadés. Le lendemain, ils pillèrent les dépôts de la Compagnie américaine des fourrures, emportant toutes les marchandises destinées à leurs livraisons annuelles, puis le jour suivant ils levèrent le camp et regagnèrent tranquillement leurs territoires de chasse.

Nous ne savons ni où ni quand Brave Bear rendit l'âme. Ce chef courageux sacrifia sa vie en tentant vainement d'empêcher une tuerie inutile, et il en fut récompensé plus tard par une histoire calomnieuse répandue sur son compte, selon laquelle il aurait organisé un complot contre les soldats et conduit le détachement du sous-lieutenant Grattan dans un guet-apens. Les marchands, qu'il avait protégés et fidèlement servis pendant de nombreuses années, furent les premiers à colporter cette légende ; peut-être craignaient-ils en disant la vérité, d'être considérés comme des amis ou des alliés des Indiens qui avaient massacré les hommes de Grattan.

En septembre, les premières nouvelles de l'affaire de Fort Laramie atteignirent la frontière du Missouri. Les marchands de la Upper Platte, qui en étaient les principaux propagateurs, firent porter l'entière responsabilité de l'incident à Brave Bear et répandirent le bruit que tous les Sioux avaient pris les armes. L'agent indien de la Upper Platte, John W. Whitfield, s'en mêla ensuite, répétant les mêmes inepties, accusant les Indiens d'avoir déclenché les hostilités et réclamant l'envoi d'un détachement de cavalerie sur la Platte pour les punir. Il expliqua cependant que la présence d'un petit groupe de fantassins à Fort Laramie était une « nuisance parfaite », créant des troubles sans apporter une aide efficace aux émigrants, qui devaient acheter aux Sioux hostiles le droit de traverser leur territoire. Quelques jours plus tard, ce même agent rédigea un second rapport, dans lequel il exprimait vivement son regret que les responsables n'aient pas attendu son arrivée à Fort Laramie pour régler le problème de la vache des Mormons, qu'il aurait pu résoudre sans effusion de sang. Il rappela que les militaires n'avaient aucunement le droit d'arrêter un Indien pour le vol d'un bovin ou pour tout autre délit, et estima que leur action précipitée avait été la seule cause de la fusillade. Il écrivit également que jusqu'à l'affaire Grattan, les Sioux avaient toujours eu la réputation d'être les Indiens les plus amicaux de la Platte, et qu'aucun d'eux n'avait jamais fait le moindre mal aux émigrants. Ce second rapport de l'agent Whitfield ne présentait qu'un seul point commun avec le premier : l'affirmation répétée de la totale inutilité des petits postes d'infanterie.

La plupart des Sioux passèrent paisiblement l'automne et l'hiver sur leurs terrains de chasse, sans manifester apparemment d'intentions hostiles. Seule une petite bande de Brûlés rassemblant les parents et les proches amis de Brave Bear était fermement déterminée à venger la mort de leur chef. Mais tous les Blancs qui vivaient en pays indien n'en continuaient pas moins de craindre le pire, et des rumeurs alarmantes ne cessaient de circuler dans les régions de la Platte et du haut Missouri. En octobre, l'agent Vaughan, du Missouri, signala que les auteurs du meurtre de Grattan étaient remontés au nord de la Platte et avaient fait circuler un calumet de guerre pour appeler tous les Tétons à se joindre à eux dans la guerre contre les Blancs. Vaughan précisait que les Hunkpapas et les Blackfeets étaient particulièrement agités, et il demandait l'envoi de détachements de cavalerie aussi bien sur le Missouri que sur la Platte.

Mis au pied du mur par l'affaire Grattan, le gouvernement se devait maintenant d'agir avec fermeté. Les partisans de

Brave Bear ne seraient pas satisfaits tant que sa mort n'aurait pas été vengée, et si l'armée les laissait perpétrer leurs raids en toute impunité, d'autres bandes ne tarderaient pas à les imiter. En novembre 1854, cinq Brûlés de la faction de Brave Bear, conduits par Long Chin, attaquèrent la malle-poste sur la route de Fort Laramie, à une vingtaine de kilomètres à l'ouest de Horse Creek. Ils tuèrent deux conducteurs et un passager et s'emparèrent d'une somme de vingt mille dollars, dont personne ne découvrit jamais de quelle manière ils l'avaient employée. Young Spotted Tail et le jeune Red Leaf, qui devinrent plus tard des chefs célèbres, participèrent à cette embuscade. Un autre groupe de Brûlés pilla également le magasin Ward & Guerrier sur la route des émigrants, à l'ouest de Fort Laramie. Les Indiens se retirèrent ensuite sur leurs terrains d'hiver, mais ils réapparurent au printemps 1855, et comme l'armée n'avait toujours pas réagi à leurs attaques, la petite bande de Brûlés qui rêvait de vengeance commença a préparer de nouveaux raids le long de la Platte.

Les marchands se trouvaient dans une situation dramatique. Si le gouvernement continuait de tolérer leurs exactions, les Indiens finiraient par s'en prendre à leurs dépôts et leur voleraient tous leurs biens ; à l'inverse, si l'armée déclenchait une offensive contre les Sioux, le commerce deviendrait impossible dans la région pendant une longue période. À l'approche de l'été, la tension s'accrut parmi les marchands. Les Brûlés qui avaient choisi de harceler les Blancs lançaient des attaques de plus en plus audacieuses, et le bruit courait qu'une expédition militaire se préparait, mais aucune information précise ne pouvait être obtenue à ce sujet.

Le 10 août, le nouvel agent indien, Thomas Twiss, apparut brusquement à Fort Laramie. Diplômé de West Point, ancien officier de l'armée régulière, Twiss, à la différence des autres agents habituellement désignés par les milieux politiques, avait été choisi en raison de sa formation de soldat, qui le rendait particulièrement apte à aider l'armée à soumettre les Sioux. Les grandes sociétés de fret, ayant investi d'énormes capitaux dans le transport des marchandises le long de la

Platte, souhaitaient que les Indiens reçoivent une leçon qui leur enlèverait pour toujours l'envie de s'opposer au passage des convois sur la route des émigrants. Ces sociétés avaient de toute évidence joué de leur influence considérable à Washington pour obtenir la nomination du général W. S. Harney à la tête des troupes envoyées sur la Platte, et celle de Twiss à Fort Laramie. Les officiels du Bureau indien, en désaccord avec cette procédure, tentèrent de faire rappeler Twiss dès la fin des combats, mais ils n'y parvinrent pas, et il demeura à son poste jusqu'à ce que Lincoln l'en écarte en 1861.

L'action de Twiss fut purement militaire. Dès son arrivée à Fort Laramie, il choisit la North Platte comme ligne de démarcation et envoya des messagers dans tous les camps pour demander aux Indiens amicaux de passer immédiatement au sud de la rivière et d'y attendre ses ordres. La plupart des Sioux obéirent sur-le-champ. Twiss eut un entretien avec Man-Afraid-of-His-Horse et les chefs des Oglalas au magasin Ward & Guerrier, à une douzaine de kilomètres à l'ouest du fort, puis il rencontra les Brûlés au comptoir de Bordeaux. Lors de cette dernière entrevue, le 19 août, il informa ses interlocuteurs qu'il connaissait le nom des auteurs de l'attaque de la malle-poste et qu'il savait à quelle bande ils appartenaient. Il déclara que ces Indiens hostiles devraient demeurer au nord de la Platte, mais que les autres Brûlés seraient les bienvenus au sud, les assurant qu'ils y seraient bien traités. Il établit alors un camp pour les Brûlés amicaux dans « Cherry Creek », un affluent de la Laramie Fork situé une quinzaine de kilomètres en amont de Fort Laramie, qui compta bientôt soixante-dix tipis [5].

Les Oglalas commencèrent eux aussi à franchir la rivière par petites bandes, et le 28 août, Twiss les autorisa à camper sur la Laramie Fork, à une quarantaine de kilomètres du fort. Le 30, Stabber se présenta avec un groupe de Wazhazhas, la bande de Brûlés à laquelle avait appartenu le défunt chef Brave Bear. Les nouveaux arrivants furent de prime abord accueillis avec méfiance, en raison de leurs liens avec Brave Bear, mais les marchands apprirent à Twiss que Stabber était un bon Indien, qu'il s'était toujours opposé à Brave Bear et avait même chassé de son camp la famille de ce dernier peu de temps après l'affaire Grattan. Stabber fut donc placé sous la protection de l'agent et put demeurer dans le camp. Mais les Brûlés n'avaient apparemment ni oublié ni pardonné le traitement qu'il avait infligé à la famille de l'ancien grand-chef ; sa bande dut bientôt aller vivre avec les Oglalas, et finit par être assimilée à cette tribu.

Le 8 septembre, Twiss avait réuni quatre cents tipis de Brûlés et d'Oglalas dans un camp situé sur la Laramie Fork à un peu plus de cinquante kilomètres au-dessus du fort. Avec l'aide des marchands et des chefs les plus pacifiques, il avait mené sa tâche à bien avec une remarquable efficacité, et tout était désormais prêt pour l'offensive du général Harney. Le gouvernement n'avait de toute évidence pas prêté foi aux rapports alarmistes affirmant que tous les Indiens de la Upper Platte étaient hostiles, et quoi que nous puissions penser de la campagne du général Harney, nous devons reconnaître que les autorités de Washington firent tout ce qui était en leur pouvoir pour éviter que les Sioux pacifiques ne fussent entraînés par erreur dans des affrontements avec l'armée.

Little Thunder, un des chefs brûlés, n'était pas passé au sud de la Platte. Twiss lui avait demandé de le faire s'il se comptait parmi les Indiens amicaux, mais il avait ignoré son avertissement et campait avec d'autres groupes de Brûlés et une poignée d'Oglalas sur la Blue Water, à quelques kilomètres au nord de la North Platte, à peu de distance de Ash Hollow. Si ses intentions étaient belliqueuses, son comportement manquait pour le moins de sagesse ou de prudence, car il occupait une position éminemment dangereuse et semblait n'avoir pris aucune mesure pour assurer sa protection.

L'approche de Harney fut rapide et silencieuse. Son éclaireur, Joe Tesson, découvrit sans peine le camp de Little Thunder, que tous les habitants de la Platte savaient être un des lieux de campement favoris des Brûlés. Dans la nuit du 2 septembre, Harney fit placer ses cavaliers en arrière des Indiens, puis, le 3 avant l'aube, il commença à remonter le cours d'eau avec ses fantassins sans chercher le moins du monde à se dissimuler. Au lever du soleil, quand les Sioux découvrirent les soldats, Little Thunder et plusieurs autres chefs s'avancèrent et tentèrent de convaincre Harney de parlementer avec eux, espérant retarder sa progression et donner ainsi à leurs hommes le temps de démonter leurs tipis et de s'enfuir ; mais les fantassins ne s'arrêtèrent pas, et les Sioux désemparés s'aperçurent alors que des dragons à cheval, postés en amont de leur camp, leur coupaient toute retraite. Pris entre deux feux, ils s'enfuirent en abandonnant tout ce qu'ils possédaient et furent poursuivis sur plus de sept kilomètres par les dragons. Harney nota dans son rapport que quatre-vingt six Indiens furent tués, parmi lesquels des femmes et des enfants. Soixante-dix femmes et enfants furent capturés, et le camp ainsi que tout ce qu'il contenait tombèrent aux mains des soldats.

Que l'attaque du camp de Little Thunder ait été ou non justifiée demeure aujourd'hui encore une question controversée. L'année suivante, lors d'un conseil ouvert, Harney avoua aux Sioux regretter que ses troupes aient détruit le camp d'un chef qui n'avait montré aucune hostilité à l'égard des Blancs. Il expliqua qu'il était « hors de lui » en remontant la Platte, et qu'il avait attaqué le premier camp rencontré au nord de la rivière, où seuls des Indiens hostiles étaient encore supposés vivre. Selon les témoignages recueillis après l'affaire Grattan, lorsque Brave Bear avait été mortellement blessé, Little Thunder avait pris le commandement et avait fait tout ce qu'il avait pu pour empêcher les Brûlés de se livrer à de sanglantes représailles. D'un autre côté, les soldats avaient découvert dans son camp des objets ayant appartenu aux hommes tués lors de l'attaque de la malle-poste, ainsi que deux scalps encore frais provenant probablement de deux femmes blanches. Twiss, d'autre part, avait sans nul doute clairement fait comprendre à Little Thunder que s'il ne s'installait pas au sud de la Platte, il devrait en assumer les conséquences. Nous nous trouvons ici, à l'évidence, devant une situation qui n'avait malheureusement rien d'exceptionnel à cette époque – un chef amical mais incapable de contrôler ses guerriers, qui se voyait contraint de les suivre alors qu'il aurait dû les diriger.

Avant que la guerre de Sécession lui ait brisé le cœur et les reins, l'armée régulière avait coutume de chanter joyeusement :

Nous n'avons pas fait d'erreur,
Nous avons liquidé Little Thunder,
En l'expédiant sur l'autre rive du Jourdain.

Sir Richard Burton rencontra Little Thunder en 1860, non pas sur l'autre rive du Jourdain, mais plus prosaïquement sur celle de la Laramie Fork. Le vieux chef encore vigoureux et plein de fougue lançait les accusations les plus outrageantes contre l'agent Twiss, que la plupart des chefs considéraient comme un voleur [6]. Il apparut pour la dernière fois au printemps 1865, dans le camp des Sioux pacifiques établi près de Fort Laramie, et fut probablement l'un des chefs qui furent massacrés par leurs propres hommes pour avoir pris le parti des Blancs alors que le camp s'était révolté, attaquant les soldats chargés de sa surveillance et rejoignant au nord les Indiens hostiles.

La nouvelle de la destruction du camp de Little Thunder parvint à Fort Laramie le 8 septembre, et Twiss en informa immédiatement les chefs oglalas et brûlés. Ils l'accueillirent avec calme, mais non sans éprouver probablement une certaine inquiétude. En effet ils apprirent également que le général et ses troupes victorieuses se dirigeaient maintenant vers leurs propres camps. En atteignant le fort, Harney prit cependant garde de ne pas alarmer les Sioux. Il ne manifesta aucune intention de leur demander des comptes pour le massacre du détachement du sous-lieutenant Grattan, se contentant d'exiger la reddition des Brûlés qui avaient attaqué la malle-poste. Les chefs expliquèrent à ces hommes qu'ils devaient se sacrifier pour le bien de tous, et quelques jours plus tard, Spotted Tail et les autres vêtus de leurs plus beaux costumes de guerre, chevauchèrent jusqu'au fort en chantant des chants de mort. Ils s'attendaient de toute évidence à être exécutés, mais au lieu de cela ils furent conduits à Fort Kearney, sur la Lower Platte, où ils demeurèrent prisonniers pendant deux ans sans être enfermés, accompagnant même les soldats lorsqu'ils sortaient en patrouille. Pendant sa captivité, Spotted Tail put étudier les Blancs et mesurer leur puissance comme aucun autre chef Sioux n'eut jamais l'occasion de le faire, et par la suite seules les plus flagrantes injustices purent encore l'amener à prendre les armes, tant il était convaincu de la parfaite inutilité de toute résistance face à un ennemi disposant d'aussi vastes ressources.

Le général Harney offrit ensuite une chance de se battre à tous les Tétons du nord de la Platte qui auraient pu rêver d'en découdre avec les Blancs. Parti de Fort Laramie, il traversa le pays sioux jusqu'à Fort Pierre, dans le haut Missouri, sans que ses soldats essuient un seul coup de feu. Au printemps 1856, après avoir passé l'hiver à Fort Pierre, il tint des conseils avec toutes les tribus, nommant de nouveaux chefs et leur proposant un traité qu'ils acceptèrent de signer. Ce traité ne fut pas ratifié par le Sénat, mais les Indiens ne comprirent pas ce que cela signifiait et continuèrent de croire que l'accord qu'ils avaient conclu était effectif, ce qui créa une grande confusion [7].

Un certain nombre d'officiers et de marchands estimèrent que l'action de Harney contre les Sioux avait été insuffisante. Après la bataille de la Blue Water, la route de la Platte était redevenue sûre, du moins pour un certain temps, mais de nombreuses tribus du haut Missouri demeuraient fondamentalement hostiles aux Blancs, et beaucoup d'hommes de l'Ouest déploraient que le général ait mis fin à son expédition sans livrer au moins un second combat. Les marchands assuraient que de tous les Tétons, les Hunkpapas étaient ceux qui méritaient le plus de recevoir une bonne leçon, et l'histoire des décennies suivantes semble leur avoir donné raison, car de 1856 jusqu'à la fin des guerres sioux, leur tribu, celle de Sitting Bull, fut la plus irréductiblement opposée aux Blancs. Le lieutenant G. K. Warren, qui parcourut le pays sioux à cette époque, regretta vivement que Harney ne soit pas resté plus longtemps en campagne. Warren suggéra au département de la Guerre de débloquer un crédit de cinquante mille dollars pour financer une exploration militaire sérieuse de ce territoire, avant que son occupation par les colons venus de l'Est n'ait entraîné une révolte générale des Indiens rendant définitivement impossible toute opération de ce genre.

L'appréhension de Warren était parfaitement justifiée. Jusqu'en 1855, les Sioux avaient observé les Blancs qui remontaient le Missouri et la Platte comme des enfants regardent défiler des soldats, sans se rendre compte que leurs armes ne sont pas uniquement conçues pour la chasse ou la parade. La défaite de Little Thunder, dont la nouvelle avait rapidement fait le tour des tribus, leur avait brutalement ouvert les yeux. Jamais encore au cours de leur histoire, les Tétons n'avaient subi d'aussi lourdes pertes en une seule bataille : près de cent morts, les femmes et les enfants emmenés en captivité, un camp entier tombé aux mains de l'ennemi ! Atteints dans leur orgueil, les choses s'étaient encore aggravées pour eux lorsque Harney, pénétrant au cœur de leur pays, les avait défiés et qu'aucune bande n'avait osé se mesurer à lui. Aussi, au printemps 1856, tandis que le général leur imposait ses vues à Fort Pierre, les chefs discutèrent-ils tranquillement entre eux de ce qu'il convenait de faire pour remédier à cette situation. En conséquence, à peine les soldats eurent-ils quitté la région qu'un calumet commença à circuler dans tous les camps, non pour appeler à la guerre, mais pour préparer un événement plus exceptionnel, un conseil rassemblant toutes les tribus de Tétons.

Ce grand conseil, le seul de ce genre sur lequel nous possédons quelques informations, se tint au nord des Black Hills, près de la Bear Butte, pendant l'été 1857. Les chefs y amenèrent toutes leurs bandes, et lorsque les tipis eurent été dressés, les Tétons furent à la fois stupéfaits et ravis de constater qu'ils étaient aussi nombreux. Au spectacle des immenses camps, leur cœur fut ragaillardi, et lors du conseil, les chefs reconnurent qu'ils s'étaient inclinés trop rapidement devant le général Harney, qu'ils auraient dû s'unir pour lui tenir tête. Ils étaient désormais pleinement conscients du danger d'une invasion par les Blancs, et avant la fin de la réunion leurs dirigeants firent le serment de s'opposer à toute nouvelle occupation de leurs terres.

Peu de temps après la fin du conseil, des Miniconjous et des Hunkpapas chassant à l'ouest des Black Hills rencontrèrent le groupe du lieutenant Warren, qui faisait des relevés en vue de l'ouverture de routes militaires. Les Sioux étaient furieux et voulaient tuer tous les soldats, mais Bear's Rib et les autres chefs les en dissuadèrent. Bear's Rib conseilla à Warren de partir sur-le-champ et de faire savoir aux autres Blancs qu'ils devraient désormais se tenir à l'écart de leurs territoires de chasse. Le chef chargea également le lieutenant d'informer le Père-de-Tous que, si ses livraisons annuelles avaient pour but d'obtenir des Sioux qu'ils laissent les Blancs s'installer dans leur pays et cessent de faire la guerre aux Crows, ceux-ci n'étaient pas d'accord et les refuseraient à l'avenir, car ils ne toléreraient plus aucun Blanc chez eux et étaient bien décidés à continuer de combattre les Crows [8].

Pendant que les Sioux tiraient les leçons de l'affaire Grattan et de l'offensive de Harney, de nouveaux incidents sur la Platte vinrent confirmer leurs appréhensions. À peine la colonne de Harney s'était-elle éloignée de Fort Laramie que les Cheyennes connurent à leur tour des difficultés avec les soldats, pour des raisons tout aussi insignifiantes que celles qui avaient été à l'origine des ennuis des Miniconjous et des Brûlés. Les soldats du petit détachement de Platte Bridge tentèrent d'arrêter des Cheyennes qui s'étaient emparés de chevaux égarés appartenant à des émigrants. Des coups de feu furent échangés. Les Cheyennes furieux s'enfuirent et lancèrent quelques petits raids pour manifester leur colère. Une force armée importante remonta alors la Platte, affronta et vainquit les Cheyennes, les poursuivant jusqu'à la vallée de l'Arkansas. Dans cette affaire, l'agent militaire Thomas Twiss procéda comme en 1855 avec les Brûlés, répartissant avec soin les divers camps des Indiens de manière à faciliter l'offensive des soldats. Les Sioux se tinrent à l'écart de ces événements, mais les observèrent avec beaucoup d'attention, de plus en plus déroutés par les étranges conceptions que l'homme blanc semblait se faire du bien et du mal [9].

Ce fut pendant cette période de tension que les colons s'établirent en masse en bordure du Missouri dans le Kansas, le Nebraska, l'Iowa et le Dakota. En 1856, les régions riveraines du Missouri étaient colonisées jusqu'à la hauteur de Sioux City, et en 1857 vingt-trois bateaux à vapeur assuraient un service régulier sur le fleuve jusqu'à cette ville. Dans les années 1850, des tentatives incessantes furent faites pour contester, nier ou racheter les droits de propriété des Indiens sur les terres du Kansas, du Nebraska et du sud-est du Dakota. Certaines tribus refusèrent de vendre leurs terres, ce qui exacerba les sentiments haineux de la population blanche à leur égard. Les colons commencèrent à s'en prendre aux Indiens les plus proches, en particulier au Kansas, et de prétendues milices de bons citoyens, formées en réalité de la plus infâme populace, entreprirent d'attaquer et de piller leurs camps. Il y eut également un fort mouvement d'opinion en faveur du transfert des tribus réticentes dans le Territoire indien [10], mais le Bureau indien s'y opposa ; les Blancs tentèrent alors de maintenir les malheureux Indiens enfermés dans leurs réserves, alors que les traités qu'ils avaient signés leur donnaient le droit de se déplacer jusqu'aux points de passage des bisons pour leurs chasses bisannuelles. À cette époque, sur la frontière toujours mouvante avec les Blancs, les Pawnees, les Kaws et les autres Indiens connaissaient un sort bien pire que celui des tribus et des bandes qui erraient encore en liberté dans les plaines.

Les chefs tétons n'ignoraient rien de ce qui arrivait à leurs voisins du Missouri. Les nouvelles de la catastrophe sans précédent qui frappait ces tribus du fait de l'arrivée des colons blancs, jointes à leur propre observation des malheurs amenés par les émigrants sur la Upper platte, leur firent comprendre qu'ils ne pourraient échapper eux-mêmes à la destruction qu'en s'opposant d'une manière très ferme à toute nouvelle mainmise des Blancs sur leur territoire. Ils venaient tout juste de parvenir à cette conclusion, lorsqu'ils apprirent que les Yanktons avaient signé un traité par lequel ils cédaient leurs terres du Missouri. Une violente vague d'indignation souleva les Tétons du haut Missouri et des Black Hills. Ils dénoncèrent amèrement l'attitude des Yanktons, affirmant que ceux-ci les avaient autrefois suppliés de les accueillir sur le Missouri, qu'ils les avaient autorisés à s'établir sur leurs terres, dont les Yanktons les avaient maintenant spoliés en en faisant cadeau aux Blancs. De 1855 à 1868, toute la politique des chefs tétons ne fit qu'exprimer leur farouche détermination de ne plus laisser aucun Blanc envahir indûment leur territoire.

VI

LES OGLALAS ÉMIGRENT DE NOUVEAU
1856-1860

Bien que les Oglalas aient été relativement peu impliqués dans les incidents qui éclatèrent à Fort Laramie entre 1853 et 1855, ces événements jouèrent un rôle important dans l'histoire ultérieure de leur tribu. Depuis l'assassinat de leur chef Bull Bear en 1841, ils avaient renoncé à la plupart de leurs habitudes de peuple chasseur et demeuraient à proximité de la Platte, à observer le passage des émigrants en se laissant fasciner un peu plus chaque jour par ces étranges voyageurs et leurs étonnantes coutumes. Il n'aurait sans doute guère fallu que quelques années de plus pour qu'il leur devienne à tout jamais impossible d'échapper à cet envoûtement, mais le choc de l'affaire Grattan et de la campagne de Harney leur fit soudainement prendre conscience que la vallée de la Platte était désormais une terre de Blancs, où ils ne pourraient être tolérés plus longtemps qu'à la condition de se soumettre à la loi des nouveaux occupants. Ni les Oglalas ni les Brûlés n'étaient disposés à accepter une telle situation, aussi dès que leurs chefs eurent compris quel danger ils couraient, tournèrent-ils le dos à la Platte et entraînèrent-ils leurs bandes dans les régions encore riches en bisons au nord et au sud de la rivière.

Peu après 1854, les Oglalas de l'ancien groupe de Bull Bear, qui en 1846 chassaient dans les plaines de Laramie et hivernaient à proximité du fort, s'éloignèrent en direction du sud-est et ne tardèrent pas à s'établir sur les branches de la Republican Fork, dans le nord-ouest du Kansas et le sud-ouest du Nebraska. Avec eux se trouvaient les Brûlés de la bande de Little Thunder et de Spotted Tail. Les leaders du groupe oglala étaient Bad Wound, choisi en 1856 par le général Harney pour succéder à Man-Afraid-of-His-Horse comme grand-chef de la tribu, Little Wound, Whistler et Pawnee Killer – ce dernier étant le chef de guerre et non un véritable chef. Unis aux Cheyennes du Sud, ces Sioux de la Republican Fork descendaient souvent loin vers le sud, jusqu'à la vallée de l'Arkansas, et ils perdirent rapidement tout contact avec leurs parents du Nord. Comme il leur était difficile de remonter jusqu'à Fort Laramie pour recevoir leurs livraisons annuelles, ils souhaitèrent qu'une nouvelle agence soit créée pour eux en aval de la fourche de la Platte.

Lorsque les Oglalas commencèrent à se retirer de la Platte, la faction de Smoke, rassemblant les bandes qui s'étaient ralliées à lui lors de son conflit avec Bull Bear, se dirigea vers le nord et alla s'installer près de la source de la Cheyenne River, la South Fork au sud-ouest des Black Hills. Le chef de cette bande, aussi bien aux yeux des Blancs qu'à ceux des Indiens, était incontestablement Man-Afraid-of-His-Horse, ce qui n'allait pas sans soulever quelques questions sur le statut du vieux Smoke. Comme cette division d'Oglalas portait son nom, on pouvait s'attendre à ce qu'il en fût le principal dirigeant, mais son nom n'apparaît même pas dans les listes des chefs de 1850 et 1856. Il était alors très âgé et passait le plus clair de son temps à Fort Laramie. Peut-être s'était-il démis de ses fonctions, comme le faisaient parfois certains chefs à la fin de leur vie. Ces Oglalas du Nord étaient étroitement liés aux Miniconjous et aux Cheyennes du Nord.

Quand la majorité des Oglalas s'éloignèrent de la Platte, certains d'entre eux, comptant également quelques Brûlés, demeurèrent près de Fort Laramie. Ces Indiens s'étaient tellement mêlés aux Blancs qu'ils ne pouvaient désormais plus les quitter. Venant de différentes bandes, certains du clan de Bull Bear, d'autres de celui de Smoke, ils formèrent un nouveau groupe, que leurs parents plus autonomes ne tardèrent pas à appeler *Waglukhe,* les Loafers. Ce nom, qui signifie

« traîneurs », « suiveurs », leur convenait parfaitement, puisqu'ils chassaient généralement aussi près que possible de la route des émigrants, puis revenaient en toute hâte pour suivre les caravanes ou rôder à proximité du fort, vivant en grande partie de ce qu'ils parvenaient à soutirer aux voyageurs ou aux soldats. À ce groupe appartenaient toutes les familles dont les filles s'étaient mariées avec des hommes blancs. Certains officiers avaient en effet pris des épouses indiennes, selon les coutumes matrimoniales des Sioux, et plus d'une famille éminente de l'Est ou du Sud des États-Unis avait alors, sans le savoir, des parents par alliance dans le camp des Loafers. Ainsi entendit-on parler après la guerre de Sécession de la squaw du capitaine ou du général Untel et Untel, qui étaient bien connues sur la Upper Platte.

Pendant la période du commerce des fourrures, les Indiens qui vivaient au fort n'en éprouvaient aucune honte ; le mariage avec un marchand était au contraire regardé comme une promotion sociale pour une jeune fille sioux, et sa famille était considérée avec autant de respect que d'envie. Cette situation dut sans doute se prolonger plusieurs années après l'arrivée des soldats, car le vieux Smoke demeura quelque temps au fort avec une bande d'Oglalas, sans doute celle des Bad Faces, dont Red Cloud faisait aussi partie. Ces Indiens n'étaient pas des mendiants et ils s'en allèrent dès qu'ils comprirent quelle vie serait la leur s'ils restaient plus longtemps. Ils devinrent quelques années plus tard la bande dirigeante des belliqueux Oglalas du Nord.

Red Cloud avait vécu dans le secteur de Fort Laramie depuis l'âge de douze ans, passant la majeure partie de son temps à l'intérieur ou à proximité du fort. Il appartenait au camp de Smoke qui fut dirigé à partir de 1850 par un des fils de ce dernier. He Dog, le neveu de Red Cloud, raconte que le fils du vieux Smoke avait une femme très jalouse qui se prenait souvent de querelle avec lui, emplissant leur tipi et même le camp tout entier de ses cris et de ses accusations. Elle avait coutume de reprocher à son mari d'avoir une vilaine figure, et elle le répéta tant de fois, d'une voix si perçante, que les Indiens du camp finirent par surnommer leur chef Bad Face, *Iteshicha* (« Vilaine Figure »). Ce nom lui resta et fut par la suite employé pour désigner le camp tout entier [1].

Red Cloud a déclaré à plusieurs reprises qu'il était présent lorsque le lieutenant Grattan fut tué en 1854, mais il est clair qu'il ne joua aucun rôle important dans cette affaire. Après le massacre, il resta apparemment un an ou deux près de Fort Laramie, puis il se joignit à l'exode des Oglalas qui quittèrent la Platte par refus de la domination blanche. Jusqu'à ces dernières années, nous ne disposions d'aucune information sur cette période de la vie de Red Cloud, mais il y a peu de temps, L. B. Dougherty, dans ses souvenirs de marchand à Fort Laramie, a signalé qu'il avait rencontré le futur grand-chef des Oglalas vers 1856, dans le camp sioux qui était alors une des annexes permanentes du fort. Un jour, raconte M. Dougherty, Red Cloud eut à préparer un banquet pour fêter la visite de quelques chefs importants. Comme il désirait impressionner ses hôtes il alla demander une bouteille de whisky au médecin de la garnison, auquel il donna en échange deux peaux de bison finement décorées. Lorsque le festin commença, Red Cloud sortit la bouteille et la tendit avec un grand sourire à l'invité d'honneur. Celui-ci engloutit une rasade, lança un regard courroucé à Red Cloud, puis passa rapidement la bouteille à son voisin ; chaque convive but à son tour, mais aucun ne sembla y prendre plaisir. Finalement, la bouteille revint à Red Cloud, qui avala discrètement une gorgée et s'aperçut qu'elle ne contenait que de l'eau, le bouchon seul ayant été légèrement imbibé d'alcool. Laissant là ses hôtes, il courut alors jusqu'au bureau du médecin pour lui demander des comptes, mais l'homme avait prévu sa réaction et était introuvable. L'affaire fut réglée quelques jours plus tard, l'officier présentant ses excuses à Red Cloud et lui offrant suffisamment de présents pour guérir son orgueil blessé. Mais aussi longtemps que Red Cloud demeura au fort, il fut surnommé Two Robes (« Deux Peaux »), en souvenir du jour où il avait échangé avec un

Blanc deux peaux de bison de qualité contre une bouteille d'eau [2].

En s'installant dans la région de la Republican Fork, les Oglalas du clan de Bull Bear s'approprièrent les meilleurs terrains de chasse des Pawnees, et se retrouvèrent de ce fait, ainsi que leurs amis Brûlés et Cheyennes, soumis aux attaques incessantes de leurs vieux ennemis. Ils répliquèrent en prenant les Pawnees à partie chaque fois qu'ils se risquaient à venir chasser dans les plaines, et en lançant des raids meurtriers contre leurs villages de la Loup Fork. C'est entre 1855 et 1865 que les Oglalas du Sud paraissent avoir rencontré pour la première fois les Utes, qu'ils affrontèrent épisodiquement en compagnie des Cheyennes dans les montagnes du Colorado. Charles A. Eastman affirme que dès 1835 ou 1840, les Oglalas furent sérieusement engagés dans la guerre contre les Utes, et que Spotted Tail, Red Cloud et les autres jeunes guerriers de cette époque remportèrent un grand nombre de leurs premiers succès en les combattant. Cette légende semble née de la mémoire défectueuse des Sioux d'aujourd'hui. Ni leurs chroniques d'hiver, ni les autres sources dont nous disposons ne font la moindre allusion aux Utes avant le départ des Sioux de la Platte.

Lorsque aux environs de 1855, les Oglalas du clan de Smoke entamèrent leur migration vers le nord, la région proche des Black Hills était déjà occupée par de nombreux Sioux venus du Missouri, et les bisons ne s'y trouvaient plus en aussi grande quantité qu'auparavant. Ces Indiens convoitaient depuis longtemps de meilleurs terrains de chasse s'étendant plus à l'ouest, près de la Powder River et de la Bighorn. Le traité de 1851 avait attribué ces territoires aux Crows, fixant entre la Little Missouri et la Powder River la ligne de démarcation entre le pays des Crows et celui des Sioux. Depuis le début du siècle, les Crows estimaient que la Powder River était trop exposée aux attaques des Sioux et de leurs autres ennemis, et ils chassaient en conséquence le plus souvent à l'ouest de ce cours d'eau. Ils demeuraient cependant assez puissants pour empêcher tout autre tribu d'occuper de manière permanente leurs anciennes terres, aussi la vallée de la Powder River était-elle devenue avec le temps une sorte de no man's land. Les troupes de guerre se contentaient généralement de la traverser, et si quelques rares bandes s'y aventuraient parfois prudemment pendant la saison de chasse, elles battaient en retraite au moindre signe annonçant que leur présence avait été découverte.

Lorsque le traité de 1851 fut conclu, les Sioux avaient déjà des visées sur les terres crows ; c'est la raison pour laquelle les Hunkpapas et quelques autres tribus s'opposèrent si résolument à la clause de l'accord qui exigeait que les Sioux et les Crows vivent désormais en bonne entente. Les Hunkpapas affirmèrent avec force qu'ils ne renonceraient pas à faire la guerre aux Crows – et ils n'y renoncèrent pas. Année après année, ils franchirent la Powder River et attaquèrent les villages crows, assistés dans leurs expéditions par les Miniconjous et les Sans Arcs de Belle Fourche (North Fork ou branche nord de la Cheyenne River). L'agent indien du haut Missouri écrivait régulièrement dans ses rapports que ses administrés respectaient scrupuleusement le traité de paix, mais les hommes qui vivaient alors en pays indien auraient souri de ces mensonges, sachant très bien qu'il accaparait la plupart des marchandises destinées aux Sioux et que sa plus grande crainte était que le gouvernement, découvrant la vérité sur la « paix », cesse ses livraisons annuelles aux tribus indiennes.

Dès que les Oglalas du clan de Smoke se furent éloignées de la Platte pour remonter jusqu'à la South Fork de la Cheyenne, la guerre contre les Crows devint leur principale préoccupation. Obliquant vers l'ouest, ils allèrent chasser près de la source de la Powder River, luttant contre les Crows en étroite collaboration avec les Cheyennes du Nord, ainsi qu'avec les Miniconjous et les Sans Arcs de la région des Black Hills.

Les Crows se trouvaient alors dans une situation particulièrement délicate, attaqués simultanément au nord par les Blackfeets, au sud et à l'est par les Oglalas et leurs alliés. Nous ne pouvons nous empêcher d'éprouver une certaine sympathie pour ce peuple courageux, dont les rapports avec les Blancs au cours des cinquante années précédentes avaient été en règle générale dénués de toute animosité. Bien sûr, les Crows avaient parfois dépouillé des groupes de voyageurs qui traversaient leur territoire, et même à l'occasion tué quelques Blancs ; mais comparés aux Sioux, leurs ennemis du sud-est, et aux Blackfeets, leurs ennemis du nord-ouest, ils posaient peu de problèmes de cohabitation et s'étaient parfaitement accommodés de la présence américaine. Comme ils vivaient dans la haute vallée de la Yellowstone, il était particulièrement malaisé de leur procurer les marchandises dont ils avaient besoin, et après la conclusion du traité de Fort Laramie en 1851, les livraisons annuelles que leur destinait le gouvernement ne cessèrent de soulever d'énormes difficultés.

En 1854, une partie des Crows acceptèrent de faire la longue route jusqu'à Fort Union, au confluent de la Yellowstone et du Missouri, pour recevoir leur livraison de l'année, mais sur le chemin du retour ils furent attaqués par leurs ennemis et subirent de nombreuses pertes. L'année suivante, ils ne se déplacèrent pas, et lorsque en 1856, leur agent remonta le Missouri en bateau à vapeur jusqu'à Fort Union il y trouva encore intactes les marchandises livrées l'année précédente pour les Crows. Prenant un petit groupe d'hommes avec lui, il remonta la Yellowstone et finit par découvrir les Crows chassant près du confluent de la Little Bighorn. Ils lui avouèrent qu'ils avaient renoncé à se rendre à Fort Union, des hommes blancs leur ayant appris que la variole avait atteint le Missouri et que le poison de la maladie infectait leurs provisions. Ils redoutaient la variole tout autant que leurs ennemis. L'agent Vaughan leur affirma que les bruits concernant l'épidémie de variole étaient une invention de Blancs malintentionnés et il convainquit les chefs de le suivre jusqu'au fort avec des poneys de bât et un groupe de trois cent cinquante guerriers, assez puissant pour tenir tête à toutes les troupes de guerre hostiles qu'ils pouvaient rencontrer en chemin. Les Crows emportèrent ainsi les livraisons de deux années successives. Ils emportèrent également la variole, et un grand nombre d'entre eux périrent. Les « hommes blancs sans scrupules », accusés par l'agent d'avoir répandu des rumeurs alarmantes sur la terrible maladie, avaient eu parfaitement raison. L'année suivante, les Crows refusèrent d'approcher Fort Union.

Pendant l'été 1859, le capitaine W. F. Raynolds trouva les deux plus importantes bandes de Crows – les Mountain Crows (« Crows de la Montagne ») de Red Bear et les River Crows (« Crows de la Rivière ») de Two Bears – en train de faire du troc à Fort Sarpy, près du confluent de la Bighorn. Les Indiens se montrèrent très amicaux. Un an plus tard, en août 1860, un détachement de l'expédition de Raynolds commandé par le lieutenant Mullins, du 2e régiment de dragons, se rendit de Fort Benton à Fort Union. Alors qu'ils campaient sur le Big Dry Sandy, au sud du Missouri, les soldats virent approcher une importante troupe de Crows. Le guide Jim Bridger alla à leur rencontre et convainquit quelques-uns des guerriers de le suivre jusqu'au camp ; ils se présentèrent avec des visages menaçants, et après avoir dit que leurs cœurs étaient emplis de colère, ils tirèrent trois coups de feu. À ce signal, deux cent cinquante Crows à cheval se ruèrent sur le camp en tentant de disperser les montures du détachement. Mullins et Bridger parvinrent non sans mal à retenir les chevaux et à éviter une bataille rangée. Lorsque la fusillade cessa, le chef des assaillants accepta de venir parlementer. Il s'agissait de *Mato Luna,* Red Bear, le chef des Mountain Crows qui avaient si amicalement accueilli le groupe de Raynolds à peine un an auparavant à Fort Sarpy. Il expliqua que le cœur de ses guerriers était noir parce que les Blancs les avaient livrés à leurs ennemis. Après enquête, le lieutenant Mullins découvrit qu'un imbécile du Bureau indien avait ordonné que les livraisons annuelles destinées aux Crows soient effectuées à l'agence de la Upper Platte – celle des Oglalas, leurs pires ennemis ! Les Crows avaient ainsi été informés qu'ils devaient traverser 450 kilomètres de territoire hostile pour obtenir leur dû. Comble de malchance, Fort Sarpy, le comptoir commercial des Crows sur la

Bighorn, avait été abandonné à peu près à la même époque par la Compagnie des fourrures, et la tribu manquait brutalement de provisions et de munitions. Les Crows de la Montagne campaient maintenant sur le Big Dry Sandy, loin de leurs terrains de chasse de la Bighorn. Ils s'étaient aventurés dans cette région avec l'intention évidente de faire du commerce à Fort Union, mais ils n'osaient s'en approcher par crainte des Sioux et de la variole [3].

Il n'est guère étonnant, dans ce contexte, que les cœurs des Crows aient été pleins de fiel. Au moment même où ils devaient défendre âprement leur territoire contre des ennemis qui les assaillaient simultanément du sud, de l'est et du nord, les Blancs, supposés être leurs fidèles alliés, les privaient de tout approvisionnement en armes et en munitions. Ils devaient donc abandonner leur foyer de la Bighorn et aller chercher refuge au nord de la Yellowstone. Les Sioux, à la même époque, ne rencontraient aucun problème pour se procurer tout ce dont ils avaient besoin pour faire la guerre. Outre les armes et les munitions qu'ils recevaient chaque année du gouvernement, les Oglalas et plusieurs autres tribus tétons séjournaient à peu de distance de la grande Overland Road de la vallée de la Platte, où ils pouvaient obtenir dans les comptoirs, les relais de postes et les ranchs tout l'armement qu'ils désiraient en échange de peaux de bisons, de chevaux et d'autres articles recherchés par les Blancs.

La décision stupide prise par le Bureau indien en 1859, ainsi que la fermeture du comptoir de Fort Sarpy, firent probablement perdre aux Crows une grande partie de la région de la Powder River. Ils durent partir au loin, à la recherche de munitions et d'autres produits de première nécessité, et lorsqu'ils revinrent, ils s'aperçurent que les Sioux en avaient profité pour progresser en direction du nord. Une fois les Sioux installés sur les terres crows, il devint impossible de les en déloger.

Pour combattre les Crows, les Sioux employaient d'importantes troupes de guerre, d'une redoutable efficacité. Leur pratique la plus courante fut apparemment de rassembler chaque été leur peuple en un grand camp pour célébrer la Danse du Soleil. Suite à la cérémonie une troupe de guerre de plusieurs centaines d'hommes se mettait en route pour leur croisade annuelle contre les malheureux Crows. En 1858, l'agent indien du haut Missouri signala que les Sioux avaient tué dans une de ces attaques le grand-chef des Crows et trente de ses meilleurs guerriers. En 1859, les Crows racontèrent au capitaine Raynolds qu'un de leurs petits camps avait été récemment anéanti par un très puissant groupe sioux comptant quatre-vingt feux de camp. Il s'agisait de toute évidence de la troupe de guerre de Black Shield, qui est mentionnée dans les chroniques d'hiver sioux et dont les Oglalas se souviennent aujourd'hui encore [4]. La chronique de Cloud Shield relate également qu'en 1861-1862, une puissante troupe de guerre conduite par Red Cloud livra bataille aux Crows, tuant le chef Little Rabbit. Une autre chronique des Oglalas donne à ce chef le nom de Spotted Horse.

Le rapport de l'agent indien du haut Missouri pour l'année 1862 donne un bilan de cette offensive sioux contre les Crows. Il constate que ces derniers ont été chassés de leurs terres et errent désormais plus loin vers l'ouest, près des contreforts des Rocheuses. De fait, à partir de cette date, les Crows ne s'aventurèrent plus qu'exceptionnellement sur leurs anciens terrains de chasse de l'est de la Bighorn, au sud de la Yellowstone.

L'agent Twiss, responsable des Oglalas et des Brûlés de la Upper Platte, dissimula toujours le fait que ses administrés faisaient la guerre aux Crows, les présentant comme des Indiens pacifiques qui subissaient les attaques incessantes de leurs incorrigibles voisins du Nord. Mais l'examen minutieux de ses rapports révèle qu'il falsifiait délibérément la réalité. Dans celui de 1856, par exemple, il indique que la frontière septentrionale du pays sioux part de Bear Butte, dans les Black Hills, progresse en direction du sud-ouest entre les fourches de la Cheyenne River, puis de là entre les sources de la Powder River et de la North Platte jusqu'à Red Buttes, au nord de Platte Bridge. Toutes les terres situées au nord de cette ligne étaient supposées appartenir aux Crows. Néanmoins, chaque année, les Oglalas de Twiss allaient y camper et y chasser, et remontaient même jusqu'à la Yellowstone pour attaquer les Crows dans leurs propres camps.

Twiss proposait constamment au Bureau indien de nouveaux aménagements, dont la réalisation aurait nécessité des dépenses publiques considérables sans bénéfice évident pour personne, sauf peut-être pour lui-même et pour ses amis marchands. Ainsi, en 1856, pressa-t-il le gouvernement d'ouvrir une nouvelle agence pour les Oglalas près de la source de Horse Creek, au sud-est de Fort Laramie, et une autre pour les Brûlés sur la White River près de Butte Cachée, à environ 120 km au nord-est du fort. Son argument était que les Sioux seraient de cette manière protégés de la mauvaise influence des Blancs qui empruntaient la route de la Platte, et qu'avec l'aide des agronomes de l'administration ils pourraient rapidement se sédentariser et devenir des agriculteurs capables d'assurer seuls leur subsistance. Une telle idée ne pouvait naturellement que séduire les autorités de Washington, mais les habitants de la Upper Platte savaient très bien que l'agent faisait miroiter des perspectives illusoires dans le seul but d'obtenir plus d'argent du gouvernement. La plupart des Sioux s'étaient déjà éloignés de la Platte de leur propre initiative, cherchant de nouvaux terrains de chasse très loin de Fort Laramie. Ces Indiens nomades, aussi sauvages que des loups, auraient certainement battu ou tué sans hésiter le premier d'entre eux qui aurait manifesté la moindre velléité de s'établir et de cultiver la terre. Twiss ne l'ignorait cartainement pas, et ne faisait cette proposition que parce qu'il y trouvait lui-même son profit, sans songer le moins du monde à l'intérêt des Indiens. La plus stupéfiante de ses suggestions concernait la création d'une agence à Upper Platte Bridge pour « les Crows, les Snakes et les Miniconjous du Nord ». Le but d'un tel projet était de toute évidence d'accorder un avantage scandaleux aux Miniconjous, qui auraient pu ainsi se procurer tous les chevaux et tous les scalps de Crows et de Snakes qu'ils désiraient sans avoir à parcourir de

300 à 450 km pour aller les chercher dans les camps de leurs ennemis.

Un an plus tard, en 1857, cet homme étrange avait tout oublié de ses intentions de transformer les Oglalas et les Brûlés en fermiers et d'offrir sur un plateau aux Miniconjous les têtes des Snakes et des Crows. Sans un mot d'explication, il avait transféré son agence des environs de Fort Laramie à Deer Creek sur la Overland Road, à quelque 150 km à l'ouest du fort. Il n'indiqua jamais pour quelle raison il avait choisi ce lieu de passage après avoir dénoncé l'année précédente l'influence pernicieuse que la route et ses voyageurs exerçaient sur les Indiens. On peut cependant remarquer qu'en décidant de s'établir à Deer Creek, l'agent abandonnait pratiquement à leur sort les bandes les plus amicales d'Oglalas et de Brûlés, celles qui s'étaient éloignées de la Platte en direction du sud, ainsi que les Loafers fixés à Fort Laramie, pour se rapprocher des bandes sauvages du clan de Smoke, qui chassaient alors près de la source de la Powder River, juste au nord de Deer Creek. John Richards, le « desperado » qui avait le premier introduit de l'alcool dans les camps de la Upper Platte en 1840, était maintenant installé à proximité de Deer Creek, de même que Joseph Bissonette. Les affaires de ces deux marchands avaient considérablement prospéré. Old Joe Bissonette possédait un comptoir indien, un magasin pour les émigrants, un relais de diligences sur la Overland Road et un bureau de poste, qu'il gérait avec l'aide de ses squaws et de sa nombreuse progéniture métisse. Richards avait une situation similaire, mais ses échanges avec les Indiens étaient plus importants, plusieurs pistes permanentes reliant directement son enceinte palissadée aux camps sioux de la Powder River. Il avait fait construire un pont à péage sur la rivière pour le commerce avec les émigrants, et était désormais suffisamment riche pour ne plus avoir besoin de demeurer sur la Platte ; mais les Sioux étaient devenus son peuple, et l'intérêt passionné qu'il portait à leurs affaires l'empêchait de partir. Il avait eu avec ses épouses oglalas plusieurs jeunes fils, les « Reshaw Boys » – une fine équipe de guerriers, d'éclaireurs, d'interprètes et de marchands qui fera abondamment parler d'elle par la suite. En 1841, Richards avait affirmé avec assurance qu'aucun agent indien envoyé par le gouvernement ne serait jamais assez vigilant pour réussir à l'empêcher de vendre de l'alcool aux Sioux. En 1857, son opinion demeurait la même, et ce n'était certainement pas l'agent Twiss, témoin complaisant de son trafic, qui risquait de l'en faire changer.

Twiss songeait de toute évidence à son confort et à son propre intérêt lorsqu'il déplaça son agence de Fort Laramie à Deer Creek. Les Mormons y avaient construit un relais des plus agréables pour leurs émigrants, le site étant réputé pour la fraîcheur de son eau, son herbe abondante et ses importantes réserves de bois. En 1857, la guerre des Mormons entraîna l'abandon des lieux, et le major Twiss (tous les agents indiens avaient le grade de major) s'installa aussitôt comme un coucou dans les bâtiments des Mormons avec sa compagne Oglala et leur ours apprivoisé. En 1860, sir Richard Burton, qui voyageait dans la région, y entendit de nombreux ragots désobligeants sur le compte de Twiss, parmi lesquels l'affirmation souvent répétée que « l'ours du major recevait plus de sucre que les pauvres foutus Indiens. »

L'image de cet agent indien, diplômé de West Point, ancien officier de l'armée, s'acoquinant avec des marchands français illettrés et leurs enfants demi-sang, buvant avec eux et participant à leurs plus que douteuses affaires, est réellement des plus insolites. Renvoyé par le président Lincoln en 1861, Twiss emmena avec lui son épouse indienne et ses enfants et alla vivre parmi les Oglalas de la Powder River. En 1864, il se rendit avec les Indiens à Fort Laramie, où le lieutenant Eugene F. Ware le rencontra et le décrivit comme un vieillard de belle apparence à la barbe neigeuse. Twiss se joignit avec passion aux discussions des officiers sur les campagnes de Grant, montrant une connaissance de l'art militaire qui ne laissa pas de les étonner, car ils étaient à cent lieues de soupçonner qu'il avait été autrefois l'un des leurs. Il repartit quelques jours plus tard avec les Oglalas en direction de la

Powder River. Nul ne sait où et quand il mourut. De nos jours, un grand nombre d'Oglalas portent le nom de Twiss ; ce sont les descendants de cet agent pour le moins énigmatique.

Les Oglalas du Sud eurent l'impression que leur agent, leur père, les abandonnait lorsqu'il installa son agence à Deer Creek. Ces bandes vivaient maintenant la plupart du temps très loin au sud de la Platte, remontant chaque été pour faire du commerce avec Beauvais, un ancien employé de la Compagnie américaine des fourrures, qui avait ouvert un comptoir sur la South Platte, à California Crossing. Ils étaient également en relation avec les frères Gilman et Jack Marrow, dont les comptoirs se trouvaient plus en aval sur la rivière. Twiss et ses successeurs accusèrent ces marchands de se livrer à un trafic illicite avec les Indiens, leur fournissant de l'alcool, des armes et des munitions en échange de chevaux et d'autres objets volés lors de leurs raids. En vérité, les marchands de la Platte n'étaient sans doute guère plus malhonnêtes que Richards ou Bissonnette, peut-être même moins, mais ils avaient le tort inexcusable de conduire leurs affaires trop loin de l'agent indien pour qu'il puisse s'entendre avec eux et prélever sa « dîme » habituelle sur leurs bénéfices.

Les marchands jouèrent un très grand rôle dans la vie des Oglalas au cours des années 1850 et 1860. La plupart d'entre eux, des Français de Saint Louis, s'étaient mariés au sein de la tribu, en parlaient couramment la langue, et les agents et autres représentants du gouvernement devaient obligatoirement passer par leur intermédiaire pour communiquer avec les Indiens. Ignorant tout des coutumes des Blancs, presque aussi crédules que des enfants en bas âge, la majorité des chefs pouvaient aisément être manipulés, et les marchands étaient passés maîtres dans l'art de les guider comme dans celui de les égarer. Avant 1865, aucun agent ne pouvait rester en poste sur la Upper Platte s'il ne s'était pas entendu au préalable avec les plus influents des marchands. Il ne pouvait même pas rencontrer ses administrés s'il n'avait pas obtenu des marchands qu'ils envoient des messagers chercher leurs chefs. Ses interprètes, généralement désignés par les marchands, ne faisaient le plus souvent que servir unilatéralement les intérêts de leurs protecteurs. Parfois, néanmoins, il arrivait que l'un d'eux, sans doute plus intelligent que les autres, sache utiliser à son avantage la situation privilégiée dont il jouissait auprès de l'agent. Ainsi la famille Janis dut-elle sa fortune au fait qu'en arrivant à Fort Laramie en 1855, Twiss prit comme interprète Antoine Janis. Celui-ci, supposé être un homme de paille de John Richards, profita habilement de sa position auprès de l'agent et fut bientôt en mesure de monter sa propre affaire. La guerre entre les deux marchands se poursuivit au travers de leurs enfants respectifs, tous de mère Oglala, et culmina avec l'assassinat de deux des fils de Janis par les Reshaw Boys. Antoine avait un frère nommé Nicolas, et un de ses fils demi-sang portait le même prénom. Après 1870, Nicolas Janis fut le mari de la fille de Red Cloud, mais on ignore s'il s'agissait du frère ou du fils du chef de la famille. En dépit de ce fait, Red Cloud fut toujours en meilleurs termes avec Jonh Richards et son fils John qu'avec les autres marchands, et suivit généralement leurs conseils. En revanche, Red Dog, le chef de la bande des Oyukhpes (Untidy, « Sans Soin »), le plus puissant groupe oglala du Nord après 1870, se montra toujours résolument hostile au clan Richards.

Les marchands auraient pu provoquer de très sérieux conflits s'ils l'avaient désiré, car ils exerçaient une extraordinaire emprise sur la plupart des chefs ; mais ils éprouvaient également une peur salutaire du gouvernement et de l'armée des États-Unis, jointe à la conscience aiguë que les troubles étaient mauvais pour le commerce. Leurs intrigues, fort nombreuses, n'allaient en conséquence jamais jusqu'à pousser les Indiens à attaquer les Blancs. En revanche, il est parfaitement clair que Richards et Bissonette encourageaient les Sioux de la Powder River à faire la guerre aux Crows, car cette guerre-là était bonne pour leurs affaires ; les Indiens achetaient la plus grande partie de leurs armes et de leurs munitions aux marchands des environs de Deer Creek, sous l'œil indifférent de l'agent Twiss, qui réaffirmait dans chacun de ses rapports annuels que ses administrés respectaient scrupuleusement la paix avec les Crows.

Un fait curieux concernant les marchands de cette époque n'a été relevé par aucun des auteurs qui se sont penchés sur l'histoire des Sioux : Bordeaux, Beauvais, les frères Janis et Léon Palladay avaient travaillé auparavant à Fort John, devenu plus tard Fort Laramie, pour le compte de la Compagnie américaine des fourrures, et ils avaient tous des liens étroits, tant commerciaux que familiaux, avec les Oglalas du Sud de la division de Bull Bear, ainsi qu'avec les Brûlés de Spotted Tail qui étaient alliés aux Bear People. A l'inverse, John Richards, Joseph Bissonette et plusieurs autres étaient d'anciens employés de la compagnie rivale Pratte, Cabanne & Co., propriétaire de Fort Platte, près de Fort John, et firent toujours du commerce avec les Oglalas du Nord, ceux de la division de Smoke, au sein de laquelle ils prirent leurs épouses. En gardant ceci à l'esprit et en observant quels marchands et quels interprètes avaient les faveurs d'un agent indien, il est souvent possible de deviner quelles pressions s'exerçaient sur lui. Twiss débuta en 1855 sous l'influence des hommes de la Compagnie américaine des fourrures, puis, en 1857, il changea de camp, abandonnant les Oglalas du Sud pour servir les intérêts des Smoke People.

Il est intéressant de noter que Red Cloud et la bande des Bad Faces quittèrent Fort Laramie à peu près au moment ou Twiss alla s'installer à Deer Creek, et on peut supposer sans grand risque d'erreur qu'il y eut un lien entre ces deux événements. Peut-être qu'avec le départ de l'agent, les Sioux du fort dépendirent alors davantage des militaires, et le commandant, lassé de leurs demandes incessantes, leur donna l'ordre de s'éloigner ? À l'époque, la guerre des Mormons provoqua de nombreuses mutations au sein de l'armée, et les officiers de Fort Laramie qui connaissaient les Sioux depuis des années furent envoyés ailleurs.

On se rendit vite compte que les Bad Faces, qui avaient rejoint les Oglalas du Nord sur la Powder River, n'avaient pas dégénéré suite à leur longue fréquentation des soldats de Fort

Laramie. Conduits par Red Cloud, ils jouèrent un rôle important dans les derniers épisodes de la guerre contre les Crows. À cette époque, Red Cloud se rendit souvent à Deer Creek pour voir son ami John Richards, qui lui fournissait les armes et les munitions dont il avait besoin pour combattre les Crows. Ce fut lors d'une de ces visites, pendant l'hiver 1859-1860, qu'il rencontra le lieutenant (par la suite colonel) Henry E. Meynadier, surnommé Many Deer par les Sioux. Relatant plus tard cette entrevue, le colonel Meynadier affirma que Red Cloud n'était pas encore un chef lorsqu'elle eut lieu. Le fait semble incontestable. En 1860, le chef des Bad Faces était un des fils du vieux Smoke, et Red Cloud n'était alors que le premier des guerriers, un des « porteurs de chemise » ou le chef-guerrier de la bande [5]. Il n'existe d'ailleurs aucune preuve certaine qu'il ait été nommé chef avant 1865, voire 1870. Ce point d'histoire n'est pas facile à éclairir, dans la mesure où les Indiens eux-mêmes ne semblent pas d'accord entre eux lorsqu'ils l'évoquent. Red Cloud était un « porteur de chemise » en 1865, mais nous ne pensons pas que cela suffise pour affirmer qu'il était déjà un vrai chef à cette époque [6].

Le départ des Bad Faces pour la Powder River marqua le dernier épisode du retrait des Oglalas et des Brûlés de la vallée de la Platte. Un petit groupe de Loafers, dont les filles avaient épousé des hommes blancs ou qui s'étaient habitués à leurs manières et à leur whisky, et qui tremblaient de peur à l'idée d'aller vivre dans les camps nomades de la Powder River et de la Republican Fork, demeura obstinément près de Fort Laramie. Big Mouth et Blue Horse, de la bande des Bad Faces, ne suivirent pas leur camp dans sa migration vers le nord et se joignirent aux Loafers. Le vieux Smoke resta sur la Platte. Lorsque l'agence fut ramenée de Deer Creek à Fort Laramie, en 1861, il revint vivre au fort, et fut qualifié l'année suivante de « chef des Sioux de ce poste [7]. » Il mourut en 1864, et pendant plusieurs années on put voir sa tombe surélevée qui se dressait sur le plateau situé à l'ouest du fort.

Les Oglalas de la division de Bull Bear, désormais établis sur la Republican Fork, étaient essentiellement les True Oglalas et les Kiyuksas. Ils avaient été autrefois les bandes dominantes de la tribu, mais en raison de leur attitude amicale à l'égard des Blancs, leur influence et leur nombre ne cessaient de diminuer. En 1865, le colonel W. O. Collins recensa cent cinquante tipis, alors que Francis Parkman en avait compté cent quatre-vingt-dix en 1846. Les Oglalas du clan de Smoke, installés près de la Powder River, se divisaient en trois bandes principales : les Hunkpatilas, « Ceux-Qui-Campent-à-la-Corne » (en référence à la corne qui était la place d'honneur dans le cercle tribal), dirigés par Man-Afraid-of-His-Horse ; les Oyukhpes, les « Sans Soin », parmi lesquels Red Dog commençait à s'imposer ; et les Iteshichas, les Bad Faces, la bande de Red Cloud, Crazy Horse, Big Road et Little Hawk. En 1865, ce groupe septentrional d'Oglalas regroupait environ trois cents tipis et son importance allait croissant. La guerre contre les Crows attirait de nombreux Indiens dans les camps de la Powder River, et les difficultés avec les Blancs, qui ne tardèrent pas à surgir de nouveau, amenèrent de nombreux guerriers à se joindre aux bandes oglalas les plus belliqueuses. Les chefs qui se déclaraient en faveur de la paix ne parvenaient pas à retenir leurs hommes. La bande des Loafers, installés à demeure à Fort Laramie, comptait probablement moins de cinquante tipis. Étant pacifiques et soumis, ces Indiens n'exerçaient strictement aucune influence, ni sur leur propre tribu, ni même sur les Blancs auxquels ils étaient si anxieux de plaire.

DEUXIÈME PARTIE

L'ÈRE DE LA COLONISATION BLANCHE

Vous, après avoir parlé et parlé et fait des traités et des traités, vous allez et vous rendez ce mal encore pire. Vous avez mis le feu à la prairie !

BIG MOUTH, 1867.

VII

« LES SOLDATS CHERCHENT LA GUERRE »
1861-1864

La guerre de Sécession ne frappa que modérément l'esprit des Oglalas. Ils virent les soldats de l'armée régulière s'en aller, laissant des garnisons squelettiques dans les forts, et entendirent parler de grandes batailles qui opposaient les Blancs les uns aux autres, mais tout cela se déroulait très loin d'eux et ne les concernait pas directement. En revanche, la révolte des Sioux du Minnesota, en 1862, fut un événement qui les toucha de près, et dont ils pouvaient percevoir sans difficulté la signification. Ils blâmèrent les Blancs d'avoir provoqué la colère des Santees en leur prenant leurs terres. À l'automne 1862, des Santees apparurent brusquement sur le haut Missouri ; leur camp regorgeait de butin, et ils détenaient prisonniers un grand nombre de femmes et d'enfants blancs. Ils se vantèrent longuement de leurs victoires sur les Blancs, mais les chefs tétons se doutaient bien que les Santees n'avaient pas effectué le long voyage depuis le Minnesota dans le seul but de raconter leurs exploits, et ils soupçonnèrent bientôt leurs hôtes d'être venus chercher refuge au-delà du Missouri par peur des soldats. Leur impression fut confirmée peu de temps après, quand d'importantes forces armées convergèrent sur la région, certaines traversant le Coteau, d'autres remontant le Missouri, et que les Santees, qui s'étaient montrés si bravaches, s'enfuirent aussitôt, un groupe remontant vers le nord tandis que les autres franchissaient le Missouri en direction de l'ouest pour se joindre aux Tétons. Comme les soldats ne faisaient aucune différence entre les

Santees et les Tétons, et qu'une partie de ces derniers rêvaient d'en découdre avec les Blancs, la plupart des Tétons du haut Missouri furent bientôt entraînés contre leur gré dans une guerre qu'ils n'avaient ni voulue ni préparée, mais que la fatalité leur imposait.

Les événements dramatiques de 1862 et de l'année suivante émurent plus les Oglalas et les Brûlés que les échos lointains des grandes batailles où les Blancs s'entre-tuaient par milliers, mais pas suffisamment toutefois pour les inciter à réagir. Mais s'ils ne perdirent pas leur sang-froid, il en alla tout autrement pour la population blanche de la région frontalière. Les nouvelles des massacres du Minnesota avaient fait souffler un vent de panique sur toute la frontière, du Dakota au Kansas et de l'Iowa aux montagnes Rocheuses. Des colons abandonnèrent leurs terres et coururent se mettre en sécurité dans les villes les plus proches, d'autres formèrent des compagnies armées, qui harcelèrent les tribus indiennes encore en paix. L'un après l'autre, les gouverneurs télégraphièrent à Washington, annonçant que tous les Indiens étaient sur le pied de guerre et demandant que des troupes soient envoyées de toute urgence. Les journaux ajoutèrent aussi leur voix à ce concert de la peur. Le gouvernement, qui savait de quel prix avaient déjà été payées les actions meurtrières des Sioux révoltés du Minnesota, ne pouvait ignorer longtemps les appels à l'aide qui lui parvenaient de tout l'Ouest, aussi fut-il contraint d'envoyer d'importants contingents de volontaires renforcer les garnisons du Missouri, de la Platte et de l'Arkansas.

Ce fut incontestablement l'arrivée de ces soldats qui mit le feu aux poudres dans les plaines, en 1864. Red Cloud avait coutume de déclarer « les soldats blancs cherchent toujours la guerre », et cette affirmation nous paraît contenir une grande part de vérité. L'existence quotidienne dans les postes de la frontière était mortellement ennuyeuse, et nous possédons d'abondantes preuves que les hommes du rang et les plus jeunes officiers attendaient impatiemment que les Indiens leur fournissent la plus petite raison de déclencher des hostilités qui viendraient heureusement rompre cette monotonie.

Cela était déjà vrai pour les troupes régulières de la Upper Platte entre 1852 et 1854, et le fut encore plus pour les volontaires de la cavalerie qui arrivèrent dans la région dix ans plus tard. Envoyés pour maintenir la paix et veiller à ce que les tribus indiennes se tiennent tranquilles, un grand nombre d'officiers et plus encore d'hommes de troupe cherchèrent à briser la routine de leur vie de garnison en faisant la chasse aux Indiens. Les cavaliers du Colorado et les autres engagés de la région considéraient les Sioux comme des bêtes sauvages, qu'on pouvait tuer sans le moindre scrupule, et la plupart des soldats venus de l'Est acquirent peu à peu la même mentalité. Le lieutenant Eugène F. Ware rapporte ainsi que les volontaires du Kansas stationnés à Camp Cottonwood, sur la Lower Platte, désirant essayer leur artillerie, prirent pour cible un groupe de Sioux qu'ils apercevaient au loin sur une île de la rivière. Cet événement se produisit avant que n'éclatent les premiers troubles, alors que les Indiens se comportaient de façon bienveillante avec les Blancs. Dans *Life of Caspar Collins*, de A. W. Spring, nous voyons l'auteur, jeune officier, s'étonner de l'impatience fébrile avec laquelle les hommes et les officiers de son régiment, le 11e de cavalerie de l'Ohio, attendaient une occasion de montrer leur valeur face aux Indiens. Ces soldats de l'Est, en mission le long de la North Platte avec leur état-major installé à Fort Laramie, écoutaient avec avidité les récits souvent rocambolesques des pionniers de la frontière. La plupart d'entre eux abandonnèrent bientôt leurs uniformes, arborèrent des pantalons en peau de daim, des mocassins, des éperons espagnols, et s'étant offert sur leur solde de robustes poneys indiens, se mirent à rechercher toutes les opportunités de prouver leurs qualités de chasseurs d'Indiens. Que ces énergumènes n'aient pas déclenché une guerre avec les Sioux dès 1863 tient au fait que leur commandant, le lieutenant-colonel W. O. Collins, était arrivé dans l'Ouest avec la ferme conviction qu'on l'avait envoyé sur la Upper Platte pour préserver la paix avec les Indiens, et que le meilleur moyen de remplir sa mission était de les traiter correctement.

En 1862, les tribus des plaines étaient encore amicales et une politique intelligente aurait peut-être pu suffire à les maintenir dans cet état d'esprit, mais les officiels du Bureau indien dormaient debout, et la conduite des officiers supérieurs, qui occupaient pourtant des postes à responsabilités, se caractérisait par un manque total de discernement. Le général de division S. R. Curtis, qui commandait les troupes envoyées sur la Platte et l'Arkansas, était un pompeux imbécile qui ignorait tout des Indiens mais s'imaginait être une autorité sur la question. Le général de brigade James Craig, qui fut en charge de l'Overland Road en 1862 était aussi ignare sur la question lorsqu'il arriva dans l'Ouest et il ne chercha pas un instant à en connaître davantage. Son successeur, le général Robert B. Mitchell, était un homme bien intentionné, au cœur généreux, mais qui ne comprenait pas les Indiens et n'avait pas peur de l'avouer. Le colonel H. M. Chivington, du 1er régiment de cavalerie de l'Ohio, était un pur produit de la frontière, haïssant viscéralement les Indiens, les considérant comme des animaux sauvages qui devaient être tenus à l'écart de la civilisation ou exterminés s'ils refusaient de se tenir tranquilles. Le lieutenant-colonel W. O. Collins, à la tête du 11e régiment de cavalerie de l'Ohio sur la North Platte, se révéla de très loin le meilleur officier présent dans les plaines en 1863. Il ne savait également rien des Indiens lorsqu'il installa ses quartiers à Fort Laramie mais désirant sincèrement la paix, il entretint des relations amicales avec les principaux chefs, et ne perdit jamais une occasion de s'informer sur les tribus, leurs territoires, leur importance et leur attitude à l'égard des Blancs. Mais à peine fut-il en mesure de commencer réellement son travail de rapprochement qu'on le releva de son commandement et le renvoya dans l'Est.

L'ignorance de certains de ces officiers supérieurs était réellement stupéfiante. En juillet 1862, le général Craig mentionna dans un rapport que des raids sans gravité commis sur la Sweetwater étaient l'œuvre d'Indiens dont le camp se situait à Beaver Creek, au Kansas, soit à quelque 600 kilomètres du lieu de leurs prétendus exploits. En mai 1864, le général Curtis signala que les Sioux du Minnesota s'apprêtaient à attaquer Camp Cottonwood, sur la Platte, et demanda de toute urgence l'envoi d'un régiment de cavalerie et d'une batterie d'artillerie. Or pas un seul Sioux du Minnesota ne se trouvait alors à moins de 600 kilomètres de Camp Cottonwood, et le plus inepte des habitants de la région savait très bien qu'il n'y avait aucun risque que les Santees puissent un jour attaquer ce poste. Mais ce fut le général Mitchell qui battit tous les records d'inconséquence lorsqu'en août 1864 il écrivit innocemment que « les Snakes, les Winnibigoshishs et les Sioux du Minnesota » faisaient des raids à l'ouest de Fort Laramie, tandis que les Yanktons et les Kiowas sévissaient de la même manière sur la Lower Platte. Comment le malheureux Mitchell en arriva à croire que le lac Winnibigoshish était en réalité une tribu indienne relève du mystère et dépasse la compréhension d'un homme normal.

Pendant que les officiers envoyaient des télégrammes alarmistes à Washington et jouaient à déplacer leurs troupes, les Oglalas et leurs alliés demeuraient sur leurs terres et se livraient à leurs activités habituelles : chasser le bison et combattre leurs ennemis. Sur la Powder River, la guerre contre les Crows restait leur principale occupation. Il n'y avait aucun Blanc dans cette région, les plus proches résidant sur la Platte en relativement petit nombre ou très loin à l'est sur le Missouri, aussi les Indiens de la Powder River n'étaient-ils plus préoccupés par les dangers de la colonisation blanche, la plupart d'entre eux ayant oublié le conseil de 1857 au cours duquel leurs chefs s'étaient engagés à repousser tout groupe de Blancs tentant de pénétrer sur leur territoire. Lorsqu'une caravane arrivait de la Platte, passait près des sources de la Powder River, de la Tongue ou de la Rosebud, puis se dirigeait vers l'ouest pour traverser la Bighorn, l'événement éveillait à peine la curiosité des Indiens. Pour ces hommes simples, il s'agissait seulement d'un convoi qui transitait sur leurs terres et ne méritait aucune attention particulière. S'ils avaient su que ces premiers voyageurs ouvraient ainsi une nouvelle route, la Bozeman Road du Montana, il est probable qu'ils eussent réagi différemment.

La situation des Oglalas, des Brûlés, des Cheyennes et des Arapahos du sud de la Platte était nettement moins avantageuse que celle des bandes de la Powder River. Les troupeaux de bisons commençaient à diminuer sensiblement en importance, et les Indiens attribuaient ce fait inquiétant à l'intense trafic de la Overland Road au nord et de la route de Santa Fe au sud de leurs terrains de chasse. En 1862, des groupes de chasseurs blancs traquaient les bisons, qu'ils massacraient en grand nombre uniquement pour leurs peaux, et depuis 1859 on assistait à une nouvelle ruée de Blancs dans les plaines, cette fois en direction des mines d'or du Colorado, où plus de quatre-vingt mille personnes étaient venues s'établir en trois ans. Les territoires indiens de la Republican Fork se trouvaient maintenant délimités au nord par la Overland Stage Road, qui suivait la Platte et dont une branche allait de la South Platte à Denver, et au sud par une autre ligne de diligences qui remontait l'Arkansas pour se diviser ensuite en deux embranchements conduisant à Denver et à Santa Fe. Sur la Platte, des relais avaient été construits tous les trente ou cinquante kilomètres, les diligences circulaient pratiquement sans interruption et des groupes d'émigrants ou des convois d'énormes chariots bâchés étaient visibles à toute heure du jour ou de la nuit. Comme si cela ne suffisait pas, une nouvelle ligne de diligences venait d'être ouverte et reliait Atchison et Leavenworth à Denver en coupant directement à travers les territoires de chasse des Indiens. En 1862, les bandes établies entre la Platte et l'Arkansas étaient profondément préoccupées par la colonisation blanche, et furent encore moins rassurées lorsqu'elles découvrirent qu'un « papier », signé en 1860 par certains de leurs chefs trop sensibles aux flatteries, accordait la plupart de leurs terres aux Blancs. Que ces Indiens aient été dans leur majorité bien disposés à l'égard des colons était un fait évident pour tous les observateurs de bonne foi, et l'on savait par ailleurs que la quasi-totalité de leurs chefs s'opposaient résolument à la guerre, convaincus que le recours aux armes ne pourrait que précipiter leur perte. À la fin de 1863, la situation était devenue extrêmement délicate, requérant autant de prudence que d'habileté de la part des autorités ; mais les agents et les surintendants du Bureau indien étaient ou trop ignorants ou trop vénaux pour s'en soucier réellement et les militaires, de leur côté, semblaient obsédés par l'idée que l'emploi de la force était en toutes circonstances le seul moyen de répondre aux légitimes inquiétudes des Indiens [1].

En avril 1864, un rapport signala que le troupeau de Irwin & Jackman avait été volé par des Cheyennes dans le Big Sandy, à l'est de Denver, et peu de temps après un groupe de Cheyennes eut un accrochage avec la cavalerie du Colorado près de Fremont's Orchard, sur la South Platte. Le général S. R. Curtis commandant le département militaire, fit alors la seule chose à ne pas faire : il ordonna au colonel H. M. Chivington de poursuivre les Indiens et de les punir. Chivington, qui n'avait nul besoin d'être persuadé que les Cheyennes méritaient tous les châtiments du monde, se mit à leur recherche avec enthousiasme. Ses cavaliers les traquèrent tout au long de la South Platte, découvrirent deux ou trois petits camps et les détruisirent. Ils ne parvinrent pas à découvrir un camp important, ni à porter un coup sévère aux Cheyennes, mais il est certain qu'ils mirent brutalement fin à l'état de paix avec les Indiens qui avait prévalu jusqu'alors. Puis en mai, arriva la nouvelle qu'une colonne de Confédérés remontait du Texas, aussi Chivington retira-t-il ses troupes de la South Platte pour les concentrer sur l'Arkansas, déclarant, un peu rapidement, que la milice suffirait à mater les Indiens, qui ne représentaient pas à ses yeux une menace sérieuse. Or à ce moment précis les premières véritables troupes de guerre partaient des camps cheyennes et sioux pour lancer leurs premières attaques sérieuses dans la vallée de la Platte. Ne rencontrant aucun soldat, elles y cueillirent une riche moisson de chevaux, d'armes, de matériel et de scalps sans pratiquement déplorer la moindre perte. La guerre commençait pour de bon [2].

Des vieux Cheyennes, qui vivaient à cette époque dans les camps de la Republican Fork, m'ont assuré que les hommes de leur tribu n'avaient pas volé le bétail de Irwin & Jackman, qu'ils avaient alors autant de bisons qu'ils pouvaient en désirer et n'avaient donc nul besoin de bœufs. Selon eux, le troupeau avait été pris de panique et s'était enfui. Tout semble leur donner raison. Le fait que ces Indiens soient restés dans leurs camps, où les soldats purent facilement les trouver, montre clairement qu'ils étaient dans des dispositions amicales, car lorsqu'ils entrèrent en guerre les détachements de l'armée ne parvinrent même plus à apercevoir la fumée de leurs tipis. Two Crows et d'autres Cheyennes m'affirmèrent par ailleurs que la troupe de guerre qui avait eu une échauffourée avec les hommes de Chivington près de Fremont's Orchard était en route pour la Powder River, où elle devait se joindre à une expédition contre les Crows, et que les soldats l'avaient attaquée par surprise.

À peu près au moment même où il lançait Chivington à la poursuite des Cheyennes, le général Curtis, avec cette brillante compréhension des Indiens qui lui était si caractéristique, ordonna au général R. B. Mitchell, commandant les forces de la Platte, de convoquer les Sioux à Camp Cottonwood et de leur signifier de se tenir à l'écart de la vallée de la Platte. Les Indiens concernés par cette mesure étaient les Brûlés de Little Thunder et de Spotted Tail, et les Oglalas du Sud de Bad Wound et de Little Wound. Leurs chefs se rendirent à Camp Cottonwood le 8 juin, persuadés qu'un grand conseil devait s'y tenir, mais le général Mitchell n'avait même pas daigné se déplacer, se contentant de télégraphier ses instructions au major George M. O'Brien. Ce jeune officier traita les fiers chefs sioux comme un maître de maison manquant du plus élémentaire savoir-vivre aurait traité ses serviteurs. Il leur ordonna de ne pas pénétrer dans la vallée de la Platte, les informa que leurs bandes étaient juste autorisées à y venir de temps à autre en petits groupes pour faire un peu de troc, les prévint qu'ils ne devaient pas s'approcher de la route et exigea qu'ils lui fassent part sans délai de tous les projets de raids des Cheyennes et autres Indiens hostiles. Les chefs, faisant ostensiblement preuve de bonne volonté, promirent de faire tout ce qui leur était demandé. Ils exprimèrent néanmoins leur crainte d'être attaqués par des soldats les prenant par erreur pour des Cheyennes, et demandèrent en conséquence qu'un homme blanc soit envoyé dans leur camp pour assurer leur protection.

Ils insistèrent également pour obtenir un nouveau marchand, expliquant que l'agent John Loree, de Fort Laramie, n'avait autorisé la présence dans leur camp que d'un seul marchand de ses amis. Pour les deux cents tipis du village, son stock était trop maigre et les prix trop élevés. Ils émirent enfin le vœu que leurs livraisons annuelles soient effectuées sur la Platte, près de Camp Cottonwood, car ils étaient trop pauvres pour faire le trajet jusqu'à Fort Laramie et redoutaient là encore d'être pris à partie par les soldats. Ces chefs étaient de toute évidence prêts à s'accommoder de l'arrogance des Blancs dans le seul but de sauvegarder la paix. Un agent expérimenté, sachant comprendre et convaincre les Indiens, aurait pu à ce moment-là prendre leurs bandes sous son contrôle et les maintenir à l'écart de tous les orages de l'année 1864. Mais personne, dans les sphères gouvernementales, ne se souciait apparemment de faire appel à des hommes compétents [3].

Vers le milieu de l'été, les raids s'étaient étendus le long de la North Platte et de la Sweetwater jusqu'à South Pass, mais dans cette région les attaques demeuraient rares et n'étaient conduites pour la plupart que par des poignées de jeunes guerriers. Les Indiens de la North Platte, dans le secteur du colonel Collins, n'avaient pas eu à subir les mêmes provocations que ceux vivant plus au sud ou plus à l'est, et les chefs, en majorité amicaux, étaient encore capables de contenir l'impatience de leurs jeunes hommes. Mais sur la South Platte et en aval de la fourche, les choses tournaient mal pour les Blancs. Les Cheyennes, les Arapahos et les Sioux, dont, selon le colonel Chivington, la milice locale viendrait aisément à bout, lancèrent une série de raids sauvages tout le long de l'Overland Road, de Little Blue dans l'est du Nebraska jusqu'à quelques kilomètres de Denver. Les ravages furent terribles, les Indiens réussirent même à couper la route et à bloquer complètement le trafic. Le service des diligences fut interrompu, les convois d'émigrants et de marchandises se regroupèrent pour assurer leur protection mutuelle et attendirent dans des camps provisoires. Le courrier pour la Californie dut redescendre la Platte et atteignit finalement sa destination en passant par Panama. Pendant les six semaines que durèrent ces attaques sanglantes, les soldats lancés à la poursuite des Indiens ne parvinrent pas une seule fois à les rattraper.

L'impuissance totale de l'armée à atteindre les rebelles conduisit à l'adoption d'une série de plans plus ingénieux les uns que les autres, dont le plus remarquable consista à incendier la prairie. Le lieutenant Eugene F. Ware se méprend sur la date d'application de cette stratégie et en attribue par erreur la paternité au général R. B. Mitchell. Elle fut en réalité l'œuvre du colonel R. R. Livingston. Le 22 octobre, il chargea des détachements de cavalerie d'allumer des feux à intervalles réguliers au sud de la Platte sur une distance de 300 kilomètres. Son idée était que l'incendie balayerait toute la région jusqu'à la vallée de l'Arkansas et carboniserait les tribus révoltées. J'ai interrogé de vieux Indiens, présents cette année-là dans les camps du sud de la Platte, sur les effets de ce grand feu. Ils n'en avaient jamais entendu parler.

À l'approche de l'hiver, les routes purent être réouvertes et de nombreux signes indiquèrent qu'une grande partie des tribus souhaitaient mettre fin à la guerre. À cette époque, il aurait été relativement aisé, en agissant avec discernement, d'isoler de la grande masse des Indiens favorables à la paix les quelques bandes plus sauvages qui désiraient poursuivre les hostilités. Mais pour les Blancs, la loi était la loi, et tous ceux qui l'avaient enfreinte devaient être châtiés. Le général Curtis, qui avait commis une première erreur en voulant punir les Cheyennes en avril, n'avait pas changé d'opinion et était toujours aussi déterminé à les punir en novembre. Il ne semble même pas lui être venu à l'esprit qu'avant de déclencher une nouvelle tempête, il aurait dû se soucier d'offrir une protection efficace aux colons et aux voyageurs de la route de la Platte.

Dans la plupart des tribus indiennes, nous rencontrons le personnage tragique du chef ayant fait le voyage jusqu'à Washington, ou ayant visité des régions transformées par la colonisation blanche, et revenu avec la conviction absolue que la puissance des Blancs rendait toute résistance inutile. Ces hommes étaient viscéralement attachés à la paix et auraient fait n'importe quoi pour la préserver. Ils étaient généralement méprisés par la majorité de leurs guerriers, qui les considéraient comme des lâches, voire comme des traîtres, et tout aussi souvent incompris par les Blancs, qui ne croyaient pas à la sincérité de leurs professions de foi pacifiques. Les Cheyennes comptaient dans leurs rangs trois chefs de ce genre. Le premier, Lean Bear, fut tué en mai 1864, alors qu'il s'approchait à cheval, pour le saluer, du lieutenant George Eayre, qui se méprit sur ses intentions et ordonna à ses hommes d'ouvrir le feu. Les deux autres, Black Kettle et White Antelope, firent tout ce qu'ils purent pendant l'été et l'automne pour empêcher les jeunes hommes de leurs bandes de se joindre aux groupes de pillards ; dès que la situation redevint plus calme, ils saisirent la première occasion qui se présenta à eux pour se rendre près de Fort Lyon, dans le Colorado, avec un camp rassemblant tous les Cheyennes et les Arapahos qui désiraient la paix. Que ces indiens aient reçu ou non l'assurance d'être protégés par les soldats est un point qui n'a jamais été réellement éclairci, mais leurs intentions pacifiques étaient évidentes, et il semble indiscutable que leurs discussions préalables avec certains officiers avaient endormi leur méfiance.

Ce fut cependant sur leur camp que s'abattit la punition de l'intransigeant général Curtis, appliquée sans merci par les volontaires du Colorado du colonel Chivington. Le coup fut terrible. Les Indiens pris par surprise et leurs chevaux ayant été capturés, durent affronter sans montures la charge meurtrière des cavaliers. Un grand nombre d'hommes, de femmes, d'enfants furent abattus sur place, et ceux qui parvinrent à gagner le lit à sec de la Sand Creek se retrouvèrent bientôt encerclés, se battant désespérément pour sauver leurs vies. Quelques-uns cependant échappèrent au massacre. La nuit venue, par une température glaciale, ils rejoignirent à pied un camp de Cheyennes établi près de la source de la Smoky Hill Fork. White Antelope fut une des premières victimes de l'assaut ; il mourut debout, au centre du camp, sans un geste pour se défendre. Black Kettle réussit à s'enfuir, mais seulement pour se voir violemment rejeté par ses guerriers en colère, qui ne lui pardonnaient pas de les avoir entraînés dans un guet-apens.

Les Indiens s'étaient tous retirés dans leurs camps d'hiver lorsque la nouvelle de la tuerie de Sand Creek leur parvint. Dès que les rescapés eurent atteint le camp de Smoky Hill, les chefs tinrent conseil et décidèrent de faire circuler un calumet de guerre. L'été précédent, ils avaient souhaité le rétablissement de la paix et fait tout leur possible pour contenir l'ardeur de leurs jeunes guerriers, mais maintenant, à l'exception de Black Kettle et de deux ou trois autres, ils étaient tous pour la guerre et prêts à prendre la tête de leurs hommes.

Les porteurs de calumet se rendirent dans les camps sioux de la Solomon Fork, puis chez les Arapahos du Nord de la Republican [4], et les chefs de ces deux tribus fumèrent le calumet. Au début du mois de décembre, tous les Indiens favorables à la guerre se réunirent à Beaver Creek, formant un immense camp de huit cents à neuf cents tipis où se côtoyaient les Cheyennes du Sud, les Arapahos du Nord, et les Sioux oglalas et brûlés. Un officier, qui examina un camp abandonné par ces Indiens en février 1865, dénombra huit cents foyers, représentant probablement cent cinquante tipis d'Oglalas, deux cent cinquante de Brûlés, quatre-vingts d'Arapahos du Nord et un peu plus de trois cents de Cheyennes du Sud.

À la fin décembre, le camp se déplaça vers le nord pour s'établir sur la Cherry Creek, un affluent de l'Arikaree Fork, d'où les Indiens se préparèrent à lancer leur premier raid de représailles contre le relais de diligences de Julesburg, sur la South Platte, et le poste militaire voisin de Camp Rankin, occupé par une compagnie de cavaliers. Pour cette attaque d'un objectif relativement mineur, les chefs ne firent appel qu'à un millier de combattants soigneusement sélectionnés, mais veillèrent à ce qu'elle soit conduite dans toutes les règles de l'art : les chefs de guerre ou les porteurs de calumet chevauchant en tête, suivis par la masse des combattants formés en colonne, encadrés par les membres des sociétés de guerriers veillant à ce que personne ne quittât prématurément la formation. Ce dispositif particulier semble n'avoir été utilisé par les Indiens des plaines que lorsque les chefs de guerre devaient livrer un assaut important à la tête d'une troupe exceptionnellement nombreuse ; mais il est probable qu'il s'inspirait des chasses tribales des époques antérieures, quand les chasseurs avançant en colonne étaient surveillés par des guerriers, pour empêcher que l'un d'eux ne s'échappât et aille chasser seul, risquant ainsi d'effrayer le gibier. De même l'emploi de petits groupes d'hommes chargés de faire tomber l'ennemi dans un guet-apens était, de toute évidence, une méthode directement issue des anciennes chasses tribales.

Les chefs sioux, qui avaient été les premiers à accepter le calumet de guerre des Cheyennes, avançaient en tête. La colonne atteignit Julesburg dans la soirée du 6 janvier 1865, et les guerriers se dissimulèrent pour la nuit dans les collines se dressant au sud du camp et du relais. Le lendemain matin, sept guerriers désignés par les chefs furent envoyés dans la vallée. Ils traînèrent à proximité de Julesburg en se faisant ostensiblement voir jusqu'à ce que les cavaliers de Camp Rankin, les ayant finalement repérés, sautent en selle et se portent à leur rencontre en compagnie d'un petit groupe de civils. Les guerriers battirent alors en retraite en direction des collines, attirant ainsi leurs poursuivants dans un traquenard. Comme cela se produisait souvent lorsque les Indiens avaient recours à cette vieille ruse, quelques jeunes hommes trop fougueux et incontrôlables chargèrent sans attendre que leurs adversaires se soient suffisamment enfoncés dans les collines pour que le piège se referme sur eux. Les Blancs firent aussitôt demi-tour, regagnant le fortin au grand galop, talonnés par toute la cavalerie indienne qui les pourchassa jusqu'au poste, tuant quatorze soldats et quatre civils. Après ce premier combat, les indiens attaquèrent Julesburg, situé à un kilomètre et demi de Camp Rankin, et passèrent la plus grande partie de la journée à piller le relais, le magasin et l'entrepôt de la compagnie de transports. Peu avant la tombée de la nuit, ils commencèrent à prendre le chemin du retour, et leurs chevaux de bât, amenés spécialement dans ce but, étaient si lourdement chargés de butin qu'ils ne pouvaient avancer qu'au pas.

Peu de temps après l'expédition de Julesburg, les Indiens quittèrent Cherry Creek, remontant vers le nord jusqu'à un cours d'eau que les Cheyennes appellent White Butte Creek [5]. Dans leur nouveau camp, les chefs tinrent conseil et décidèrent de lancer un grand raid sur la Platte, puis de gagner le nord et de se joindre aux Oglalas et aux Cheyennes du Nord de la Powder River. Black Kettle était toujours déterminé à ne prendre aucune part à la guerre, aussi, le jour où le village se mit en route en direction de la Platte, se sépara-t-il du gros de la troupe pour redescendre vers l'Arkansas avec les survivants de sa bande de Cheyennes. Le départ pour la Platte eut lieu vers le 26 janvier, les troupes de guerre précédant leurs tribus respectives, celle des Sioux se dirigeant vers le nord-est, celle des Cheyennes vers le nord-ouest et celle des Arapahos approximativement vers le nord. Les troupes et le village atteignirent la South Platte le 28 janvier, déclenchant un véritable cataclysme dans la vallée. Les ranchs et les relais de diligences furent incendiés, les caravanes et les convois attaqués, tous les Blancs impitoyablement massacrés. Les soldats, retranchés dans leurs camps et leurs fortins, n'osaient pratiquement plus en sortir. Le gigantesque village indien franchit la Platte près de Harlow's Ranch, à une cinquantaine de kilomètres à l'ouest de Julesburg, et s'établit sur la rive nord, ses tipis s'étendant sur près de six kilomètres en amont de Moore's Creek. La lueur des feux de camp et le battement ininterrompu des tambours pouvaient être perçus à des kilomètres à la ronde. Chaque nuit, les Indiens exécutaient des danses du scalp et festoyaient jusqu'à l'aube, leur camp regorgeant de bétail volé et de nourritures de toutes sortes dérobées dans les magasins qu'ils avaient pillés ou aux convois qu'ils avaient interceptés. Ils demeurèrent ainsi sur place pendant six jours sans être inquiétés une seule fois par les soldats – ce qui n'empêcha toutefois pas le général G. M. Dodge de signaler dans un rapport que ses hommes avaient attaqué les Indiens et les avaient chassés de la route en direction du nord.

Le 2 février, le village reprit sa progression vers la North Platte, tandis qu'un groupe d'un millier de guerriers redescendait la South Platte pour rendre une seconde visite aux soldats de Camp Rankin. Comme la fois précédente, les chefs envoyèrent une avant-garde de quelques hommes avec l'espoir d'attirer leurs ennemis dans un piège ; mais les officiers avaient tiré la leçon de leur mésaventure du 7 janvier, et aucun cavalier ne sortit du fortin. Les Indiens déçus se rabattirent alors sur Julesburg, dont ils pillèrent les bâtiments pour la seconde fois en un mois avant de les incendier.

Pendant toute la durée de cette grave crise sur la Platte, les plus hauts officiers supérieurs brillèrent par leur ignorance et leur incompétence. Les Indiens se déplaçaient lentement, empruntant leurs pistes habituelles, coupant la route de la Platte à des endroits où n'importe quel marchand ou interprète qui les connaissait un peu aurait pu prédire qu'ils allaient apparaître, et pourtant tous les officiers généraux, y compris le général G. M. Dodge qui venait de remplacer l'inepte Curtis, demeurèrent impuissants et se montrèrent littéralement incapables de s'opposer à leurs attaques. Ils disposaient de suffisamment d'hommes pour faire face à la situation, mais le général Mitchell avait dégarni les postes de la Platte avec l'intention d'aller assaillir les Indiens dans leurs camps de la Republican Fork. Parti le 16 janvier de Camp Cottonwood, à environ cent cinquante kilomètres à l'est de Julesburg, il passa au peigne fin les fourches de la Republican. Par un miracle d'aveuglement il ne découvrit pas le camp de guerre de White Butte Creek, et rentra à Camp Cottonwood dix jours plus tard avec ses cavaliers et leurs chevaux totalement épuisés. Il venait tout juste de renvoyer les soldats dans leurs petits postes de la route de la Platte lorsque arriva la nouvelle que les Indiens avaient franchi la rivière en grand nombre à l'ouest de Julesburg et commençaient à mettre la vallée à feu et à sang. Le général Dodge prit alors le commandement, ordonnant au colonel R. R. Livingston de rassembler les unités dispersées par Mitchell et de remonter la route avec elles pour tenter d'intercepter les pillards. Livingston atteignit Julesburg peu de temps après que les guerriers en eurent incendié les bâtiments et se dirigea ensuite vers le nord. Si en écrivant que ses forces avaient attaqué les Indiens et les avaient repoussés vers le nord, le général Dodge faisait allusion à l'action du colonel Livingston, le moins que l'on puisse dire est qu'il exagérait sensiblement les faits. Livingston découvrit cent cinquante kilomètres de route jalonnée de ruines, de relais et de ranchs en cendres – les chevaux et le bétail ayant disparu –, de poteaux télégraphiques abattus et dont les fils avaient été enlevés... Il fut si abasourdi par ce qu'il vit et entendit en chemin que la seule action qu'il osa entreprendre fut d'envoyer des patrouilles explorer soigneusement le secteur pour déterminer dans quelle direction les Indiens étaient repartis [6].

À Mud Springs, près de la North Platte, le village des tribus alliées tomba sur un détachement du 11e régiment de cavalerie de l'Ohio, avec lequel les guerriers échangèrent des coups de feu pendant une bonne partie de la journée. Ils s'emparèrent d'un troupeau de bétail et d'un grand nombre de chevaux et de mulets, puis repartirent et franchirent la North Platte sur la glace. Ils établirent leur camp sur les hautes falaises du nord de la Platte afin de se préparer pour la traversée des Sand Hills, mais le lendemain les sentinelles postées sur les collines signalèrent l'arrivée de nouveaux soldats au sud de la rivière. Le colonel Collins, parti de Fort Laramie, venait porter secours au détachement de Mud

Springs. Alléchés par la perspective de se procurer de nouveaux chevaux, les Indiens repassèrent aussitôt la rivière gelée afin d'attaquer Collins, mais ce dernier fit mettre ses chariots en cercle, plaça ses chevaux à l'intérieur et fit clairement comprendre à ses assaillants qu'ils devraient payer le prix fort pour chaque monture qu'ils espéraient lui dérober. Les guerriers affrontèrent les soldats jusqu'au soir, certains des plus acharnés revinrent même harceler les cavaliers le lendemain matin, mais ils ne purent s'emparer du moindre butin.

Ce fut leur dernier affrontement avec les soldats. Les Indiens remontèrent ensuite vers le nord à travers les Sand Hills et les plaines arides de l'ouest du Nebraska, et atteignirent les Black Hills où, selon les Cheyennes, Spotted Tail et ses Brûlés quittèrent le village. Les autres contournèrent les Black Hills par le nord, puis obliquèrent vers l'ouest en direction de la Powder River.

La marche de ce village de sept cents à mille tipis fut une extraordinaire épopée. Les Indiens avaient parcouru plus de six cents kilomètres dans des plaines désolées, ouvertes à tous les vents, pendant les journées les plus froides d'un hiver particulièrement rigoureux, en emmenant avec eux leurs femmes, leurs enfants, leurs huttes, leur équipement et leurs immenses troupeaux de poneys, auxquels étaient venus s'ajouter en cours de route les innombrables bovins, chevaux et mulets qu'ils volaient sur leur passage. En quelques semaines, ils avaient tué plus de Blancs qu'il y avait eu de Cheyennes massacrés à Sand Creek, et détruit sur cent cinquante kilomètres toutes les installations de la Overland Stage Line, pillant et incendiant sur leur chemin tous les relais et les ranchs.

En faisant le bilan de ces événements, un observateur impartial ne peut s'empêcher de penser que la population des États et des territoires de la frontière aurait connu un meilleur sort si le général Curtis et la plupart de ses hommes s'étaient trouvés ailleurs en 1864. Lorsque après la tuerie de Sand Creek la colère indienne lui avait soudain explosé au visage, Curtis avait été aussi désemparé qu'un enfant découvrant son premier diable à ressort. Après s'être partiellement remis de ce choc, il avança une ingénieuse explication de la révolte des Cheyennes et de leurs alliés : selon lui, les Indiens des plaines avaient l'habitude de se retirer dans les montagnes pour y passer l'hiver, mais ayant été harcelés par ses troupes en 1864, ils n'avaient pu emporter suffisamment de nourriture, si bien qu'en janvier 1865, poussés par la faim, ils s'étaient rués dans les plaines, attaquant sauvagement les relais de la Overland Stage Line pour se procurer des vivres et des vêtements [7] ! Cet habile plaidoyer ne suffit pourtant pas à tirer l'inconscient général du mauvais pas dans lequel l'avaient mis les raids sur la Platte. En détruisant ses installations de Julesburg, les Indiens avaient sans le savoir touché le nerf le plus sensible de la Overland Stage Line. Cette compagnie, qui était dans les bonnes grâces des dirigeants de Washington, leur demanda aussitôt des comptes, se plaignant, protestant, menaçant, et ne se déclarant finalement satisfaite que lorsque le général Curtis eut été relevé de son poste et remplacé par le général G. M. Dodge, assisté sur la Platte par le général P. E. Connor, un chasseur d'Indiens réputé venu de la Californie.

VIII

SUR LA POWDER RIVER
1865

En 1864, pendant que la guerre indienne faisait rage dans la vallée de la Platte et en aval de la South Fork, les Sioux de la Powder River continuaient de chasser le bison et d'attaquer les camps de leurs vieux ennemis les Crows. Quelques incidents avaient éclaté cependant sur la route de la North Platte, provoqués par les Miniconjous, les Sans Arcs et les Blackfeets, et la petite garnison de Upper Platte Bridge avait eu des difficultés avec les Oglalas : un Indien appelé Grass avait été blessé et plusieurs Oglalas et leurs familles pris en otages par la troupe. Les Oglalas n'ont aujourd'hui plus aucun souvenir de cette affaire, et le peu que nous pouvons en savoir provient de la correspondance de l'agent indien John Loree qui fait mention des captifs. Parmi les otages figuraient Reshaw (Richards) et sept des siens, la famille de Black Tiger (le beau-frère de Reshaw), Stone Belly, Milk, Rocky Bear, qui deviendra un chef par la suite, Red Shell, qui mourut lors de sa détention à Platte Bridge, et nombre de leurs parents proches. Tous ces Indiens étaient des amis et des clients de John Richards, et leur arrestation indique clairement que le vieux réprouvé n'était pas dans les bonnes grâces du nouvel agent et du nouveau commandant de Fort Laramie [1].

En 1864, Richards et Bissonette se trouvaient toujours près de Deer Creek, faisant du commerce avec les Oglalas et les autres tribus de la Powder River. Mais l'agence de la Upper Platte était maintenant installée à l'est de Fort Laramie, juste en dessous du comptoir de Bordeaux, qui n'avait pas changé de place depuis les jours sombres de l'affaire Grattan en 1854. L'agence était connue sous le nom de *Wakonpomny*, un mot dérivé du Sioux signifiant à peu près « donner des cadeaux ». Loree passait tout son temps soit à l'agence, soit à Fort Laramie, et semble avoir été un bon « père » pour les Loafers qui y vivaient en permanence. Mais les Sioux du sud de la Platte et de la Powder le haïssaient, le traitant ouvertement de voleur et l'accusant de n'accorder des licences commerciales qu'à un petit nombre de ses protégés, auxquels il permettait des prix prohibitifs pour des marchandises de mauvaise qualité. Au printemps 1864, Loree fit une timide tentative pour cultiver la terre, faisant creuser un petit fossé d'irrigation et ensemençant un champ de quinze acres. Le vieux Smoke dut s'associer à cette initiative, car les Oglalas d'aujourd'hui affirment qu'il fut le premier de leurs chefs qui essaya de devenir fermier. En fait de travaux agricoles, il n'alla guère plus loin que Red Cloud en 1875, se contentant pour l'essentiel d'autoriser les femmes à les accomplir en son nom.

Lorsque la guerre éclata sur la Platte de l'Arkansas pendant l'été 1864, le colonel W. O. Collins, qui commandait alors les troupes de Fort Laramie, assura la sécurité de la bande de Smoke, composée en majorité de Loafers, la protégeant de l'hostilité des émigrants qui, lorsqu'ils voyaient des Sioux s'approcher d'eux, avaient tendance à tirer d'abord et à se demander seulement ensuite si leurs intentions étaient ou non amicales. Il interdit à ses soldats de se livrer à une chasse aveugle aux Indiens, du genre de celles qui se pratiquaient à cette époque dans le Colorado, le Nebraska et le Kansas, si bien que les tribus de la North Platte se tinrent relativement tranquilles. Elles ne firent que quelques raids mineurs, qui conduisirent le colonel à interdire aux marchands de fournir des armes et des munitions aux Indiens. Smoke mourut à l'automne, et le cercueil recouvert d'étoffe contenant son corps fut placé sur une plate-forme de bois dressée sur le plateau qui s'étendait à l'ouest du fort.

En 1864, les Tétons sauvages du nord de la North Platte étaient divisés en deux groupes distincts. Le groupe du sud, formé des Oglalas de la division de Smoke et d'une partie des Miniconjous et des Sans Arcs, vivait près de la source de la Powder River et chassait habituellement plus au nord, en direction de la Tongue. Il était allié aux Cheyennes du Nord et aux Arapahos du Nord. Ses chefs les plus écoutés étaient Man-Afraid-of-His-Horse, pour les Oglalas, et One Horn, pour les Miniconjous, tous deux considérés comme des hommes de bon sens, bien décidés à préserver les relations amicales que leurs tribus entretenaient avec les Blancs. Jusqu'au printemps 1865, le colonel Collins, qui les connaissait très bien, conserva l'espoir de tenir ces Indiens à l'écart de la guerre qui enflammait comme une trainée de poudre toute la région des plaines.

Les Tétons du groupe septentrional, conduits par les farouches Hunkpapas, avaient depuis 1856 des rapports très tendus avec les Blancs. Lorsque, en 1862, les Sioux chassés du Minnesota les rejoignirent, ils firent alliance avec eux et devinrent ouvertement hostiles. Commandés par des chefs comme Four Horns, Black Moon ou Sitting Bull, ils demeuraient au nord des Black Hills, entre le Missouri et la Powder River. Le 30 avril 1864, dans un camp d'un millier de tipis établi sur le Missouri, en amont du confluent de la Heart River, ils affirmèrent qu'ils ne laisseraient désormais plus aucun Blanc traverser leur territoire, s'engageant à attaquer sans merci tous les convois d'émigrants, tous les bateaux remontant le fleuve, ainsi que tous les détachements de l'armée qui pénétreraient sur leurs terres. À la même époque, le général de brigade Alfred Sully se préparait à lancer une importante expédition contre les Tétons du Nord. En juillet, ses soldats rencontrèrent les Sioux près de Killdeer Mountain, sur la Upper Knife River, et leur infligèrent une cuisante défaite. Quelque temps plus tard, le capitaine James L. Fisk, qui conduisait un convoi d'hommes armés à travers les pays des Hunkpapas jusqu'aux mines d'or du Montana, fut confrontés à des Sioux à l'est de la Little Missouri. Les Indiens furent à deux doigts de détruire le convoi, qui fut finalement sauvé par une colonne de huit cent cinquante fantassins venus de Fort Rice, et reconduit sous bonne escorte jusqu'au Missouri.

Ainsi, à l'automne 1864, les Oglalas pacifiques de la source de la Powder River se trouvèrent-ils pris entre deux guerres indiennes, l'une qui se déroulait au sud de la Platte, l'autre faisant rage sur le haut Missouri et la Yellowstone. Les guerriers engagés dans ces deux conflits étaient leurs parents, le combat qu'ils menaient pour mettre un terme à la colonisation de leurs terres par les Blancs était vital pour tous les Indiens, et pourtant les bandes de la Powder River semblent n'avoir pratiquement pas été affectées par ces événements jusqu'à l'arrivée parmi elles, au début du mois de mars 1865, du grand village de Cheyennes, d'Arapahos et d'Oglalas venu du sud de la Platte. Le récit que firent ces Indiens des violences et des humiliations qu'ils avaient dû subir de la part des soldats en temps de paix, des représailles sanglantes exercées ensuite contre les Blancs, ainsi que la vue des innombrables chevaux capturés et du butin enflammèrent littéralement l'esprit de leurs hôtes. Ce fut probablement à cette époque que Man-Afraid-of-His-Horse, qui n'avait jamais cessé de prôner la paix avec les Blancs, commença à être sérieusement contesté par ses hommes. Nous avons toutes les raisons de croire que les Indiens hostiles du Sud présentèrent à ce moment-là un calumet de guerre aux Indiens du Nord, qu'au cours d'un conseil, les chefs favorables à la paix se trouvèrent en minorité et que le calumet fut accepté [2].

Tous ces Indiens partisans de la guerre semblent avoir été totalement inconscients de l'émotion que les grands raids sur la Platte avaient soulevée parmi les Blancs, et des conséquences qui ne manqueraient pas d'en découler dans un avenir proche. Les habitants de l'Ouest, les grandes compagnies de diligences, les sociétés de transports, ainsi que d'autres groupes et individus influents, exigeaient maintenant du gouvernement américain qu'il soumît totalement les tribus des plaines. Ainsi, alors même que les bandes de la Powder River fêtaient la défaite des Blancs sur la Platte, multipliant danses et banquets, les autorités militaires travaillaient-elles d'arrache-pied à préparer l'invasion de leur pays. La guerre de Sécession touchant à sa fin, on pouvait désormais retirer du front un grand nombre de soldats et les employer à lutter contre les Indiens. L'armée prévoyait d'envoyer au moins cinq colonnes de cavalerie dans la région de la Powder River et de construire deux nouveaux forts, le premier sur la Powder River, le second sur la Yellowstone. L'objectif de ce programme était, dans un premier temps, d'écraser militairement les Sioux, puis d'installer de manière permanente sur leur territoire des forces suffisantes pour contrôler le moindre de leurs mouvements. Les intéressés ne se doutaient apparemment de rien, et lorsque, en avril 1865, la prairie commença à reverdir, ils reprirent leurs occupations habituelles comme si la guerre n'avait jamais existé. La déconfiture de quatre Crows, tués alors qu'ils avaient tenté de leur voler des chevaux, les mit de bonne humeur et fut suivie de grandes danses du scalp. Ils levèrent ensuite leurs camps d'hiver, et leurs bandes se séparèrent pour chasser sur la Powder River et la Little Powder. En mai, ils se retrouvèrent sur la Tongue, d'où de petites troupes de guerre partirent vers le nord pour attaquer les Crows. Sur la Tongue – selon mon meilleur informateur, George Bent, un Cheyenne du Sud –, les chefs des sociétés de guerriers, ceux que les Blancs appelaient les « chefs de guerre », tinrent leur premier conseil pour déterminer comment les tribus allaient mener leur campagne. Young-Man-Afraid-of-His-Horse, le fils du vieux chef, et Red Cloud assistèrent à ce conseil, où étaient présents tous les chefs de guerre des Sioux et des Cheyennes. Il fut décidé que vers le milieu de l'été une grande expédition frapperait la vallée de la North Platte ; entre-temps, plusieurs petites troupes effectueraient des raids le long de la route, et les informations qu'elles rapporteraient permettraient aux chefs de guerre de choisir avec précision l'objectif de l'attaque de juillet. Il ressort clairement de ce conseil que ces leaders ne se rendaient absolument pas compte que l'armée était en train de ressembler des forces considérables pour envahir leur sanctuaire. Red Cloud et ses amis envisageaient d'affronter la puissance militaire des États-Unis exactement de la même façon qu'ils avaient toujours combattu les Crows, les Pawnees et les autres tribus ennemies, en envoyant une troupe de guerre frapper un grand coup dans leur camp en juillet, puis en se désintéressant du conflit jusqu'à l'été suivant. Les auteurs qui prétendent admirer la « stratégie supérieure » des Indiens des plaines ignorent de quoi ils parlent ou se laissent emporter par leur imagination. En raison de leurs habitudes de pensée et de leur mode de vie, les Sioux ne pouvaient pas conduire leurs offensives d'une autre manière, car il ne leur était possible de lever des troupes de guerre importantes qu'au milieu de l'été et au début de l'hiver, et même alors les guerriers ne demeuraient ensemble qu'une semaine ou tout au plus une dizaine de jours. En 1866 et 1876, les conditions furent exceptionnelles. En 1866, les soldats occupaient des forts au cœur de la région de la Powder River, et les Indiens durent accomplir d'extraordinaires prouesses pour les en déloger. En 1876, ils remportèrent de grandes victoires tout en adoptant une stratégie défensive, et sans concevoir aucun plan pour passer à l'offensive et conclure la guerre à leur avantage.

Le général P. E. Connor, le nouveau commandant des forces de la Platte, accélérait les préparatifs de l'invasion de la Powder River lorsque les premiers raids frappèrent en avril la route de la Platte à l'ouest de Fort Laramie. Le colonel Thomas Moonlight prit aussitôt la tête d'un fort détachement de cavalerie et remonta jusqu'à Platte Bridge. Il ne rencontra aucun Indien, mais apprit que les auteurs des raids étaient des Cheyennes du Nord qui avaient établi leur camp sur la Wind River. Avançant à marches forcées, il tenta de les surprendre mais ne put les découvrir, et tandis qu'il poursuivait des chimères, laissant la route en grande partie sans défense, deux cents guerriers des camps de la Tongue attaquèrent Deer Creek, en aval de Platte Bridge. L'assaut eut lieu le 20 mai. Selon George Bent, qui se trouvait ce jour-là avec les Indiens, une troupe de Cheyennes fondit sur Deer Creek, pendant qu'une autre composée de Sioux, et conduite par Young-Man-Afraid-of-His-Horse, coupait la route plus loin à l'est. À Deer Creek, les assaillants s'emparèrent de quelques chevaux, mais furent ensuite repoussés par des cavaliers du Kansas qui leur infligèrent des pertes sensibles [3].

Ces raids venaient à peine de s'achever lorsque les officiers de Fort Laramie et leurs supérieurs de Washington réussirent le remarquable exploit d'exaspérer les Loafers et les autres Sioux amicaux qui campaient près du fort, au point de les pousser dans leur grande majorité à rejoindre les tribus hostiles. Ces Oglalas et ces Brûlés pacifiques étaient demeurés à proximité de Fort Laramie pendant tous les troubles de 1864, faisant tout leur possible pour rester en bons termes avec les Blancs, bien qu'ils furent souvent victimes des émigrants qui considéraient alors tous les Indiens comme des ennemis. Le colonel Collins éprouvait de la sympathie pour eux et souhaitait les protéger, mais aussi longtemps qu'ils continuaient d'errer en petites bandes dans la vallée, il ne pouvait leur être d'aucun secours. Aussi finit-il par les rassembler dans un grand camp situé sur la rive nord de la Platte, à une quinzaine de kilomètres en aval de Fort Laramie. Afin de les contrôler, il mit en place une police indienne dont il confia le commandement à Charlie Elliston, un Virginien qui avait épousé une Sioux. Spotted Tail, qui s'était séparé des tribus hostiles en route vers la Powder River dans l'espoir de rester à l'écart du conflit, passa l'hiver sur la White River, puis redescendit en avril jusqu'à la Platte où il s'installa dans le camp créé par Collins. Avec lui se trouvaient sans doute les Brûlés et les Oglalas les plus amicaux, appartenant aux bandes de Little Thunder et de Bad Wound.

Two Face, un chef oglala des plus paisibles, avait été capturé sur la Platte en août 1864 par le général Mitchell et envoyé sous bonne garde à Camp Cottonwood. Effrayé par les événements, il s'était enfui avec ses hommes, mais ni lui ni ses partisans ne se sentaient la force de vivre loin de leurs amis blancs. Au printemps 1865, ayant racheté aux Indiens en guerre une prisonnière blanche, il entreprit de la remener à Fort Laramie, de toute évidence dans l'espoir de toucher une récompense. Près de la Platte, son groupe fut surpris et arrêté par la police indienne d'Elliston ; ayant appris que Blackfoot, un autre chef pacifique, séjournait sur la Snake River avec un petit camp, Elliston se saisit également de lui et ramena les deux chefs au fort. Le colonel Collins, leur ami, avait été relevé de son commandement et son successeur, le colonel Moonlight, n'était pas encore rentré de son expédition contre les rebelles lorsque les chefs arrivèrent à Fort Laramie. Le commandant par interim, une brute alcoolique qui haïssait les Indiens, écouta les lamentations hystériques de la captive blanche, Mme Eubanks, puis ordonna que Two Face et Blackfoot, soient pendus à des chaînes d'artillerie, ce qui fut promptement exécuté [4].

Les Sioux du camp voisin furent horrifiés par cet acte de barbarie totalement injustifié, mais leur opposition à la guerre ne faiblit pas pour autant, et ils demeurèrent à l'endroit où ils se trouvaient. Le général G. M. Dodge, le nouveau chef du département militaire, apprit l'existence d'un camp sioux à quinze kilomètres de Fort Laramie et télégraphia au général Connor pour lui demander pourquoi il ne l'avait pas encore attaqué. Connor répondit qu'il s'agissait d'Indiens amicaux, placés sous la protection de l'armée, et qu'ils ne menaçaient strictement personne. Un officier intelligent aurait aussitôt songé à l'aide que ces guerriers, employés comme éclaireurs, étaient susceptibles d'apporter aux soldats, mais Dodge se contenta de les juger indésirables. Ayant demandé des instructions au ministère de la Guerre, il reçut en réponse l'ordre aberrant de les transférer à Fort Kearney, sur la Lower Platte. Connor, qui se trouvait alors à Fort Laramie et dont l'ignorance n'égalait pas celle de son supérieur, protesta énergiquement, rappelant que Fort Kearney était situé sur le territoire des Pawnees, les pires ennemis des Sioux, et que la plupart des occupants du camp considéreraient le fait d'y être envoyés comme une pure et simple condamnation à mort. La décision fut cependant maintenue, et le 11 juin les cent quatre-vingt-cinq tipis du camp, représentant entre mille cinq cents et deux mille individus, partirent en direction de l'est sous la garde d'un détachement de cent trente-cinq hommes du 7e régiment de cavalerie de l'Iowa, commandé par le capitaine W. D. Founts. Les Blancs étaient si sûrs d'eux qu'ils n'avaient même pas pris la précaution élémentaire de désarmer les guerriers et de les séparer des femmes et des enfants.

La pendaison des deux chefs, les mauvais traitements subis et la perspective d'un exil en pays pawnee ne laissaient pas d'inquiéter les Sioux. Une partie d'entre eux proposaient de fuir à la première occasion, mais certains de leurs chefs s'y opposaient. La bande devait faire face à de violentes dissensions, qui se traduisaient par des conseils secrets tenus la nuit. Elliston et sa police indienne se trouvaient dans le camp, ainsi que de trente-cinq à cinquante civils, pour la plupart mariés à des femmes Sioux. Tous ces Blancs essayaient de rassurer les Indiens et de les convaincre de se tenir tranquilles.

Dans la soirée du 13 juin, la colonne atteignit Horse Creek ; les soldats traversèrent le cours d'eau pour s'installer à l'est, tandis que les Sioux s'arrêtaient et dressaient leurs tipis sur la rive ouest, à l'endroit même où ils avaient campé pendant le grand conseil de paix de 1851. Little Thunder et les autres anciens durent avoir quelques pensées amères en se retrouvant sur les lieux où les Blancs leur avaient fait tant de promesses non tenues de paix et d'amitié. Cette nuit-là, les mécontents tinrent un autre conseil secret, au cours duquel ils décidèrent de passer à l'action dès le lendemain sans en informer les chefs et leurs partisans par crainte d'être trahis. À trois heures du matin, le 14 juin, le clairon réveilla les soldats, qui reçurent l'ordre de préparer le départ pour cinq heures. Le capitaine John Wilcox descendit la route, s'arrêtant à environ trois kilomètres du camp pour attendre que les chariots le rejoignent. Le capitaine Fouts et une partie des cavaliers repassèrent sur la berge ouest pour aller à la rencontre des Indiens. Ceux-ci les attendaient. Leur plan consistait à les laisser tous entrer dans le camp, puis à les massacrer jusqu'au dernier, mais comme d'habitude quelques jeunes guerriers impatients ne purent se maîtriser et ouvrirent le feu trop tôt. En entendant le bruit de la fusillade, Wilcox fit placer les chariots en cercle et se prépara à se défendre. Il n'essaya pas de se porter au secours de Fouts, dont un messager lui apprit bientôt qu'il avait été tué, l'informant également que les Sioux se battaient maintenant entre eux. Un homme fut alors envoyé à Camp Mitchell, à une trentaine de kilomètres à l'est, pour demander de l'aide. Les cavaliers de Fouts, conduits par le lieutenant Haywood, rejoignirent à ce moment-là le gros de la troupe, et Wilcox en colère leur demanda pourquoi ils avaient battu en retraite. Haywood lui répondit qu'ils n'avaient pas reçu de munitions avant de traverser le cours d'eau et qu'ils étaient pratiquement à court de cartouches. Prenant soixante-dix hommes avec lui, Wilcox remonta la route jusqu'à un point d'où il pouvait observer les Indiens. Ils faisaient passer les femmes et les enfants sur la rive nord de la Platte, mais à la vue des soldats les guerriers chargèrent, et Wilcox dut se replier en toute hâte pour ramener son détachement à l'abri des chariots. Une deuxième tentative de sortie se solda de la même manière, puis à neuf heures une compagnie de cavalerie arriva de Camp Mitchell, et Wilcox put s'aventurer de nouveau au-delà de Horse Creek mais seulement pour voir les poneys de l'arrière-garde des Sioux franchir la Platte. Il ne fit aucune tentative pour les pourchasser, se contentant de rejoindre le convoi de chariots.

Les pertes de l'armée dans cette affaire s'élevèrent à sept blessés, un officier et quatre hommes tués. Le seul Indien signalé comme ayant été abattu par les soldats fut un Sioux en état d'arrestation, qui était resté tout le temps avec le convoi. Comment un prisonnier enchaîné s'arrangea-t-il pour être la seule victime d'un combat qui se déroula pour la plus grande part à trois kilomètres de lui ? Aucun rapport n'en fournit la moindre explication. Lors de l'affrontement qui les avait opposés les uns aux autres, les Sioux avaient tué quatre de leurs chefs, de toute évidence parce qu'ils essayaient de mettre fin à la rébellion. Les noms de ces chefs ne sont pas connus, mais il est très probable que figuraient parmi eux le vieux Little Thunder et le vieux Bad Wound.

Le colonel Moonlight apporta une conclusion plutôt comique à ce drame mineur en rassemblant tous les cavaliers disponibles à Fort Laramie et en se lançant à la poursuite des fuyards près de la source de la White River. Non seulement il ne les rattrapa pas, mais ce furent eux qui surprirent son camp, volant la quasi-totalité de ses chevaux et obligeant ses hommes à regagner le fort à pied, après une marche de cent vingt kilomètres dans une région désertique pratiquement dépourvue d'eau. Connor n'apprécia ni l'erreur de Moonligth, ni la faute encore plus grave qu'avait commise son remplaçant en faisant exécuter les deux chefs. Il demanda que les deux officiers soient relevés de leur commandement, et peu de temps après Dodge les fit chasser de l'armée. Spotted Tail, qui, dans cette mésaventure, avait perdu ses dernières illusions sur la possibilité de coexister pacifiquement avec des soldats, demeura sur la White River jusqu'au printemps 1866. Une partie des fugitifs rejoignit la Powder River. Ceux-là étaient dégoûtés des Blancs et de la paix, mais les autres n'en avaient pas encore eu assez et ils réapparurent bientôt près de Fort Laramie, où ils furent de nouveau regroupés dans un camp protégé [5].

Au début du mois de juin, les tribus en guerre campaient sur Lodge-pole Creek, un autre nom de la Clear Fork de la Powder River. Après le retour des bandes cheyennes et sioux qui avaient lancé des attaques sur la Platte en mai et pendant les premiers jours de juin, les chefs guerriers firent savoir aux guerriers qu'aucune troupe n'était désormais autorisée à faire des raids, car ils avaient maintenant l'intention de préparer une grande expédition, qu'ils conduiraient eux-mêmes le moment venu. Des guerriers furent désignés pour assurer l'ordre dans les camps et veiller à ce qu'aucun groupe ne s'en échappât pour commettre des pillages, qui auraient alerté les Blancs. Les Sioux exécutèrent alors leur Danse du Soleil, tandis que les Cheyennes observaient les rituels de la Hutte-Médecine. À cette époque de l'année, les Indiens ne s'éloignaient pratiquement pas de leurs camps, et les hommes de la frontière ayant une certaine expérience savaient qu'ils pouvaient s'en approcher de très près sans risquer d'être découverts. Les cérémonies achevées, les camps commencèrent à remonter lentement la Powder River, demeurant quelques jours à un emplacement, puis s'installant un peu plus loin, afin de disposer toujours d'herbe fraîche pour leurs poneys. Dans tous les camps, la préparation de l'expédition sur la Platte était au centre des préoccupations.

L'expédition devait être conduite dans les règles, en costumes traditionnels, aussi les hommes s'affairaient-ils à mettre en ordre leur équipement. Les boucliers, les bonnets, les chemises de guerre, chaque arme et chaque objet dont les combattants avaient besoin recevaient une attention particulière, la plupart des guerriers se faisant aider par les anciens, qui connaissaient les rituels et vendaient leurs services aux jeunes braves. Même les poneys devaient être recouverts d'une peinture spéciale, qui les protégerait des accidents et des coups de l'ennemi pendant la bataille. Finalement, tout fut prêt, et les hommes des différentes sociétés guerrières purent exécuter leurs parades de guerre. Tous ces préparatifs furent accomplis selon les anciennes coutumes, et ce fut probablement l'une des dernières offensives d'envergure organisée dans le respect des rites et des traditions ancestrales. Le village rassemblait plus de mille tipis oglalas, miniconjous, cheyennes et arapahos. Un petit nombre de Brûlés et de Sans Arcs étaient également présents. Les tipis étaient disposés en vastes cercles à l'intérieur desquels les guerriers en armes, montés sur leurs poneys peints et décorés de plumes d'aigles, défilèrent pour la parade finale en entonnant des chants de guerre. Puis ils se mirent en route et commencèrent à remonter la Powder River. Chaque société de guerriers formait une colonne, occupant une place particulière dans le dispositif de marche, et elle était gardée sur ses flancs avant et arrière par des guerriers sélectionnés qui maintenaient l'ordre et veillaient à ce qu'aucun homme ne s'écartât du rang. Les chefs de guerre ou les porteurs de calumets avançaient en tête. Ils s'arrêtaient de temps à autre, et tous les guerriers mettaient alors pied à terre et s'asseyaient dans l'herbe, bavardant et fumant. Pendant la marche, les hommes chantaient des hymnes guerriers. Vers la fin de la journée, les chefs choisirent un emplacement et firent dresser le camp pour la nuit. La meilleure description de cette expédition nous vient d'informateurs Cheyennes, qui malheureusement ne purent fournir assez de détails pour nous permettre d'en identifier tous les chefs. George Bent, qui se trouvait avec les Cheyennes du Sud, m'affirma qu'il avait reconnu parmi les hommes de la première ligne Roman Nose, un Cheyenne du Nord, ainsi que Young-Man-Afraid-of-His-Horse et Red Cloud, des Oglalas du Nord. Il est probable que Pawnee Killer, un Kiyuksa des Oglalas du Sud, et le vieux Hump (High-Back-Bone), des Miniconjous, étaient également du nombre.

Ces chefs avaient décidé de lancer l'attaque contre la petite garnison de Upper Platte Bridge, dans le Wyoming, où se situe aujourd'hui la ville de Casper. Dans la soirée du 24 juillet, après plusieurs jours de marche, la troupe de guerre dressa finalement son camp près du petit cours d'eau qui se jetait dans la North Platte, à peu de distance en aval de Upper Platte Bridge. Le plan adopté pour la bataille était identique à celui employé à Julesburg l'hiver précédent : un petit groupe d'hommes servant d'appât devait faire sortir les Blancs du fort et les attirer dans un traquenard. Ce stratagème était si simple qu'il paraît presque impossible qu'il ait pu fonctionner, mais les Indiens montaient les guet-apens de ce genre avec une telle habileté, en variant les détails en fonction des circonstances, que même leurs ennemis les plus avertis pouvaient s'y laisser prendre, et une fois dans la nasse ne s'en sortir dans le meilleur des cas qu'aux prix de lourdes pertes.

À l'aube du 25 juillet, quelques Indiens furent donc envoyés dans la vallée pour attirer l'attention des soldats. Au même moment, le gros de la troupe de guerre se mettait en position derrière les collines bordant la rive nord de la Platte. Là, les guerriers furent maintenus en formation serrée par les Crazy Dogs (« Chiens Fous »), des membres d'un groupe d'élite désignés pour assurer l'ordre et veiller à ce qu'aucun petit groupe ne sorte des rangs et s'en aille guerroyer pour son propre compte.

Dans la vallée, les hommes servant de leurre n'eurent pas à attendre très longtemps avant qu'une compagnie de cavalerie et un obusier ne traversent le pont de la Platte et se lancent à leur poursuite. Ils se dirigèrent vers les hauteurs, mais les soldats n'essayèrent pas de les rattraper, faisant halte et tirant quelques obus dans leur direction. En entendant la canonnade, les guerriers massés dans les vallons perdirent patience, rompirent bientôt les lignes des Crazy Dogs et se ruèrent jusqu'au sommet des collines. Les soldats ne s'aperçurent pas de leur présence et continuèrent de pourchasser le petit groupe d'Indiens isolés, mais il était désormais clair que la cavalerie ne s'éloignerait pas du pont ce jour-là, aussi les chefs décidèrent-ils de reporter l'attaque au lendemain. Encadrés par les Crazy Dogs, qui durent frapper certains d'entre eux avec des cravaches pour les contraindre à se replier, les guerriers furent ramenés jusqu'au camp. Les chefs envoyèrent un messager donner l'ordre aux hommes du groupe d'appât de rentrer également, mais ceux-ci désobéirent, franchirent la Platte à dos de poneys et attaquèrent des cavaliers qui remontaient la route sur la rive sud de la rivière. Un Cheyenne fut tué lors de cet accrochage. Ce fut la seule victime de la journée.

Le lendemain matin, 26 juillet, le même plan fut appliqué, mais cette fois la masse des guerriers fut divisée en deux ou plusieurs groupes, une partie d'entre eux se dissimulant près de l'embouchure du cours d'eau, en aval du pont, tandis que les autres se massaient derrière les collines, en face et en amont du pont. Comme la veille, quelques hommes allèrent se montrer aux soldats, et de nouveau une compagnie de cavalerie traversa le pont peu de temps après. Elle était commandée par le lieutenant Caspar Collins, du 11ᵉ régiment de cavalerie de l'Ohio, et elle n'était pas sortie, contrairement à ce que crurent les Indiens, pour leur donner la chasse, mais pour assurer la protection d'un convoi de marchandises arrivant de l'ouest et se trouvant un peu plus haut sur la route.

Les officiers du fort craignaient qu'il ne fût découvert et attaqué par les Indiens.

Dès que Collins eut franchi le pont et tourné à gauche pour s'engager sur la route, un signal fut adressé aux guerriers regroupés en dessous du pont pour qu'ils s'avancent et prennent les soldats à revers, tandis que ceux qui étaient postés au-dessus contournaient rapidement les collines pour les combattre de front. Le groupe venant de l'aval chargea le premier, et à la vue des Indiens lancés à sa poursuite Collins fit prendre le galop à ses cavaliers, espérant de toute évidence pouvoir atteindre le convoi avant que le détachement ait été rattrapé. Mais presque aussitôt, d'autres hommes apparurent sur les collines en face de lui et sur son flanc gauche, et un instant plus tard les soldats se retrouvèrent au milieu d'un essaim tourbillonnant de guerriers qui les assaillaient de tous les côtés à la fois. En voyant surgir les Indiens, le commandant du fort avait envoyé des renforts de l'autre côté du pont avec un obusier, qui tirait maintenant sans discontinuer.

Selon le récit des Cheyennes, Collins tenta tout d'abord de s'ouvrir un chemin vers l'avant à travers la masse des guerriers, mais ses hommes furent repoussés et firent bientôt volte-face, redescendant la route au grand galop. Bien qu'entourés d'ennemis de toutes parts, la majorité d'entre eux parvinrent à atteindre le pont sains et saufs ; seuls le lieutenant et quatre cavaliers perdirent la vie dans la retraite précipitée. Les Indiens continuaient de tournoyer près de l'extrémité du pont en tirant sur les soldats, lorsque quelques guerriers restés sur les collines signalèrent que d'autres Blancs se trouvaient en amont de la rivière. Il s'agissait du convoi auquel Collins avait essayé de porter secours.

Ignorant tout du combat qui se déroulait à peu de distance, les convoyeurs avaient dressé leur camp, les chariots disposés en cercle. Les conducteurs descendaient les mulets jusqu'à la Platte pour les faire boire lorsque les premiers Indiens apparurent. Abandonnant leurs bêtes, ils coururent se mettre à l'abri derrière le cercle des chariots. Les guerriers chargèrent, mais furent repoussés par les soldats de l'escorte qui s'étaient cachés sous les véhicules. Pendant ce temps, un Indien s'était emparé de la mule portant la sonnaille, et tandis qu'il l'emmenait au loin, tous les mulets du convoi se précipitèrent à sa suite. Arrivé peu après le début du combat, le chef cheyenne Roman Nose entreprit alors de l'organiser. Il ordonna aux guerriers munis de fusils d'ouvrir un feu nourri en direction des chariots, puis, avec ses hommes il chargea droit sur le convoi, et submergea les Blancs. Ils furent tous massacrés sur place, à l'exception de deux ou trois qui réussirent à s'enfuir en franchissant la Platte à la nage [6].

Après la capture du convoi, les Indiens regagnèrent leur camp. Ils étaient surexcités par leur victoire, et passèrent la plus grande partie de la nuit à danser et à se raconter leurs faits d'armes. Le lendemain, ils reprirent tous la route de la Powder River, sauf quelques guerriers qui formèrent de petites troupes de guerre et restèrent en arrière pour lancer d'autres raids sur la route de la Platte.

À en croire les témoins et les acteurs de cette expédition conduite selon la plus pure tradition indienne, environ trois mille guerriers y prirent part. On peut dès lors s'étonner qu'une troupe aussi puissante n'ait fait aucune tentative pour franchir la rivière et attaquer également les postes militaires voisins de la rive sud. Cela n'a en fait rien de surprenant. Les Indiens n'avaient aucun sens de la stratégie, leur seul objectif dans une bataille était de s'emparer du plus grand nombre possible de chevaux et de mulets, de scalper quelques ennemis, et de rentrer ensuite chez eux après avoir limité leurs pertes au strict minimum. Leur courage n'est pas en cause, il s'agissait de leur façon de faire la guerre. Que la compagnie de Collins ait pu se frayer un chemin au milieu d'une telle masse de guerriers en subissant des pertes aussi minimes, est en revanche plus incroyable. On peut sans doute l'expliquer en partie par le fait que les tribus disposaient alors de peu de bons fusils, et que les Indiens ne voulurent pas subir les pertes importantes qu'aurait impliqué un combat au corps à corps avec les cavaliers. Si les soldats s'étaient arrêtés pour se battre, ils auraient certainement été tués jusqu'au dernier, mais au lieu de cela ils chargèrent avec l'énergie du désespoir, et leurs adversaires ne purent les contenir. Il semble également que la plupart des guerriers étaient massés en face de Collins et sur son flanc droit, et que lorsque ses hommes firent demi-tour, seul un petit nombre d'Indiens purent s'interposer entre le pont et eux. Les Cheyennes affirment que les Sioux se tenaient à l'est et au nord du pont, les Cheyennes à l'ouest. Le groupe qui coupa la retraite à Collins en l'attaquant sur le côté était celui des Sioux, conduits par les Crazy Dogs, et ce fut en traversant leurs rangs que les soldats purent atteindre le pont. À cette époque, les Sioux avaient une expérience des affrontements avec la cavalerie moins grande que celle des Cheyennes, et leur armement était inférieur à celui de leurs alliés.

Les Indiens venaient tout juste de regagner leurs villages de la Powder River quand le général Connor lança finalement ses colonnes contre eux. Son offensive avait été plusieurs fois reportée, et le plan initial avait subi de profondes modifications. Il n'était plus question qu'une colonne du Missouri vienne le soutenir, et ses propres colonnes avaient été si réduites qu'il sembla un moment pratiquement impossible qu'il puisse se mettre en campagne avec des effectifs aussi maigres. Connor avait échoué dans sa mission de protection des convois et des diligences. De la Little Blue, dans l'est du Nebraska, jusqu'à South Pass, les Indiens avaient continué d'effectuer leurs raids sur les routes où et quand il leur plaisait, et la compagnie de diligences exigeait tant d'hommes pour garder ses installations qu'il paraissait douteux que le commandant des forces de la Platte parvienne à rassembler suffisamment de soldats pour lancer une quelconque offensive. La guerre de Sécession venait de s'achever, et les volontaires des régiments de cavalerie transférés dans les plaines avançaient à une allure de tortue, espérant que leurs ordres de démobilisation arriveraient avant qu'ils aient atteint le pays indien. Certaines unités apprirent leur démobilisation alors qu'elles s'étaient déjà considérablement avancées le long de la Platte, et firent aussitôt demi-tour pour regagner l'Est.

Un régiment du Kansas arriva à proximité de Fort Laramie, où ses hommes se mutinèrent lorsqu'ils reçurent l'ordre d'aller combattre les Indiens. Connor fit encercler leur camp par des unités de cavalerie et d'artillerie restées loyales, les effrayant tellement qu'ils finirent par accepter de partir en campagne. Mais ce fut tout ce qu'il put obtenir d'eux. Ils parcoururent plusieurs centaines de kilomètres dans la région de la Powder River, puis revinrent à leur point de départ sans avoir fait la moindre tentative pour soumettre les Indiens, ou même les débusquer.

Connor prit lui-même la tête de l'une de ses trois colonnes, qui partit de La Bonté's Crossing et progressa en droite ligne vers le nord jusqu'à la source de la Powder River, où le général fit établir un poste, Camp Connor, qui devint plus tard Fort Reno. Il avait emmené avec lui un groupe d'éclaireurs Pawnees, et ceux-ci ne tardèrent pas à découvrir la piste qu'empruntaient les troupes de guerre pour revenir de la Platte et rejoindre les tribus hostiles. En y tendant des embuscades, les Pawnees parvinrent à surprendre plusieurs troupes et à tuer quelques Sioux, récupérant de nombreux chevaux et une grande quantité de butin.

En avril, Connor avait informé ses supérieurs qu'il avait l'intention de se mettre en route pour la Powder River avant que l'herbe du printemps ait rendu leurs forces aux poneys indiens, et que les bandes rebelles puissent de nouveau se déplacer. Mais il était trop tard lorsqu'il écrivit ces lignes, les poneys s'étant déjà remis des rigueurs de l'hiver et les Indiens ayant retrouvé toute leur mobilité. Connor considérait les Cheyennes comme les principaux fauteurs de troubles, et son objectif prioritaire était de les punir sévèrement, mais il envisageait également de donner une bonne leçon aux Sioux. Il prévoyait de repérer les camps de ses adversaires, puis de s'en approcher rapidement en progressant de nuit, et de leur infliger quelques défaites dont le souvenir resterait à tout jamais gravé dans leur mémoire. Quand il atteignit la Powder River les Indiens qu'il semblait si pressé d'affronter campaient près de ce cours d'eau depuis deux mois ; ils ne se trouvaient alors qu'à deux ou trois jours de marche au nord de sa position, et ses éclaireurs Pawnees découvrirent rapidement les pistes qui conduisaient à leurs villages. Pourtant, Connor choisit à ce moment-là de se diriger vers la Tongue River pour attaquer un camp d'Arapahos du Nord. Après une erreur aussi grossière de la part de ce stratège spécialement dépêché par le gouvernement, il paraît difficile de reprocher aux Indiens de la Powder River d'avoir ignoré la colonne de Connor et de ne pas avoir essayé de la chasser le plus rapidement possible de leurs terres. Les Sioux et les Cheyennes de la région avaient envoyé une importante troupe de guerre sur la Platte peu de temps auparavant ; aussi dans leur logique, les hostilités étaient-elles terminées pour l'année, et leur seul souci était désormais de tuer suffisamment de bisons pour nourrir leurs familles. Qu'ils n'aient pas été alertés par les guet-apens que les Pawnees tendirent à leurs guerriers paraît en revanche plus surprenant. Les Pawnees portaient les uniformes bleus de la cavalerie, mais comme ils les enlevaient pour se battre, il est possible que ceux qu'ils affrontèrent n'aient pas réalisé que leurs agresseurs appartenaient à l'armée.

L'attaque de Connor frappa le camp de Medicine Man, le grand-chef des Arapahos du Nord, qui jusqu'au printemps précédent avait toujours été considéré comme un ami des Blancs, et dont rien ne prouve qu'il était passé depuis du côté des Indiens hostiles. Les soldats détruisirent le camp et s'emparèrent de la plus grande partie de son troupeau de poneys, mais les Arapahos contre-attaquèrent avec une étonnante vigueur, et à l'issue d'une poursuite à cheval acharnée, reprirent à leurs agresseurs la plupart de leurs chevaux. Après cette opération, Connor descendit la Tongue pour se porter au devant des deux autres colonnes de cavaliers, commandées par les colonels Cole et Walker, qui avaient l'ordre d'opérer leur jonction avec lui au nord des monts Panther, appelés monts Wolf sur les cartes actuelles.

Alors que trois fortes colonnes de cavalerie sillonnaient leur territoire à la recherche de leurs camps, les Indiens de la Powder River ne semblaient toujours pas se rendre compte du danger qui les menaçait. Ils furent cependant alertés à cette époque par une autre intrusion sur leurs terres, celle du groupe de chercheurs d'or de Sawyer. Il s'agissait d'un important convoi qui se dirigeait vers les champs aurifères du Montana, dont le responsable était un ancien colonel de l'armée, James A. Sawyer, de Sioux City. En se présentant comme des « constructeurs de route », les hommes de Sawyer avaient obtenu de l'argent et une escorte du gouvernement, puis s'étaient mis en marche sans se soucier d'ouvrir la moindre voie de communication, remontant la Niobrara River jusqu'à sa source avant d'obliquer vers le nord-ouest en direction de la Powder. Parvenus près de Pumpkin Buttes, ils s'étaient égarés dans les bad lands, où pour ajouter à leurs ennuis, les Indiens hostiles découvrirent leur présence et vinrent leur demander des comptes.

Les chariots furent repérés par un groupe de chasseurs, qui regagnèrent aussitôt leur camp pour prévenir leurs chefs. Red Cloud, des Oglalas, et Dull Knife, des Cheyennes du Nord, prirent alors la tête d'une troupe de guerriers et chevauchèrent jusqu'à l'endroit où le convoi avait été aperçu. George Bent, des Cheyennes du Sud, était présent et servit d'interprète. Selon le récit qu'il me fit plus tard de la rencontre, Red Cloud expliqua au colonel Sawyer qu'il devait se tenir à l'écart de la Powder River, car ses chariots risquaient d'effrayer les bisons, mais que s'il laissait aux Indiens une partie de ses vivres, il pourrait poursuivre sa route en allant droit vers l'ouest, ce qui lui permettrait d'éviter les terrains de chasse des Sioux. Malgré les protestations de l'officier commandant l'escorte militaire, Sawyer donna à Red Cloud et à Dull Knife un chariot de provisions, à la suite de quoi leurs guerriers se retirèrent. Mais à peine eurent-ils disparu qu'un autre groupe d'Indiens se présenta, et n'ayant pas obtenu les marchandises qu'ils demandaient eux-aussi, ils attaquèrent le convoi, assiégeant pendant plusieurs jours les chariots placés en cercle. L'épisode du convoi de Sawyer fait apparaître clairement que vers le milieu du mois d'août 1865, Red Cloud et ses amis ne se doutaient pas encore que les Blancs étaient en train de préparer l'occupation de la région de la Powder River en y faisant construire des routes et des forts.

Leur grande stratégie consistait à envoyer plusieurs colonnes de cavalerie en pays sioux, qui, se rejoignant ensuite, porteraient ensemble un coup mortel aux Indiens. Ce plan avait été conçu au Département de la guerre, avec la participation éclairée du général G. M. Dodge et des autres commandants des secteurs militaires de l'Ouest. Dans les premiers jours de septembre, les soldats atteignirent enfin les positions qui devaient leur permettre de refermer le piège sur leurs adversaires. La colonne de Connor, forte de mille hommes, descendait la Tongue au nord-ouest des camps indiens ; le colonel Nelson Cole, parti de la Lower Platte à la tête de mille quatre cents hommes, avait contourné les Black Hills par l'est et atteint la Little Missouri, où il avait opéré sa jonction avec le colonel Samuel Walker et ses six cents cavaliers, venus de Fort Laramie en passant par Rawhide Creek et l'ouest des Black Hills. Selon leurs instructions, les deux officiers devaient maintenant prendre contact avec le général Connor au nord des monts Panther, afin que les trois colonnes attaquent les Indiens de différentes directions sans leur laisser aucune chance de s'échapper. Sur le papier, la stratégie de l'état-major fonctionnait parfaitement, mais il en allait tout autrement sur le terrain. La colonne de Connor, la seule qui manifestât un quelconque désir de se battre, se trouvait trop éloignée pour frapper les camps de la Powder River. Le colonel Cole et ses cavaliers, tous originaires de l'Est, n'avaient aucune expérience de la guerre contre les Indiens ; en arrivant sur la Little Missouri, les hommes souffraient du scorbut et leurs chevaux et leurs mulets, habitués au grain, n'avaient eu que de l'herbe sèche depuis plusieurs semaines et se trouvaient au bord de l'épuisement. Quant au régiment de Walker, celui qui s'était mutiné près de Fort Laramie et avait refusé de se mettre en campagne, il n'était remonté jusqu'aux Black Hills qu'à contrecœur, et il continua d'avancer sans enthousiasme lorsque les deux colonnes se rejoignirent et prirent ensemble la direction de la Powder River. En progressant vers l'ouest, elles traversèrent un territoire fréquenté à la fois par les tribus en guerre de la Powder River et par les Hunkpapas et les Miniconjous, tout aussi hostiles, de Sitting Bull et de Black Moon, qui campaient alors sur la Little Missouri. Cependant elles ne rencontrèrent miraculeusement aucun Indien et ne découvrirent pas le moindre camp. Arrivées sur la Powder River, un petit détachement fut envoyé dans les monts Panther pour contacter Connor, mais sa colonne avait disparu ; les groupes de Cole et de Walker se retrouvèrent ainsi livrés à eux-mêmes, pratiquement perdus au cœur d'une région sauvage, avec leurs montures et leurs animaux de bât exténués, et leurs réserves de vivres commençant à diminuer d'une manière inquiétante. Tandis que les cavaliers erraient sans but dans la basse vallée de la Powder, attendant que leurs chefs prennent une décision, ils furent repérés par des Indiens de la Little Missouri, qui donnèrent aussitôt l'alarme dans tous leurs camps. Bientôt, des nuées de guerriers avides de sang et de butin assaillirent les militaires de toutes parts.

En juillet, tandis que la grande troupe de guerre de la Powder River tendait un piège à la garnison de Upper Platte Bridge, ces Sioux du Nord, conduits par Sitting Bull et d'autres chefs, avaient essayé d'attaquer Fort Rice, sur le haut Missouri, en employant le même stratagème, qui semble avoir été la seule manœuvre figurant dans la stratégie des Sioux. Après avoir échoué le 28 juillet dans leur tentative de faire sortir les soldats, ils avaient renouvelé l'opération le 30, sans plus de succès. Ils s'étaient alors retirés de fort méchante humeur en direction de la Little Missouri. Lorsqu'ils découvrirent les hommes de Cole et de Walker, ils se ruèrent sur eux comme des loups affamés [7].

Alors qu'ils avaient deux mille soldats sous leurs ordres, les deux officiers ne prirent aucune initiative, se contentant de demeurer sur la défensive sans même faire mine de contre-attaquer. Jour après jour, les Indiens réapparurent et lancèrent charge sur charge, essayant de s'emparer du plus grand nombre possible de chevaux et de mulets et ralentissant considérablement la marche des colonnes. De nombreux hommes et leurs montures périrent dans ces affrontements. Dans la soirée du 2 septembre, un violent orage éclata et ne s'acheva qu'avec le lever du soleil. Deux cent vingt-cinq bêtes moururent pendant la nuit, ce qui obligea les soldats à détruire une grande quantité de vivres qu'ils ne pouvaient plus transporter. Du 1er au 4 septembre, les colonnes furent sans cesse harcelées par les Indiens.

Le 6 septembre, Cole et Walker décidèrent de remonter la Powder River, prenant la direction du sud avec l'espoir évident de pouvoir atteindre Fort Laramie. Toujours sans aucune nouvelle de Connor, ils ne disposaient d'aucun plan, leur seul objectif étant de mettre la plus grande distance possible entre eux et les Indiens. Ils parvinrent apparemment à échapper aux Sioux de la Little Missouri, qu'ils laissèrent derrière eux, mais pour se retrouver presque aussitôt confrontés aux Oglalas, aux Miniconjous, aux Sans Arcs et aux Cheyennes qui campaient alors près du confluent de la Powder et de la Little Powder depuis déjà un certain temps. Or, ils ignoraient toujours que Connor avait fait construire un fort au sud de leur position, près de la source de la Powder River, et que deux mille soldats arrivant du nord se dirigeaient vers eux à marches forcées. Ce fut par le plus grand des hasards que quelques guerriers descendant la Powder River aperçurent les colonnes, dont ils allèrent sans tarder annoncer la présence à leurs chefs. Des danses et des cérémonies avaient alors lieu dans les camps, ce qui explique peut-être pourquoi les hommes de Cole et de Walker ne furent pas découverts plus tôt. De toute manière, il ressort clairement de l'étude de ces années de guerre que la vieille théorie selon laquelle les Indiens étaient toujours sur leurs gardes est totalement erronée. Les chefs se donnaient rarement la peine de faire placer des sentinelles autour des camps, ou d'envoyer des éclaireurs surveiller les mouvements de l'ennemi, et en plusieurs occasions la cavalerie put lancer des charges contre des villages d'Indiens hostiles sans que son approche ait été signalée.

Dès qu'ils surent que les soldats se trouvaient à proximité, les guerriers descendirent la Powder River en petites bandes pour se porter à leur rencontre. Ces événements semblent s'être passés le 5 septembre, mais les rapports de Cole aussi bien que les récits des Indiens à ce sujet sont si imprécis qu'il s'avère très difficile de savoir exactement ce qui se produisit. Il est certain qu'une grande bataille fut livrée, à laquelle participèrent environ deux mille guerriers, mais le terrain accidenté, coupé de ravines et de crêtes, rendit l'affrontement extrêmement confus. Les Indiens n'obéissaient à aucun chef, ne suivaient aucune directive, chaque petit groupe essayant seulement de dérober autant de chevaux et de butin qu'il pouvait en emporter. Une bande de Cheyennes eut un extraordinaire coup de chance. Poursuivant des soldats qui venaient de disparaître dans un bosquet, ils découvrirent que ceux-ci avaient attaché leurs montures aux buissons, les abandonnant pour franchir à pied la Powder River ; ils récupérèrent ainsi quatre-vingts chevaux de la cavalerie avec leurs selles et leur équipement complet. Cette bataille si désordonnée au départ, fut celle que les Cheyennes appelèrent plus tard la bataille de Roman Nose. Tandis que les soldats placés devant leurs chariots disposés en cercle faisaient face à plusieurs centaines de guerriers. Roman Nose longea leur ligne de la rivière jusqu'aux falaises en essuyant un tir nourri, puis répéta plusieurs fois cette manœuvre jusqu'à ce que son poney soit abattu sous lui. Les Indiens chargèrent alors, mais ne parvinrent pas à atteindre leur principal objectif, c'est-à-dire les chevaux parqués derrière les chariots.

Après le combat, les Cheyennes partirent en direction des Black Hills pour chasser le bison ; mais les Sioux restèrent près du confluent de la Little Powder, et le 8 septembre, Cole et Walker, s'approchant sans le savoir de leur village, eurent un nouvel affrontement avec eux. Pendant le combat, les femmes démontèrent les tipis et transportèrent le camp à l'écart de la route suivie par les soldats [8]. Aussitôt après cet affrontement, une tempête de pluie glaciale fit rage pendant trente-six heures d'affilée, tuant quatre cent quatorze chevaux et mulets de l'armée, qui durent brûler ou enterrer une grande partie de leurs provisions, de leurs selles, de leurs chariots et de leurs réserves de munitions pour pouvoir poursuivre leur marche. Le 10, d'importantes troupes de guerriers apparurent, encerclèrent complètement les colonnes et les escortèrent d'une manière rien moins qu'amicale. De nombreux coups de feu furent échangés pendant toute la journée, mais ne firent que peu de victimes de part et d'autre. Les Indiens qui participèrent à cette action m'expliquèrent qu'ils ne pouvaient pas affronter efficacement la cavalerie parce qu'ils possédaient alors trop peu de fusils et de munitions. Cette information est corroborée par le rapport d'un des officiers de Cole, qui écrivit que ce jour-là, les Sioux ne disposaient au total que de quatre ou cinq fusils de bonne qualité – ce qui signifie qu'environ un guerrier sur cent seulement était correctement armé.

Les soldats finirent par franchir la Little Powder, découvrant juste au-dessus de son confluent les restes d'un immense camp de mille cinq cents à deux mille tipis que les Cheyennes et les Sioux avaient abandonné quelques jours auparavant. Les Sioux étaient cependant restés dans les environs immédiats, et c'étaient eux qui avaient attaqué les colonnes le 8 et le 10 septembre.

Le 11, Cole et Walker commencèrent à faire abattre des chevaux pour nourrir leurs hommes. Ils allaient manquer de vivres, ne pouvaient pratiquement plus avancer en raison de l'épuisement total des quelques mulets qui leur restaient, et les Indiens continuaient de les harceler sans leur laisser le moindre répit. La situation était proprement catastrophique, et un désastre semblait désormais inévitable, lorsqu'un messager de Connor arriva enfin, apportant la réconfortante nouvelle que la colonne du général ne se trouvait qu'à quatre-vingt-dix kilomètres, sur la Tongue, et qu'il y avait un nouveau poste abondamment approvisionné à peu de distance en amont de la rivière. Les soldats se remirent en route, et comme la plupart des Indiens s'étaient maintenant retirés, ils finirent par atteindre Fort Connor sans avoir subi d'autres déboires. Mais ils arrivèrent dans un piteux état, affamés, leurs uniformes en guenilles, un grand nombre d'entre eux se traînant pieds nus. Le capitaine Palmer, de l'état-major de Connor, nota qu'ils ressemblaient à des vagabonds.

Ainsi s'acheva la grande expédition de 1865 sur la Powder River, qui coûta si cher au gouvernement américain [9]. Si l'on excepte la capture d'une partie d'un troupeau de poneys des Arapahos, les trois mille hommes chargés de soumettre les Indiens hostiles n'avaient strictement rien accompli. Le général Dodge n'en eut pas moins l'audace de présenter l'opération comme une réussite, transformant les colonnes effrayées et démoralisées de Cole et Walker en une armée victorieuse, remontant impétueusement la Powder River, balayant devant elle une multitude d'Indiens pris de panique. Les officiers présents sur le terrain avaient toutefois une autre opinion. Mais Cole et Walker étaient trop effondrés pour en faire un rapport, et Connor trop écœuré par leur impéritie pour leur en demander un. Quant aux Indiens, ils ont toujours parlé de leur rencontre avec les cavaliers de Cole et de Walker comme du plus heureux événement d'un été pourtant riche en bonnes surprises. Grâce à elle, leurs camps abritaient maintenant un grand nombre de chevaux de la cavalerie et de mulets portant la marque U.S., et ils disposaient désormais pour se battre des nombreuses carabines d'excellente qualité qu'ils avaient volées aux soldats.

IX

LA GUERRE DE RED CLOUD
1866-1867

À la fin de la guerre de Sécession, les républicains au Congrès, qu'on appelait parfois les radicaux, gagnèrent rapidement la majorité dans les deux chambres. Appuyant leur programme sur ce qu'ils considéraient comme un traitement équitable des Noirs, ces hommes s'opposaient au plan de reconstruction de Lincoln et voulaient donner aux anciens esclaves une position dominante dans le Sud. D'autres objectifs s'ajoutèrent bientôt à celui-ci, car les associations religieuses, idéalistes et humanitaires qui soutenaient ces élus avaient de nombreux intérêts dans le pays. Certaines Églises se préoccupaient depuis longtemps du bien-être des Indiens, et lorsque pendant l'hiver 1864-1865, le Congrès commença à se pencher sur le problème indien, elles s'immiscèrent dans le débat, exigeant que l'ancienne manière expéditive de traiter les Indiens soit abandonnée au profit d'une politique d'inspiration chrétienne.

L'écho de cette discussion ne tarda pas à venir aux oreilles des politiciens de l'Ouest, spécialisés depuis de longues années dans l'obtention et l'utilisation, souvent à leur profit, des subventions destinées aux Indiens, mais ils connaissaient une période difficile depuis l'éclatement des hostilités et la prise en main des affaires du pays par l'armée. Ces honorables citoyens commencèrent alors à promouvoir les revendications « chrétiennes » en faveur des Indiens, afin de ramener la paix... et de nouveaux crédits. Au printemps 1865, ils entrèrent en contact avec l'équipe dirigeante à Washington, et la nouvelle politique indienne, satisfaisant à la fois le plus haut idéalisme et les plus bas intérêts locaux, avait désormais toutes les chances de s'imposer.

En mai 1865, le gouvernement donna ainsi l'étonnant spectacle d'une autorité militaire mobilisant toutes ses ressources pour envoyer des colonnes de cavalerie contre les Indiens sur la Powder River, dans le haut Missouri et au sud de l'Arkansas, tandis que dans la capitale fédérale les représentants de l'autorité civile clamaient à qui voulait les entendre que les Indiens étaient amicaux et qu'ils désiraient tous vivre en paix avec les Blancs pour peu que les soldats leur en laissent le loisir. Le sénateur J. R. Doolittle, qui avait pris la tête d'une commission d'enquête sur les affaires indiennes, accusait alors ouvertement l'armée de provoquer des troubles. Avec l'aide de ses amis de Washington, il obtint que l'expédition contre les tribus des Plaines du Sud soit reportée *sine die* et qu'une commission de paix soit nommée pour signer des traités avec ces Indiens.

À cette époque, le général S. R. Curtis, dont l'ordre donné en avril 1864 au colonel Chivington de poursuivre les Cheyennes avait mis le feu aux poudres dans les Plaines, se trouvait à la tête du Département du Nord-Ouest. Le général Alfred Sully, qui opérait sous son commandement, se préparait à aller combattre les Sioux de Sitting Bull à l'ouest du Missouri, un des objectifs de son action étant de soutenir le général Connor sur la Powder River. Mais au moment précis où Sully s'apprêtait à se mettre en route, Curtis prétendit découvrir ailleurs un autre foyer de rébellion et envoya sa colonne patrouiller au nord du Missouri. Pendant deux mois, Sully traversa des étendues désertiques, marchant du Missouri jusqu'à Devil's Lake, de Devil's Lake à la Mouse River [1], puis jusqu'à la frontière canadienne et revenant sur ses pas jusqu'au Missouri sans rencontrer un seul Indien hostile. L'expédition avait coûté plusieurs millions de dollars et n'avait servi strictement à rien... grâce au génie de Curtis. Sully atteignit le Missouri au début du mois d'août, découvrit où se trouvait le camp de Sitting Bull, et prenait ses dispositions pour l'attaquer lorsqu'il apprit à sa grande stupéfaction que son supérieur avait accepté la présidence d'une commission de paix et était en train de remonter le fleuve en compagnie de son principal conseiller, le gouverneur du Dakota Newton Edmunds, dans un bateau chargé de cadeaux, avec l'intention de conclure un traité de pacotille avec les Sioux.

Le père DeSmet, qui était toujours volontaire lorsqu'il s'agissait de convaincre des Indiens de signer la paix, avait été chargé de rassembler les chefs sioux au sud de la Grand River. Le traité projeté avait pour but de mettre fin au conflit avec toutes les tribus hostiles, mais DeSmet ne s'éloigna pas à plus de trente kilomètres de Fort Pierre et du Missouri, choisissant ses chefs dans les camps que les Sioux sauvages appelaient avec mépris « ceux-qui-restent-près-du-fort ». Le colonel Pattee, à Fort Rice, ayant de son côté reçu l'ordre de rassembler une délégation des Sioux du Nord, convoqua les tribus amicales au fort, désigna quelques chefs et les envoya dans le Sud à la rencontre de la commission de paix. Le général Curtis et les autres commissaires arrivèrent dans la région vers la mi-octobre, ils tinrent un grand conseil avec les Indiens, convainquirent les chefs de signer le traiter et leur distribuèrent leur chargement de présents. Le traité fut conclu le 28 octobre à Fort Sully, près du confluent de la Cheyenne River, et les commissaires repartirent aussitôt après.

Ainsi fut inaugurée la nouvelle et grandiose politique de paix du gouvernement américain avec les Sioux tétons. Conclure un accord avec des bandes déjà amicales ne portait pas à conséquence, mais les hommes qui l'entérinèrent avaient fait dresser la liste de tous les Sioux hostiles, et bien que le nom d'aucun de ces chefs sioux n'ait figuré au bas de leur traité, ils prétendirent néanmoins avoir fait la paix avec tous les Tétons jusqu'alors en guerre avec les Blancs [2]. Le général Curtis et Newton Edmunds n'eurent aucune excuse pour avoir agi de la sorte ; même leur ignorance de la situation ne saurait être alléguée, puisqu'ils avaient affaire aux Sioux depuis de nombreuses années. Ainsi connaissaient-ils très bien les bandes amicales et celles qui ne l'étaient pas, et au moment où le traité fut notifié ils savaient pertinemment que Sitting Bull et deux mille tipis d'Indiens hostiles étaient plantés près de la Little Missouri, tandis que de mille cinq cents à deux mille autres tipis de rebelles avaient été dénombrés dans la région de la Powder River.

Avec la signature du traité avec les Sioux, la paix était supposée avoir été rétablie avec tous les Indiens des Plaines, car d'autres traités similaires avaient été scellés dans le même temps avec les tribus de la région de l'Arkansas. Les utopistes qui siégeaient alors à Washington étaient sincèrement persuadés d'avoir mis fin aux guerres indiennes. Leur politique était basée sur une idée très simple : les Indiens avaient toujours raison, ils ne posaient jamais de problèmes lorsqu'ils étaient traités dans un esprit chrétien de respect et de tolérance, et à l'inverse les Blancs de la frontière, toujours en tort, n'étaient que des mécréants qu'il fallait contraindre à respecter les droits des Indiens. Avec cette théorie fumeuse dans la tête, ces humanistes et ces idéalistes ne risquaient pas de prendre conscience de la crise majeure qui venait d'éclater dans les Plaines, où la majorité des tribus étaient fermement décidées à s'opposer à toute nouvelle installation des Blancs sur leurs terres, tandis que la population blanche, sans cesse croissante, manifestait de plus en plus ouvertement son intention de coloniser la région. Dès lors, une foi aveugle dans la bonne volonté des Indiens ne pouvait strictement rien résoudre, et tôt ou tard le gouvernement se verrait inévitablement contraint d'employer la force, soit contre les Indiens, soit contre ses propres citoyens. Les traités, hâtivement signés pour mettre en œuvre la nouvelle politique de paix, contenaient en germe tous les conflits à venir. Ainsi celui conclu avec les Sioux accordait au gouvernement le droit d'ouvrir des routes et de construire des forts sur leurs terres, mais alors même que les chefs soumis du Missouri le signaient, il y avait sur la Little Missouri et la Powder River entre trois mille cinq cents et quatre mille tipis de Sioux bien résolus à ne plus laisser aucun Blanc pénétrer sur leur territoire.

En octobre 1865, quand le traité fut ratifié à Fort Sully, les Indiens de la Powder River étaient encore en train de célébrer leur victoire sur les hommes du colonel Cole et du colonel Walker. Ils ne tardèrent pas à envoyer de petits groupes de guerriers faire des raids le long de la route de la Platte, et le général P. E. Connor, qui venait tout juste de ramener ses soldats démoralisés de la Powder River, dut prendre immédiatement de nouvelles mesures pour protéger les voyageurs. À cette époque, un responsable doué d'un minimum de bon sens dut réaliser qu'un traité avec les Sioux n'incluant aucun des groupes hostiles ne présentait strictement aucun intérêt, car une copie du document fut envoyée au commandant de Fort Laramie, qui reçut l'ordre d'employer tous les moyens possibles pour convaincre les chefs des bandes rebelles de venir au fort signer l'accord. Ni les marchands ni les sang-mêlé n'étaient prêts à risquer leur vie en s'approchant de la Powder River, mais finalement Big Mouth [3] et quelques Oglalas de la bande des Loafers se laissèrent convaincre d'aller porter un message aux Sioux en guerre. Si ces Sioux, comme l'affirmaient les rêveurs de l'Est, étaient impatients de conclure la paix, ils s'abstinrent curieusement de le montrer. Aucun Indien ne fut aperçu pendant près de trois mois puis, vers la mi-janvier 1866, Swift Bear et sa bande s'aventurèrent à proximité du fort et envoyèrent un message. Mais pouvait-on sérieusement les considérer comme des rebelles ? Swift Bear et Standing Elk étaient les chefs de la bande du Maïs, des Brûlés parmi les plus pacifiques, qui avaient été contraints, contre leur volonté, de s'éloigner des Blancs lorsque les autres Indiens de Fort Laramie avaient attaqué les soldats dans Horse Creek le printemps précédent. Les deux chefs signèrent le traité et informèrent le colonel Henry E. Maynadier, le nouveau commandant du fort, que les Oglalas envisageaient de venir négocier – mais ils ne vinrent pas. L'hiver fut très rigoureux et les Indiens souffrirent beaucoup, un grand nombre de leurs poneys succombant au froid et à la faim. On n'entendit plus parler d'eux jusqu'en mars, lorsque Spotted Tail fit savoir que sa fille était morte et qu'il désirait, selon son vœu, l'enterrer à côté de Smoke, sur le plateau situé à l'ouest du fort. Maynadier donna son accord, et lorsqu'il se présenta, Spotted Tail fut reçu avec les plus grands égards. Il se plaignit avec amertume au colonel des mauvais traitements qui avaient poussé les Sioux amicaux dans le camp des rebelles, expliquant que sa bande avait subi pendant quatre ans les outrages et les injustices des Blancs, en particulier des unités de volontaires, jusqu'au moment où, la situation devenant insupportable, ils avaient été obligés de prendre le chemin de la Powder River.

Le gouvernement se trouvait maintenant dans la situation extrêmement délicate d'avoir « conclu » un nouveau traité de paix avec toutes les tribus tétons, alors que la quasi-totalité d'entre elles, implantées sur la Powder River, étaient si farouchement opposées à toute entente qu'aucun Blanc n'osait plus pénétrer sur leur territoire. À l'instigation du Parti de la paix, le traité de 1865 avait été hâtivement ratifié et proclamé, et le public informé que la nouvelle route du Montana passant par la Powder River était désormais sûre. Il s'agissait d'un mensonge éhonté : n'importe quel voyageur qui aurait voulu emprunter cette route aurait dû affronter les Indiens aussitôt après avoir franchi la North Platte. Sur la côte Est, les avocats de la paix avaient apparemment cru que si une copie du traité était envoyée à Fort Laramie, les chefs des Sioux hostiles se précipiteraient pour la signer. Mais rien de tel ne s'était passé, et au printemps 1866, même les dirigeants du Parti de la paix durent convenir que les rebelles n'avaient aucunement l'intention de se soumettre. Il fallait agir au plus vite pour débloquer la situation.

E. B. Taylor, du Bureau indien, se rendit donc à Fort Laramie, muni d'un document officiel qui le désignait, ainsi que le colonel Maynadier, comme commissaire responsable des négociations avec les Sioux. Taylor avait été chargé de mettre en application la politique de paix, et rien n'aurait pu le détourner de son objectif. Les hommes de Fort Laramie tentèrent de lui faire entendre raison, mais il refusa de les écouter, ne cessant de répéter qu'il avait été mandaté pour conclure la paix, et qu'il la conclurait d'une manière ou d'une autre.

Taylor envoya des messagers dans les camps hostiles, invitant les Indiens à venir discuter et leur promettant de nombreux cadeaux, y compris des armes et des munitions, s'ils consentaient à entamer des pourparlers. Jusqu'alors, le traité n'avait été approuvé que par Swift Bear, de la bande du Maïs (des Brûlés), Big Mouth, de la bande des Loafers (des Oglalas), et par les chefs du camp de Spotted Tail. Aucun chef rebelle ne l'avait encore signé, mais la nouvelle qu'il y avait des cadeaux en attente à Fort Laramie et la promesse de Taylor de distribuer des armes et des munitions ne restèrent pas sans effet. En juin, les Sioux descendirent en force de la Powder River. Même Man-Afraid-of-His-Horse et Red Cloud étaient présents. Mais ces chefs n'étaient pas des Indiens complaisants, prêts à signer n'importe quoi au moment où on leur en donnerait l'ordre.

Ils exigèrent que le traité leur soit expliqué dans tous ses détails, et lorsqu'on en arriva à la clause concernant la construction de routes, ils réagirent avec la plus grande vivacité. Le commissaire Taylor, bien décidé à ce que rien n'empêchât la signature de l'accord, semble alors avoir essayer de les tromper. Selon certains rapports, il leur affirma qu'aucune nouvelle voie ne devait être construite sur leur territoire, et que celles mentionnées dans le texte du traité n'en désignaient en réalité qu'une seule, qui existait déjà. Comme la route à laquelle il pensait était la route Bozeman, qui traversait la région de la Powder River jusqu'au Montana, celle-là même que le gouvernement s'était publiquement engagé à maintenir ouverte, et que les Indiens estimaient pour leur part qu'elle ne devrait être en aucun cas utilisée par les Blancs, on peut se demander comment M. Taylor se serait sorti de cette impasse s'il avait pu poursuivre tranquillement les négociations. Mais un incident se produisit à ce moment-là, qui mit fin au conseil de paix et entraîna un repli précipité des Sioux en direction de la Powder River.

Un important détachement d'infanterie remontait alors la North Platte, accompagné d'un convoi de chariots. Le 16 juin, la colonne dressa son camp à quelques kilomètres en aval de Fort Laramie ; le soir, un des chefs de la bande du Maïs vint rendre visite aux soldats et s'entretint avec leur commandant, le colonel Henry B. Carrington. Ayant demandé quelle était la destination des fantassins, le chef apprit qu'ils se dirigeaient vers la Powder River, où ils devaient établir des postes et surveiller la nouvelle route, et alla aussitôt répandre la nouvelle dans les camps sioux. Lors de la séance du conseil de paix qui suivit, les chefs en colère accusèrent le commissaire Taylor de leur avoir menti ; puis ils quittèrent abruptement le conseil et ordonnèrent la levée de leurs camps et un départ immédiat pour la Powder River, en avertissant qu'ils attaqueraient tous les Blancs qui tenteraient de pénétrer sur leur territoire.

Cet incident fut soigneusement dissimulé par Taylor, qui écrivit que le conseil s'était achevé dans les meilleures conditions. Même les responsables de Washington ne se doutèrent pas qu'il affabulait, car il rédigea son rapport de manière à donner l'impression que la plupart des chefs avaient signé le traité, et que seul Red Cloud le leader sans influence d'un petit groupe appelé les Bad Faces, s'y était refusé. Or, à cette époque, Red Cloud était le principal chef de la très influente caste des guerriers des camps de la Powder River, et Man-Afraid-of-His-Horse, qui lui aussi n'avait pas accepté l'accord, était reconnu comme le chef incontesté. Dans cette affaire, Taylor, comme la plupart des hommes persuadés de la justesse de leur cause, adopta une attitude qui consiste à croire qu'une fin honorable suffit à justifier n'importe quels moyens [4].

L'envoi du colonel Carrington sur la Powder River avait été décidé plusieurs mois auparavant. Il avait reçu ses ordres en avril, et le général W. T. Sherman s'était rendu ensuite à Fort Kearney, dans le Nebraska, pour discuter avec lui de sa marche en pays indien et de la construction de nouveaux forts dans la région de la Powder River. Que les plus hauts responsables militaires aient pu supposer un seul instant que les Sioux accepteraient sans broncher l'invasion de leur territoire par une force armée et l'installation de postes militaires sur leurs meilleurs terrains de chasse est proprement stupéfiant. Tous les Indiens hostiles que Connor avaient affrontés en 1865 sur la Powder River s'y trouvaient encore, à la seule exception des Cheyennes du Sud. Connor avait disposé de trois mille cavaliers, alors que Carrington était maintenant envoyé dans la même région avec sept cents fantassins, dont des musiciens, et pas une seule unité de cavalerie. Cela semble incroyable, mais l'incroyable était de mise en pays indien en 1866. Les croisés de la paix avaient crié si fort – et si longtemps – que tous les Indiens étaient amicaux, que même les officiers supérieurs avaient fini par s'en persuader. Le colonel Carrington n'avait pas été choisi pour ses qualités de combattant, mais parce qu'il montrait des aptitudes à l'organisation de postes et de patrouilles le long de la route, et ses ordres, aussi bien que la composition de sa colonne, indiquaient clairement qu'on n'attendait rien d'autre de lui. Pourtant, n'importe quel homme de bon sens à Fort Laramie aurait pu prédire, en voyant les Sioux quitter furieusement le conseil et repartir vers le nord, que des événements d'une extrême gravité se préparaient dans la région de la Powder River. Que des groupes d'innocents émigrants et de convoyeurs aient été autorisés à s'y rendre sans avoir été avertis au préalable du danger encouru était proprement scandaleux, et qu'après l'attaque des premiers convois, le gouvernement ait persisté à en encourager d'autres à prendre la même route était encore plus inconcevable. L'obsession de la paix avait atteint à cette époque une telle ampleur que toute allusion à une guerre avec les Sioux était devenu un sujet tabou. Les raids sur la Powder River et la Platte étaient attribués à un petit groupe de « mécontents », et les officiels se berçaient d'illusions et leurraient l'opinion publique en ne cessant d'affirmer que si on les laissait tranquilles, les Indiens ne tarderaient pas à rentrer dans le droit chemin. Le gouvernement avait accepté la politique de paix, mais se trouvait écartelé entre des objectifs contradictoires, essayant de satisfaire à la fois les croisés de la paix et la population blanche de la frontière. En offrant à cette dernière une nouvelle route pour le Montana, Washington enclenchait inévitablement le processus de guerre, mais les dirigeants refusaient de se rendre à cette évidence.

Carrington arriva le 28 juin à l'ancien poste de Connor, près de la source de la Powder River, rebaptisé Fort Reno, et y trouva plusieurs convois à destination du Montana qui attendaient une escorte militaire. Il leur donna des consignes précises pour la poursuite de leur voyage, affirmant que la route était parfaitement sûre, qu'aucune escorte n'était nécessaire, et leur conseillant de s'organiser et de demeurer ensemble, en veillant à ne rien faire qui puisse irriter les Indiens. D'après le ton de ces consignes, il semble évident que le colonel, même après avoir atteint la Powder River, continuait de croire, à l'instar de ses supérieurs et des politiciens de l'Est, qu'il n'aurait aucun problème avec les Sioux. Deux jours plus tard, sept guerriers sioux volèrent un troupeau à moins de trois kilomètres du fort. Poursuivis par des fantassins montés, ils durent abandonner un poney de bât, si lourdement chargé des cadeaux reçus lors du conseil de paix de Fort Laramie, qu'il ne pouvait pas s'enfuir assez vite. Le 10 juillet, Carrington quitta Fort Reno pour se rendre à Piney Fork, à soixante kilomètres, où il parvint le 13 et il entreprit aussitôt avec ses hommes de construire Fort Phil Kearny. Le 14, les Cheyennes envoyèrent un messager lui demander s'il souhaitait la paix ou la guerre. Il répondit qu'il était venu avec des intentions pacifiques, et deux jours plus tard les chefs vinrent s'entretenir avec lui. Ils se montrèrent très amicaux, expliquant que leur village, fort de cent soixante-seize tipis, était en train de chasser dans Goose Creek et sur la Tongue River. Ils racontèrent que le jour où Carrington avait atteint Piney Fork, un groupe de Sioux du camp de Red Cloud étaient venus les voir, décrivant dans le détail tous les mouvements des soldats et demandant que les Cheyennes les aident à les combattre. Les Sioux avaient affirmé que si Carrington regagnait l'ancien fort de Connor sans essayer d'ouvrir une nouvelle route sur leurs terrains de chasse, ils s'abstiendraient de l'attaquer. Les chefs cheyennes précisèrent que Red Cloud avait cinq cents guerriers sous ses ordres, évaluant son camp à deux cent cinquante tipis, que Man-Afraid-of-His-Horse campait sur la Tongue River à une journée en aval de Red Cloud, et que les Sioux étaient présentement tous occupés à célébrer la Danse du Soleil [5].

Ici, il est intéressant de noter qu'en 1866, les Blancs et les Indiens mentionnèrent pour la première fois Red Cloud comme le plus important des Sioux de la Powder River, Man-Afraid-of-His-Horse, le vieux chef, n'occupant plus que la seconde place. En janvier, le colonel Maynadier avait estimé que Red Cloud contrôlait deux cent cinquante tipis d'Oglalas, et six mois plus tard les Cheyennes confirmèrent cette opinion. Les Crows signalèrent par ailleurs que les Oglalas comptaient cinq cents tipis sur la Tongue pendant l'été 1866, ce qui signifie que Man-Afraid-of-His-Horse avait lui aussi deux cent cinquante tipis sous son autorité. La raison de cette soudaine ascension de Red Cloud paraît claire : chef de guerre très populaire, il s'était fermement déclaré en faveur de la guerre si les Blancs envahissaient les terrains de chasse sioux, tandis que Man-Afraid-of-His-Horse, qui connaissait la puissance américaine, ne se cachait pas d'être favorable à la paix si elle pouvait être obtenue dans des conditions acceptables. À cette époque, les Oglalas du Sud qui étaient remontés jusqu'à la Powder River en février et mars 1865 y séjournaient encore. Ils étaient en majorité partisans de la paix, affichant à son endroit les mêmes espoirs et les mêmes craintes que Man-Afraid-of-His-Horse, et il est probable qu'une grande partie des tipis de son camp étaient ceux des Oglalas du Sud.

Le récit du conseil de paix de Fort Laramie que firent les chefs cheyennes à Carrington ne manque pas d'intérêt. Les Sioux leur avaient raconté que Red Cloud et Man-Afraid-of-His-Horse assistaient à ce conseil, mais qu'avant que le traité ait pu être signé, le Petit-Chef-Blanc (Carrington) était arrivé avec ses soldats pour construire de nouveaux forts et ouvrir une nouvelle voie sur leurs terrains de chasse. Ils affirmaient que les commissaires avaient essayé de les tromper, écrivant dans le traité que de nouvelles routes seraient construites, mais n'en évoquant qu'une seule dans leurs discours, et prétendant qu'elle ne traverserait pas le territoire sioux.

Les chefs cheyennes avaient pris un grand risque en rendant une visite amicale à Carrington, et ils ne tardèrent pas à en payer le prix. Après avoir quitté le camp des soldats, ils gagnèrent celui d'un marchand, French Pete (Pierre Gasseau), qui se trouvait dans Reno Creek. Une troupe de guerre sioux apparut alors, demandant aux Cheyennes ce qu'ils étaient allés faire chez les Blancs. Les Cheyennes répondirent qu'ils avaient rencontré le Petit-Chef-Blanc, qui s'était montré très amical, leur donnant des cadeaux et leur disant que de nombreux autres présents attendaient les Sioux à Fort Laramie s'ils acceptaient de s'y rendre et de signer le traité. En entendant cela, les Sioux, qui étaient assis autour des chefs cheyennes, se levèrent d'un bond, le visage ravagé de fureur, saisirent leurs arcs et se mirent à frapper les chefs sur le visage et sur le corps en criant *Coo ! Coo !* comme s'ils comptaient les coups portés à des ennemis pendant une bataille. Les chefs supportèrent cette insulte en silence jusqu'à ce que les Sioux, toujours furieux, aient quitté le camp. Les Cheyennes demeurèrent comme pétrifiés. Jamais leurs chefs n'avaient subi une telle humiliation, mais ils n'étaient pas assez forts pour combattre les Sioux et ne pouvaient rien faire pour laver l'affront. Avant de partir à leur tour, ils conseillèrent au vieux Gasseau d'aller se mettre aussi vite que possible sous la protection de l'armée. Mais le marchand, qui avait une épouse sioux, ne se croyait pas menacé et ne les écouta pas. Le lendemain matin, à l'aube, les Sioux attaquèrent son camp, le tuant et massacrant tous les hommes. Les femmes et les enfants s'enfuirent dans les bois et furent secourus plus tard par les soldats.

Le colonel Carrington s'occupait pendant ce temps de la construction du nouveau fort. Il dépêcha également deux compagnies sur la Bighorn pour y établir un autre poste, Fort C. F. Smith. Les deux compagnies, ainsi que le premier groupe de convois, semblent ne pas avoir été repérées et inquiétées par les Indiens de la Tongue River, mais aussitôt après leur passage les Sioux commencèrent à se manifester en force tout le long de la route, harcelant systématiquement les convois, s'approchant sans crainte des forts, dérobant le bétail et attaquant tous les soldats qu'ils rencontraient. Malgré cela, le colonel Carrington demeurait optimiste et continuait d'affirmer à ses supérieurs que la situation n'était pas inquiétante. Dans son rapport du 29 août, il écrivit que les convois ne couraient aucun danger s'ils étaient bien organisés et prenaient les précautions nécessaires. Pourtant, dans le même rapport, il signalait que trente-trois Blancs avaient été tués sur la nouvelle voie au cours des cinq semaines précédentes qui avaient connu des raids quotidiens et s'étaient soldées par le vol de soixante-dix animaux de l'armée près du seul Fort Phil Kearny. Les camps des rebelles se situaient sur la Tongue et la Powder River, au nord-ouest et au nord-est de Fort Phil Kearny, mais leurs guerriers lançaient des attaques sur la route jusqu'à cent cinquante kilomètres au sud du fort.

Pendant les raids de juillet et d'août, alors que ses hommes ne pouvaient pas s'éloigner de plus d'un kilomètre du poste sans être assaillis, Carrington ne semble pas avoir eu une seule fois l'idée de prendre l'offensive. Tous ses calculs étaient purement défensifs. Il demanda des renforts, mais seulement quatre compagnies d'infanterie et deux de cavalerie, qui suffiraient selon lui à assurer sa sécurité. Mais sa conception de la sécurité semble avoir été assez particulière. Le 17 juillet, les Indiens attaquèrent le convoi de Hill sous les yeux des soldats ; ils volèrent la mule de tête et cent soixante-quatorze mulets, puis s'enfuirent en tuant deux hommes et en blessant trois de leurs poursuivants. La même troupe de guerre supprima six Blancs dans le camp de French Pete, à quelques kilomètres à peine du fort. Jour après jour, pendant la deuxième quinzaine de juillet et tout le mois d'août, des rapports signalant des actions de ce genre ne cessèrent d'affluer, mais le colonel n'en continua pas moins d'estimer que la situation était satisfaisante et que la route était sûre.

Toute l'attitude de Carrington montre à l'évidence qu'il n'avait rien d'un officier « combattant ». En six semaines, il rédigea soixante-quinze directives concernant des détails triviaux de la vie quotidienne, comme le bon usage des portes et des clés, y compris un ordre interdisant aux soldats de marcher sur l'herbe. Le soin méticuleux qu'il apporta à réglementer la construction de Fort Phil Kearny, ainsi que la moindre des activités de sa garnison, indique clairement qu'il avait de redoutables qualités d'administrateur, mais que ses aptitudes s'arrêtaient là. En lisant les documents de l'époque, on a d'ailleurs l'impression que ses supérieurs étaient parfaitement au courant de ses limites, et que c'est en grande partie pour cette raison que Carrington, malgré – où grâce à – son inefficacité, était maintenu dans son commandement. En suggérant au colonel, dès juillet, d'abandonner la construction de Fort C. F. Smith, le haut commandement montre bien ce qu'il attendait de lui. Si cette mesure avait été appliquée, la route n'aurait plus été gardée que jusqu'à Fort Phil Kearny, et les convois n'auraient plus bénéficié d'aucune protection sur la Tongue et la Bighorn River, où se trouvaient précisément les Indiens hostiles. En somme la route pour le Montana partant de Fort Laramie se serait achevée brusquement à Piney Fork, en plein cœur du pays des Sioux en guerre. Le gouvernement n'avait visiblement aucune intention de passer à l'offensive contre les Indiens, ce que confirme la tentative que fit Carrington en août pour entrer en contact avec Red Cloud et d'autres chefs sioux, dans le but évident de négocier un cessez-le-feu.

Trois vieux pionniers des montagnes, Jim Bridger, Bill Williams et Jim Beckwith, furent choisis par le colonel pour essayer d'approcher les Sioux. Ils s'adressèrent aux Crows, tentant d'établir par leur intermédiaire une communication avec les rebelles. Les Crows vivaient dans trois camps, un près de Fort C. F. Smith sur la Bighorn, un autre sur Clark's Fork, et un troisième plus petit sur Pryor's Fork. Comme les Cheyennes, ils étaient prêts à aider l'armée à combattre les Sioux, mais Carrington refusait l'assistance de ces deux tribus. Il demandait des guides indiens pour conduire ses soldats, mais récusait les offres de service des Cheyennes et des

Crows, qui connaissaient parfaitement la région et ses habitants, et avec une inconséquence absolument stupéfiante, il fit appel à des éclaireurs winnebagos et omahas de l'est du Nebraska.

Des renseignements que recueillirent Jim Bridger et Bill Williams, il ressortit que pendant l'été les Sioux avaient essayé de convaincre les Crows de se joindre à eux, offrant de leur rendre en échange une partie des terrains de chasse qu'ils avaient conquis entre 1856 et 1863. Les chefs crows reconnurent que certains de leurs jeunes guerriers s'étaient montrés favorables à l'idée de s'unir aux Sioux contre les Blancs. Red Cloud et Man-Afraid-of-His-Horse avaient tous les deux visité leurs camps, et les Crows s'étaient ensuite rendus chez les Sioux. Ils racontèrent que Man-Afraid-of-His-Horse, le grand-chef des Oglalas, leur avait déclaré qu'il avait reçu du tabac, qu'il allait bientôt partir, et qu'ils devaient attendre son retour. Ce que voulait dire le chef, c'était que du tabac, symbolisant une invitation à tenir un conseil, lui avait été envoyé de Fort Laramie, qu'il comptait s'y rendre pour parlementer avec les officiers, et que l'alliance des Sioux et des Crows contre les Blancs ne pourrait être discutée que lorsqu'il en serait revenu. Ce détail est intéressant, car il révèle que Man-Afraid-of-His-Horse envisageait encore à cette époque de signer le traité. Un événement inattendu dut se produire au début de l'automne, le contraignant à modifier ses plans, car il ne se présenta finalement pas à Fort Laramie.

Les hommes de Carrington apprirent aussi des Crows et des Cheyennes que les principaux camps sioux en guerre étaient ceux de Red Cloud et de Man-Afraid-of-His-Horse, situés sur la Tongue River, et totalisant environ cinq cents tipis, ainsi que celui de Buffalo Tongue, sur la Powder River, au nord du confluent de Clear Fork. Les bandes les plus sauvages des Cheyennes s'étaient jointes à eux, ainsi que les Arapahos de Medicine Man, dont le camp avait été attaqué par le général Connor pendant l'automne 1865.

Les Crows et les Cheyennes signalèrent également que les Sioux étaient en train de préparer deux grandes batailles, dont ils désignaient les objectifs comme étant « Pine Woods », près de Fort Phil Kearny, et « la Bighorn », à proximité de Fort F. C. Smith.

Ayant achevé leur chasse d'automne, les rebelles se trouvèrent à la mi-décembre prêts à attaquer en force. Le colonel Carrington nota la recrudescence de leurs raids autour du poste, mais ne s'en inquiéta pas outre mesure, et ses rapports indiquent sans la moindre ambiguïté qu'il était convaincu de contrôler parfaitement la situation. Le 20 décembre, toujours plongé dans son amour obsessionnel des détails, il sortit et inspecta les dispositions prises pour le halage du bois, apporta quelques légères modifications à ce qu'il vit, ordonna la construction d'un petit pont au-dessus d'un cours d'eau, puis rentra au fort, apparemment satisfait de lui-même et de ses hommes. Le lendemain, avec une stupéfiante soudaineté, les Sioux frappèrent leur premier grand coup.

Au cours des vingt dernières années, de nombreux témoignages indiens de la bataille de Fort Phil Kearny ont été publiés, mais très peu de ces récits s'accordent entre eux et ils confirment rarement les rapports officiels écrits en 1866 et pendant les années qui suivirent. Aussi ne peut-on s'empêcher de penser, soit que les Indiens aient été mal compris ou mal cités, soit que leur mémoire ait été défaillante. Si nous nous basons sur les informations de l'époque dont nous disposons, nous savons qu'en juillet, Red Cloud prévoyait de se rendre près de Fort Reno avec une importante troupe de guerre dès la fin de la Danse du Soleil, et d'interdire toute circulation sur la route par des raids continuels. Nous savons également qu'il mit ce plan à exécution avec une incontestable réussite. En août, il prépara avec d'autres chefs sioux deux grandes attaques, l'une contre Fort Phil Kearny, l'autre contre Fort F. C. Smith. Il est évident que la bataille de Fort Phil Kearny avait été planifiée des mois auparavant par le groupe de Red Cloud, pourtant, d'après certains combattants miniconjous, celui-ci ne participa pas à la bataille. Or les Oglalas soutiennent le contraire, et certifient que Red Cloud et leurs autres chefs étaient présents lors de cet affrontement.

Selon les rapports du colonel Carrington, les Indiens auraient en réalité fait deux tentatives pour prendre les soldats au piège, ce qui pourrait expliquer ces divergences.

Le 6 décembre 1866, les Sioux essayèrent en effet une première fois de surprendre leurs adversaires, et Red Cloud fut aperçu à cette occasion au sommet d'une colline, dirigeant ses guerriers au moyen de signaux. Les Indiens échouèrent ce jour-là, mais ils organisèrent une nouvelle expédition et revinrent quinze jours plus tard. Que leur seconde tentative, qui fut couronnée de succès, ait été essentiellement l'affaire des Miniconjous, est un fait reconnu par tous les Sioux, mais à partir de là leurs récits diffèrent quant au nom du chef qui les mena à la victoire. White Bull, un Miniconjou, affirme que Crazy Horse commanda les guerriers ; He Dog et son frère Short Bull, de la même bande d'Oglalas que Crazy Horse, soutiennent que le responsable était High-Back-Bone, des Miniconjous. De nombreux Oglalas partagent cette opinion assurant que Red Cloud était présent mais que le chef de la troupe de guerre était High-Back-Bone. Le vieux Two Moon, des Cheyennes du Nord, qui se trouvait lui aussi sur les lieux, déclara pour sa part en 1912 que Crazy Horse commandait le groupe qui attira les soldats dans le guet-apens.

Cette confusion semble provenir du fait que les Indiens faisaient rarement ou difficilement la distinction entre le commandement effectif d'une bataille et ce que nous appellerions son commandement honoraire. L'expédition de Fort Phil Kearny était organisée selon les règles indiennes traditionnelles, de la même manière que celles de Julesburg et de Platte Bridge l'année précédente, or dans les cas de ce genre la colonne des guerriers était précédée et conduite par un groupe d'hommes d'âge mûr – les porteurs de calumets et/ou les chefs de guerre. High-Back-Bone faisait probablement partie de ce groupe, ainsi que Red Cloud s'il était présent. Crazy Horse, qui n'avait alors qu'environ vingt-deux ans, ne figurait certainement pas parmi les chefs, mais en tant que guerrier réputé, et de surcroît en tant que protégé de High-

Back-Bone, on conçoit très bien qu'il ait pu être désigné pour diriger le groupe de diversion [6].

Les Miniconjous, les Oglalas et les Cheyennes remontèrent la Tongue River et dressèrent leur camp au confluent de Prairie Dog Creek. Le 20 décembre, ils suivirent le cours d'eau jusqu'à un point proche de leur objectif, et là les chefs consultèrent les oracles selon un procédé couramment employé par les Sioux : faisant monter sur un poney, après lui avoir placé un sac noir sur la tête, un « demi-homme » (hermaphrodite) [7], ils l'envoyèrent galoper en zigzag dans les collines ; quand il revint, il tomba de sa monture, à plat ventre sur le sol, en criant qu'il tenait un petit nombre de soldats dans sa main ; les chefs lui dirent gravement qu'il en fallait davantage, il recommença donc son manège à trois reprises, revenant chaque fois avec un nombre plus important d'ennemis ; la quatrième fois – le quatre étant un nombre sacré pour les Sioux – il s'affala en hurlant qu'il avait les deux mains pleines : plus de cent soldats ; les Indiens poussèrent alors des cris de joie et regagnèrent leur camp parfaitement rassurés [8].

Le lendemain matin, les guerriers remontèrent Prairie Dog Creek et prirent position autour de Lodge Trail Ridge, les Oglalas et les Cheyennes, ainsi que quelques Arapahos, se plaçant au sud-ouest de la crête, tandis que les Miniconjous se massaient au nord-est. Puis les chefs dépêchèrent des cavaliers chargés d'éveiller l'attention des soldats. Two Moon, dans le récit de la bataille qu'il fit en 1912, raconta qu'une troupe importante fut lancée contre le convoi de bois qui dut mettre ses chariots en cercle et demander de l'aide au colonel ; lorsqu'un détachement sortit en hâte du fort, le groupe ayant attaqué le convoi se retira, et les chefs envoyèrent alors un second groupe conduit par Crazy Horse se porter à la rencontre des soldats pour les attirer derrière lui en direction de Lodge Trail Ridge. Ce récit du chef Cheyenne semble beaucoup plus vraisemblable que ceux des Sioux et explique en particulier pourquoi les Miniconjous ne cessèrent de répéter par la suite que Crazy Horse avait commandé l'assaut, alors que nous savons qu'il était trop jeune pour assumer une telle responsabilité. Les vrais chefs de la bataille dirigeaient les opérations du haut d'une colline et, si les affirmations des Oglalas sont exactes, les ordres venaient de High-Back-Bone.

Le capitaine William Fetterman, à la tête du détachement envoyé au secours du convoi de bois, était impatient d'en découdre avec les Indiens, aussi se lança-t-il sans hésiter à la poursuite du petit groupe de Crazy Horse. Celui-ci remplit sa mission à la perfection conduisant les soldats jusqu'à Lodge Trail Ridge, leur faisant d'abord suivre la crête sur toute sa longueur, puis les amenant à descendre jusqu'au talweg. Ce fut la seule fois où la ruse de guerre favorite des Indiens fonctionna sans la moindre anicroche. Aucune faute ne fut commise, aucun groupe de jeunes guerriers impétueux ne donna l'alarme aux militaires en se ruant prématurément à l'attaque, et les cavaliers de Crazy Horse, ayant accompli leur tâche, purent lancer tranquillement le signal de l'assaut.

Lorsque les Indiens sortirent de leurs cachettes et chargèrent, les cavaliers battirent en retraite jusqu'à la crête, tandis que les fantassins se repliaient à mi-pente, en essayant de s'abriter derrière les rochers. Ils combattirent aussi longtemps qu'ils purent, puis lorsqu'ils ne furent plus qu'une poignée, ils coururent rejoindre les cavaliers. Les survivants tentèrent de se dégager en suivant la crête, mais ils furent bientôt cernés près de l'endroit où se dresse aujourd'hui le monument commémoratif. Libérant leurs chevaux, ils se mirent à couvert au milieu des rochers et luttèrent jusqu'à ce que le dernier d'entre eux ait été abattu.

Fetterman avait atteint Lodge Trail Ridge un peu avant midi. Le capitaine Ten Eyck, envoyé à son secours avec soixante-seize hommes, arriva une heure plus tard. Il entendit une fusillade et, lorsqu'il déboucha au sommet de la crête, il vit le vallon en dessous de lui grouillant d'Indiens, qui le défièrent de descendre et de les affronter. Ils ne firent pas mine de vouloir monter jusqu'à lui, et comme il ne bougeait pas ils se retirèrent progressivement. Quand il s'approcha, il découvrit les corps du capitaine Fetterman et de soixante-cinq autres hommes gisant sur un espace de moins de cent cinquante mètres carrés. Tout le détachement, soit quatre-vingt-un officiers et soldats, avait été anéanti. Les Indiens avaient perdu quatorze hommes : onze Sioux, deux Cheyennes et un Arapaho.

En 1866 et au cours des années suivantes, les Blancs furent persuadés que Red Cloud avait dirigé les Indiens dans cette bataille. Il n'en assura pas le commandement, mais l'affirmation des Miniconjous selon laquelle il n'y participa pas semble peu crédible. Les guerriers de sa propre bande, les Bad Faces, prirent part à l'affrontement, et les vieillards qui l'évoquent aujourd'hui se souviennent encore de la présence de Red Cloud parmi les chefs. Le capitaine James H. Cook, de Agate Springs, dans le Nebraska, fut le meilleur ami blanc de Red Cloud, et il atteste que le chef lui parla souvent de sa participation au massacre de Fetterman, ce que de nombreux autres Oglalas lui confirmèrent.

Le colonel Carrington fut relevé de son commandement dès que la nouvelle du désastre parvint à l'état-major. Les demandes désespérées de renforts qu'il envoya au lendemain de la bataille contrastent étrangement avec le ton satisfait et complaisant de ses rapports antérieurs. Carrington essaya de dégager sa responsabilité dans l'affaire, et ses supérieurs firent de même. Quant au Parti de la paix, il tenta avec autant d'obstination que d'absurdité de prouver que les Sioux amicaux, épris de paix, avaient été contraints de se battre par l'attitude délibérément agressive de l'armée à leur égard. Le commissaire aux Affaires indiennes de l'époque, Bogy, alla jusqu'à écrire que les Indiens s'étaient présentés à Fort Phil Kearny en suppliant qu'on leur donnât des armes et des munitions pour chasser le bison, que Carrington avait refusé de procurer à ces hommes affamés les moyens de se nourrir, et que les Indiens, poussés au désespoir par la cruauté des Blancs, avaient alors attaqué le détachement de Fetterman pour lui prendre ses armes. Bogy et les autres défenseurs des Indiens ignoraient apparemment que les tribus des plaines utilisaient des arcs et des flèches pour chasser le bison, n'employant leurs fusils que pour faire la guerre.

Le colonel H. W. Wessels, qui succéda à Carrington, reçut l'ordre de se mettre immédiatement en campagne contre les rebelles, mais comme on était déjà dans la période la plus rigoureuse de l'année, que ses forces étaient trop réduites et essentiellement composées de fantassins, ce plan dut être abandonné. Les Indiens s'étaient retirés dans leurs camps d'hiver, et le calme revint pour un temps autour des forts de la Powder River et de la Bighorn.

En dépit de la cuisante défaite du 21 décembre, les positions américaines dans les plaines du nord à la fin de 1866 s'étaient nettement renforcées par rapport au printemps précédent. Les nouveaux forts, Phil Kearny, Reno et C. F. Smith, étaient implantés au cœur des derniers bons terrains de chasse des Sioux du Nord, et s'ils pouvaient être tenus, tôt ou tard les Sioux, les Cheyennes et les Arapahos encore sauvages seraient contraints de venir parlementer et d'accepter les conditions des Blancs. Que les forts puissent être tenus ne faisait par ailleurs aucun doute : l'idée de s'en emparer n'entrait pas dans les plans des Indiens, qui ne concevaient la guerre que sous forme de raids plus ou moins importants, lancés à certaines périodes de l'année pour harceler les Blancs. Au sud de la Platte, où quelques bandes de Sioux et de Cheyennes commettaient encore ici et là des actes hostiles, l'armée prévoyait d'établir de nouveaux postes qui lui permettraient de prendre graduellement le contrôle de la situation. Mais pour les humanistes à l'origine de la politique de paix, toute action militaire, même préventive, était ressentie comme un sacrilège et dénoncée comme une mesure coercitive à l'encontre des Indiens. Ces hommes étaient sincèrement persuadés qu'une attitude compréhensive et un traitement loyal étaient tout ce qu'il fallait pour maintenir en paix les tribus sauvages des plaines.

À l'automne 1866, tous les Sioux et les Cheyennes amicaux qui avaient auparavant erré au sud de la Platte, à l'exception des Oglalas du Sud, demeurés dans le Nord, avaient signé le traité et regagné leurs habituels terrains de chasse. Ces bandes se montraient provisoirement satisfaites, car elles avaient obtenu tous les avantages promis par la politique de paix : des cadeaux en grand nombre, et surtout ce qu'elles réclamaient depuis longtemps, une agence ouverte pour elles près de la fourche de la Platte. Mais les Blancs étaient de plus en plus nombreux dans la région, et les chefs nourrissaient de sérieuses craintes pour l'avenir. Les voies ferrées de l'Union Pacific et de la Kansas Pacific progressaient rapidement, et des troupes de chasseurs blancs armés de fusils à répétition massacraient systématiquement les bisons. Les chefs pourraient-ils contrôler longemps la colère de leurs guerriers, alors que les Blancs étaient en train de détruire tous leurs moyens de subsistance ? Des leaders comme Spotted Tail se rendaient parfaitement compte du drame qui se jouait sous leurs yeux, et les présents généreux et les paroles d'amitié des nouveaux envoyés de Washington constituaient une piètre consolation, car ils avaient l'impression qu'on leur demandait de demeurer inactifs alors que les Blancs de la frontière préparaient activement leur disparition.

À cette époque, en septembre 1866, le premier agent indien nommé dans le cadre de la politique de paix arriva sur la Upper Platte. Il s'appelait J. M. Patrick, et c'était un homme honnête, sincèrement désireux d'apporter son soutien aux tribus pacifiques – le premier agent de ce genre qu'aient eu les Indiens depuis le départ de Thomas Fitzpatrick en 1853. Se rendant d'abord à Fort Laramie, il y trouva trois cent soixante-treize Sioux – des vieillards, des femmes et des enfants demi-sang. Big Mouth chassait alors dans Horse Creek avec deux cent soixante-treize Loafers, et les Brûlés amicaux de Spotted Tail et de Swift Bear campaient au sud de la Platte. Après une année de tolérance chrétienne et de subventions pratiquement distribuées à fonds perdus, ces quelques bandes, qui n'avaient de toute manière jamais été hostiles, étaient tout ce que les fanatiques de la paix pouvaient présenter comme bilan de leur action auprès des Oglalas et des Brûlés, mais cela n'empêchait pas ces incurables idéalistes d'envisager l'avenir avec optimisme. Le massacre de Fetterman, en décembre, les remplit de stupeur mais ne les découragea nullement, et au printemps 1867, ils reprirent leur croisade avec une vigueur renouvelée.

En février 1867, le gouvernement chargea la commission Sanborn-Sully, dont un des membres était l'ancien marchand G. P. Beauvais, d'enquêter sur les raids de 1866 et le massacre de Fetterman puis de tenter de reprendre les négociations avec les Indiens. Sanborn et Beauvais arrivèrent à Fort Laramie en avril, et après avoir distribué pour quatre mille dollars de vivres aux bandes locales, ils informèrent les chefs que leur agence était transférée à North Platte, dans le Nebraska, où elle ne serait plus menacée par les rebelles de la Powder River. La plupart des Oglalas et des Brûlés pacifiques, dont les terrains de chasse étaient situés au sud de la Platte, se plaignaient amèrement depuis 1858 de devoir faire le long voyage jusqu'à Fort Laramie pour recevoir leurs livraisons annuelles, aussi accueillirent-ils la nouvelle avec joie. Mais les bandes de Loafers et de demi-sang, qui vivaient à proximité du fort, en furent consternées. Big Mouth et ses hommes se rendirent à North Platte pour obtenir leurs provisions, mais ne tardèrent pas à revenir hanter la région de Fort Laramie. Un grand nombre de Loafers et de sang-mêlé n'entreprirent même pas ce voyage. Ils ne possédaient pratiquement pas de chevaux, pouvaient difficilement se déplacer et n'éprouvaient pas le moindre désir de s'éloigner de l'endroit d'où ils tiraient habituellement leur subsistance.

Le 12 juin, la commission de paix rencontra Man-Afraid-of-His-Horse, Iron Shell, un chef Brûlé de la bande des Orphelins, et d'autres chefs supposés représenter deux cents tipis. Ces chefs déclarèrent que les Indiens de la Powder River avaient renoncé à la guerre et étaient en route pour rejoindre les tribus amicales. Mais Beauvais remarqua que Man-Afraid-of-His-Horse et ses compagnons posaient beaucoup de questions sur les armes et les munitions qui seraient offertes, aussi conseilla-t-il à Sanborn de ne pas trop prêter foi à leurs protestations d'amitié. Il est incontestable qu'en 1867, les Indiens hostiles manquaient cruellement de munitions. Ils cherchaient par tous les moyens à se procurer de la poudre et du plomb sur la Platte et sur le Missouri, ainsi qu'en faisant du commerce avec les Crows et d'autres tribus.

Red Cloud assista à ces pourparlers de Fort Laramie, mais les commissaires ne mentionnèrent pas son nom dans leur compte rendu ; nous ne savons qu'il se trouvait avec les autres chefs que parce que l'agent Patrick le mentionna dans son rapport annuel, et que Big Mouth évoqua sa présence lors d'un conseil ultérieur. De toute manière, il demeura à l'arrière-plan, ce qui semblerait indiquer qu'à cette époque les Oglalas lui accordaient encore un rang inférieur à celui de Man-Afraid-of-His-Horse.

Tandis que Sanborn et Beauvais se rendaient à Fort Laramie, le général Alfred Sully était envoyé sur le Missouri pour une mission identique : appâter les chefs des camps hostiles et les corrompre afin de les amener à ratifier le traité. En effet, il n'est pas exagéré de parler de tentative de subornation, lorsqu'on sait qu'on promettait à un Sioux qui « toucherait la plume », tant de fusils, tant de livres de poudre et de plomb, tant de couvertures, de haches, de marmites et de couteaux, et qu'il était clairement signifié que celui qui ne signerait pas ne recevrait strictement rien. Ayant entendu parler d'un grand camp de rebelles installé au nord des Black Hills, Sully y envoya des émissaires pour inviter ses chefs à le rencontrer. Iron Shell, qui avait accompagné peu de temps auparavant Man-Afraid-of-His-Horse à Fort Laramie, se présenta en compagnie de plusieurs autres chefs, mais ils vinrent cette fois pour dicter leurs conditions au gouvernement et non pour conclure un accord comme Sully l'avait espéré. Ils expliquèrent qu'ils ne voulaient plus aucun Blanc dans leur pays à l'exception des marchands, que les forts de la Powder River devaient être abandonnés, la route du Montana fermée, et que lorsque toutes ces conditions seraient remplies, ils accepteraient de négocier. Le général Sully, qui avait un certain sens de l'honneur et du patriotisme, leur répondit avec une abrupte franchise que les soldats demeureraient sur la Powder River jusqu'à ce que les Indiens aient déposé les armes et signé le traité. Il connaissait évidemment mal les responsables de la politique de paix, dont dépendait alors pour une grande part l'honneur de la nation américaine.

À cette époque, il était devenu assez difficile de savoir exactement quel traité les Sioux étaient instamment priés de signer. Celui de 1865 avait été ratifié et rendu public plus d'un an auparavant, mais la lutte continuait et pas un seul chef des camps hostiles ne l'avait paraphé. La commission Sanborn-Sully s'en tenait-elle à l'ancien traité ou en proposait-elle un nouveau ? Les Indiens avaient du mal à s'y reconnaître. Les chefs soumis qui avaient « tenu la plume » en 1865 ne demandaient pas mieux que de recommencer, afin de recevoir de nouveaux présents, et Sully en rencontra quelques-uns qui traînaient toujours au voisinage des forts. Près d'un des postes, il découvrit les Loafers, qui avaient signé deux ans plus tôt au nom de toute la tribu des Oglalas : ils représentaient vingt-huit tipis et, en 1865, la commission de paix avait annoncé triomphalement la cessation des hostilités. Or, au même moment, dans les camps de la Powder River, la majorité des Oglalas, fort de cinq cents tipis, fêtaient leur victoire sur les colonnes de Cole et de Walker et préparaient de nouveaux raids sur la Platte.

À l'époque où Sully se trouvait sur le Missouri, un Brûlé amical vint apporter des nouvelles des Indiens hostiles. Il rentrait d'une de ces tournées des camps dont les Sioux étaient si friands. Après être parti du Missouri vers 1865, il avait parcouru plus de sept cents kilomètres et rencontré de nombreuses bandes au cours de son périple. Au printemps 1867, il était à Red Buttes, sur la North Platte ; il avait ensuite gagné la Powder River, puis était revenu vers les Black Hills, où il avait séjourné dans un camp de rebelles oglalas. Finalement, empruntant la vieille piste du nord, il s'était rendu à Low Pines, près de la source de la Heart River, et y avait découvert le plus grand camp qu'il avait vu de toute sa vie, celui de Sitting Bull. Il en fut absolument émerveillé et en fit une description enthousiaste. Ces Indiens en guerre vivaient dans l'abondance, pas comme les misérables Indiens pacifiques du Missouri, qui devaient se contenter des miettes que leur accordaient les Blancs. Leur chasse de printemps avait été exceptionnelle, et leur immense camp regorgeait de viande séchée et de peaux. Ils possédaient aussi des troupeaux innombrables, de bons chevaux et des mulets, qui portaient presque tous la marque des montures de l'armée. *Waugh !* Aucun Indien du Missouri n'avait jamais rien contemplé de tel : *des Indiens riches et heureux !* Des bisons à volonté ! Des chevaux et des mulets à profusion ! Une vie agréable, consacrée à combattre les Blancs et à se procurer encore plus de chevaux et de mulets ! La paix ? Pour quoi faire ? Les partisans de Sitting Bull n'en avaient pas besoin ! En revanche, il leur fallait davantage de poudre et de plomb pour leurs fusils, et peu de temps après que le voyageur eut raconté son histoire, un important convoi de Miniconjous et de Sans Arcs en provenance de ce camp descendit la Moreau River et se présenta à Fort Sully. Accompagnés de deux à trois cents mulets chargés de peaux et d'autres objets artisanaux, ces Indiens demandèrent à faire du troc. Les soldats accueillirent les visiteurs, les laissèrent remplir leurs cornes à poudre et leurs cartouchières, avec l'espoir que cela les mettrait dans de bonnes dispositions et qu'il serait ensuite facile de les convaincre de signer le traité. C'étaient des guerriers sauvages, méfiants et dangereux. Ils toisèrent les Indiens du fort avec un mélange de mépris et de pitié, et lorsqu'ils eurent échangé leurs peaux contre des armes, des munitions et des couvertures, coupant court à tous pourparlers de paix, ils repartirent sans attendre [9].

Durant les années 1866 à 1867, l'armée souffrit d'un tel manque de chance dans ses rapports avec les tribus des Plaines qu'on aurait presque pu prêter foi aux assertions des partisans de la paix accusant les soldats d'être à l'origine de la plupart des troubles. La politique de paix constituait un véritable boulet que tous les militaires, quel que fût leur grade, devaient traîner derrière eux, ce qui finissait immanquablement par les faire trébucher un jour ou l'autre. Pour rendre la situation encore plus difficile, des officiers ayant gagné leurs galons sur les champs de bataille de la guerre de Sécession, se voyaient maintenant mutés à des postes de commandements dans l'Ouest. Ils devaient y affronter les Indiens sans avoir la moindre expérience de ce genre de guérilla.

Ce fut notamment le cas du général W. S. Hancock, qui s'était distingué dans l'armée du Potomac. Comme les tribus du Kansas se montraient passablement agitées, le gouvernement décida au printemps 1867 de leur envoyer Hancock, non pour les combattre, comme le demandaient certains habitants de la région, mais pour les ramener dans le droit chemin d'une manière plus douce, en parfait accord avec l'esprit de la politique de paix. Hancock devait en réalité simplement les intimider par un déploiement de force, mais il outrepassa sa tâche et la situation ne tarda pas à lui échapper complètement. Lorsqu'il s'approcha, appuyé pas la cavalerie, l'infanterie et l'artillerie, d'un village de Sioux et de Cheyennes, ceux-ci prirent peur, abandonnèrent leurs tipis et s'enfuirent. Hancock en conclut qu'ils étaient hostiles et, oubliant les grands principes de la politique de paix, fit brûler le village. Les Indiens en déduisirent que Hancok était bien venu pour les tuer et se mirent à semer la terreur dans tout le Kansas. Hancock interpréta leur réaction comme une nouvelle preuve de la justesse de son point de vue, et lâcha contre eux le lieutenant-colonel Custer à la tête du 7e régiment de cavalerie. Voyant cela, les Indiens comprirent que leur première impression avait été exacte et multiplièrent les raids. Ainsi, l'armée se retrouva-t-elle avec une nouvelle guerre indienne sur les bras. Qui en était le responsable ? Les croisés de la paix accusèrent tout naturellement le général de l'avoir déclenchée et celui-ci, tout aussi naturellement, répliqua qu'il n'y était pour rien, que les seuls coupables étaient les agents de la politique de paix, qui distribuaient les armes et les munitions du gouvernement aux Indiens, lesquels s'en servaient ensuite pour tuer les citoyens de ce même gouvernement.

Lorsque Man-Afraid-of-His-Horse et Red Cloud se rendirent à Fort Laramie au printemps 1867 et ne réussirent pas à y obtenir des munitions, leurs partisans se querellèrent et une partie d'entre eux quittèrent les camps des Indiens hostiles. Il s'agissait essentiellement des Oglalas du Sud, qui étaient remontés jusqu'à la Powder River en mars 1865, après avoir été poussés à la guerre par l'aveuglement du général Curtis.

Leur principal chef était Little Wound, mais leur chef de guerre, Pawnee Killer, était mieux connu des Blancs, qui appelaient souvent ces Oglalas la bande de Pawnee Killer. Ils campaient sur la Platte, près de Fort McPherson, essayant de faire du commerce avec Jack Marrow et d'autres vieux marchands de leurs amis, quand Custer arriva dans la région, après avoir vainement poursuivi les Sioux et les Cheyennes qui s'étaient enfuis à l'approche de la colonne de Hancock. Les Oglalas avaient entendu parler du village détruit par Hancock, ainsi que des actions menées par son subordonné, aussi se montrèrent-ils aussitôt très inquiets. Custer, quant à lui, emporté comme toujours par son optimisme, jeta un regard de convoitise meurtrière sur leur camp et entreprit immédiatement de faire la preuve qu'ils n'étaient pas réellement amicaux.

Les Oglalas démontèrent leurs tipis et se mirent en route pour la Republican Fork, annonçant qu'ils partaient chasser le bison. Mais Custer avait à ce moment-là convaincu le général Sherman, de passage au fort, que Pawnee Killer était un individu suspect et qu'il serait préférable de surveiller ses allées et venues, aussi le général donna-t-il l'ordre au commandant du septième de cavalerie de suivre les Indiens avec son régiment. Où qu'ils aillent, les Oglalas tombaient inévitablement sur Custer et ses hommes furetant près de leur camp. Ils n'avaient aucune peine à les éviter, mais comment auraient-ils pu chasser, avec ce maudit chef-soldat aux longs cheveux et son fatal régiment qui ne les lâchaient pas d'une semelle et effrayaient les bisons ? Finalement, Pawnee Killer fit sortir ses guerriers pour contraindre Custer à révéler ses intentions. Il y eut un combat, à la suite duquel les Oglalas, ayant pris la mesure de leur adversaire, se perdirent de nouveau dans la nature. Ils disposaient de très peu d'armes à feu et les soldats étaient trop nombreux, mais Pawnee Killer parvint néanmoins à se jouer de Custer. Il employa la vieille ruse de guerre éculée des Indiens, et le brillant officier de cavalerie s'y fit prendre, envoyant le capitaine Hamilton et vingt hommes droit dans le piège tendu par ses ennemis, mais l'armement des soldats était tel que les Oglalas ne purent rien faire et ils durent laisser repartir le détachement [10]. Ils surprirent alors un groupe de cavaliers qui arrivaient de Fort McPherson avec des ordres pour Custer, les cernèrent et les massacrèrent. Avec les soldats se trouvait Red Drops, un des sous-chefs de la bande de Man-Afraid-of-His-Horse, qui avait eu la malencontreuse idée d'accepter de les guider. Pendant toute la durée de l'engagement, il ne cessa de hurler qu'il devait être épargné, qu'il était lui-même un Oglala, mais les hommes de Pawnee Killer ignorèrent ses suppliques et il fut tué comme les autres.

L'éclatement de cette nouvelle guerre porta un coup sévère aux Blancs, car elle ne se déroulait pas dans la région lointaine et relativement isolée de la Powder River, mais au cœur même des territoires où s'accomplissait alors à un rythme accéléré l'expansion territoriale et agricole du pays. Comment les colons pouvaient-ils s'installer et cultiver les terres, comment les voies ferrées pouvaient-elles être construites, avec cette flambée de violence ? Les Indiens multipliaient les raids, attaquaient les diligences et les convois, mettaient en fuite les équipes d'ouvriers travaillant à la construction des chemins de fer. Un de leurs chefs, découvrant de nouveaux rails, eut un jour l'idée d'empiler des traverses sur la voie pour voir ce qui allait se produire – et il vit. Un train bascula dans le fossé, les Indiens forcèrent les portes des wagons et découvrirent un fabuleux chargement de tissus, de farine, de sucre, de café et de matériel ; ils en chargèrent leurs poneys et disparurent avant l'arrivée des soldats. Pendant tout ce temps, les agents de la politique de paix allaient répétant à l'envi que les Indiens étaient amicaux et que l'armée devait se retirer de leurs terres...

Le gouvernement se trouvait maintenant pris entre les exigences de l'opinion publique de l'Ouest, qui réclamait un sévère châtiment des pillards, et celle des humanistes et des groupes religieux de l'Est, qui insistaient pour que la politique d'apaisement et de distribution de cadeaux aux Indiens soit poursuivie. Il fit une tentative de conciliation en nommant une nouvelle commission de paix, qui comprenait

N. G. Taylor, le principal instigateur de la politique de paix, J. B. Sanborn et le général W. S. Harney, supposés représenter les intérêts des habitants de l'Ouest. Les commissaires devaient proposer aux Sioux de l'Ouest de nouvelles agences sur le haut Missouri. S'ils acceptaient de s'y rendre, ils y seraient nourris et bien traités ; s'ils refusaient, une colonne de cavalerie de plusieurs milliers d'hommes serait lancée contre eux.

Les Indiens furent informés par des messagers qu'un grand conseil devait se tenir à Fort Laramie le 13 septembre ; les présents les plus nombreux et les plus somptueux jamais offerts aux tribus y seraient distribués, et tous les chefs, sans exception, étaient priés d'y assister. Voyageant dans un train de l'Union Pacific, les commissaires s'arrêtèrent d'abord à North Platte, qui était alors le terminus de la ligne, et y eurent un premier entretien avec plusieurs chefs Sioux, parmi lesquels figuraient Spotted Tail et Man-Afraid-of-His-Horse. Un rapport discret de la commission nous apprend qu'à la rencontre de North Platte, une « divergence » avec les chefs faillit mettre prématurément un terme à la réunion, mais qu'en fin de compte un « parfait accord » fut atteint. La vérité que dissimulent ces expressions soigneusement choisies est la suivante : en juillet, les chefs s'étaient rendus une première fois à North Platte pour y demander des armes et des munitions, mais n'avaient rien obtenu et étaient repartis de fort mauvaise humeur, après avoir bruyamment manifesté leur mécontentement ; en septembre, ayant réitéré leur requête avec le même résultat, ils avaient de nouveau perdu patience, et le « parfait accord » dont se targuait le rapport avait été atteint lorsque la commission passant outre aux protestations indignées des militaires leur avait fait distribuer les munitions qu'ils désiraient [11].

Après le succès contestable qu'elle avait remporté à North Platte, la commission se hâta de gagner Fort Laramie, où elle s'attendait à trouver Red Cloud et les chefs de toutes les bandes hostiles du Nord guettant impatiemment son arrivée. Aucun Indien n'était présent, mais les Sioux du Nord envoyèrent cependant un message, dans lequel ils expliquaient qu'ils étaient présentement trop occupés pour se déplacer, et qu'ils espéraient pouvoir rencontrer la commission à un meilleur moment, peut-être l'année suivante. Une rebuffade aussi nette aurait découragé plus d'un partisan convaincu de la paix, mais Taylor et ses compagnons décidèrent néanmoins de prendre Red Cloud au mot et de revenir un an plus tard. Ils lancèrent cependant quelques timides coups de filet autour de Fort Laramie, avec l'espoir d'attraper un ou deux chefs en maraude, puis repartirent pour l'Arkansas River, où ils devaient signer un traité avec les Indiens du Sud en octobre.

Ce fut lors de ce séjour à Fort Laramie que Sanborn et Harney perdirent leur sang-froid et choquèrent profondément Taylor en demandant au général W. T. Sherman combien d'hommes seraient nécessaires, à son avis, pour donner aux Indiens de la Powder River une leçon dont ils se souviendraient. Après avoir consulté les généraux C. C. Augur et Alfred Terry, Sherman répondit que les forces exigées par une campagne contre les Sioux ne pouvaient pas être prélevées dans le Sud, où les croisés de la paix avaient besoin des soldats pour soumettre les Blancs et soutenir les Noirs, et que par ailleurs le coût d'une nouvelle guerre indienne lui paraissait prohibitif. La politique de flatteries et d'atermoiements avec les Sioux hostiles fut donc maintenue. Taylor s'abstint de relater cet indient dans le rapport de la commission, mais il fut révélé en 1870, lorsque Sanborn écrivit une lettre à ce sujet au Bureau des commissaires indiens. Il serait intéressant de savoir comment les généraux Augur et Terry firent leurs calculs pour juger impossible une campagne armée contre les bandes de la Powder River. En 1867, les Sioux en guerre possédaient très peu de fusils et se trouvaient pratiquement à court de munitions. Un détachement de trois cents cavaliers aguerris, utilisant les forts de la Powder River et de la Bighorn comme bases d'opérations, aurait suffi à en venir à bout sans difficulté. Les croisés de la paix clamaient de leur côté que cinquante mille, voire cent mille soldats devraient être engagés contre les rebelles, mais on peut espérer que le général Sherman, pour sa part, n'était pas dupe de leurs mensonges, et n'acceptait pas le mépris flagrant de l'armée américaine que supposaient ces chiffres outrageusement gonflés.

Il n'est pas difficile de deviner ce qui, à la fin de l'été 1867, occupait Red Cloud au point de lui rendre impossible le voyage jusqu'à Fort Laramie pour rencontrer la commission de paix. Pendant le printemps et l'été, il accentua la pression exercée par ses guerriers pour contraindre les Blancs à quitter le pays des Sioux ; de nombreux convois en route pour le Montana furent attaqués, et le blocus des trois forts fut assuré en permanence, à tel point que les soldats devaient se frayer un chemin les armes à la main lorsqu'ils voulaient aller chercher de l'eau ou du bois. En mai, deux demi-sang sioux, Mitch Boyer et John Reshaw, atteignirent Bozeman, dans le Montana, et racontèrent que la situation de Fort F. C. Smith, sur la Bighorn, était pratiquement désespérée. La garnison ne comptait que deux cents hommes, tous leurs chevaux étaient morts ou avaient été volés par les Indiens, ils n'avaient presque plus de vivres et devaient être secourus de toute urgence. Les deux métis signalèrent également que les Sioux étaient en train de célébrer leur Danse du Soleil annuelle sur la Powder River, et qu'une offensive de grande envergure devait être déclenchée ensuite, aux environs du 1er juin. Quarante-deux volontaires, guidés par Boyer et Reshaw, se mirent immédiatement en route pour venir en aide aux soldats, et parvinrent à atteindre le fort sans problème, peut-être parce que les rebelles étaient tous occupés par la danse du Soleil. En chemin, ils rencontrèrent de petits groupes de Sioux errant dans la basse vallée de la Bighorn River, qui expliquèrent aux deux guides qu'ils essayaient de faire du troc avec les Crows pour obtenir des munitions [12].

Le gouvernement continuait à se bercer d'illusions en imputant les troubles à quelques Indiens mécontents et en refusant d'admettre qu'une guerre ravageait la Powder River. Au lieu de renforcer les garnisons et de confier à la cavalerie le soin d'écraser les Indiens hostiles, il maintenait l'armée dans une position strictement défensive. Officiellement, il n'y avait pas de guerre, mais les émigrants et les convoyeurs avaient renoncé à emprunter la route Bozeman, qui traversait les régions trop dangereuses de la Bighorn et de la Powder River. Cette voie n'était plus utilisée que par des convois d'approvisionnement militaires, lourdement armés et fortement protégés, et ils devaient livrer de durs combats pour atteindre les forts qu'ils étaient chargés de ravitailler. Quant aux soldats des forts, ils se contentaient de se protéger eux-mêmes, la route qu'ils étaient supposés protéger n'étant plus fréquentée par les convois civils.

Après la Danse du Soleil, les Sioux du groupe de Red Cloud et leurs alliés cheyennes commencèrent à discuter de leur prochaine expédition contre les Blancs, mais ne parvinrent pas à se mettre d'accord, certains désirant s'en prendre une nouvelle fois à Fort Phil Kearny, d'autres préférant attaquer Fort F. C. Smith. Finalement, la majorité des Cheyennes partirent pour Fort F. C. Smith, où ils livrèrent bataille le 1er août, tandis que Red Cloud et environ un millier de Sioux se mettaient en route pour Fort Phil Kearny.

À la même époque, le capitaine J. N. Powell assurait la protection des bûcherons à Fort Phil Kearny. Ses fantassins étaient placés au sommet d'une colline, à l'intérieur d'une petite forteresse provisoire constituée de caissons de chariots. Le 2 août au matin, les Indiens firent leur apparition, essentiellement des Oglalas, des Miniconjous et des Sans Arcs, commandés par Red Cloud, High-Back-Bone et plusieurs autres chefs. Leur intention était d'utiliser de nouveau leur vieille ruse de guerre, et Crazy Horse fut désigné pour diriger le groupe chargé de faire tomber les soldats dans l'embuscade. Mais cette fois, à la différence du 21 décembre 1866, on ne put contenir la fougue des guerriers et environ deux cents d'entre eux se ruèrent hors de leur cachette avant que le piège ne se soit refermé, s'emparant d'un troupeau de chevaux et de mulets. Au même moment, un autre groupe, rejoint par Crazy Horse, attaquait le camp des bûcherons, tuant plusieurs hommes et mettant le feu aux chariots. Quelques ouvriers parvinrent à gagner le fort, d'autres se joignirent à Powell, portant son groupe à deux officiers, vingt-six soldats et quatre civils. Les soldats étaient armés de nouveaux fusils à répétition, et de leur abri derrière les caissons, ils déclenchèrent un feu nourri lorsque la masse de guerriers à cheval se dirigea vers eux. Les Indiens ne cherchèrent pas à s'approcher, mais se mirent à tourner en cercle autour des Blancs, ne cessant leur harcèlement que lorsque leurs chefs leur donnèrent l'ordre de se retirer. Ils abandonnèrent alors leurs poneys dans un ravin et tentèrent à pied de prendre la colline d'assaut, mais le tir des hommes de Powell les en empêcha. Vers midi, une centaine de soldats arrivant du fort furent signalés, et les chefs ordonnèrent la fin du combat.

Les Sioux n'ont jamais considéré la bataille des Caissons comme une défaite. Ils s'étaient emparés d'un grand nombre de chevaux et de mulets, et même s'ils avaient eu six tués et six blessés, ils avaient infligé des pertes plus sévères à leurs adversaires, tuant plusieurs bûcherons, un officier et cinq hommes du détachement de Powell. Celui-ci, dans son rapport, estima que les Indiens comptaient environ soixante morts. Le colonel Richard I. Dodge, dans son livre stupide intitulé *Our Wild Indians*, commença à répandre la fable selon laquelle les Sioux avait été saignés à blanc lors de cet engagement, et la légende a continué de faire son chemin depuis, au point qu'aujourd'hui certains vont jusqu'à affirmer que mille cinq cents guerriers – soit le double des Indiens présents – tombèrent ce jour-là sous les balles des trente hommes de Powell.

Les Sioux affectionnaient tout particulièrement ce style de guerre, car les soldats enfermés dans les forts ne prenaient jamais l'initiative, leur laissant décider en toute liberté du calendrier des opérations. Au printemps, ils se rendaient à Fort Laramie pour parlementer et essayer d'obtenir des armes et des munitions ; ils étaient ensuite occupés par leur première chasse de l'année de la danse du Soleil. Une fois celle-ci achevée, ils allaient livrer une belle bataille à Fort Phil Kearny, puis effectuaient quelques raids autour de Fort Reno, histoire de ramasser un peu de butin et de voler quelques chevaux supplémentaires. Ils terminaient l'année par une chasse d'automne, à la suite de quoi ils prenaient leurs quartiers d'hiver, sachant très bien que les soldats n'iraient pas les déloger pendant la saison froide, durant laquelle ils désiraient avant tout qu'on les laissât tranquilles.

Si la bataille des Caissons se révéla importante, ce fut parce qu'elle ouvrit les yeux des officiels de Washington : ils comprirent enfin que Red Cloud n'était pas le chef d'une petite sous-bande de mécontents, comme Taylor l'avait affirmé, mais qu'il avait sous ses ordres une force de plusieurs milliers de guerriers. Après l'affrontement du 2 août, le surintendant H. B. Denman, du Bureau indien, écrivit que la démonstration de force faite ce jour-là par Red Cloud signifiait que le gouvernement devait maintenant choisir entre deux solutions : soit faire la paix avec les Sioux en acceptant leurs conditions, soit envahir leur pays et s'engager dans une guerre longue et coûteuse pour les réduire à merci.

M. Denman avait tout à fait raison. Le gouvernement devait balayer les rebelles ou accepter leurs exigences, et de nombreux signes ne tardèrent pas à indiquer que les responsables de Washington penchaient plutôt pour la seconde solution. Ils cherchaient des justifications pour leur politique de capitulation, et n'eurent naturellement aucune peine à en trouver. L'un d'entre eux affirma que si les Indiens obtenaient satisfaction et cessaient de faire la guerre, la ligne de la Union Pacific serait rapidement achevée, et la région contestée de la Powder River perdrait de ce fait tout intérêt, car une meilleure route pour le Montana pourrait partir de la voie ferrée et remonter vers le nord en passant à l'ouest des monts Bighorn. Pourquoi se battre pour la route Bozeman ? Ne valait-il pas mieux l'abandonner aux Sioux et éviter ainsi une guerre inutile et ruineuse ? Cet argument apparemment solide ne tenait pas compte de deux données importantes. En premier lieu, la ligne de la Northern Pacific devait traverser le nord de la région de la Powder River, et les Indiens tenteraient presque certainement d'en empêcher la constuction.

Deuxièmement, de nombreux Blancs avaient déjà les yeux fixés sur les terres des Sioux, car selon une rumeur grandissante on avait découvert de l'or dans les Black Hills et les monts Bighorn. Si ces terres étaient laissées aux Indiens, tôt ou tard le gouvernement se retrouverait dans la désagréable situation d'avoir à arbitrer un conflit majeur, dans lequel aucune neutralité ne serait possible : il faudrait soit combattre les colons, soit affronter les Indiens. Or, comme le prouverait plus tard l'affaire des Black Hills, le gouvernement américain était incapable de se heurter de front à ses propres citoyens. Il fallait donc nécessairement qu'il impose sa loi aux Sioux, et puisque ce parti semblait inévitable, mieux valait le prendre en 1867, alors que les rebelles étaient pratiquement à court de munitions, qu'il ne leur restait que très peu de fusils, la plupart se chargeant encore par la gueule, et qu'ils commençaient visiblement à être fatigués de la guerre. Un coup brutal porté pendant l'hiver 1867 aurait débarrassé la région de la Powder River de la plupart des camps hostiles.

En prenant sa décision, le gouvernement fut de toute évidence très influencé par le rapport de la commission qu'il avait nommée en février 1867 pour enquêter sur l'origine de la guerre dans la région de la Powder River. Dans son rapport, cette commission n'hésita pas à affirmer, d'une manière stupéfiante, que le gouvernement n'avait aucun droit de construire une route en pays sioux, et comme J. P. Dunn le fit remarquer, elle justifia cette assertion en citant des jugements de la Cour Suprême qui ne s'appliquaient pas à ce cas, et en se référant à des traités qui n'étaient jamais entrés en vigueur. Les humanistes et les groupes religieux adoptèrent immédiatement ce point de vue, exigeant du gouvernement qu'il renonçât à la route Bozeman, coupable à leurs yeux de traverser le territoire sioux. Mais aucun d'eux ne suggéra d'abandonner la construction de la Union Pacific, qui passait elle aussi sur les terres des Sioux.

Quant aux discours sur la justice qui devait être rendue aux Indiens en respectant les traités conclus avec eux, ils étaient tout bonnement absurdes. Les rebelles de la Powder

River ne se trouvaient liés par aucun traité avec les Blancs, celui de 1851 ayant expiré et celui de 1865 n'ayant pas été paraphé par leurs chefs. La vérité est qu'en 1867, le seul souci du gouvernement était de faire cesser les hostilités avec les Indiens jusqu'à ce que la ligne de l'Union Pacific ait pu être achevée. Persuadés d'agir avec le plus grand discernement, ses responsables décidèrent donc de suivre le Parti de la paix et de donner satisfaction aux Indiens de la Powder River. L'ironie de cette histoire invraisemblable est que la ligne de l'Union Pacific passait beaucoup trop au sud des camps rebelles pour qu'ils puissent en empêcher la construction.

X

RED CLOUD NÉGOCIE
1868-1870

À l'automne 1867, les officiels de Washington renoncèrent au traité de 1865, que de toute manière aucun des chefs hostiles n'avait signé, et proposèrent aux Sioux et aux autres tribus des Plaines un nouveau traité aux clauses si généreuses, accompagné de la promesse d'une telle quantité de cadeaux, qu'aucun Indien sensé ne pourrait y résister. Conçu dans un esprit d'amitié et de générosité à l'égard des Indiens, ce traité était à la fois une bénédiction pour les bonnes âmes du Parti de la paix et une excellente affaire pour les hommes plus réalistes, car les tribus qui le signeraient seraient contraintes de quitter les plaines du Nebraska et du Kansas, où l'établissement des colons et la construction des voies ferrées ne rencontreraient dès lors plus d'obstacles. Quant à l'avenir, les humanistes et les idéalistes le voyaient sous les plus belles couleurs, alors que les hommes d'affaires, comme c'est souvent le cas, refusaient d'y penser, ne considérant que les bénéfices immédiats qu'ils pouvaient tirer de la situation.

Concernant les Sioux tétons, le traité de 1868 stipulait que la partie de l'actuel Dakota du Sud située à l'ouest du Missouri constituerait une grande réserve sioux, où toutes les tribus et les bandes devraient s'installer. Des agences seraient créées sur le Missouri, où les Indiens recevraient de la nourriture, des vêtements et du matériel pendant une durée de quatre ans à l'issue de laquelle, ayant achevé leur éducation et leur transformation de chasseurs nomades en agriculteurs sédentaires, ils pourraient subvenir eux-mêmes à leur subsistance. Comme les événements de l'automne 1867 avaient montré sans la moindre ambiguïté que les bandes sauvages de la Powder River ne signeraient aucun accord tant que les soldats n'auraient pas quitté leurs terres, il fut ajouté, sur l'insistance du Parti de la paix, une clause supplémentaire prévoyant l'abandon des forts, le retrait des garnisons et la reconnaissance de la région de la Powder River et de la Bighorn en tant que territoire indien autonome : nul Blanc n'aurait le droit d'y pénétrer et les Sioux et leurs alliés cheyennes pourraient y aller et venir à leur guise, errant et chassant où bon leur semblerait. Ainsi, après deux années de guerre, Red Cloud et ses partisans de la Powder River avaient remporté une victoire totale.

Depuis quelque temps certains auteurs de livres sur les Indiens ont tendance à nier que Red Cloud ait effectivement dirigé la guerre de 1866-1867. S'il ne le fit pas, qui d'autre inspira et organisa la résistance des Sioux ? Ni Sitting Bull ni aucun des chefs de son groupe septentrional de Sioux hostiles ne semblent s'être préoccupés de l'invasion des Blancs. Sitting Bull, que l'on présente souvent comme un leader avisé capable de voir juste et loin, n'eut même jamais l'idée de s'unir à Red Cloud, et attendit passivement que ses propres terrains de chasse eussent été envahis pour commencer à réagir. Red Cloud prit la tête de l'opposition à la colonisation blanche lors du conseil qui se tint à Fort Laramie au printemps 1866, et ne modifia pas son attitude jusqu'à ce que le dernier soldat eût quitté la région de la Powder River. En réalité, les années 1866 et 1867 furent dominées par le chef des Oglalas, et le conflit qui se déroula à cette époque autour de la Powder River et de la Bighorn fut incontestablement la guerre de Red Cloud.

Le traité de 1868 ayant été inspiré dans sa quasi-totalité par la commission de paix Taylor-Sanborn-Harney de 1867, ce fut tout naturellement à ceux-là que revint la tâche de convaincre les Indiens de le signer. Les Sioux se voyaient accorder pratiquement tout ce qu'ils pouvaient espérer, à l'exception de leur ancienne liberté de se déplacer sans contrainte sur leurs terres – encore que ce droit était reconnu aux bandes de la Powder River. Pourtant les membres de la commission s'attendaient à rencontrer de considérables difficultés dans leur mission. En 1865, les responsables du Parti de la paix ne s'étaient pas privés de dénoncer les vieilles méthodes de corruption et de flatteries utilisées depuis toujours pour amener les chefs à signer des traités, mais trois années d'amères expériences leur avaient appris depuis qu'aucun accord ne pouvait être conclu avec les Indiens sans faire appel à de tels procédés. Aussi avaient-ils maintenant abandonné leurs beaux principes et, convaincus que la justesse de leur cause justifiait tous les moyens, ils étaient prêts à employer n'importe quel artifice pour parvenir à leurs fins. Au printemps 1868, ils engagèrent de nombreux émissaires chargés de parlementer avec les Sioux, une équipe hétéroclite de « traqueurs de chefs » composée de marchands appâtés par la promesse de nouvelles licences, de demi-sang, d'interprètes et d'hommes mariés à des squaws. Ils requirent également les services du père DeSmet et du révérend S. D. Hinman, tous deux missionnaires et spécialistes dans l'art de faire signer des traités aux chefs sioux. Ces messagers se mirent rapidement au travail, et bientôt le pays sioux tout entier retentit de joyeuses clameurs annonçant la tenue de conseils de paix en vue d'un nouveau traité.

Mais la plupart des Sioux se montrèrent, au début du moins, peu empressés. En avril, les commissaires se rendirent dans l'Ouest, s'attendant à trouver les Indiens rassemblés en grand nombre à Fort Laramie pour y attendre leur venue, mais en traversant le Nebraska, ils apprirent qu'aucune bande ne s'était encore présentée au fort. Près de la fourche de la Platte, ils rencontrèrent Spotted Tail et ses Brûlés amicaux, mais ils durent leur faire de nombreux cadeaux, y compris des armes et des munitions, pour qu'ils acceptent de les suivre. À Fort Laramie, la commission tint un conseil avec la bande de Spotted Tail et obtint la signature de tous ses chefs. Des messagers furent ensuite envoyés dans toutes les directions pour inviter les autres Sioux à se joindre au conseil, mais les jours passèrent sans qu'aucun chef ne donne le moindre signe de vie. Finalement, la commission décida de laisser J. B. Sanborn à Fort Laramie pour accueillir les Oglalas qui pourraient s'y présenter, tandis que les autres membres se hâtaient de gagner Fort Rice, où ils devaient entamer des pourparlers avec les Sioux du haut Missouri [1]. Au début du mois de mai, Sanborn convainquit les Oglalas pacifiques du groupe des Bear People, conduits par Little Wound, de se rendre au fort et de signer le traité. Ils reçurent les cadeaux traditionnels, dont des armes et des munitions, puis repartirent de nouveau. Man-Afraid-of-His-Horse accompagnait Little Wound et signa en même temps que lui. Il se trouvait au sud de la Platte depuis avril 1867, mais remonta ensuite dans la région de la Powder River. Jusque-là, aucun chef des camps hostiles du Nord n'était venu, aussi Sanborn, après avoir attendu encore quelque temps, finit-il par perdre tout espoir d'en voir un et quitta à son tour Fort Laramie.

La campagne des promoteurs du traité se soldait pour l'instant par un cinglant échec. L'opinion publique avait longuement entendu parler des Sioux au cours des trois dernières années, et il n'était plus possible de lui faire admettre que la paix avait été conclue parce que quelques chefs amicaux avaient « tenu la plume ». À tort ou à raison, le public considérait Red Cloud comme le chef de tous les Sioux, et tout accord avec eux qui n'aurait pas porté son nom aurait été jugé sans intérêt. Or, non seulement Red Cloud ne s'était pas présenté à Fort Laramie, mais il n'avait pas davantage répondu aux messages et aux invitations de la commission de paix.

En partant pour l'Est le 28 mai, lassé d'attendre en vain les Indiens de la Powder River, Sanborn avait laissé au fort une copie du traité ainsi qu'un « traqueur de chefs » professionnel, l'interprète Charles Geren, qu'il avait chargé de tout mettre en œuvre pour appâter les Sioux et les faire signer, en particulier les Oglalas du groupe des Smoke People, les Bad Faces de Red Cloud et les Oyuhkpes de Red Dog. À cette époque, la nouvelle selon laquelle la commission de paix distribuait des armes et des munitions avait atteint la Powder River, et Geren ne tarda pas à avoir des visiteurs. Les premiers à se présenter furent quarante tipis de Bad Faces, conduits par Yellow Eagle et Little Hawk, l'oncle de Crazy Horse. Ils signèrent le traité, Geren leur offrit le lot habituel d'armes, de munitions, de rations de l'armée, de couvertures, de marmites, de haches et de couteaux, puis ils repartirent pour la Powder River, et jusqu'au jour où, neuf ans plus tard, Crazy Horse conduisit leur reddition devant le général Crook, ces Indiens furent les ennemis les plus intraitables des Blancs. Ensuite arrivèrent trente-six autres tipis de Bad Faces, dont les chefs étaient Tall Wolf, Sitting Bear et Mad Wolf. Ils ratifièrent eux aussi le traité, prirent livraison de leurs cadeaux, et regagnèrent immédiatement la Powder River. Le rapport de Geren, signalant que ces Indiens étaient démunis de tout et manquaient désespérément d'armes et de munitions, éclaire d'une étrange lumière l'affirmation antérieure de Sherman et autres généraux, selon laquelle les tribus hostiles de la Powder River étaient trop puissantes pour que l'armée des États-Unis se risquât à leur faire la guerre. On peut se demander ce que pensèrent les officiers de cette armée en poste à Fort Laramie, lorsqu'ils virent l'agent de la politique de paix offrir de nouveaux moyens de se battre à ces adversaires qui faisaient reculer leurs généraux.

Geren demeura plusieurs semaines au fort, avec l'espoir d'y attirer Red Cloud, mais sans y parvenir. Man-Afraid-of-His-Horse, après avoir signé le traité, avait remonté la Platte jusqu'à Fort Fetterman, pour y saluer son ami le major Dye, puis s'était dirigé vers la source de la Powder River. Red Cloud était alors installé sur la Tongue River avec les Bad Faces, les Oyuhkpes, les Miniconjous et plusieurs autres bandes. Des messagers ayant été envoyés à son camp pour le presser de se rendre à Fort Laramie, il répondit qu'il partait pour la région de la Rosebud, où les bisons étaient abondants, et qu'il ne concluerait de traité avec les Blancs que lorsque tous les soldats auraient quitté son pays. Découragé, Geren abandonna. Que Sanborn, en le laissant derrière lui à

Fort Laramie, n'ait eu qu'une idée en tête, prendre Red Cloud au filet, apparaît clairement dans la copie finale du traité, dans la mesure où les noms des chefs mineurs que Geren parvint à acheter et à convaincre ne sont même pas mentionnés [2].

Tandis que l'interprète était à l'œuvre à Fort Laramie, la commission de paix remontait le Missouri dans un bateau à vapeur chargé de présents. Longtemps auparavant, elle avait engagé des hommes expérimentés chargés de se rendre dans les villages indiens et de persuader les chefs d'assister au conseil prévu. DeSmet, à la tête d'un groupe d'Indiens et de Blancs, s'était rendu jusqu'au confluent de la Powder River pour vanter les mérites du traité auprès des groupes hostiles de Four Horns, Black Moon et Sitting Bull, puis était revenu avec quelques Indiens de bonne volonté en proclamant que sa mission avait été un succés complet ; pourtant, le nom de ces trois chefs ne figurera jamais au bas du traité, et un an plus tard, leurs guerriers camperont toujours au même endroit, dans des dispositions aussi peu bienveillantes que l'année précédente. Le grand conseil avec les Sioux du haut Missouri fut tenu à Fort Rice, du 2 au 4 juillet. Lorsque les chefs eurent signés, il fallut une journée entière pour distribuer tous les cadeaux. Un auteur, évoquant ce conseil, a affirmé que l'étalage de présents somptueux « mit presque les chefs et les autres dirigeants dans l'obligation de signer le traité [3]. » Cette constatation ne fait que rehausser le mérite de Red Cloud, de Sitting Bull et des autres véritables chefs qui se tinrent sagement à l'écart et surent résister à toutes ces tentatives éhontées de corruption.

Les événements qui suivirent sont demeurés très mystérieux, et leur compte rendu a été soigneusement supprimé du rapport de la commission de paix. De Fort Rice, les commissaires revinrent à Fort Sully, où ils tinrent un autre conseil avec quelques bandes amicales. Ils prirent alors le chemin du retour, mais en redescendant le fleuve, il semble qu'ils aient reçu le rapport dans lequel Geren leur annonçait que Red Cloud n'avait pas signé le traité. Ce qu'ils firent ensuite, nous ne pouvons que le supposer, mais nous savons que DeSmet, qui était malade et souhaitait rentrer chez lui à Saint Louis, mofidia ses plans et se rendit sur-le-champ à Fort Laramie en compagnie de deux autres « faiseurs de traités » du haut Missouri, le révérend S. D. Hinman et l'interprète sioux Frank La Framboise. Les trois hommes restèrent plusieurs semaines au fort, et comme la commission leur avait de toute évidence donné carte blanche, il est probable qu'ils employèrent tous les moyens mis à leur disposition pour y attirer Red Cloud et les autres chefs hostiles. Mais ceux-ci maintinrent obstinément leur position, refusant de se déplacer tant que le gouvernement n'aurait pas tenu sa promesse d'évacuer les forts. Lorsqu'ils virent finalement les soldats s'en aller, ils incendièrent Fort Phil Kearny, et un grand nombre d'Indiens affluèrent alors à Fort Laramie – les Oglalas de Red Cloud, mais aussi beaucoup de Hunkpapas et de Sioux blackfeets, ainsi que d'autres guerriers des camps de Sitting Bull. Leurs chefs signèrent le traité le 6 novembre et DeSmet et ses compagnons y apposèrent leur signature en qualité de témoins. Ainsi s'acheva la grande croisade pour la paix de 1868.

Mais l'enthousiasme soulevé par la distribution des cadeaux ne se prolongea pas au-delà du début de l'hiver. Les Indiens de la Powder River n'ayant plus fait de troc depuis 1864, leurs camps regorgeaient de peaux et de fourrures, et ils avaient reçu l'assurance qu'aussitôt après avoir signé le traité, ils auraient la possibilité de reprendre librement leurs échanges. Mais ce ne fut pas le cas, les soldats ayant reçu l'ordre formel de n'autoriser aucun Sioux à s'approcher de la route de la Platte. Lorsqu'une bande d'Oglalas se présenta pour faire du commerce près de Platte Bridge, à l'ouest de Fort Laramie, les soldats leur intimèrent l'ordre de s'en aller, puis ouvrirent le feu sur eux, blessant grièvement un de leurs chefs. Les Indiens et les marchands furent profondément indignés par l'attitude de l'armée. En effet les marchands avaient été ruinés par la guerre. En 1868, le gouvernement avait sollicité leur aide pour convaincre les chefs de signer le traité, leur promettant en échange qu'ils recouvreraient le droit de commercer avec les Sioux dès que la paix aurait été rétablie. Ils avaient en conséquence acheté des stocks importants, certains en s'endettant lourdement, et un grand nombre d'entre eux se retrouvaient maintenant ruinés par l'interdiction faite aux Indiens de venir jusqu'à leurs comptoirs. Leur bonne foi ainsi abusée, les Sioux aussi bien que les marchands crièrent tout naturellement à la trahison, se plaignant d'avoir été délibérément trompés. En 1870, le général Sanborn, un des commissaires du traité, expliqua qu'un des objectifs prioriraires du gouvernement était à l'époque de maintenir les Sioux à l'écart de la Platte jusqu'à ce que la route ait pu être achevée, et dans ce but la commission avait proposé un plan pour que les marchands remontent jusqu'aux Black Hills. La question du commerce était capitale si l'on voulait que les Indiens demeurent en paix, et malgré cela, le plan de la commission avait été en partie ignoré, le gouvernement se contentant d'ordonner à l'armée d'interdire les échanges sur la Platte, sans rien faire par ailleurs pour permettre l'ouverture de nouveaux comptoirs dans les Black Hills [4].

Même les Sioux les plus amicaux ne tardèrent pas à accuser les Blancs de les avoir abusés, car on exigeait maintenant d'eux qu'ils quittent leur chère région de la Platte pour aller s'installer dans le haut Missouri. A l'instar des bandes hostiles de la Powder River, les Indiens pacifiques ne connaissaient que très vaguement le contenu du traité, croyant manifestement que le transfert jusqu'au Missouri ne représentait qu'une possibilité qui leur était offerte... et qui ne les intéressait absolument pas. En conséquence, après avoir signé le traité, Man-Afraid-of-His-Horse avait reconduit sa bande dans la région de la Powder River, tandis que les Brûlés et les Oglalas du Sud retrouvaient leurs terrains de chasse du sud de la Platte, et que les Loafers demeuraient aux alentours de Fort Laramie, bien décidés à ne s'en éloigner pour rien au monde.

Mais, de leur côté, les autorités étaient tout aussi déterminées à repousser les Indiens loin de la ligne de la Union

Pacific, aussi commencèrent-elles à exercer des pressions sur eux. Les Loafers et le camp des squaws de Fort Laramie furent les premiers à être touchés par ce changement de politique. Leurs vieux amis du fort commencèrent par leur battre froid, puis leur annoncèrent abruptement qu'ils devaient s'en aller. Les Indiens en furent abasourdis et ne surent quoi faire. Les marchands et les hommes qui avaient des épouses indiennes furent alors incités à entraîner leurs bandes loin du fort, et à les conduire jusqu'à la nouvelle agence du Missouri, située à Whetstone, en amont du confluent de la White River [5].

Ces Blancs et ces Indiens commencèrent leur triste voyage en juin 1868. Le 13, ils atteignirent North Platte, dans le Nebraska, où l'agent Patrick leur distribua quelques vivres. Ils y furent rejoints par cent cinquante personnes « de la même condition », et la caravane se remit en route en direction de Whetstone. Les Oglalas du Sud et les Brûlés, qui chassaient alors au sud de la Platte, ne manifestèrent eux non plus aucun désir de quitter leurs terres pour aller s'établir dans le Nord-Ouest. Pour les contraindre à partir, le gouvernement fit fermer l'agence de North Platte, cessa de leur livrer des vivres et prit à leur encontre une série de sévères mesures de rétorsion. La mort dans l'âme, ces Brûlés finirent par céder, mais Spotted Tail et les autres chefs eurent beaucoup de mal à empêcher certains de leurs jeunes guerriers d'exprimer leur colère en faisant des raids sur leur chemin. Les Indiens affirmaient tous qu'ils avaient été bernés par les commisaires et qu'ils n'avaient jamais accepté de se rendre sur le Missouri, dans une région qui n'était pas la leur et où rien ne les attirait.

Ces événements, survenant peu de temps après la signature du grand pacte d'amitié entre les Blancs et les Sioux, sont réellement stupéfiants, surtout si l'on considère l'énergie que les humanistes de la politique de paix avaient mise, peu de temps auparavant, à dénoncer les hommes qui, dans le passé, avaient mystifié et abusé les Indiens en leur faisant signer des traités qu'ils ne comprenaient pas. Il ressort

Ill. 1 : Red Cloud, photographié par W. H. Jackson.

Ill. 2 : Cette première gravure représentant des tipis des Indiens des Plaines, parue en 1823, était inspirée d'une aquarelle réalisée par Titien Peale lors de la Grande Expédition dans les Montagnes Rocheuses de 1819-1820.

Ill. 3 : Bull Bear, peint par Alfred Jacob Miller.

Ill. 4 : Cette lithographie de Titian Peale représentant une chasse au bison parut en 1832 dans *The Cabinet of Natural History and American Rural Sports.*

Ill. 5 : He Dog, un célèbre guerrier sioux, photographié en 1900 par John A. Anderson.

Ill. 6 : Une photographie du chef oglala Old-Man-Afraid-Of-His-Horse.

Ill. 7 : Des Indiens des Plaines du Nord déplaçant leur camp, peints en 1832 par George Catlin. Les quatre guerriers à cheval que l'on aperçoit à droite sont là pour protéger les femmes, qui transportent les tipis et les provisions.

Ill. 8 : Une partie de la délégation de Red Cloud à Washington, photographiée vers 1870. De gauche à droite : un chef non identifié, Little Wound, Red Cloud, American Horse et Red Shirt ; l'homme qui se tient derrière eux n'a pas été identifié.

Ill. 9 : Le général George Armstrong Custer dans le Territoire du Montana au début des années 1870.

Ill. 10 : Le chef des Brûlés Spotted Tail, photographié vers 1879 en compagnie de sa femme et de sa fille par W. R. Cross.

Ill. 11 : Le chef hunkpapa Sitting Bull. Peu de temps avant la bataille de la Little Bighorn, pendant la Danse du Soleil, il avait eu la vision de centaines de soldats blancs tombant la tête la première dans le camp des Indiens.

Ill. 12 : Le camp de Sitting Bull dans les monts Bighorn en 1873, tableau de Henry A. Cross.

Ill. 13 : Red Cloud, chef des Oglalas, à la fin de sa vie, photographié vers 1900 par John A. Anderson.

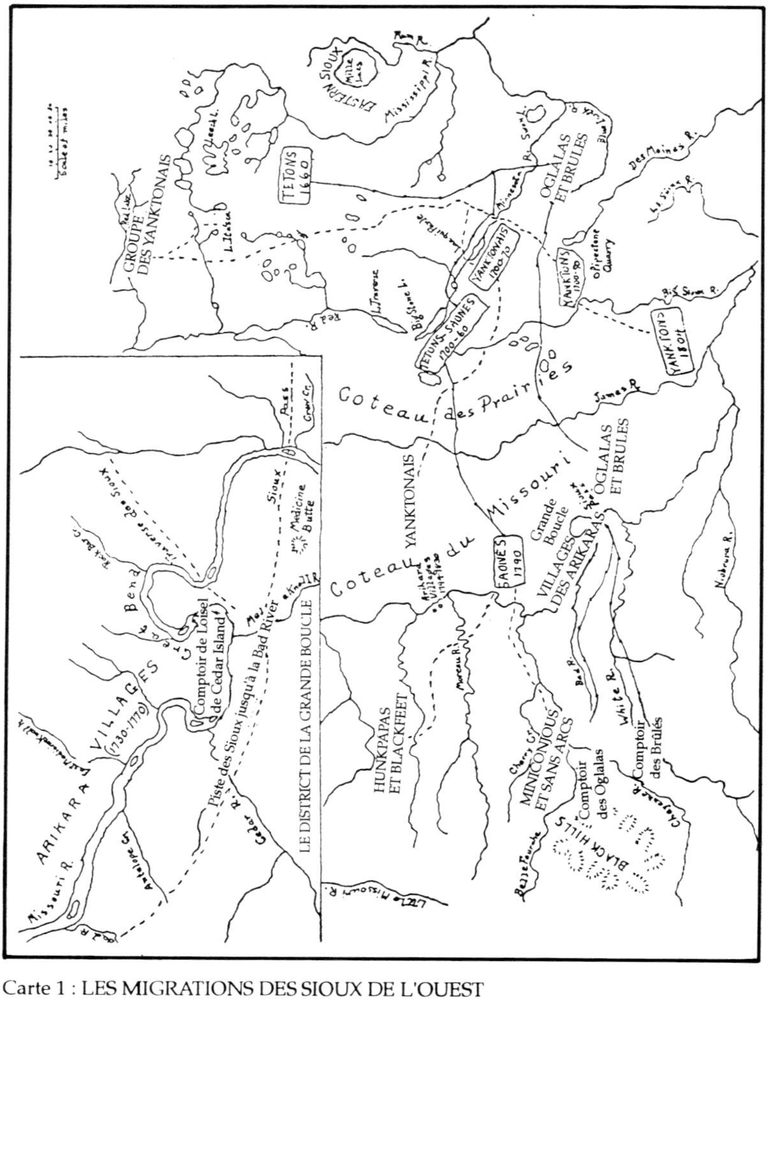

Carte 1 : LES MIGRATIONS DES SIOUX DE L'OUEST

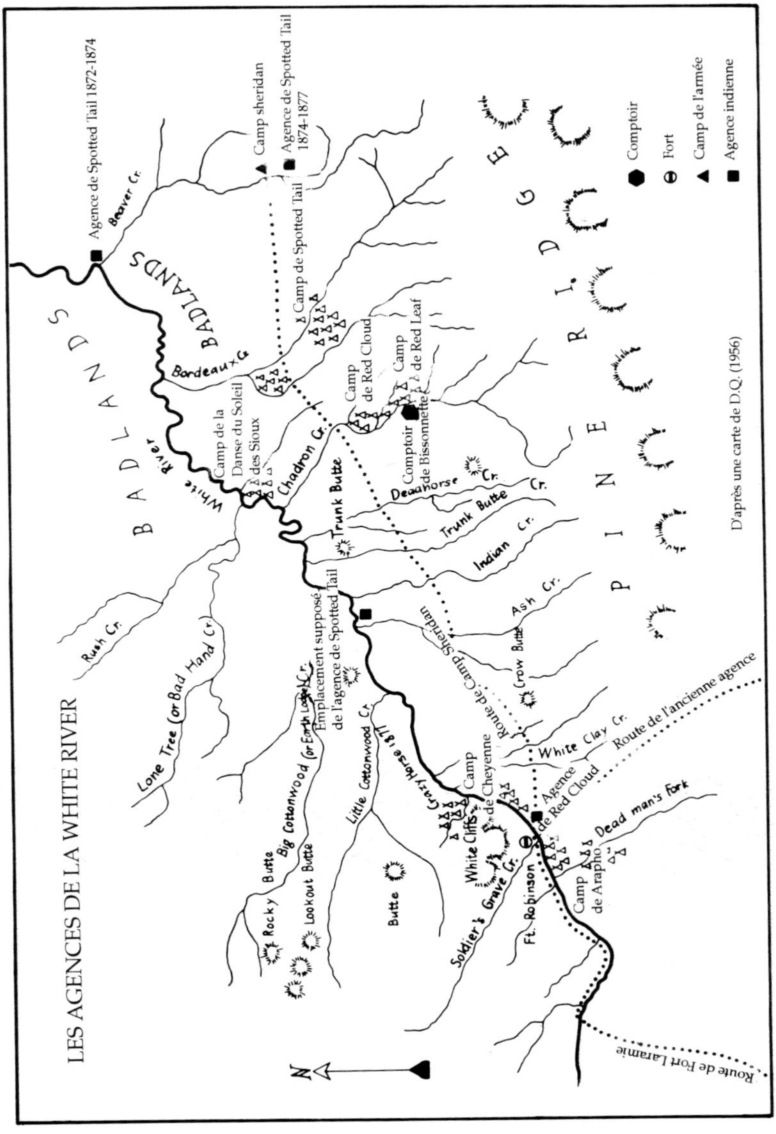

Carte 2 : LES AGENCES DE LA WHITE RIVER

Source des illustrations

Ill. 1 : *The Sioux : Life and customs of a Warrior Society,* de Royal B. Hassrick, Denver Art Museum.

Ill. 2 : *Indian Life on the Upper Missouri,* de John C. Ewers, Smithsonian Institution.

Ill. 3 : *The West of Alfred Jacob Miller,* de Marvin C. Ross, Walters Art Gallery.

Ill. 4 : *Indian Life of the Upper Missouri,* de John C. Ewers, Smithsonian Institution.

Ill. 5 : *The Sioux of the Rosebud : A History in Pictures,* photos de John A. Anderson, texte de Henry H. et Jean Tyree Hamilton.

Ill. 6 : *A Sioux Chronicle,* de George E. Hyde, Pitts River Museum, Oxford.

Ill. 7 : *A History of the Indians of the United States,* de Angie Debo, National Collection of Fine Arts, Smithsonian Institution.

Ill. 8 : *Red Men Calling on the Great White Father,* de Katharine C. Turner, Bureau Américain d'Éthnologie.

Ill. 9 : *Following the Indians Wars : The Story of the Newspaper Correspondents Among the Indian Campaigners,* de Oliver Knight, Northern Pacific Railway.

Ill. 10 : *Stopped Tail's Folk : A History of the Brule Sioux,* de George E. Hyde.

Ill. 11 : *A History of the Indians of the United States,* de Angie Debo, Bureau Américain d'Éthnologie.

Ill. 12 : *Following the Indians Wars : The Story of the Newspaper Correspondents Among the Indians Campaigners* de Oliver Knight, Thomas Gilcrease Institute of American History and Art, Tulsa.

Ill. 13 : *The Sioux of the Rosebud : A History in Pictures,* photos de John A. Anderson, texte de Henry W. et Jean Tyree Hamilton.

clairement de tout cela que les Indiens ignoraient le contenu du traité de 1868, et la seule conclusion qui s'impose est qu'on leur avait délibérément menti à son sujet. En 1870, Red Cloud affirma qu'on lui avait décrit le traité comme un accord destiné à rétablir la paix et le commerce, sans rien de plus, et de nombreux autres chefs confirmèrent ses dires, déclarant que personne ne leur avait lu le texte qu'ils devaient signer. On ne peut accuser de cette tromperie manifeste les marchands et les interprètes de Fort Laramie et de la Platte, car ils furent eux aussi les dupes de cette affaire, ne recueillant aucun des avantages qui leur avaient été promis, et perdant même le bénéfice du commerce avec les Indiens.

Les Sioux qui se rendirent à Whetstone appartenaient tous à des bandes amicales. Les partisans de la paix avaient évidemment escompté que les groupes hostiles de la Powder River, qui n'étaient plus considérés comme tels puisque certains de leurs chefs avaient « tenu la plume », viendraient eux aussi s'établir près du Missouri, mais cet espoir s'évanouit rapidement. Le général C. C. Augur commandant le Département de la Platte signala qu'il ne constatait aucun changement dans les camps de la Powder River ; les bandes pacifiques du Sud ne promettaient guère mieux de leur côté, car il écrivit dans son rapport qu'après le départ des Brûlés de Spotted Tail, les Oglalas de Little Wound, Whistler et Pawnee Killer avaient obstinément refusé d'abandonner leurs terrains de chasse, et qu'il faudrait probablement faire appel à l'armée pour les y contraindre. Nous n'avons aucun moyen de vérifier si les chefs eurent raison d'affirmer que personne ne leur avait jamais dit qu'ils devraient renoncer à vivre au sud de la Platte. En 1869, les autorités clamaient haut et fort que les Indiens avaient accepté de quitter la région et qu'elles étaient prêtes à employer la force pour les obliger à tenir leur promesse ; mais après 1870, elles firent apparemment marche arrière et reconnurent aux Sioux, sous la garantie du traité, le droit de chasser au sud de la Platte. Ils chassèrent et hivernèrent donc sur leurs anciennes terres, et signèrent finalement en 1874 un accord explicite, par lequel ils renonçaient à leur droit en échange d'un paiement.

Pendant toute la grande croisade pour la paix de 1868, le principal mot d'ordre des Amis des Indiens avait été « Nourrissez-les ou affrontez-les ». Un tableau effrayant des horreurs et du prix d'une guerre avec les Sioux avait été présenté : le commissaire N. G. Taylor avait officiellement déclaré qu'elle nécessiterait au moins cent mille soldats et coûterait plusieurs milliards de dollars. Cédant à la rumeur publique ou tout simplement convaincu, le gouvernement avait accepté la politique d'assistance aux Indiens. Mais le Congrès, lorsqu'il vota les crédits nécessaires pour nourrir et vêtir les Sioux, court-circuita les partisans de la paix qui contrôlaient le Bureau indien et exigea que cette politique soit payée et mise en application par le département de la Guerre. En conséquence, les nouvelles agences du haut Missouri furent constituées en district militaire, à la tête duquel fut placé le général W. S. Harney. Les journaux de l'Ouest critiquèrent violemment ces dispositions. Depuis qu'il avait défait les Brûlés sur la Bluewater en 1855, Harney faisait figure de héros aux yeux de la population de la Frontière qui avait longtemps espéré lui voir attribuer un poste de commandement pour combattre les Indiens. Il en avait maintenant un, mais ce n'était plus le même Harney – il parlait le langage mielleux des croisés de la paix et distribuait des rations, des vêtements, des armes et des munitions aux Sioux. « Le comble de l'infantilisme, de la sentimentalité mièvre et de la stupidité », écrivit à cette époque un journaliste indigné, et ce point de vue reflétait parfaitement le jugement que les habitants de l'Ouest portaient alors sur la politique de paix.

L'agence de Whetstone – en amont du confluent de la White River et du Missouri – et les agences de Cheyenne River et de Grand River – situées un peu plus au nord – avaient été établies pour accueillir les Sioux tétons, et le gouvernement s'était attendu à ce qu'ils y affluent aussitôt après la signature du traité, mais aucun Indien hostile ne s'y présenta. Les agences de Cheyenne River et de Grand River ne reçurent que les bandes amicales du Missouri, attirées par la promesse de rations et de vêtements ; quant à celle de Whetstone, seuls les Loafers chassés de Fort Laramie acceptèrent de s'y rendre, aucune famille des camps nomades sauvages n'ayant fait mine de s'en approcher. L'hiver, particulièrement froid, se solda par de nombreux morts chez les Indiens, et pendant longtemps les Sioux gardèrent un souvenir effroyable de Whetstone, où ils avaient été traînés de force par les Blancs, loin de leurs terres du Sud. Plus de cent des leurs, en majorité des enfants et des vieillards, succombèrent aux rigueurs de la mauvaise saison. Les Brûlés de Spotted Tail ne se trouvaient pas à Whetstone. Après avoir quitté la Platte, ils étaient remontés jusqu'à la White River et avaient établi leurs camps d'hiver sur la fourche sud de la Cheyenne River, les plus avancés se dressant à quarante-cinq kilomètres de l'agence. Spotted Tail et quelques autres chefs avaient essayé de convaincre leurs hommes d'aller s'installer plus près du Missouri, mais ceux-ci avaient refusé de faire un pas de plus. Cet hiver-là, on dut donc acheminer leurs provisions jusqu'à leurs camps au prix d'énormes difficultés.

La venue du printemps ne fit qu'accroître les problèmes de Spotted Tail. Ses hommes voulaient aller chasser au sud de la Platte, et lorsqu'il leur apprit que cela leur était désormais interdit par le gouvernement, ils s'insurgèrent violemment, déclarant qu'ils partiraient de toute manière, et que les Blancs n'avaient aucun droit de les retenir loin de chez eux. Certains parlèrent même d'aller rejoindre Red Cloud sur la Powder River. Dans la réserve des Sioux où ils se trouvaient maintenant, il n'y avait pas de bisons, et le petit gibier était extrêmement rare. Subsister grâce aux miettes que leur accordaient les hommes blancs était peut-être bon pour les Loafers et les demi-sang de l'agence, mais les Brûlés n'étaient pas des mendiants et n'accepteraient jamais de vivre de cette façon. Spotted Tail, qui connaissait la puissance américaine et savait que les bisons allaient bientôt disparaître, pensait que les Sioux devaient changer leur mode de vie, mais il ne parvenait pas à le faire comprendre à ses guerriers. Les camps retentissaient de violentes querelles, des factions s'opposaient, et les chefs devaient déployer de constants efforts pour éviter que la situation ne dégénère en un conflit ouvert.

Ce fut à ce moment-là que les Brûlés de Spotted Tail apprirent que l'armée était en train de ratisser la région du sud de la Platte, afin d'en chasser les Oglalas et les Cheyennes qui avaient refusé de l'évacuer. Dans le rapport de 1869 du général Augur, nous apprenons que le général E. A. Carr, à la tête du 5e régiment de cavalerie, commença les opérations de « nettoyage » du sud de la Platte au mois de juin, et que lors d'un affrontement à Summit Springs, il mit en déroute la bande de Cheyennes de Tall Bull. En août, le colonel W. B. Royall procéda à un second ratissage et découvrit un camp, mais les Indiens s'enfuirent à son approche, franchirent la Platte et ne s'arrêtèrent que lorsqu'ils eurent atteint la Niobrara River [6]. En septembre, une troisième expédition permit aux soldats de détruire un village de cinquante-six tipis, dont tous les occupants prirent la fuite. Lorsque ces campagnes s'achevèrent, il ne restait plus aucune bande d'Oglalas ou de Cheyennes au sud de la Niobrara, mais le général Augur, dans le même rapport, signala que les Sioux de la Powder River se montraient tout aussi hostiles qu'auparavant, et ne manifestaient pas la moindre intention de venir vivre dans les réserves du Missouri.

Certains auteurs ont émis l'hypothèse que Red Cloud aurait commencé à perdre son influence sur les plus intransigeants des rebelles en signant le traité de 1868, mais cela semble peu probable. En effet le traité avait été signé par plusieurs autres chefs de la Powder River qui, de toute évidence, n'avaient agi ainsi que pour obtenir des munitions, des couvertures et d'autres produits de première nécessité, et nous ne voyons donc pas pourquoi Red Cloud aurait été le seul signataire du traité à être rejeté par les guerriers. En 1869, nous le trouvons à la tête d'une importante troupe de guerre combattant les Shoshones [7]. Il est vrai qu'un an plus tard, il parut se soumettre en acceptant de vivre dans une agence, mais rien ne prouve qu'il avait alors perdu son autorité. Lorsque le traité fut signé, les Indiens de la Powder River espéraient être autorisés à reprendre leurs échanges sur la Platte, comme avant la guerre, mais le gouvernement fit fermer les comptoirs de la région dans le but de contraindre leurs bandes à se rendre dans les nouvelles agences du Missouri. Ils demeurèrent cependant obstinément à l'écart dans leur région, et quand, en 1869-1870, une nouvelle crise sembla sur le point d'éclater, les autorités convoquèrent Red Cloud sur la Platte. Elles le considéraient encore comme le chef le plus puissant des groupes de la Powder River, comme les Indiens eux-mêmes.

À cette époque, ainsi qu'au cours des années suivantes, l'attitude de Red Cloud à l'égard du gouvernement est parfois difficile à comprendre. À l'automne 1869, un Brûlé, Big Partisan, arriva à Whetstone avec une nouvelle encourageante : Red Cloud se trouvait près des Black Hills et tentait de convaincre ses hommes de venir se présenter à l'agence. Nous n'avons aucune raison de mettre en doute la parole de Big Partisan, et il semblerait donc que Red Cloud n'était pas un chef irréductiblement hostile, comme Sitting Bull qui haïssait tous les Blancs sans distinction et ne voulait strictement rien avoir à faire avec eux. A en juger par la position qu'il prit alors, et celle qu'il eut par la suite lorsqu'il vint vivre sur la White River, il semblerait que la politique de Red Cloud, si on peut l'appeler ainsi, consista à essayer de coexister pacifiquement avec les Blancs dans la mesure où c'était possible, à profiter éventuellement de leur aide, mais surtout à tenter de préserver la vie de *chasseurs nomades* qu'avaient toujours connue les Sioux. En ce sens, Red Cloud se révéla incontestablement un chef des plus capables, mais il n'eut jamais une vision claire de la situation des Indiens comme ce fut le cas de Spotted Tail en maintes occasions. Le chef Brûlé avait réalisé dès 1865 que l'ancien mode de vie des tribus était condamné, et il fit tout ce qui était en son pouvoir pour amener les siens à accepter ce fait. Red Cloud ne comprit pas cette nécessité, et demeura jusqu'à sa mort attaché au passé, « adversaire du progrès » selon les propres termes des responsables du Bureau indien. En 1890, âgé de près de soixante-dix ans et à demi aveugle, il adhéra à la religion de la danse des fantômes, dans laquelle il voyait un dernier espoir de retrouver et de faire retrouver aux siens la vie libre de sa jeunesse.

La nouvelle crise de 1870 eut essentiellement pour origine la formation et la colonisation du territoire du Wyoming. Les partisans de la paix s'étaient trompés en croyant que les bandes de la Powder River afflueraient dans les agences du Missouri aussitôt après la signature du traité. Ils avaient également commis une deuxième erreur en décrivant les régions de la Powder River et de la Bighorn comme des terres ingrates qui n'intéresseraient jamais les Blancs. En 1869, la population du Wyoming était constituée en majorité d'hommes audacieux et entreprenants qui désiraient évidemment tirer profit de ces terres, et dès l'instant où le traité de 1868 fut rendu public, ils ne cessèrent de protester contre le fait que la plus grande partie de leur territoire située au nord de la Platte leur était désormais interdite, réservée aux seuls Indiens. Ils ne tardèrent pas à envoyer des groupes de civils armés au nord de la Platte, à la recherche d'or, de minerai, de bois et de bons pâturages. L'opposition du gouvernement à ces invasions délibérées des terres indiennes provoqua la fureur des Blancs de la région, qui considéraient les Sioux comme des hors-la-loi et la politique de paix comme une absurdité totale. À la même époque, les Indiens de la Powder River se montraient de plus en plus nerveux, car l'accès à la Platte continuait de leur être interdit, et ils percevaient cette mesure comme une violation des promesses qui leur avaient été faites en 1868.

Le général Grant était alors président, et il semble avoir alors prêté l'oreille à certains individus diaboliques, qui étaient plus intéressés par l'exploitation des ressources des territoires de l'Ouest que par l'application d'une politique chrétienne de tolérance à l'égard des Sioux indociles de la Powder River. À la suite de sa campagne victorieuse de 1868, le Parti de la paix avait momentanément relâché sa vigilance, mais au début du printemps 1870, les bonnes âmes de l'Est furent brutalement tirées de la contemplation de leur succès en apprenant par les journaux de la Frontière qu'une nouvelle guerre avec les Sioux était sur le point d'éclater, et que des unités de l'armée avaient déjà été envoyées dans le Wyoming. Dénonçant furieusement le retour de la « vieille politique du Tomahawk », les partisans de la paix prirent aussitôt la défense des Indiens, en vitupérant contre les barbares blancs de l'Ouest. Mais cette fois, leurs amis de Washington, qui avaient toujours la haute main sur le Bureau indien, se montrèrent étrangement impuissants face au risque d'un nouveau conflit sanglant avec les Sioux.

Nous arrivons maintenant à l'un des plus mystérieux épisodes de l'histoire des Indiens d'Amérique du Nord : la croisade de paix de Red Cloud en 1870. Le gouvernement, écartelé une fois de plus entre les demandes de clémence des philantropes de l'Est et l'intransigeance des habitants de l'Ouest, cherchait un moyen de sortir de cette nouvelle difficulté, lorsqu'un certain Benjamin Tatham, de New York, suggéra d'inviter Red Cloud à Washington, afin d'aplanir les divergences entre les deux parties par un entretien personnel du chef des Oglalas avec le président Grant et le secrétaire à l'Intérieur. Ce dernier hésitait sur la suite à donner à cette proposition – peut-être craignait-il que le gouvernement donnât ainsi l'impression de s'incliner devant son adversaire –, mais tandis qu'il réfléchissait prudemment à la question, quelqu'un dut sans doute télégraphier dans l'Ouest, car un message de Fort Fetterman arriva alors fort opportunément, annonçant que Red Cloud sollicitait l'autorisation de se rendre à Washington. Que Benjamin Tatham et Red Cloud aient pu avoir la même idée au même moment, à des milliers de kilomètres l'un de l'autre, paraît totalement inconcevable. Le voyage du chef sioux fut de toute évidence arrangé de cette manière afin que le gouvernement ne perdît pas la face. Red Cloud laissa d'ailleurs involontairement échapper la vérité, pendant les conseils qui se tinrent à Washington, lorsqu'il déclara qu'on l'avait envoyé chercher et qu'il était venu aussitôt.

Comme on peut s'en douter, les autorités de Washington saisirent sans attendre cette occasion d'éviter la guerre. Des messages furent envoyés à Fort Laramie et à Fort Fetterman pour qu'y soit préparée l'arrivée de Red Cloud et d'un important groupe d'Indiens. Le général John E. Smith, qui avait connu Red Cloud à Fort Phil Kearny en 1868, reçut l'ordre de se rendre sur-le-champ à Fort Laramie pour prendre en charge la délégation des Sioux. Spotted Tail et ses chefs furent également convoqués à Washington. L'interdiction faite aux Indiens, de s'approcher de la vallée de la Platte fut levée, et les Sioux et les Cheyennes, que tout le monde imaginait sur le point de déclencher une nouvelle guerre, se présentèrent en masse à Fort Laramie et à Fort Fetterman. Leurs camps regorgeaient de peaux de bisons, mais les échanges avec les Blancs étaient toujours prohibés.

Lorsque Red Cloud atteignit Fort Laramie, il s'entretint de la situation avec ses vieux amis marchands : Nick Janis, John Richards et W. G. Bullock. Il désirait également avoir avec lui Jules Ecoffey, qui se trouvait alors à Fort Fetterman, mais Smith s'y opposa, objectant que la délégation était déjà trop importante. Red Cloud lui fit néanmoins envoyer un télégramme, et lorsque le groupe atteignit la voie ferrée, Jules Ecoffey l'y attendait, aimable et légèrement narquois. Ayant su entrer dans les bonnes grâces du général Smith, il fut finalement autorisé à accompagner les Indiens dans l'Est.

Le voyage à Washington pour rencontrer le Père-de-Tous fut le triomphe personnel de Red Cloud. C'était lui, et non Man-Afraid-of-His-Horse, Sitting Bull ou un des autres chefs de la Powder River, que les Blancs avaient invité pour conclure la paix, aussi les autres membres de la délégation, au nombre de seize hommes et quatre femmes, furent-ils tous choisis parmi ses partisans – Bad Faces et Oyuhkpes. Les plus influents, outre Red Cloud lui-même, étaient Brave Bear et son fils Sword, des Bad Faces, et Red Dog, Yellow Bear et High Wolf, de la bande des Oyuhkpes. Aucun de ces Indiens n'avait jamais vu une ville ni un chemin de fer. Ces hommes sauvages ne connaissaient que la nature et n'avaient pas la moindre idée de ce qu'ils allaient découvrir dans le pays des Blancs.

Le général Smith avait reçu l'ordre d'éviter la ville de Cheyenne, où se trouvait la gare la plus proche de Fort Laramie, probablement parce que les autorités craignaient que la délégation y soit prise à partie par la population. Cette petite cité animée de la Frontière, créée environ un an auparavant, abritait en effet un grand nombre d'aventuriers de l'Ouest, qui considéraient les Indiens comme des animaux nuisibles et agissaient en général plus vite qu'ils ne pensaient. Les Sioux furent donc conduits discrètement du fort à la petite gare de Pine Bluff, à une soixantaine de kilomètres à l'est de Cheyenne, où on les fit monter le 27 mai dans un train qui se dirigeait vers l'Est.

La descente de la vallée de la Platte fut une véritable épopée. Lorsqu'ils atteignirent le Missouri, les Indiens s'étaient habitués au chemin de fer, mais ils découvrirent alors Omaha, où des milliers et des milliers de Blancs s'entassaient sur un espace limité, certains vivant dans des bâtiments hauts comme des tours, qui pouvaient avoir jusqu'à quatre ou cinq étages ! Les Sioux aimèrent Omaha, mais plus tard Chicago les frappa de stupeur, et au fur et à mesure qu'ils poursuivaient leur voyage, leurs idées sur le monde qui les entourait vacillèrent et s'effondrèrent l'une après l'autre. Ils arrivèrent à Washington abasourdis et passablement effrayés, et le fait qu'ils aient eu alors encore assez de courage pour accomplir leur mission doit être regardé comme un exemple frappant de leur force de caractère et de leur détermination.

La comédie et la tragédie furent étroitement mêlées dans les incidents qui marquèrent cet exceptionnel périple. À Washington, Red Cloud et ses amis furent logés dans le même hôtel que Spotted Tail et ses chefs. Comme je l'ai déjà signalé dans un précédent chapitre, nous avons de bonnes raisons de penser que les Brûlés étaient considérés, parmi les Sioux tétons, comme un groupe plus ancien, proche de la branche mère de la tribu, et que les Oglalas occupaient un rang inférieur au leur. Aussi les membres des deux délégations, dès qu'ils se rencontrèrent, commencèrent-ils à se quereller pour des questions de préséance, et comme tous les Oglalas soutenaient Red Cloud et tous les Brûlés faisaient corps derrière Spotted Tail, la dispute prit rapidement des proportions inquiétantes, menaçant de se transformer en une véritable bataille rangée. Voyant cela, les marchands blancs et les interprètes entraînèrent de force les deux chefs dans une chambre, fermèrent la porte derrière eux et les laissèrent régler le problème en tête-à-tête. Lorsqu'ils réapparurent, Red Cloud et Spotted Tail étaient distants, mais calmes. Spotted Tail, avec son sens habituel de l'opportunité, avait renoncé à ses prétentions. Il déclara que si l'élévation de Red Cloud par les Blancs au statut de chef de la nation sioux – auquel il n'avait par ailleurs aucun droit – pouvait être d'une quelconque manière profitable à son peuple, lui, Spotted Tail, acceptait d'être écarté de la première place. Les responsables officiels, qui n'avaient évidemment rien perçu de la complexité de la situation, louèrent alors publiquement Spotted Tail pour la noblesse de sa conduite et offrirent des chevaux aux Brûlés, qui purent ainsi caracoler triomphalement dans tout Washington, tandis que Red Cloud et ses hommes devaient se déplacer dans des voitures attelées, qu'ils appelaient avec mépris des « chariots noirs brillants ». Malade de jalousie, Red Cloud demanda à être ramené chez lui sur-le-champ, expliquant qu'il ne pourrait plus regarder en face le Père-de-Tous et ses chefs après avoir été humilié de cette manière. Les choses allèrent si loin que les responsables du Parti de la paix, redoutant le pire, promirent à Red Cloud d'offrir des chevaux à sa délégation en les payant de leur propre poche s'il consentait à rester et à rencontrer le président. Red Cloud s'inclina de mauvaise grâce, mais il fallut un certain temps pour réunir la somme promise, et pendant tout leur séjour à Washington, lui-même et ses chefs durent continuer, à leur grande honte, d'employer au vu et au su de tous les moyens de locomotion des Blancs.

Le Bureau indien avait soigneusement programmé la visite des Oglalas, qui devaient être conduits dans toute la ville et confrontés à ses monuments et à ses merveilles, afin d'être durablement impressionnés par la puissance et la richesse de leurs adversaires, après quoi l'on espérait qu'ils seraient suffisamment conscients de leur infériorité pour accepter humblement, sans faire de difficultés, les exigences du gouvernement. Lors de la première rencontre avec le secrétaire à l'Intérieur, qui eut lieu le 3 juin, Red Cloud demanda qu'un télégramme soit envoyé à Fort Laramie pour faire savoir aux Sioux que leurs chefs étaient arrivés sains et saufs à destination. Il demanda également que des vivres soient distribués aux Oglalas qu'il avait laissés près du fort. Les délégués indiens désiraient entamer immédiatement les pourparlers, mais le secrétaire se débarrassa d'eux en les envoyant faire un tour de la ville en voiture, pendant lequel ils refusèrent obstinément d'entrer dans tous les grands bâtiments qu'on leur montrait. Le lendemain 4 juin, ils furent conduits à l'arsenal, où ils purent voir différents types de canons et en si grand nombre qu'ils n'imaginaient pas que le monde entier pût en compter autant. Les vieilles pièces les impressionnèrent, mais ils admirèrent surtout le canon Rodman de 15 pouces, qui fut tiré spécialement pour eux. L'obus fila en sifflant au-dessus du Potomac, et frappa l'eau à six ou sept kilomètres de distance. Red Cloud mesura la bouche du canon avec son éventail de plumes d'aigles et examina avec un grand intérêt les énormes grains de poudre qu'il pouvait lancer si loin. À l'arsenal maritime, un régiment de fusiliers marins défila devant les chefs, qui purent également voir les cuirassés à l'ancre sur le fleuve. La femme de l'amiral Dahlgren invita Red Cloud à déjeuner, mais il refusa poliment, expliquant qu'il se trouvait à Washington pour régler des affaires, et non pour son plaisir.

Le 8 juin, un conseil fut tenu au Bureau indien, au cours duquel les Sioux furent informés que le gouvernement leur demandait d'aller vivre dans les réserves du Missouri. Si Red Cloud avait été impressionné par la puissance américaine en visitant Washington, il ne le montra pas à ce conseil. Il était venu dans l'Est pour empêcher une nouvelle guerre et exiger le droit pour son peuple de faire du commerce sur la Platte, et voilà qu'on lui parlait d'aller vivre dans une réserve, qui plus est sur le Missouri ! « J'ai déjà dit trois fois que je n'irais pas sur le Missouri, et je le répète ici pour la quatrième fois. » Puis il ajouta qu'aucune nouvelle route ne devait être construite sur les terres des Sioux, que Fort Fetterman devait être déplacé, et que les Oglalas souhaitaient reprendre leurs échanges à Fort Laramie. Ce n'était certes pas là le langage d'un homme terrorisé par la force de ses adversaires, et les officiels dépités commencèrent à comprendre qu'imposer leurs conditions au chef des bandes de la Powder River n'allait pas être une tâche aussi aisée qu'ils l'avaient imaginé.

Le lendemain, les chefs furent reçus par le président Grant, et Red Cloud s'adressa au Père-de-Tous sur un ton qui n'avait rien de précisément filial. Il exigea de nouveau le transfert de Fort Fetterman, rappela que le traité de 1868 accordait aux Oglalas le droit de faire du commerce à Fort Laramie, et demanda que deux nouveaux comptoirs soient ouverts sur la Platte. La réponse de Grant se voulut apaisante et fut plutôt maladroite. Il suggéra que les Oglalas s'installent sur le Missouri et y apprennent à cultiver la terre. Les chefs se raidirent, mais ne firent aucun éclat. Le soir, ils dînèrent à la Maison Blanche avec le corps diplomatique, les membres du cabinet et leurs épouses.

Le 10 juin, la conférence connut une première crise sérieuse, qui faillit entraîner la rupture des négociations : le secrétaire à l'Intérieur, voulant convaincre Red Cloud que son refus de vivre dans la réserve n'était pas fondé, sortit le traité de 1868 et s'en servit pour prouver que les Oglalas n'avaient ni le droit de faire du commerce à Fort Laramie, ni celui d'avoir une agence sur la Platte. La lecture du traité ne produisit pas l'effet escompté. Dans un soudain accès de fureur, Red Cloud se mit à hurler que ce papier était tout juste bon à jeter, qu'il ne contenait que des mensonges et n'était qu'une escroquerie, qu'il n'avait pas été lu aux chefs lorsqu'ils l'avaient signé, que c'était seulement maintenant qu'ils découvraient toutes les stupidités qui s'y trouvaient.

Selon l'interprète aux cheveux bouclés qui l'avait convaincu de signer, il ne s'agissait que d'un accord destiné à mettre fin à la guerre, stipulant le retrait des soldats de la Powder River et donnant aux Sioux la possibilité d'élever leurs enfants en paix. On lui avait également dit que le papier garantissait la possibilité pour les Oglalas de reprendre leur troc à Fort Laramie, comme leurs pères l'avaient toujours fait. « Les ossements des Oglalas sont là-bas, tout autour de ce fort. » Lui-même et ses chefs avaient effectué un long voyage pour empêcher qu'une nouvelle guerre n'éclatât et que le sang ne fût de nouveau versé, et tout ce qu'on leur montrait était ce papier fallacieux, tout ce qu'on leur offrait était d'abandonner leurs terres pour se rendre sur le Missouri. Les autres délégués approuvèrent Red Cloud : aucun d'eux n'avait rien su jusqu'alors du contenu du traité. Ils quittèrent le conseil atterrés. Au cours de la nuit qui suivit, l'un d'eux tenta même de se suicider, expliquant qu'il ne se sentait pas capable de regagner la Powder River et d'expliquer aux siens comment ils avaient été abusés.

À la suite de cette réunion, les Oglalas demandèrent à être ramenés chez eux sur-le-champ. La plupart des journaux prédirent que si Red Cloud repartait dans l'Ouest dans l'état d'esprit qui était alors le sien, son arrivée sur la Powder River donnerait le signal de la guerre. Les Amis des Indiens tombaient littéralement des nues. Ils avaient cru que la visite de Red Cloud à Washington constituerait le couronnement de la politique de paix, et au lieu de cela les Sioux dénonçaient violemment le traité de 1868, le chef-d'œuvre des humanistes, en le qualifiant de mensonge et d'escroquerie. Pire encore, le conseil du 10 juin avait prouvé d'une manière éclatante que ni les Indiens ni le gouvernement n'avaient la moindre intention de modifier leurs positions, et Red Cloud, refusant toute nouvelle discussion, exigeait maintenant de rentrer chez lui ! L'impasse semblait totale, mais les Amis des Indiens étaient gens de ressources, et en moins de douze heures, les responsables de la politique de paix de Washington élaborèrent un plan qui permettrait peut-être de sauver la situation. Leur idée était d'emmener Red Cloud à New York et de le faire assister à un grand meeting des partisans de la paix, afin de créer dans l'opinion publique un tel mouvement de sympathie pour les Sioux que le gouvernement serait contraint de céder. Des arrangements furent aussitôt pris par télégraphe pour que le rassemblement ait lieu dans le grand hall du Cooper Institute, et on réussit à obtenir l'autorisation du secrétaire de l'Intérieur. On proposa alors aux chefs d'avoir une nouvelle entrevue avec lui. Ils étaient toujours aussi indignés et refusèrent tout d'abord, mais Jules Ecoffey, Bullock et les interprètes finirent par les persuader d'accepter à l'issue de longues heures de discussion. En retrouvant le secrétaire, Red Cloud exprima ses regrets pour l'explosion de colère qu'il avait eue lorsqu'on lui avait lu le traité. « Cette chose m'a mis hors de moi, et je suppose qu'elle vous a mis hors de vous aussi. » Le secrétaire annonça alors aux délégués qu'ils devraient rentrer chez eux en faisant un détour par New York, mais Red Cloud protesta. « Je ne veux pas aller là-bas. Je veux rentrer chez moi directement. J'ai vu assez de villes comme ça, je désire retrouver les miens. Le jour comme la nuit, ils sont toujours dans mon cœur. » Au cours de cet entretien, Red Cloud déclara qu'il y avait trente-deux nations sioux, que leurs chefs avaient tenu un grand conseil avant qu'il ne quittât la Powder River, et que les demandes qu'il formulait maintenant avaient toutes été discutées lors de ce conseil. Il signifiait par là que ce qu'il avait à dire à Washington avait été décidé par l'ensemble de la nation sioux.

Les chefs oglalas furent ensuite littéralement kidnappés et contraints de monter dans un train qui partait pour New York. À Philadelphie, les Amis des Indiens voulurent leur offrir une réception, mais Red Cloud et ses compagnons étaient encore si furieux que le général Smith n'osa pas les inviter à descendre des wagons. Ils se rendirent donc directement à New York, où ils durent contre leur gré admirer d'autres panoramas, d'autres monuments et d'autres réalisations des Blancs, parmi lesquelles figurait un navire de guerre français.

Vint alors le moment du grand meeting au Cooper Institute. Les Amis des Indiens, qui n'avaient eu qu'un jour pour le préparer, craignaient que l'assistance ne fût clairsemée, mais à l'heure prévue pour la réunion, le 16 juin à midi, le hall était si bondé que nombre de spectateurs durent rester dehors. Le *Herald Tribune* écrivit que le Cooper Institute n'avait jamais accueilli une telle foule. Red Cloud et ses chefs, installés à la tribune, faisaient face à des milliers et des milliers de Blancs. Lorsque le meeting commença, Red Cloud se leva, tendit les bras vers le ciel, les abaissa vers la terre, puis commença à prier. L'effet que cette prière et son discours produisirent sur le public ne saurait être mieux décrit ici qu'il le fut dans les articles que les journaux du lendemain consacrèrent à l'événement. Le *Times* du 17 juin publia le compte rendu suivant :

> Aucun de ceux qui entendirent hier la remarquable allocution de Red Cloud ne peut douter que cet homme est doué de talents exceptionnels. [...] Il a passé sa vie à conduire les batailles de son peuple, et voilà qu'un beau jour il se retrouve au Cooper Institute, où on lui demande de porter une chemise propre, un gilet neuf, un chapeau haut-de-forme, et de prononcer un discours. De toutes les vicissitudes de son existence, celle-ci est sans doute la plus étonnante, et peut-être pas la plus agréable. [...] Bien que le public ait été gêné par le fait qu'il ne le comprenait pas tant que ses paroles n'avaient pas été traduites par un interprète, [...] sa sincérité, ses gestes passionnés, l'éloquence de ses mains, le magnétisme qu'il exerce de toute évidence sur ses auditeurs, ont profondément impressionné la foule nombreuse qui était venue l'écouter hier. « Vous avez des enfants, nous aussi. Nous voulons qu'ils grandissent dans de bonnes conditions, et nous vous demandons votre aide pour y parvenir. » Il nous semble qu'il s'agit là d'une demande qui n'a rien de déraisonnable, même si elle émane d'un « sauvage ».

Le *Tribune* écrivit de son côté :

> Le triomphe que remporta hier Red Cloud en s'adressant à la multitude rassemblée au Cooper Institute fut l'un des

> événements les plus importants de l'histoire des tribus aborigènes. [...] Son invocation d'ouverture au Grand Esprit fut solennelle, fervente, d'une grande puissance dramatique, et lorsqu'il poursuivit en décrivant tous les abus commis contre son peuple et en demandant justice pour lui, avec des mots à la fois simples, forts et jaillis du cœur, le public fut profondément ému. [...] Pendant les pauses nécessitées par la traduction, il demeurait immobile, hiératique, telle une statue, et son maintien était alors aussi impressionnant que les gestes qui avaient accompagné son discours.

Quand Red Cloud eut fini de parler, Red Dog prononça une brève allocution. Les journaux le présentèrent comme « l'orateur des Oglalas », un homme au visage fin et intelligent, au corps plutôt replet, dont le style oratoire était très différent de celui de Red Cloud. Il déclara notamment : « Lorsque le Père-de-Tous envoya pour la première fois ses hommes auprès de notre peuple, j'étais pauvre et très maigre. Aujourd'hui, je suis gros et gras. C'est parce que beaucoup de menteurs sont venus chez nous, et que j'ai été gavé de leurs mensonges. » Lorsque le meeting s'acheva, les spectateurs se ruèrent sur la tribune pour serrer la main des chefs, qui reçurent à cette occasion de nombreux cadeaux « coûteux et appropriés ».

Le calcul des Amis des Indiens qui comptaient sur ce rassemblement pour faire de nouveau pencher la balance en faveur de la paix, se révéla plus que payant. Les chefs, dont le moral se trouvait au plus bas à leur arrivée à New York, en repartirent le cœur rempli d'allégresse, chargés de cadeaux, rassurés de savoir qu'autant de Blancs étaient de leur côté. Les plus importants journaux de l'Est et une grande partie de l'opinion publique exigeaient désormais que le gouvernement modifiât son attitude vis-à-vis des indiens de la Powder River et fît les concessions qui lui étaient demandées pour éviter la guerre. Les journalistes de l'Ouest, à l'inverse, durcirent leur position. Pour eux, les propos de Red Cloud et de ses compagnons étaient délibérément mensongers, leurs prétentions n'avaient aucun sens, et ils ne comprenaient pas comment les discours larmoyants des Sioux avaient pu faire une telle impression sur les habitants de l'Est. Ils se moquèrent de la foule qui avait assisté au meeting du Cooper Institute, écrivant qu'elle était composée de « Quakers » et de « jeunes idéalistes boutonneux ». Les éditorialistes de l'Est répliquèrent froidement en demandant où était passée la guerre que les journaux du Wyoming et de tout l'Ouest avaient annoncée à grands sons de trompe comme imminente, et que les généraux, la jugeant eux aussi inévitable, avaient commencé à préparer. La menace de guerre s'était dissipée comme passent les fausses rumeurs. Pressé d'agir par une opinion publique que les partisans de la paix avaient su habilement gagner à leur cause, le gouvernement n'avait plus d'autre choix que de se montrer aussi généreux que possible envers Red Cloud et ses partisans. Profitant de ce que le vent avait brutalement tourné à leur avantage, les humanistes réussirent même à obtenir du secrétaire à l'Intérieur qu'il choisisse dans leurs rangs les membres d'une commission chargée de se rendre à Fort Laramie avec un convoi de présents, afin d'y conclure un accord définitif avec les Sioux de la Powder River.

Pendant ce temps, la délégation de Red Cloud regagnait rapidement l'Ouest, en passant par Buffalo, Chicago et Omaha. Dans cette dernière ville, les chefs s'arrêtèrent plusieurs jours pour choisir les chevaux, les selles et les autres cadeaux que le gouvernement avait décidé de leur offrir. Lorsqu'ils atteignirent Pine Bluff le 24 juin, ils se mirent aussitôt en route pour Fort Laramie. Un grand nombre de Sioux et de Cheyennes les avaient attendus pendant plusieurs semaines à proximité du fort, mais leurs troupeaux de poneys ayant brouté toute l'herbe à des kilomètres à la ronde, ils se trouvaient maintenant dans Rawhide Butte Creek, à une soixantaine de kilomètres de Fort Laramie. Leurs camps, qui regroupaient environ mille tipis, regorgeaient de peaux de bisons, et ils étaient tous persuadés que Red Cloud avait obtenu ou obtiendrait bientôt pour eux le droit de faire de nouveau du commerce sur la Platte. Le général Smith, qui accompagnait toujours le chef des Oglalas, envoya dès son arrivée un rapport spécial à Washington, dans lequel il demandait que les Indiens soient autorisés sans attendre à faire du troc, faute de quoi, selon son opinion, l'accord conclu avec Red Cloud ne pourrait jamais être appliqué. Cet accord stipulait que les Oglalas acceptaient que leur agence fût établie sur la Big Cheyenne River, à cent vingt kilomètres au nord de Fort Laramie, où la tribu avait souvent hiverné à la fin des années 1850 ; en échange Red Cloud aurait le droit de prendre l'agent et le marchand de son choix. Il désigna Ben Mills comme agent et Bullock comme marchand, mais plus tard cette décision ne fut pas entérinée par le Bureau indien.

Le gouvernement céda donc de nouveau, et les Indiens purent échanger leurs peaux. Ils se dirigèrent ensuite vers le nord, heureux de leur victoire, ils célébrèrent leur danse du Soleil, puis formèrent une grande troupe de guerre qui s'en alla attaquer joyeusement les Crows pour les repousser dans les montagnes. Or les Crows vivaient maintenant dans une agence gardée par une compagnie de l'armée, et les Sioux et les Cheyennes employèrent la plus grande partie des munitions qu'ils venaient d'obtenir à Fort Laramie à faire le coup de feu avec les soldats. L'agent des Crows, un militaire fermé aux nuances de la diplomatie, voulut armer ses administrés afin qu'ils puissent se défendre et empêcher les Sioux de pénétrer dans le Montana, mais le Bureau indien tergiversa, et les Crows amicaux furent abandonnés à leur sort.

Les partisans de la paix avaient vu parfaitement juste en faisant confiance à Red Cloud. Il consacra une partie de l'été à visiter les camps de la Powder River, tenant des conseils, racontant à ses auditeurs ce qu'il avait entendu dans l'Est. Les Indiens apprirent de sa bouche quel était le contenu réel du traité de 1868, ce dont ils n'avaient pas eu la moindre idée jusqu'alors, et il dut avoir beaucoup de difficultés à convaincre leurs chefs de la sincérité et des bonnes intentions du gouvernement américain. Il était engagé dans ce patient travail d'explication, lorsque John Richards arriva de Fort

Laramie et annonça l'arrivée sur la Platte de deux émissaires de Washington chargés de tenir un grand conseil afin de notifier l'accord. Bien entendu, de nombreux cadeaux seraient distribués à toutes les personnes présentes. Cette information fut accueillie de diverses manières par les Indiens. Certains conseillèrent à leurs chefs de ne pas « toucher la plume » une nouvelle fois – ils avaient été suffisamment trompés comme ça. D'autres voulurent savoir si les distributions prévues incluaient des armes et des munitions. La plupart se contentèrent de se réjouir à l'avance des cadeaux qu'ils allaient recevoir.

Les Cheyennes et les Arapahos furent les premiers à se présenter. À la mi-août, ils arrivèrent à Fort Fetterman et rapportèrent que mille à mille huit cents tipis sioux étaient en train de se rassembler à Bear's Lodge, dans les Black Hills. Grass, un chef oglala, se rendit à Fort Laramie pour prévenir que Red Cloud arriverait vers le milieu de la prochaine lune – c'est-à-dire aux environs du 15 septembre.

Lorsque les deux émissaires, F. R. Brunot et Robert Campbell, atteignirent Fort Laramie, le 21 septembre, Red Cloud ne s'y était pas encore présenté. Il campait alors sur la Minipuss, la Dry Fork [8] de la Cheyenne River, attendant de connaître les intentions des envoyés de Washington avant de se porter à leur rencontre. Brunot et Campbell lui envoyèrent un message rassurant, l'informant qu'ils désiraient simplement lui offrir un convoi entier de présents et convenir d'une agence où les Oglalas pourraient se procurer de la nourriture et des vêtements. Man-Afraid-of-His-Horse se montra moins suspicieux que Red Cloud. Il campait sur Lance's Creek, plus près du fort, et s'y présenta le 30 avec sa bande, accompagné d'un camp de Miniconjous et des Cheyennes de Medicine Man [9]. Il avait entendu parler de l'arrivée prochaine des Blancs alors qu'il séjournait sur la Tongue River, à cinq ou six cents kilomètres de la Platte. Il avait fait presser l'allure à ses hommes pour atteindre Fort Laramie le plus rapidement possible, et il se demandait maintenant où se trouvaient les armes et les munitions qu'on devait lui donner. Lorsqu'on lui expliqua que ce qu'il demandait était à peu près la seule chose qu'il n'avait pas été prévu de distribuer aux Sioux, il fut considérablement abattu. Le 4 octobre, ayant reçu l'assurance qu'il n'y aurait aucun papier à signer, Red Cloud fit enfin son apparition au milieu d'une violente tempête de poussière, et dressa son camp sur la Platte, à quatre kilomètres en amont du fort.

Le conseil s'ouvrit le 5 à Fort Laramie. Dès le début, Red Cloud s'imposa comme l'homme du jour. Il refusa que la réunion eût lieu sous une grande tente, comme l'avait prévu la commission de paix, exigeant qu'elle se tînt sur la véranda du commandant, et il interrompit son discours pour faire éloigner un photographe. Il dressa une longue liste de doléances, évoquant en particulier le problème posé par la vieille route de la Californie, qui suivait la rive nord de la Platte sur plusieurs kilomètres, et dont une portion passait de ce fait sur le territoire des Sioux. Il expliqua que cette route n'était pas assez importante pour justifier une guerre, mais que son maintien en activité lui faisait perdre la face devant ses hommes. De toute évidence il avait annoncé aux Indiens que les terres situées au nord de la North Platte constituaient désormais le pays sioux, et qu'aucun Blanc n'avait plus le droit d'y pénétrer. Mais certains avaient alors protesté, l'accusant de s'être fait duper une fois de plus, car tout le monde savait qu'il existait au nord de la Platte une route que les transporteurs et les émigrants continuaient d'emprunter chaque jour. Red Cloud était en colère et il ne cessait de revenir sur cette question, tandis que les deux envoyés de Washington ne parlaient que des cadeaux qu'ils avaient l'intention d'offrir aux Oglalas ; quant aux autres chefs, ils ne cessaient de demander si ces cadeaux comprenaient des armes et des munitions. Ils palabraient constamment entre eux, et lorsque les Blancs voulurent savoir ce qu'ils se disaient, les interprètes leur répondirent qu'ils discutaient de la meilleure tactique pour se procurer des fusils et de la poudre.

Les pourparlers commencèrent réellement lorsque le conseil aborda le sujet délicat de l'emplacement de la nouvelle agence des Oglalas. Red Cloud s'était rendu dans l'Est mandaté par sa tribu pour obtenir une agence ou au moins le droit de faire du commerce à proximité de Fort Laramie, et ni lui-même ni les autres chefs n'avaient changé d'avis sur ce point. En revanche, les émissaires de Washington avaient pour consigne formelle de refuser toute agence proche du fort, et ils proposèrent un lieu situé près de Rawhide Butte, mais les chefs ne voulurent pas en entendre parler. Red Cloud rappela aux deux Blancs que les Indiens avaient déjà eu une agence à cet endroit, mais qu'elle avait été détruite par la foudre, et qu'à cause de ce mauvais présage aucun d'eux ne consentirait à s'y rendre de nouveau. Après d'interminables polémiques, Red Cloud finit par avouer que les guerriers étaient les véritables maîtres de la tribu et qu'ils exigeaient une agence près de Fort Laramie. Ils voulaient également que Ben Mills soit leur agent, et demandaient que les marchands accrédités pour faire du commerce avec eux soient Ecoffey, Bullock, Richards et Brown. Avant d'être chassés de la Platte par l'armée, les Sioux avaient autrefois fréquenté leurs comptoirs, et ils souhaitaient maintenant reprendre les échanges avec eux, et si le Père-de-Tous envoyait à leur place des voleurs venus de l'Est, les guerriers les chasseraient. Ils avaient décidé d'établir leur agence sur le site du vieux magasin Ward & Guerrier, à quelques kilomètres à l'ouest du fort, sur la berge sud de la rivière, et n'accepteraient aucune autre proposition. Au bout de plusieurs heures de vaines palabres, Man-Afraid-of-His-Horse mit un terme au débat en déclarant : « Nous parlons trop. Donnez-nous nos cadeaux, et ne nous occupons plus de cette question. » Les émissaires du gouvernement l'approuvèrent, suggérant que les Indiens réfléchissent à un emplacement pendant l'hiver, puis reviennent au printemps faire part de leur décision. Les chefs trouvèrent cette idée ridicule, leur décision étant prise depuis longtemps.

Le 7 octobre, Brunot et Campbell se rendirent dans le camp des Oglalas avec leur convoi de cadeaux. Cinq mille Indiens les attendaient, assis ou debout, formant un immense cercle. Red Cloud demanda que les chariots soient déchargés au centre du cercle et que les présents soient divisés en quatre lots, que lui-même, Man-Afraid-of-His-Horse, Red Dog et American Horse recevraient pour leurs bandes respectives [10]. Un grand nombre de Brûlés, de Miniconjous, de Sans Arcs et de Cheyennes assistaient à la scène, l'air morose, car on leur avait dit que la distribution ne concernait ce jour-là que les Oglalas. En voyant les gros ballots rouler à terre et dévoiler leurs trésors, ces derniers ne se continrent plus de joie. Du calicot, du coton, des coupes de drap de laine, des centaines de marmites en étain (« *Hey-a-hey !* pourquoi ne sont-elles pas en fer, comme celles des soldats ? »), des milliers de couvertures (« Regarde les blanches ! Nous ne voulons pas de couvertures blanches, seulement en couleurs ! »), des vestes, des chemises, des chapeaux (« *Hey-hey* ! Nous ne sommes pas des Blancs ! Nous n'allons pas porter ça ! »), des aiguilles en acier, des alènes, des couteaux à dépecer (« Mais où sont les fusils et les munitions ? »). Après avoir réparti les marchandises en quatre grandes piles, les émissaires du gouvernement et les autres Blancs se retirèrent discrètement, laissant les Oglalas se partager l'exceptionnel butin. Quelle fabuleuse empoignade s'ensuivit ! Personne ne fut tué, mais le poney de Red Dog fut abattu par un petit chef hors de lui, qui estimait n'avoir pas reçu la part de cadeaux qu'il méritait.

Ainsi s'acheva la grande campagne de paix de Red Cloud de 1870. Une nouvelle guerre avait été évitée, et à un prix relativement bas, mais le gouvernement avait été contraint pour cela de se plier aux exigences du chef des Oglalas et de ses amis, et nul ne pouvait prévoir où cette politique de conciliation allait le conduire [11].

TROISIÈME PARTIE

L'AGENCE DE RED CLOUD

La terre sur laquelle nous vivons est envahie d'hommes blancs ; notre gibier a disparu et nous affrontons maintenant de terribles difficultés.

SPOTTED TAIL.

XI

IL FAUT ÊTRE CONCILIANT AVEC LES OGLALAS 1871-1873

À l'automne 1871, le Bureau indien envoya un agent aux Sioux de la Powder River. Ignorant les demandes de Red Cloud, qui avait répété à maintes reprises que le responsable de son agence devait être Ben Mills, de Fort Laramie, les bureaucrates de Washington choisirent pour cette tâche un certain J. W. Wham, que l'Église épiscopale leur avait recommandé comme un bon chrétien, d'une moralité irréprochable. Sans doute a-t-il été tout cela, mais il ne semble pas que ces qualités l'aient expressément désigné pour être jeté en pâture aux Oglalas ; ils étaient à cette époque aussi sauvages que des loups, et un homme imbu de préceptes religieux, lié aux milieux cléricaux de l'Est, n'avait pratiquement aucune chance de se faire entendre.

Au début des années 1870, dans toutes les tribus des Plaines, les agents avaient été nommés par les Églises. Les groupes religieux et humanistes de l'Est avaient dénoncé avec une telle persistance la seule considération de motifs politiques dans la nomination des agents, que le Congrès avait fini par voter quelques années auparavant une loi stipulant que l'affectation des agents serait désormais de la compétence des Églises. À la suite de cette loi, pratiquement tous les Sioux tétons étaient passés sous le contrôle de l'Église épiscopale, qui choisissait leurs agents parmi ses propres membres, et devenait de ce fait responsable jusqu'à un certain point de leur conduite. Mais en huit ans, ce privilège lui avait valu une telle somme de déboires qu'elle aurait été maintenant trop heureuse de laisser le Bureau indien nommer les agents et assumer leurs erreurs à sa place. Ainsi l'un de ces agents avait été poursuivi en justice pour trente-deux chefs d'accusation, dont le vol, le détournement de fonds, l'entente criminelle, la fraude, la falsification de documents officiels et la contrefaçon ; pourtant il avait la réputation d'aller deux fois à la messe le dimanche et deux fois dans la semaine et de passer le plus clair de son temps en compagnie de ministres du culte. D'autres affiliés à des groupes religieux avaient dû être renvoyés après avoir été publiquement accusés d'abus de confiance et d'indélicatesses de toutes sortes. Au cours de ces années difficiles, toutes les Églises, sans exception, avaient été contraintes d'admettre qu'il ne suffisait pas d'être un bon pratiquant pour faire un agent indien capable et honnête, et la prise de conscience de cette réalité s'était révélée très douloureuse.

M. Wham était un chrétien sincère et dévoué, un de ces amis des Indiens intimement persuadés que traités correctement et abordés avec sympathie, les Indiens accepteraient toutes les demandes raisonnables des Blancs, dans les limites de ce qu'ils pouvaient comprendre. Lorsqu'il arriva à Fort Laramie, Wham y trouva un grand nombre de Sioux. Red Cloud, Red Dog, High Wolf, Little Wound, Red Leaf, White Tail vivaient là avec leurs bandes, tous d'excellente humeur puisqu'ils recevraient des rations du fort alors que la commission de paix d'octobre 1870 leur avait signifié qu'ils n'avaient plus le droit de s'en approcher. Sans se rendre compte qu'il soulevait un point particulièrement épineux, Wham se mit aussitôt au travail, et exécutant les ordres qu'il avait reçus, il essaya de convaincre les Indiens d'accepter une agence au nord de la Platte – si loin au nord qu'une fois sur place, ils ne pourraient plus revenir rôder autour de Fort Laramie. Convoquant les chefs en conseil au fort, il proposa donc d'établir leur agence dans la vallée de la White River. Sa suggestion souleva un concert de protestations. Il découvrit alors, comme il l'écrivit dans ses rapports, que des renégats du fort (les marchands) avaient conseillé aux Sioux de ne pas remonter vers le nord sur la White River, car alors, toute la région du nord de la Platte serait bientôt envahie par les colons, qui ne tarderaient pas à s'emparer également des Black Hills. L'agent dénonça vigoureusement ces hommes sans scrupules, les accusant de chercher à maintenir les Indiens sur la Platte dans le seul but de faire du commerce avec eux ; c'était sans doute partiellement vrai, néanmoins les prédictions des marchands commencèrent à se réaliser dès que Red Cloud et les autres chefs eurent finalement consenti à s'installer sur la White River.

Lors de ces pourparlers de Fort Laramie, Red Cloud insista pour qu'on lui laissât le temps de consulter Black Twin, car il lui était impossible de donner son accord sur l'emplacement de l'agence sans en avoir discuté avec ce chef. Cette requête a vraiment de quoi surprendre : Red Cloud, considéré par le gouvernement comme le grand-chef des Sioux de la Powder River, dont la parole était supposée avoir force de loi pour les Indiens, suppliant littéralement qu'on lui accordât la possibilité de demander l'aval d'un chef dont aucun Blanc n'avait jamais entendu parler, et dont les Oglalas d'aujourd'hui n'ont conservé aucun souvenir. Black Twin qui ne signa aucun traité et ne se présenta jamais à l'agence, n'est même pas mentionné dans les chroniques d'hiver des Sioux. Il semble qu'il ait été à cette époque un chef très influent des Oglalas sauvages de la Powder River, et Red Cloud craignait de toute évidence de perdre leur soutien s'il l'offensait d'une quelconque manière.

Wham proposa un compromis : que l'agence soit située à Rawhide Butte, à soixante kilomètres au nord-est de Fort Laramie. Mais, là encore, les chefs se récrièrent, arguant que Rawhide Butte se trouvait à mi-chemin des Black Hills, et qu'ils n'acceptaient aucune agence dont l'emplacement permettrait aux Blancs de se rapprocher de leur terre sacrée. De toute évidence, les responsables du Bureau indien ne partageaient pas la conviction des hommes d'église qu'il était toujours possible de faire entendre raison aux Indiens si on les traitait amicalement ; ils avaient donné à Wham l'ordre secret de couper les rations aux Sioux s'ils refusaient de s'établir au nord de la Platte. Répugnant d'avoir recours à une mesure aussi sévère, Wham fit une dernière tentative de conciliation en demandant aux chefs si une agence sur la rive nord de la Platte leur conviendrait. Ils lui répondirent qu'il n'en était pas question. Il appliqua alors ses ordres et fit cesser la distribution des rations. Cet appel direct à leur cour suprême – leurs estomacs – convainquit rapidement les Indiens qu'ils devaient eux aussi faire des compromis. Le 29 juin, les chefs demandèrent à parler à Wham et lui annoncèrent qu'ils s'étaient mis d'accord sur l'emplacement de leur future agence : celle-ci se trouverait sur la rive nord de la Platte, à une cinquantaine de kilomètres en aval de Fort Laramie – mais quand recevraient-ils de nouveau à manger ?

Wham jubilait. Il télégraphia aussitôt à Washington pour demander que des vivres lui soient envoyées de toute urgence, mais le Bureau indien ne se soucia pas de répondre à sa requête avant le 8 juillet. Pendant ces dix jours d'attente et de faim, les Indiens se montrèrent de plus en plus nerveux, et Wham dut déployer des trésors de diplomatie pour les empêcher de partir chasser sur la Powder River, ce qui aurait définitivement ruiné le plan du Bureau indien consistant à fixer Red Cloud et ses partisans autour d'une agence afin de pouvoir les contrôler. De nombreux Sioux avaient déjà gagné le site de la nouvelle agence, où ils attendaient avec une impatience croissante l'arrivée des chariots de provisions. Enfin, vers la mi-août, Wham put y dresser son campement, tandis que les Indiens commençaient à recevoir en abondance des rations transportées par convois depuis Cheyenne, dans le Wyoming.

La première agence qui porta le nom de Red Cloud était située sur la rive nord de la North Platte, juste à l'ouest de la frontière entre le Nebraska et le Wyoming, et tout près de l'endroit où avait fonctionné de 1860 à 1864, sur la rive opposée, la vieille agence de la Upper Platte [1]. La proximité de leur ancienne agence était sans doute l'unique raison qui avait poussé les Sioux à choisir cet emplacement, car la région était loin d'être hospitalière, même pour une tribu habituée à la vie sauvage comme celle des Oglalas. Au nord de la Platte s'étendaient des collines sablonneuses arides ; Spoon Hill Creek était tout près, Rawhide Butte Creek à quelques kilomètres à l'ouest, et plus loin vers l'est on trouvait Spotted Tail Creek, ainsi que plusieurs autres petits cours d'eau. L'eau ne manquait certes pas, mais le bois était rare, et il était difficile de trouver des pâturages en nombre suffisant pour nourrir les immenses troupeaux de poneys des Indiens.

Wham avait dû accepter ce site comme le seul possible pour l'agence, car les Sioux auraient catégoriquement refusé qu'elle soit plus éloignée de Fort Laramie, et le gouvernement, de son côté, se serait tout aussi fermement opposé à ce qu'elle en soit plus proche. Il passa un contrat pour la construction des entrepôts et des autres bâtiments. Avant l'hiver, l'agence fut habitable. Elle était entourée d'une haute et solide palissade de rondins, qui s'avéra vite de la plus grande utilité. Constamment menacés par les plus sauvages des Indiens, l'agent, ses employés et les marchands ne se trouvaient en sécurité qu'à l'intérieur de leur fortin ; ils y vivaient pratiquement en état de siège, menant une existence mouvementée, et pas particulièrement plaisante. Le moindre détail inhabituel éveillait les soupçons des guerriers et risquait de déclencher leur colère. Chaque fois qu'ils apercevaient Wham sur un cheval, franchissant l'entrée de la palissade, une rumeur alarmante se répandait aussitôt comme une traînée de poudre dans les camps les plus proches. « Pourquoi l'homme blanc a-t-il pris son cheval ? Où va-t-il ? Dans les Black Hills, peut-être ? On ne peut pas le laisser faire ! » Les guerriers couraient alors jusqu'à leurs poneys, leur sautaient dessus et se lançaient au galop vers l'agent dans un grand nuage de poussière. « *Hey ! Hey !* », hurlaient-ils. « En arrière ! Demi-tour ! Vous n'avez pas le droit d'aller dans les Black Hills ! » Saisissant la bride de son cheval, ils le reconduisaient ensuite jusqu'à l'entrée du fortin, avec force menaces et en tirant des coups de feu en l'air pour l'intimider. Wham révéla dans son rapport annuel qu'il ne connaissait pratiquement pas les environs immédiats de l'agence, les Indiens interdisant à tous les Blancs de s'éloigner de leur camp retranché.

Wham venait tout juste d'arriver à l'agence, à la fin du mois de juillet 1871, lorsque les Sioux furent mis en ébullition par l'annonce qu'un convoi escorté par de nombreux Blancs se trouvait à Fort Laramie et se préparait à traverser la Platte pour remonter vers le nord jusqu'à la nouvelle agence de Spotted Tail (l'ancienne agence de Whetstone). Quand il s'était rendu à Washington, l'été précédent, Spotted Tail avait demandé et obtenu l'autorisation de déplacer son agence vers l'ouest, et à l'automne, il l'avait établie sur la White River, à quelque trois cent cinquante kilomètres à l'ouest du Missouri. Jugeant trop difficile et trop coûteux d'approvisionner l'agence à partir du fleuve, le gouvernement essayait maintenant d'ouvrir une route allant de Fort Laramie à la vallée de la White River. Bien entendu les Oglalas ne pouvaient que s'opposer avec violence à ce projet. Les guerriers prirent leurs armes, enfourchèrent leurs poneys et se mirent comme à l'habitude à s'exciter les uns les autres, lançant des « *Hey ! Hey !* » stridents, tirant des coups de feu en l'air et menaçant de tuer leur agent et ses employés. Le convoi était chargé de vivres destinés à la bande de Spotted Tail, mais cela ne faisait pour eux aucune différence. Les Blancs s'étaient engagés à ne plus pénétrer sur leur territoire, à eux de se débrouiller autrement pour nourrir et vêtir les Brûlés, même si ces derniers se trouvaient à plus de trois cents kilomètres de la base de ravitaillement la plus proche !

Spotted Tail et son agent étaient à Fort Laramie lorsque le convoi arriva, mais ils s'abstinrent prudemment de prendre la moindre responsabilité dans l'affaire. L'agent annonça qu'il ne ferait rien. Quant à Spotted Tail, il demeura parfaitement amical, mais refusa qu'une escorte d'Indiens accompagnât le convoi, affirmant que la guerre éclaterait dès qu'il aurait franchi la Platte. Paradoxalement il insista néanmoins pour que les vivres soient livrés à son agence. Quand les deux hommes furent repartis, Swift Bear, le chef des Brûlés de la bande du

Maïs qui était resté au fort, proposa ses services pour aller convaincre les autres bandes de laisser passer le convoi. D. J. McCann, le transporteur, accepta l'offre de Swift Bear et consentit à attendre huit jours avant de se remettre en route. Mais plus d'une semaine s'écoula sans que le chef donnât le moindre signe de vie. McCann demanda alors une escorte de soldats au commandant du fort, et l'obtint.

Le long de la rive nord de la Platte, de l'agence de Red Cloud jusqu'aux collines proches de Fort Laramie, les guerriers Sioux étaient prêts à se battre, ils brandissaient leurs armes, vociféraient des menaces et tournaient en cercles sur leurs poneys en soulevant des nuages de poussière, visibles sans doute à des kilomètres à la ronde. « *Hey ! Hey !* Préparez-vous tous ! Les hommes blancs et leurs chariots vont passer de notre côté de l'eau ! *Hey-ahey !* Pour l'instant ils campent, mais ils vont bientôt traverser ! Ils ne savent que mentir ! Ils ont montré ce papier à nos chefs, en disant qu'aucun Blanc ne pénétrerait plus sur nos terres, et les voilà de nouveau ! Ces soldats blancs sont toujours en train de chercher la guerre ! Laissons-les venir de notre côté de l'eau ! Nous sommes prêts à les accueillir ! »

Mais les soldats ne traversèrent pas la Platte. Richard Smith, qui représentait l'agent Wham à Fort Laramie, protesta avec véhémence auprès du commandant contre l'envoi d'une escorte militaire au nord de la Platte, expliquant qu'il en résulterait inévitablement une guerre avec les Sioux. Le commandant, qui pouvait se rendre compte sans peine du bien-fondé de cet argument, télégraphia à l'état-major pour obtenir de nouvelles instructions. Dans le même temps, Smith envoyait un message au Bureau indien, demandant si les marchandises envoyées à Spotted Tail, pour la sauvegarde de la paix, ne pouvaient pas être livrées sur la Platte. À cette époque, le Bureau indien aurait accepté n'importe quoi pour préserver cette paix, aussi donna-t-il son accord, et les chariots, au lieu de franchir la rivière pour remonter vers l'agence de Spotted Tail, prirent finalement la direction de celle de Red Cloud.

Ce convoi, que les Sioux étaient fermement décidés à empêcher de traverser la Platte, même au risque d'une guerre, transportait la livraison annuelle destinée aux Brûlés de Spotted Tail. Son chargement comprenait, entre autres choses, deux mille quatre cent cinquante paires de couvertures indiennes d'excellente qualité, deux caisses d'indienne bleue, trois de tissu écarlate, neuf d'imprimé, huit de coutil bleu, des dizaines de caisses de chemises, de chaussettes, de vestes, de pantalons et de chapeaux (marchandises aisément échangeables contre des munitions et du whisky), quarante-huit caisses de marmites, quarante-huit douzaines de haches, ainsi que de nombreux autres ustensiles. Il faut se souvenir ici qu'à l'ancienne agence de la Upper Platte, ces mêmes Indiens ne recevaient chaque année que quelques produits de base, en petites quantités, et qu'ils devaient alors se procurer la plus grande partie de leur nourriture, de leurs vêtements et de leur équipement auprès des marchands, en troquant leurs peaux de bisons et d'autres objets artisanaux. Grâce à la nouvelle orientation du Bureau indien, ils avaient maintenant droit chaque jour à de généreuses rations de bœuf, de porc, de bacon, de farine, de café, de sucre, de tabac, et on leur fournissait toutes les couvertures, les vêtements et le matériel qu'ils demandaient, y compris des toiles pour couvrir leurs tipis. Les habitants de l'Ouest, qui voyaient les guerriers se jeter avec une répugnante avidité sur tout ce qui leur était présenté, se battre sauvagement entre eux ou menacer de déclencher une guerre si les livraisons avaient du retard ou n'étaient pas assez importantes, ne pouvaient qu'éprouver du mépris et un profond dégoût pour la politique qui avait conduit à une telle situation. Quant aux Sioux eux-mêmes, la majorité d'entre eux étaient persuadés que le gouvernement américain n'agissait ainsi que parce qu'il tremblait devant leur puissance.

Les quelques Oglalas restés sur la Powder River après le départ de Red Cloud étaient essentiellement des Bad Faces, conduits par Big Road, Little Hawk et plusieurs autres chefs mineurs [2]. Au printemps 1871, ils se joignirent aux Miniconjous et aux Sans Arcs pour aller chasser sur la Rosebud et la Tongue River. Sur la Yellowstone, près du confluent de la Rosebud, ils rencontrèrent des groupes hostiles de Sitting Bull et de Black Moon et campèrent quelque temps avec eux. High-Back-Bone, qui, le 21 décembre 1866, avait commandé les Indiens lors de la bataille de Fort Phil Kearny, avait pris, en 1870, la tête d'une expédition de guerre contre les Shoshones, au cours de laquelle il avait été tué. En conséquence, pendant l'été 1871, après avoir célébré leur danse du Soleil, les Oglalas, les Miniconjous et les Sans Arcs rassemblèrent une importante troupe de guerre pour venger sa mort. Mais les Shoshones étaient des adversaires trop redoutables, aussi ces Indiens préférèrent-ils lancer leurs raids de représailles le long de la North Platte, où ils tuèrent quelques Blancs et volèrent un grand nombre de chevaux et de mulets. À l'époque, les Sioux eux-mêmes rapportèrent que le propre beau-fils de Red Cloud, de toute évidence Crazy Horse, dirigeait les Oglalas qui prirent part à ces attaques et les Blancs en conclurent tout naturellement que les pillards venaient de l'agence de Red Cloud.

En 1871, le Parti de la paix avait plus que jamais la haute main sur la direction des affaires indiennes, et ses responsables, qui prônaient comme toujours la patience, montraient parfois une stupéfiante tolérance à l'égard des Sioux hostiles. Après la signature du traité de 1868, les bandes amicales d'Oglalas et de Brûlés du sud de la Platte qui avaient refusé de quitter la région en avaient été chassées par la cavalerie de Carr. Elle avait détruit leurs camps et les avait repoussées vers le nord jusqu'à la Niobrara River. On leur avait alors expliqué que la vallée de la Platte était désormais interdite à tous les Sioux et qu'ils n'auraient plus jamais le droit d'y revenir. Cependant, au début de l'été 1871, le gouvernement allait autoriser Red Cloud à s'installer sur la Platte, non pas avec les Indiens amicaux qui avaient l'habitude d'y vivre, mais avec les bandes sauvages de la Powder River. Quelques semaines seulement après cette étrange volte-face, il dut capituler de nouveau devant la volonté des

Indiens. Après avoir vainement attendu tout l'été, à l'agence de la White River, l'arrivée de sa livraison annuelle, Spotted Tail fut informé que le chargement destiné à ses bandes se trouvait à l'agence de Red Cloud, sur la Platte. Il s'y rendit donc avec tous ses hommes ; une fois équipés et vêtus de pied en cap, les Brûlés décidèrent de retourner sur leurs anciens terrains de chasse du sud de la Platte, entraînant avec eux les Oglalas de Red Cloud et de Little Wound et les Wazhazhas de Red Leaf. Malgré les protestations de leurs agents, mille deux cents Brûlés et quatre mille huit cents Oglalas et Wazhazhas se mirent en route. Ils traversèrent l'ouest du Nebraska jusqu'à la Republican Fork, où ils chassèrent le bison pendant tout l'automne avant de dresser leurs camps pour l'hiver. Celui-là fut très froid, avec d'abondantes chutes de neige, et lorsqu'ils se trouvèrent à court de viande, les Sioux s'en procurèrent en abattant le bétail qu'ils trouvaient à proximité de leurs camps. En 1868, les humanistes du Parti de la paix s'étaient vantés de pouvoir, en quatre ans, transformer les Sioux en fermiers capables de subvenir à leurs propres besoins si le gouvernement acceptait de les nourrir dans des agences. La troisième année d'application de cette politique s'achevait lorsque Red Cloud et Spotted Tail accomplirent leur périple au sud de la Platte. Il restait un an aux humanistes pour accomplir le miracle promis, mais ils n'avaient toujours pas compris que leur tentative était irrémédiablement vouée à l'échec, les Sioux considérant le travail de la terre comme une occupation si dégradante qu'ils ne permettaient même pas à leurs squaws de s'y consacrer [3].

L'expédition de chasse de Red Cloud sur la Republican Fork, où il ne s'était encore jamais rendu, révèle de nouveaux changements chez les Oglalas suite à leur installation sur la Platte. La plupart des Bad Faces de la bande de Red Cloud étaient restés dans la région de la Powder River, seuls quelques partisans et amis proches l'ayant suivi à l'agence, mais il était maintenant à la tête de la bande des True Oglalas, qui avait représenté à une époque la bande dirigeante de la tribu. Son vieux chef, Bad Wound, était mort peu de temps après avoir rejoint les rebelles de la Powder River en février 1865, et l'année suivante ses guerriers avaient accepté l'autorité de Red Cloud. Ils l'accompagnèrent à l'agence de la Platte en juillet 1871, puis le convainquirent à l'automne de les conduire jusqu'à la Republican Fork et d'y passer l'hiver avec eux. Mais Red Cloud n'était pas réellement le chef des True Oglalas ; ils lui obéirent un certain temps puis lui tournèrent le dos. Parmi leurs propres leaders figuraient alors apparemment Sitting Bear et son fils, le jeune American Horse, qui devint plus tard le véritable chef de la bande.

L'hiver 1871-1872 fut relativement calme à l'agence de Red Cloud, la plupart des bandes les plus sauvages se trouvant loin, soit sur la Republican Fork, soit dans la région de la Powder River. Une partie des Loafers, les sang-mêlé et quelques-uns des Oglalas les plus soumis campaient près de l'agence, et l'agent Wham et ses employés firent tout leur possible pour apporter leur aide à ces brebis perdues ; ils allèrent jusqu'à payer les Blancs mariés à des squaws afin qu'ils coupent du bois et le transportent jusqu'aux camps indiens. De mémoire indienne, jamais aucun Oglala n'avait vu jusqu'alors un Blanc couper et charrier du bois pour lui. Mais à cette occasion, les hommes du camp des squaws comprirent que le gouvernement était prêt à payer n'importe quel prix pour assurer le succès de sa politique, et les plus malins se mirent aussitôt à échafauder des plans pour obtenir leur part de l'aubaine.

Tous les cinq jours, les Indiens affluaient à l'agence pour recevoir leurs rations et faire savoir à l'agent ce qu'ils pensaient de lui. Officiellement, il était responsable des Sioux et de leurs camps, mais aux yeux de ses administrés, il ne valait guère plus qu'un domestique appointé par le Père-de-Tous pour s'occuper d'eux. Ils l'appelaient « notre homme blanc » et le traitaient la plupart du temps comme un esclave, lui donnant des ordres et le menaçant des pires sévices s'il ne les exécutait pas assez vite à leur goût. Ils étaient aussi très méfiants, et chaque guerrier, s'instituant protecteur naturel de la collectivité, se croyait tenu de surveiller en permanence l'agent et ses hommes, la plus banale de leurs activités pouvant toujours dissimuler une trahison. Ainsi, quand un des employés transportait une caisse d'un entrepôt à l'autre : « Qu'est-ce que notre homme blanc trafique encore avec nos affaires ? Ne serait-il pas en train de les voler ? » Une intense agitation s'emparait alors des Indiens, et leurs chefs allaient aussitôt trouver Wham pour dénoncer l'employé malhonnête. Pourquoi l'homme blanc ne renonçait-il pas à utiliser ces crapules venues de l'Est, qui se remplissaient de toute évidence les poches aux dépens des Sioux ? N'y avait-il pas à l'agence des Blancs mariés aux femmes de la tribu, que les guerriers connaissaient bien, qui étaient leurs parents, et auxquels ils auraient au moins pu faire confiance ? Wham, qui avait appris à connaître les hommes en question, savait très bien ce qui se serait produit s'il leur avait confié la gestion des énormes stocks de marchandises placés sous sa garde. Certains d'entre eux avaient déjà construit des ranchs sur la rive sud de la Platte, où l'agent ne pouvait exercer aucun contrôle, et ils s'y livraient à un trafic illicite et fructueux : le commerce des fourrures agonisait, les peaux de bisons elles-mêmes se raréfiaient, mais le troc des marchandises du gouvernement contre de l'alcool le remplaçait avantageusement. Pendant tout l'hiver 1871-1872, des vêtements, des couvertures, de la farine, du bacon, traversèrent la Platte gelée pour revenir dans les camps sous forme de mauvais whisky. Lorsque les guerriers dessoûlaient, ils allaient se plaindre à leur agent du manque de couvertures et de nourriture : ils prétendaient avoir faim et froid, et exigeaient que leur homme blanc obtienne sans tarder quelque chose pour eux.

À l'agence, les manœuvres politiques allaient également bon train, la plupart du temps aux dépens du malheureux Wham, qui n'y comprenait goutte. Les Blancs mariés à des squaws étaient de connivence avec certains chefs, et passaient une grande partie de leur temps à élaborer des stratagèmes visant à accroître leurs bénéfices et ceux de leurs complices. Ils s'adressaient à l'agent avec une candeur désarmante, l'assurant bien sûr de leur bonne volonté, de leur désir sincère de lui venir en aide, mais chaque fois qu'il avait le malheur de suivre leurs conseils, Wham se retrouvait dans une situation inextricable, dont il avait ensuite la plus grande difficulté à se tirer. Le marchand Jules Ecoffey était parfaitement au courant de toutes ces intrigues, mais il s'en tenait soigneusement à l'écart, et il est peu probable qu'il ait été d'un grand secours pour le pauvre Wham. C'était à lui que Red Cloud avait envoyé un message secret, au printemps 1870, lui demandant de le rejoindre à la gare où il devait prendre le train pour Washington. Il était maintenant le marchand de l'agence, où ses bâtiments, ses hommes et ses dépôts étaient protégés par une seconde palissade indépendante de la première. D'origine suisse, Ecoffrey avait fait ses études à l'université de Fribourg, et son commerce avec les Sioux avait commencé près de Fort Laramie en 1854. Si Red Cloud eut un véritable ami parmi les Blancs, ce fut incontestablement Ecoffey. Après l'établissement de l'agence de la Platte, le chef oglala et le marchand suisse s'associèrent à maintes reprises le plus souvent au détriment des agents indiens.

Wham parvint à maintenir des relations amicales avec les Oglalas en se pliant à toutes leurs exigences, mais il perdit rapidement ses illusions sur la politique de paix. Aussi lui fut-il bientôt impossible de collaborer efficacement avec les humanistes de l'Est qui continuaient de tenir les Sioux pour des hommes amicaux et raisonnables, capables de se conduire correctement dès lors qu'ils étaient bien traités. En janvier 1872, il fut donc révoqué sans bruit et remplacé par un autre protégé de l'Église épiscopale, le docteur J. W. Daniels.

Daniels, tout comme Wham, était un bon et fervent croyant, ami personnel de l'évêque Whipple de l'Église épiscopale. Chargé de persuader les Oglalas de s'installer sur la White River, il se mit en route pour la Platte avec la ferme conviction qu'il pourrait accomplir sa tâche en expliquant la situation aux chefs et en faisant appel à leur bon sens. Il se rendit rapidement compte de son erreur. Lorsqu'il arriva, seuls les Indiens les plus dociles se trouvaient à proximité du fortin, et pourtant, dès qu'il évoqua l'idée d'un déplacement vers le nord, il se heurta à un refus unanime. Il s'entretint avec tous les chefs qu'il put rencontrer, mais aucun d'eux, malgré tous ses efforts, ne consentit à ce que l'agence soit transférée sur la White River.

Au début du printemps, les bandes parties chasser le bison commencèrent à rentrer à l'agence. Red Dog et ses Oyuhkpes furent parmi les premiers à réapparaître. Le fils du chef, un jeune guerrier valeureux aimé de tous, mourut à ce moment-là, et Red Dog en eut le cœur brisé. Sitôt qu'il l'apprit, Daniels lui adressa des messages de condoléances et des présents, il demanda au charpentier de l'agence de fabriquer un cercueil et offrit au chef une toile écarlate afin de recouvrir la bière. Profondément touché, Red Dog vint trouver l'agent, lui déclara qu'il était désormais son ami pour la vie et il s'engagea à le soutenir dans toutes ses entreprises, acceptant d'aller s'établir sur la White River et promettant d'employer toute son influence pour obtenir le consentement des autres chefs. Cette affaire fut habilement montée en épingle par le Bureau indien. C'était le genre d'histoire pour les écoles du dimanche que les Amis des Indiens appréciaient par-dessus tout ; elle prouvait qu'ils avaient raison de croire que les Sioux, traités d'une manière chrétienne, pouvaient être aisément conduits sur la voie de la paix et du progrès. C'était effectivement une belle histoire, mais qui n'avait pas la fin espérée. Red Dog ne tarderait pas à revenir à ses anciennes habitudes, et jusqu'à la fin de sa vie, il serait considéré par les hommes d'église comme un vieux païen sans foi ni loi.

Avec l'appui de Red Dog, Daniels essaya de circonvenir les autres chefs. Les guerriers des bandes les plus sauvages se rassemblèrent alors autour de l'agence, ils hurlèrent des menaces et tournèrent en cercles en soulevant des nuages de poussière, mais Red Dog n'était pas homme à se laisser intimider par des procédés aussi éculés. Il fit bloc avec l'agent, lui fournit des gardes du corps choisis dans sa propre bande, et l'aida à convaincre l'un après l'autre les différents chefs. Daniels mena sa campagne en distribuant de nombreux cadeaux et en faisant de multiples promesses. En avril il sembla sur le point d'avoir remporté la partie. À présent, les chefs admettaient qu'une agence située dans la riche vallée de la Powder River serait nettement plus plaisante que dans un coin perdu de la vallée de la Platte. Cependant ils craignaient les réactions des bandes vivant encore sur la Republican Fork et sur la Powder River, et ils ne voulaient prendre aucune décision avant de connaître leur opinion. Afin de les rassurer, Red Dog envoya du tabac, et un message aux guerriers de la Powder River, qui donnèrent leur approbation au transfert de l'agence.

Ce fut alors que Red Cloud revint à la Republican Fork avec ses partisans. Aller sur la White River ? N'avait-il pas déjà répété plus de quatre fois qu'il ne tolèrerait la présence d'aucun Blanc sur le territoire sioux ? Puisqu'il en était ainsi, et puisque l'agence de la Platte se trouvait elle-même à la limite du territoire indien, il n'allait plus accepter le moindre compromis et demander sans attendre sa réinstallation de l'autre côté de la rivière ! Aidés par les bandes de la Powder River, maintenant rentrées en grand nombre à l'agence, Red Cloud commença sur-le-champ à mettre son projet à exécution. Il montra une telle détermination que l'agent Daniels, affolé, envoya aussitôt un message à Fort Laramie pour demander l'aide de l'armée.

Depuis qu'ils s'étaient assuré le contrôle des affaires indiennes, en 1865, les humanistes et les groupes religieux de l'Est avaient toujours pris soin de censurer les nouvelles de l'Ouest qui ne confirmaient pas la réussite de leur politique. Ils firent la même chose au printemps 1872, dissimulant dans la mesure du possible ce qui se passait à l'agence de Red Cloud, et en lisant les rapports officiels de cette époque, personne ne peut supposer un seul instant que les Oglalas menaient alors la vie dure à leur agent. Pourtant, pendant cette période troublée, Daniels dut faire appel à deux ou trois reprises aux soldats de Fort Laramie pour protéger sa vie et celle des autres Blancs de l'agence. Après une courte crise, la tension ne tarda d'ailleurs pas à retomber. Ni Red Cloud ni le gouvernement ne souhaitaient réellement la guerre, et la question du transfert de l'agence, soit sur la rive sud de la Platte comme le demandait Red Cloud, soit sur la White River comme le souhaitait le Bureau indien, fut rapidement abandonnée. Le chef des Oglalas fut alors invité à réitérer son exploit de 1870 en se rendant à Washington avec une importante délégation, afin de mettre définitivement les choses au point au cours d'une entrevue avec le Père-de-Tous. Lors de son second séjour dans la capitale fédérale, Red Cloud se laissa convaincre de ne pas s'opposer au transfert de l'agence.

Ayant réussi à faire accepter une agence à Red Cloud, le Bureau indien était persuadé qu'il pourrait obtenir un résultat identique avec Black Moon, No Neck, Sitting Bull et les autres chefs des groupes hostiles du haut Missouri. Aussi, pendant l'été 1872, une commission de paix fut-elle envoyée à Fort Peck, dans le Montana, pour tenir des conseils avec ces chefs et les convaincre à leur tour de s'établir près d'une agence. Le docteur Daniels participait à cette commission, et tandis que Red Cloud accomplissait son voyage dans l'Est, il partit pour Fort Peck en compagnie de Red Dog, de High Wolf et d'un jeune guerrier Oglala influent nommé Wolf Ears. Durant son absence, ses employés reprirent la campagne en faveur du départ pour la White River, auquel tous les chefs présents à l'agence donnèrent bientôt leur accord. Il s'agissait essentiellement de chefs soumis, prêt à soutenir n'importe quelle proposition des Blancs en échange des cadeaux appropriés. Les employés étaient sur le point de commencer le transfert lorsque Red Cloud rentra de Washington et, oubliant sur-le-champ toutes ses promesses, il déclencha une nouvelle révolte des Sioux. Little Big Man, « un petit diable sauvage du Nord », était alors en visite sur la Platte avec une importante troupe de guerriers, et ses hommes se joignirent joyeusement au sac de l'agence. Crazy Horse et les Bad Faces de la Powder River furent aussi signalés dans la région, et profitèrent apparemment de la circonstance pour effecuter quelques petits raids dans la vallée. Red Cloud avança un curieux argument pour justifier la rupture de ses engagements de Washington de ne pas s'opposer au transfert de son agence sur la White

River : Spotted Tail avait été payé pour déplacer la sienne jusqu'à un site plus accueillant, et il exigait, lui, Red Cloud, d'être payé de la même manière [4]. À cette époque, le chef oglala était en train de perdre la confiance que les humanistes et les groupes religieux de l'Est avaient placée en lui deux ans auparavant. En 1870, les croisés de la paix l'avaient considéré comme un homme providentiel, mais en 1872, certains de leurs dirigeants commençaient à se demander si la douceur et la tolérance chrétiennes seraient suffisantes pour amener ce chef imprévisible à se conduire un jour d'une manière raisonnable.

À l'instar de Wham, Daniels perdit rapidement toutes ses illusions sur les Oglalas. À l'automne 1872, il signala dans son rapport qu'ils étaient divisés en trois groupes. Le premier, le moins important, était composé des partisans de la paix unis derrière Red Dog, qui prenait en toutes circonstances fait et cause pour l'agent et n'hésitait pas à dire en face aux fauteurs de troubles ce qu'il pensait de leur conduite. La vie de ses membres était constamment menacée. Le second groupe, plus étendu, comprenait tous les neutres, favorables à la paix, mais très conservateurs ; ses membres étaient méfiants, mal à l'aise, opposés à toute nouveauté, et auraient certainement rejoint les camps hostiles si des troubles sérieux avaient éclaté. Ces deux premiers groupes rassemblaient pratiquement tous les hommes de plus de trente-cinq ans. Le troisième, où figuraient tous les hommes de moins de trente-cinq ans, était plus nombreux que les deux autres réunis, et tous les guerriers en faisaient partie. Ses membres n'éprouvaient aucun respect pour les chefs de l'agence, et considéraient ceux des camps hostiles de la Powder River comme leurs véritables dirigeants. Ils passaient leur temps à manger, à danser, à se raconter leurs exploits guerriers et à guetter la moindre occasion de semer la gabegie. Lorsque des Indiens sauvages du Nord descendaient sur la Platte, ils se joignaient aussitôt à eux pour saccager l'agence. Daniels rapporta que six mille trois cent vingt Sioux recevaient des rations, mais qu'ils n'étaient jamais tous présents en même temps à l'agence. Certains d'entre eux étaient des Wazhazhas, des Miniconjous ou des Sans-Arcs, aussi s'avérait-il impossible de savoir exactement combien d'Oglalas s'y étaient établis. Dès que l'agence avait été ouverte, des groupes de Sioux provenant de bandes et de tribus différentes y avaient afflué, et ce brassage se poursuivit ensuite d'année en année, si bien qu'aujourd'hui des secteurs entiers de Pine Ridge sont habités par des gens qui se considèrent comme des Oglalas, alors qu'ils ne sont pas de sang oglala. En 1872, l'agence de Red Cloud comptait également mille trois cent quarante-deux Cheyennes du Nord et mille cinq cent quinze Arapahos du Nord. Ces chiffres étaient avancés par les Indiens eux-mêmes, qui refusaient catégoriquement d'être dénombrés, exigeant que le gouvernement répartît les rations en se basant uniquement sur les estimations qu'ils lui fournissaient. En rapportant ce fait, Daniels fit finement remarquer que si les Indiens étaient recensés par familles, et si toutes les distributions étaient faites directement aux chefs de famille et non aux chefs de bande, ces derniers finiraient par perdre leur pouvoir. Cette méthode fut employée par la suite, et elle permit effectivement de briser le pouvoir des chefs, mais la tribu des Oglalas se mit alors à errer comme un navire privé de gouvernail.

En conclusion de son rapport de 1872, Daniels écrivit que la situation de toutes les agences sioux de l'ouest du Missouri ressemblait à celle de Red Cloud. Il prévint ses supérieurs que si le gouvernement continuait à ne tabler que sur la tolérance pour contrôler les bandes sauvages ou sur la générosité pour faire cesser leurs brutales exactions, il y aurait un jour « un massacre qui dissiperait l'illusion que leurs instincts belliqueux peuvent être combattus par la seule bienveillance ». On peut se demander comment les hommes d'Église qui avaient choisi Daniels pour s'occuper de l'agence de Red Cloud réagirent en lisant ces mots, car pour la plupart d'entre eux, le recours à la force contre les Indiens était un crime abominable auquel ils n'osaient même pas songer.

Pendant l'été 1872, les bandes hostiles de la Powder River défirent le détachement du colonel Baker, qui escortait un groupe chargé de faire des relevés pour la ligne de la Northern Pacific, contraignant ainsi les Blancs à abandonner leur travail. Avant d'affronter les soldats, les Indiens s'étaient regroupés en un grand village pour célébrer leur danse du Soleil annuelle, à l'issue de laquelle ils prévoyaient d'aller attaquer les Crows. La vieille habitude de s'en prendre aux Crows chaque été continuait d'être religieusement observée par les Sioux sauvages et leurs alliés Cheyennes et Arapahos. Cet été-là, une troupe importante obligea les Crows à abandonner leurs terrains de chasse et les repoussa vers leur agence, autour de laquelle de petits groupes de guerriers firent ensuite des coups de main. Les Blancs de l'agence, pris au piège, étaient incapables de s'opposer aux rebelles, et les Crows commencèrent à se demander, non sans un certain mépris, si les hommes blancs n'avaient pas peur des Sioux. À en juger par le rapport de 1872 du commissaire aux Affaires indiennes, ce fut effectivement le cas de ceux d'entre eux qui siégeaient à Washington [5].

Ce même été, se répandit dans les camps de la Powder River la nouvelle du traitement de faveur dont bénéficiait l'agence de Red Cloud. Aussi, dès le début de l'hiver, des bandes d'Indiens sauvages commencèrent-elles à descendre du nord pour rendre visite à leurs parents de l'agence, « goûter à la nourriture de l'homme blanc », et aider leurs hôtes à saccager les lieux quand l'envie leur en prenait. Ils créèrent un tel désordre qu'il fallut une fois de plus faire appel aux soldats de Fort Laramie pour ramener un semblant de calme. À cette époque, le commandant de Fort Laramie était le général John E. Smith qui avait accompagné Red Cloud lors de son premier voyage à Washington en 1870. Il avait de toute évidence été nommé à ce poste parce que les autorités, qui espéraient toujours parvenir à pacifier les Indiens par la conciliation, estimaient qu'il serait moins enclin qu'un officier inexpérimenté à avoir recours à la force pour répondre aux exactions des Sioux. Quant à Red Cloud, on ne sait pas exactement où il passa l'hiver 1872-1873. Peut-être demeura-t-il à l'agence, mais il se trouvait plus vraisemblablement dans les camps de chasse de la Republican Fork. De son côté, l'agent Daniels passa la plus grande partie de son temps à essayer de convaincre les chefs restés sur la Platte d'accepter le départ pour la White River. En distribuant des rations supplémentaires et en promettant armes et munitions à tous ceux qui consentiraient à partir, il obtint finalement l'accord des bandes de l'agence, mais leurs chefs avaient peur de donner ouvertement leur approbation au transfert tant que les Sioux sauvages de la Powder River seraient présents. Les Cheyennes et les Arapahos furent nombreux sur la Platte cet hiver-là, mais ils ne prirent pratiquement aucune part aux discussions sur le déplacement de l'agence. Ils craignaient les Sioux, qui les considéraient comme des intrus dans leur agence et toléraient tout juste qu'ils viennent y manger leurs rations. Guettant le moment opportun, Daniels attendit patiemment que les bandes les plus sauvages se soient éloignées pour leur chasse d'été, puis en août 1873, il démantela l'agence et la fit transporter sur la White River avant que les chefs aient eu le temps de changer une nouvelle fois d'opinion.

La distance entre l'ancienne et la nouvelle agence était d'environ cent dix kilomètres. La piste traversait les Sand Hills, puis remontait vers le nord, en coupant Snake Creek et la Niobrara River, jusqu'à la vallée de la White River. D. J. McCann obtint une nouvelle fois le contrat pour le transport des marchandises, qui s'effectua dans ses énormes chariots tirés par de longs attelages de bœufs. Pour le dernier voyage, les chariots furent chargés d'Indiens, sans doute de pauvres familles ne possédant pas assez de chevaux pour se déplacer toutes seules. Le site de la nouvelle agence avait été choisi par les chefs eux-mêmes, mais Daniels approuva leur choix, affirmant qu'ils n'auraient pas pu trouver de meilleur emplacement dans toute la réserve sioux. Il écrivit dans son rapport que l'eau et le bois y étaient abondants, qu'il y avait de bonnes terres cultivables dans les vallées, avec de petits cours d'eau, et que d'immenses pâturages offrant une herbe excellente s'étendaient de part et d'autre de la White River, ainsi qu'entre les collines et les crêtes plus lointaines couvertes de forêts de pins. Cette description enthousiaste du nouveau territoire des Oglalas ne correspondait cependant que d'assez loin à la réalité. L'endroit était certainement hospitalier pour des bandes qui désiraient y camper, mais l'une des principales promesses qu'avaient faites les responsables de la politique indienne avait été de transformer les Oglalas en agriculteurs auto-suffisants dans un délai de quatre ans ; presque quatre années s'étaient écoulées depuis qu'ils avaient pris cet engagement, et pour développer une agriculture florissante, ils auraient difficilement pu choisir un endroit plus mal adapté. La région était connue pour ses sécheresses dramatiques et les ravages qu'y faisaient régulièrement les sauterelles ; quant aux terres cultivables mentionnées par Daniels dans son rapport, elles étaient peu étendues, de médiocre qualité et difficiles à travailler. Toutefois, il n'en restait pas moins vrai que le gouvernement avait enfin réussi à éloigner les Sioux de la Platte, et sur le moment, cet accomplissement tant espéré fut fêté comme une grande victoire. Daniels reçut une promotion et le docteur J. J. Saville, un médecin de Denver, fut choisi par l'Église épiscopale pour lui succéder à la tête de l'agence de Red Cloud. Saville arriva alors que le transfert était encore en cours, et Daniels s'empressa de lui transmettre ses responsabilités pour quitter la région au plus vite.

Red Cloud se trouvait au loin lorsque l'agence fut déplacée. Peut-être était-il de nouveau avec les True Oglalas partis chasser sur la Republican Fork en compagnie des Kiyuksas et des Brûlés de Spotted Tail. Cet été-là, leur chasse fut peu fructueuse. Il y avait encore de très nombreux bisons au sud de la Platte, mais les chasseurs blancs les massacraient par milliers, les écorchant pour prendre leurs peaux, laissant leurs carcasses pourrir au soleil. En parcourant la prairie, les Oglalas tombèrent dans une embuscade tendue par des Blancs, au cours de laquelle Whistler (*Zoh-lah*), un chef kiyuksa très amical et deux guerriers furent tués.

Les Pawnees chassèrent eux aussi au sud de la Platte pendant l'été 1873. L'année précédente, les Sioux les avaient contraints à interrompre leur chasse et à rentrer chez eux bredouilles, sans viande fraîche ni peaux. Ils avaient pour cela utilisé leur vieille ruse de guerre consistant à se cacher et à attendre que les Pawnees se soient divisés en petits groupes pour chasser, puis à surgir et fondre sur eux en bénéficiant d'une supériorité numérique écrasante. En 1873, les Sioux réitérèrent leur exploit, en portant cette fois un coup terrible à leurs vieux ennemis. Les Pawnees avaient fait une bonne chasse et s'apprêtaient à regagner leur territoire avec la viande et les peaux d'environ un millier de bisons lorsque les Sioux les surprirent. Le soleil se levait à peine, mais les Pawnees étaient déjà en route, une partie de leurs hommes s'étant éloignés pour chasser, quand mille Sioux à cheval apparurent soudainement et chargèrent leur camp, tandis que d'autres groupes de guerriers attaquaient les chasseurs. Après une vaine tentative de résistance, les Pawnees s'enfuirent, poursuivis sur plusieurs kilomètres par leurs adversaires. Plus de cinquante hommes, femmes et enfants furent tués, et une cinquantaine d'autres furent sérieusement blessés. Les Sioux s'emparèrent d'une centaine de poneys, de tous les biens des Pawnees, de la viande et des peaux, et emmenèrent avec eux onze femmes et enfants. Cette défaite sanglante des Pawnees aurait pu faire prendre conscience au gouvernement américain qu'il était de son devoir d'offrir sa protection à cette tribu amicale, dont de nombreux hommes s'étaient engagés dans les rangs des éclaireurs pawnees de l'armée où ils faisaient de l'excellent travail contre les Sioux et les Cheyennes hostiles. Le Bureau indien s'en émut effectivement, déclarant que les Sioux ne devaient plus jamais être autorisés à chasser au sud de la Platte. Mais ces paroles restèrent lettre morte : l'année suivante, en 1874, non seulement les Sioux purent revenir dans la région, mais le Bureau Indien y fit établir une base spéciale de ravitaillement pour eux, et un convoi transporta des rations jusqu'à leurs camps de chasse. Les malheureux Pawnees auraient pu attendre jusqu'à la fin des temps avant que les responsables de Washington prennent la décision de mécontenter les Sioux pour venir en aide à une tribu depuis longtemps amicale.

Pendant l'été 1873, les bandes hostiles de la Powder River ne restèrent pas non plus inactives. Les Bad Faces, conduits par le beau-fils de Red Cloud, effectuèrent des raids sur la Sweetwater et la Platte, tandis que la majorité des rebelles, regroupés près de la Yellowstone River, lançaient leurs attaques habituelles contre les Crows et s'en prenaient aux équipes d'ingénieurs de la Northern Pacific et aux soldats qui les escortaient. Le 4 août, près de la Tongue River, les Sioux tendirent une embuscade à Custer et à sa petite avant-garde, mais ils ne parvinrent pas à le prendre au piège et furent repoussés par sa contre-attaque. Le 8, les soldats découvrirent et assaillirent un grand village près du confluent de la Rosebud et le 7e régiment de cavalerie poursuivit les Indiens jusqu'à Yellowstone, qu'ils traversèrent le 10 dans des embarcations de peaux près du confluent de la Bighorn. La nuit suivante, les Sioux retraversèrent la Yellowstone et attaquèrent de nouveau Custer à l'aube, mais il les défit une nouvelle fois à la suite d'une bataille acharnée. Les escarpements dominant la berge sud de la rivière grouillaient d'Indiens qui observaient le déroulement de l'engagement. Cette troupe de guerre s'avança jusqu'à Fort Peck, avant de faire demi-tour pour regagner son point de départ.

Toujours pendant l'été 1873, cent cinquante civils du Montana, dirigés par un certain colonel Brown, explorèrent la région de la Powder River à la recherche de minerais. Les bandes hostiles les attaquèrent sur la Yellowstone, en aval du confluent de la Bighorn, mais les civils n'en poursuivirent pas moins leur route, continuant leur exploration et repoussant l'un après l'autre tous les assauts des Indiens. Il paraît honteux aujourd'hui que le gouvernement américain ait pu se montrer aussi timoré dans ses rapports avec les Sioux, alors que de petits groupes d'hommes déterminés et bien organisés pouvaient pénétrer sur leur territoire et les défier en toute impunité [6]. Lorsqu'on lui demanda un rapport spécial sur l'attitude que prendraient les Indiens de la Powder River lors de la construction de la Northen Pacific, Daniels répondit qu'ils tenteraient sans aucun doute possible d'empêcher que la ligne passât sur leur territoire, mais qu'à son avis ils n'étaient pas en mesure d'y parvenir, car ils ne possédaient pas assez d'armes et de munitions pour déclencher une véritable guerre. Lors de son dernier hiver à l'agence de Red Cloud, Daniels avait parlé avec certains leaders des bandes hostiles du Nord, parmi lesquels se trouvaient le chef Red Thunder et quatre chefs-soldats, Thin Soup (le beau-fils de Sitting Bull), des Hunkpapas, Hump Ribs (plus connu sous le nom de Hump, un fils ou un neveu du vieux High-Back-Bone), des Miniconjous, Ashes et Little Chief. Ces hommes avaient expliqué à Daniels qu'ils s'opposeraient à la construction de la voie ferrée, et qu'ils n'accepteraient aucun Blanc dans leur pays, à l'exception d'un marchand qui pourrait leur fournir régulièrement des armes et des munitions. Ils considéraient l'agent de Red Cloud comme un ami et comptaient sur son aide, car à l'instar de presque tous les Sioux sauvages, il semble qu'ils aient cru que les Blancs de la Platte et ceux de la Yellowstone appartenaient à deux tribus différentes – ils ne voyaient donc rien d'incongru dans le fait de demander des armes aux premiers pour les aider à combattre les seconds.

XII

LES INDIENS DU NORD
1873-1874

En août 1873, pendant le transfert de l'agence de Red Cloud, le marchand Jules Ecoffey eut une « altercation » avec les Indiens. Il affirma en 1875 que toute l'affaire eut pour origine un demi-gallon de whisky qu'il gardait dans un de ses chariots pour son propre usage. Des Indiens le découvrirent, et les chefs, dont certains n'aimaient pas Ecoffey, lui ordonnèrent de partir. Ils informèrent également de leur découverte le nouvel agent, J. J. Saville, qui retira aussitôt sa licence au marchand. Alors qu'Ecoffey quittait l'agence, trois cents guerriers à cheval apparurent et l'arrêtèrent dans un grand tumulte, proférant des menaces à son encontre, puis ils lui ordonnèrent de quitter la région, mais en même temps lui demandèrent de revenir avec de nouvelles marchandises et de leur donner trois dollars en échanges de peaux de bœufs. Comme il refusait, ils le chassèrent.

Cet incident devait avoir d'importantes répercussions sur la vie de l'agence. Red Cloud, qui était un ami proche d'Ecoffey, était absent cet été-là, et il semblerait que certains chefs rivaux se soient entendus avec le nouvel agent pour renvoyer le marchand avant que Red Cloud ne fût de retour pour le protéger. Saville souhaitait naturellement nommer lui-même le marchand de l'agence afin qu'il le servît fidèlement ; il ne demandait donc certainement pas mieux que d'être débarrassé d'Ecoffey, qui était l'allié de Red Cloud. Mais le petit docteur regretta ensuite amèrement de n'avoir pas plus réfléchi avant d'écouter les chefs. L'incident dressa

Red Cloud contre lui, et quelque temps plus tard, alors qu'il se trouvait à Washington pour affaires, Ecoffey présenta aux responsables de la politique indienne des témoignages accablants sur le trafic de viande de bœuf à l'agence des Oglalas. Ainsi l'agent Saville avait-il semé lui-même, dès son arrivée, le germe des plus grosses difficultés qu'il devait connaître par la suite [1].

Après avoir renvoyé Ecoffey, et désigné pour le remplacer comme marchand un de ses amis nommé Deer, Saville entreprit d'installer l'agence. Les hommes de McCann avaient déchargé sur le sol l'énorme stock de marchandises rapportées de la Platte, ils les avaient recouvertes de bâches, puis étaient repartis, laissant à l'agent et à ses nombreux employés le soin d'aller couper des arbres sur les crêtes boisées, de les acheminer dans la vallée et de construire les bâtiments. L'agence était située sur la rive sud de la White River, en amont du confluent de White Clay Creek, à environ cent dix kilomètres au nord de l'agence de la Platte et approximativement à la même distance au nord-est de Fort Laramie [2]. Son emplacement était supposé se trouver dans le Dakota, à l'intérieur de la réserve des Sioux, mais là encore le Bureau indien joua de malchance dans ses choix, car lorsqu'un relevé précis fut effectué, il apparut que l'agence était en réalité juste en dessous de la frontière, donc dans le Nebraska, et les habitants de cet État, lorsqu'ils l'apprirent, protestèrent violemment, en demandant que les Indiens soient de nouveau déplacés. Au sud de l'agence, s'élevaient les falaises et les escarpements abrupts qui bordaient la vallée de la White River, au-delà desquels s'alignaient des crêtes basses, au relief tourmenté et dont toutes les pentes étaient couvertes de forêts de pins. C'était la région de Pine Ridge [3], qui partait de la bordure des Black Hills et s'étendait vers l'ouest en suivant la frontière septentrionale du Nebraska. Au nord et au nord-est de l'agence se trouvaient les Big Badlands [4], et audelà, vers le nord-ouest, à moins d'une journée de cheval, se dressait *Pa Sapa,* les Black Hills, le cœur du pays sioux qui revêtait une telle importance pour les Indiens qu'ils s'étaient toujours farouchement opposés à ce que les Blancs y pénètrent. En 1871, les « vieux hommes blancs » (les marchands et les maris des squaws), qui étaient leurs amis et leurs parents et dans lesquels ils avaient toute confiance, avaient prévenu les Oglalas que s'ils acceptaient une agence sur la White River, les Blancs auraient envahi leur terre sacrée avant même qu'ils n'aient eu le temps de s'en rendre compte. Certains des Sioux les plus avisés se souvenaient de cet avertissement des marchands, mais les autres, comme de grands enfants qu'ils étaient, l'avaient complètement oublié. On leur avait promis plus de vivres, des armes et des munitions, s'ils consentaient à s'établir sur la White River, ils s'y trouvaient maintenant, campant au bord d'agréables petits cours d'eau, avec de la bonne herbe et du bois à profusion, et ils regardaient leur nouvel homme blanc, le docteur Saville, travailler avec ses hommes à la construction de leur nouvelle agence.

L'été et l'automne s'écoulèrent paisiblement, sans aucun incident notable. Tous les cinq jours, les Indiens se rendaient à l'agence, dressant leurs camps à proximité pour recevoir leurs rations. C'était chaque fois une occasion de réjouissances. On faisait sortir les bovins du corral, et les jeunes hommes les chassaient et les tuaient comme des bisons. L'abattage et le dépeçage prenaient peu de temps, après quoi la fête commençait. Les petits garçons circulaient dans les camps, transmettant des invitations à venir se régaler chez l'un ou chez l'autre, car chaque Indien avait maintenant les moyens d'offrir un festin à ses amis. Certaines des rations n'étaient cependant pas ou peu appréciées. La viande de porc était bonne pour les hommes blancs, qui avaient des goûts bizarres, mais les Oglalas ne parvenaient pas à la digérer, aussi la laissaient-ils sur le sol, et même leurs chiens, nourris d'abats de bœuf, ne la mangeaient pas. Comme ils ne savaient pas comment la faire cuire, les Indiens refusaient également la farine, ou alors ils ne prenaient les grands sacs que pour aller les échanger avec les Blancs mariés à des squaws contre des marchandises les intéressant davantage. Le bacon ne leur disait rien non plus, mais certaines femmes savaient comment en extraire la graisse, qu'elles mélangeaient ensuite à de la farine et faisaient cuire dans une poêle pour obtenir une sorte de galette à laquelle elles donnaient le nom de pain. Et puis le tabac n'était pas bon. Il était distribué en épaisses manoques noires, gluantes, et qui sentaient très fort. Pourquoi l'homme blanc de l'agence ne donnait-il pas à la place le tabac en feuilles jaunes qu'avaient autrefois les marchands ? Tous ces sujets de mécontentement, les chefs en discutaient des heures durant avec l'agent Saville, au cours de réunions interminables pendant lesquelles ils se montraient tantôt très amicaux, tantôt très vindicatifs. Saville avait reçu l'ordre d'effectuer un recensement, mais chaque fois qu'il abordait ce sujet, il soulevait une tempête de protestations. À l'instar des enfants d'Israël, les Oglalas refusaient catégoriquement d'être dénombrés. Ils n'avaient jamais été comptés depuis que le monde était monde, pourquoi devaient-ils l'être maintenant ? Peut-être s'agissait-il d'une sorcellerie que les Blancs essayaient d'employer contre eux ? Dès qu'il en parlait, Saville se faisait sévèrement rabrouer, et les chefs lui ordonnaient de ne plus les importuner avec cette idée, mais le petit homme-médecine blanc était stupidement entêté, et il ne cessait de revenir sur cette maudite question.

Pendant tout l'été et tout l'automne 1873, d'énormes convois de chariots livrèrent des marchandises à l'agence de Red Cloud et à celle de Spotted Tail, située en aval sur la White River. La région du nord de la Platte grouillait de Blancs. Le fournisseur de bovins du gouvernement possédait un immense troupeau sur la Platte, et plusieurs fois par semaine ses cowboys amenaient du bétail à l'agence pour la distribution de viande de bœuf. Trois routes conduisant à l'agence de Red Cloud avaient déjà été ouvertes, et on parlait d'en utiliser une quatrième [5].

L'hiver arriva, et avec lui un essaim de Sioux sauvages de la Powder River fit son apparition sur la White River. Pour les responsables du Bureau indien, ces hommes étaient des « Sioux-sans-traité », le mot hostile étant désormais banni du vocabulaire officiel, sans doute parce qu'il aurait pu laisser sous-entendre que la politique de paix n'était pas un succès total. À l'agence de Red Cloud, on les appelait plus prosaïquement les Indiens du Nord. Depuis longtemps, il étaient une véritable plaie pour les agents et pour les chefs plus amicaux, mais jamais encore ces guerriers sauvages et brutaux n'avaient eu l'occasion de montrer quelle calamité ils pouvaient représenter ; maintenant que, depuis 1873, l'agence Oglala se trouvait à peu de distance des camps de la Powder River, ils allaient en donner une preuve éclatante.

Conduits par Lone Horn, un Miniconjou, et par plusieurs autres chefs renommés, se déplaçant en petits groupes ou en bandes nombreuses, ils commencèrent à descendre du Nord avec la venue du mauvais temps, s'approchèrent tranquillement des camps de la White River, et vinrent dresser leurs tipis à côté de ceux de leurs parents de l'agence. Le petit docteur Saville ignora leur présence, jusqu'au jour où tous les Indiens se rassemblèrent autour de son fortin pour recevoir leurs rations. Alors il prit conscience de la situation. Le tumulte fut prodigieux, car les bandes du Nord ne se présentaient pas à l'agence pour mendier des vivres, mais pour formuler des exigences, et les guerriers étaient tous dans de très mauvaises dispositions, leur pays ayant été envahi l'été précédent par les soldats qui escortaient les ingénieurs de la Northern Pacific. Les Indiens ayant toujours refusé d'être recensés, le gouvernement avait dû se baser sur des données incomplètes pour calculer le nombre de rations nécessaires, et cette estimation s'avérait maintenant nettement insuffisante pour répondre aux besoins des agences de Red Cloud et de Spotted Tail. L'hiver précédent, les Indiens du Nord avaient été relativement peu nombreux dans les agences, mais à leur retour dans le Nord, ceux qui y étaient venus avaient de toute évidence répandu dans tous les camps la bonne nouvelle qu'on y distribuait de la nourriture en abondance, et en janvier 1874, plusieurs milliers de Sioux sauvages se réfugièrent dans les agences des Oglalas et des Brûlés. Selon les Indiens des agences le nombre de ces nouveaux venus s'élevait à trois cents tipis ou plus, et lorsque l'on sait qu'au même moment des bandes hostiles affluaient également dans les deux grandes agences du Missouri, il devient évident qu'en 1873, les Sioux sauvages et leurs alliés avaient choisi dans leur grande majorité de venir passer l'hiver dans les agences. Seuls quelques petits camps restèrent dans la région de la Powder River [6].

À peine arrivés sur la White River, ces Indiens du Nord, aidés par les jeunes Sioux les plus sauvages de l'agence, prirent le contrôle de la situation et se mirent à gérer les affaires communes selon leur fantaisie et leurs besoins. Les choses se déroulèrent de la même manière à l'agence de Red Cloud et à celle de Spotted Tail, et nous avons de bonnes raisons de penser que les Sioux sauvages passaient régulièrement de l'une à l'autre, obtenant des rations aussi bien chez les Brûlés que chez les Oglalas. Les humanistes de l'Est, dans leur désir obstiné de maintenir les Sioux en paix en les nourrissant généreusement, avaient créé une sorte de paradis indien sur la White River, mais la paix était loin d'y régner. Les hommes du Nord submergeaient les malheureux agents de réclamations de toutes sortes, exigeant en particulier du bœuf et des couvertures en quantités illimitées, et quand leurs demandes n'étaient pas satisfaites, ils se rassemblaient autour des fortins, armés et peints pour la guerre, et contraignaient les Blancs à leur donner ce qu'ils désiraient. Le Bureau indien ne cessait de demander à ses agents d'effectuer un recensement des bandes, et le docteur Saville, à l'agence de Red Cloud, commit l'imprudence d'essayer de dénombrer les Indiens, sans tenir compte de leur opposition manifeste à toute opération de ce genre. Il avait à peine atteint le premier camp lorsque des guerriers apparurent sur les collines et convergèrent vers lui de toutes les directions. En quelques secondes, il fut entouré d'une masse vociférante de Sioux en colère, qui firent faire demi-tour à son cheval et le reconduisirent comme un chien en laisse jusqu'à l'entrée de son fortin. Avec Little Big Man et Pretty Bear, deux féroces guerriers du camp de Crazy Horse, dans le rôle d'assesseurs, ils entreprirent alors de le faire passer en conseil de guerre. Pendant qu'ils procédaient à cette parodie de jugement, Red Cloud et Little Wound, les deux chefs les plus influents de l'agence, les rejoignirent, tenant ostensiblement leurs fusils à la main, et leur firent comprendre qu'ils ne devaient pas aller trop loin. Ce jour-là, Red Cloud sauva probablement la vie de Saville car les guerriers relâchèrent finalement le petit docteur, après l'avoir prévenu qu'ils le tueraient s'il les offensait de nouveau. Ils établirent alors une limite autour du fortin, que les Blancs ne devraient pas franchir sous peine de mort. Après cet incident, aucun des employés n'osa plus s'aventurer loin des bâtiments, même en plein jour, sans une escorte d'Indiens, dont un petit nombre avaient eu le courage de prendre ouvertement le parti de l'agent. Pumpkin Seed, le chef-soldat des Wazhazhas, offrit de constituer une garde de l'agence si ses hommes recevaient des fusils se chargeant par la culasse, expliquant que les sauvages du Nord éprouvaient le plus grand respect pour une bonne arme lorsqu'elle se trouvait entre les mains de quelqu'un qui avait de toute évidence l'intention de s'en servir [7].

C'est en octobre 1873 que les difficultés de l'agence débutèrent vraiment. Man-Afraid-of-His-Horse et certains des chefs les plus âgés tentèrent de venir en aide à l'agent, mais Red Cloud, qui se trouvait à la tête de tous les guerriers de l'agence et avait le soutien des bandes du Nord, se rangea dans le camp adverse et ne cessa d'attiser les querelles. Saville rapporta qu'il répétait à l'envi, sans se cacher, que lorsque la nouvelle herbe apparaîtrait au printemps, le temps serait venu pour les Sioux de reprendre la guerre. Red Cloud était furieux parce que l'agence avait été déplacée sans son consentement, et sa détermination à chasser tous les Blancs du nord de la Platte était plus grande que jamais. Il était intervenu pour sauver l'agent uniquement parce qu'il ne voulait pas que les hostilités commencent avant le printemps.

L'état d'esprit déplorable de la majorité des Indiens de l'agence montrait clairement à quels résultats désastreux pouvait conduire la politique de paix. La compréhension et la générosité du gouvernement, loin de les séduire, n'avaient fait que les convaincre de la pusillanimité des Blancs, et tandis que les humanistes et les hommes d'Église espéraient les transformer bientôt en de paisibles cultivateurs chrétiens, les Sioux se préparaient à revenir à leur ancienne vie nomade et à se débarrasser de ces étrangers honnis, qui avaient envahi leur pays et essayaient de les contraindre à changer leur mode d'existence.

En novembre 1873, l'agent Saville accompagna une délégation de Cheyennes et d'Arapahos à Washington et il dut certainement profiter de cette occasion pour informer le Bureau indien de cette conjoncture explosive, mais les responsables, qui avaient toujours la tête dans les nuages, ne prirent aucune mesure pour remédier à cet état de fait. Lorsqu'il regagna la White River, le 15 décembre, la situation s'était aggravée. Le jour de Noël, il offrit un grand banquet aux chefs et leur rappela une nouvelle fois que le Père-de-Tous tenait beaucoup à ce que les Indiens acceptent d'être comptés. Red Cloud, parlant au nom des Oglalas, dont le conseil l'avait informé de ce qu'il devait dire, répondit qu'il ne consentirait à un recensement que lorsque ses hommes auraient reçu les fusils et les munitions qu'on leur avait promis s'ils venaient s'établir sur la White River – ce qu'ils avaient fait. Il fut largement applaudi. Parmi ceux qui l'approuvèrent figuraient Red Dog, que Daniels avait présenté un an auparavant comme un chef gagné à la cause de la paix, et High Wolf, un autre des « espoirs » de Daniels. Les chefs amicaux, qui avaient assuré Saville de leur soutien, demeurèrent assis en silence, n'osant pas prononcer un mot. À cette époque, les guerriers se montraient de plus en plus turbulents et dangereux, et les chefs essayaient désespérément de gagner leur amitié. Chaque distribution de bœuf donnait désormais lieu à une véritable bataille : les diverses bandes s'affrontaient sauvagement pour s'emparer du bétail sortant du corral, et aussitôt le partage achevé, elles recommençaient à se quereller pour savoir quel jour devait être fixé pour la distribution suivante.

Saville soupçonnait les Indiens du Nord de pousser les Oglalas à la guerre. Selon lui, Red Cloud était déjà acquis à cette idée, mais la majorité des autres chefs de l'agence y demeuraient opposés, sans avoir pourtant le courage de s'exprimer. Lone Horn finit par annoncer que lui-même et ses amis du Nord étaient écœurés par les Sioux de l'agence, et qu'ils avaient l'intention de s'en aller. Saville, dans un dernier entretien avec lui, lui expliqua ce que contenait le traité de 1868 et lui proposa des cadeaux s'il acceptait de se soumettre à ses clauses. Un soldat miniconjou aboya alors un bref avertissement, et Lone Horn déclina l'offre de Saville. Les guerriers miniconjous tinrent ensuite un conseil, au cours duquel ils décidèrent d'envoyer des troupes de guerre faire des raids. Aussi, au début de février 1874, un groupe de plus de cent hommes se mit-il en route en direction de la Platte. Ils tuèrent le lieutenant Robinson et le caporal Coleman, qui s'étaient égarés alors qu'ils escortaient un convoi de bois de Laramie Peak à Fort Laramie. Ils abattirent également un homme nommé King sur la Laramie Fork, et le conducteur d'attelage Gray dans la vallée de la Niobrara. Ils volèrent en outre un grand nombre de mulets et de chevaux.

Bill Rowland, qui avait épousé une Cheyenne et avait été employé comme interprète pour les Cheyennes à l'agence de Red Cloud, raconta une histoire qui se déroula vraisemblablement au moment où les troupes de guerre des Indiens du Nord commencèrent à lancer des raids au sud de la White River. À cette époque, le fortin, encore inachevé, ne comportait pas de porte, on ne pouvait donc pas s'abriter derrière ses murs. Un jour, les employés de l'agence entendirent des chants ; courant jusqu'à l'entrée, ils découvrirent une colonne de deux à trois cents Sioux à cheval, disposés par rangées de quatre, qui avançaient lentement vers eux en chantant des hymnes guerriers. Ces cavaliers étaient tous armés et peints, à la queue de leurs poneys étaient attachées des plumes d'aigle, comme pour les expéditions de guerre. Les Blancs se précipitèrent aussitôt dans les bâtiments et en barricadèrent les portes derrière eux. À peine s'étaient-ils mis à l'abri que les Indiens entrèrent dans le fortin en chantant, en hurlant et en déchargeant leurs fusils. Ils commencèrent à tourner en rond dans l'enceinte, en s'excitant mutuellement par des cris jusqu'à ce qu'ils aient apparemment perdu tout contrôle d'eux-mêmes, tirant sur toutes les fenêtres et manquant de peu d'abattre certains des employés cachés dans les bâtisses, qui n'osaient pas employer leurs armes pour les repousser. Finalement, les Sioux se ruèrent hors du fortin et disparurent dans les collines. Cette exhibition tapageuse évoquait fortement les parades auxquelles se livraient souvent les Indiens avant de se mettre en route pour une expédition importante, et il est probable que les hommes décrits par Rowland furent ceux qui attaquèrent les Blancs sur la Platte après avoir quitté l'agence.

À la suite de cet incident, toujours selon Rowland, Saville fit construire une lourde porte de bois et ordonna qu'elle demeurât fermée le plus souvent possible. Par une nuit sombre, un guerrier du camp de Lone Horn transporta des rondins jusqu'au pied de l'enceinte, grimpa dessus, franchit la palissade et atterrit dans la cour intérieure, où il se mit à appeler pour faire sortir Saville. Mais l'agent ne dormait pas cette nuit-là dans la petite pièce attenante au bureau, et ce fut son homme de confiance, Frank Appleton, qui ouvrit la porte. Il se tenait dans l'entrée, une lampe à la main, lorsque le Sioux se rua sur lui, l'abattit d'un coup de pistolet et prit la fuite. Le lendemain, une troupe sauvage vint tourner autour du fortin en tirant des coups de feu, mais les Blancs avaient demandé l'aide des chefs les plus responsables, et un important groupe de guerriers montait la garde autour du bâtiment. Le meurtre d'Appleton avait décidé les Indiens de l'agence à agir, ils protégèrent dorénavant l'agence nuit et jour, faisant savoir aux fauteurs de troubles qu'ils étaient prêts à se battre pour défendre leur homme blanc.

Selon Rowland, la mort d'Appleton convainquit également Saville qu'il n'éviterait désormais le pire qu'en faisant appel à l'armée. Rowland s'offrit comme volontaire pour porter un message à Fort Laramie – une mission que peu d'hommes, dans ce contexte, auraient eu le courage d'accepter. Les camps indiens pullulaient à des kilomètres à la ronde, et de petits groupes de guerriers circulaient pratiquement sans cesse dans la région, prêts à tuer sans hésiter tout Blanc qui leur serait tombé entre les mains. Rowland choisit une jument rouanne, rapide et endurante, et se glissa discrètement hors du fortin aux environs de minuit. Il devait se montrer extrêmement prudent pendant les quinze ou vingt premiers kilomètres, car il était entouré de camps ennemis, et le moindre bruit aurait signalé sa présence. À trois ou quatre reprises, il dut passer très près d'un camp, mais il ne fut pas découvert, et après avoir franchi sans encombre la zone la plus dangereuse, il put presser l'allure de sa monture. Trois fois dans la nuit, il mit pied à terre, dessella la jument et lui permit de se rouler sur le sol pour se rafraîchir. Lorsque le jour se leva, il ne se trouvait plus qu'à trente kilomètres de la Platte. En suivant le lit d'un cours d'eau asséché, il vit alors dans le sable blanchi par le gel les empreintes fraîches de trois poneys, qui étaient passés moins de quinze minutes plus tôt dans le ravin. Il redoubla de précautions, avançant très lentement, surveillant attentivement les alentours, conscient qu'avec sa monture épuisée il ne pourrait pas échapper à des poursuivants ; mais il ne rencontra pas les cavaliers indiens, franchit la Platte glacée et finit par atteindre Fort Laramie. Ayant attaché la jument devant le magasin du fort, il se rendit directement au bureau du commandant et remit le message de Saville au général Smith. Le texte était daté de la veille, à onze heures du soir, et il était huit heures du matin. « Vous devez avoir monté un excellent cheval », dit le général. « Êtes-vous fatigué ? » « Non, Monsieur, répondit Rowland, je ne suis pas fatigué pour l'instant, mais j'admets que je le serai dans un moment. » En conclusion du récit de son épopée, Rowland affirme que les soldats se mirent en route dès le lendemain matin, mais trente ans s'étaient écoulés depuis l'événement lorsqu'il raconta son histoire, et sur ce point sa mémoire se révèle défaillante.

À cette époque, en février 1874, les grands prêtres de la politique de paix – les membres du Bureau des commissaires indiens – étaient réunis à Washington. Ils venaient tout juste de célébrer le succès grandiose de leur politique de tolérance lorsqu'ils apprirent – on devine avec quelle stupéfaction mêlée d'horreur – que les agents des Oglalas et des Brûlés avaient fait appel à l'armée pour rétablir l'ordre sur la White River. Les hommes de Washington ne pouvaient pas s'opposer à l'intervention des militaires, mais il ordonnèrent qu'une enquête soit menée sur place, et puisque les agents avaient été choisis par l'Église épiscopale, ils désignèrent un évêque de cette Église pour la conduire, de toute évidence avec l'espoir qu'il exigerait la révocation des hommes qui avaient osé demander l'aide de la troupe contre les Indiens.

Le général Smith ne partit pas pour la White River avec un petit détachement de soldats, que les Sioux auraient été tentés d'attaquer et auraient pu aisément déborder. Sa colonne comprenait six compagnies de cavalerie et huit d'infanterie, ainsi qu'un important convoi de ravitaillement. Il était prêt à livrer une bataille frontale, et tous ceux qui ne connaissaient pas bien les Sioux s'attendaient à ce qu'ils relèvent le défit. Prévenus très tôt de l'approche des soldats par les petits groupes de guerriers qui erraient au nord de la Platte, les Indiens des deux agences avaient deux ou trois jours devant eux pour se préparer à l'affrontement, mais tout ce qu'ils firent fut de se diviser en factions antagonistes et de se disputer violemment sur la conduite à tenir, allant presque jusqu'à se battre entre eux. Certains des hommes du Nord souhaitaient attaquer la colonne, d'autres voulaient tuer tous les Blancs des agences, brûler les bâtiments et se replier ensuite sur la Powder River, mais la plupart des Oglalas et des Brûlés des bandes amicales semblent avoir été favorables à la paix, et poussés à bout par les provocations des partisans de la guerre, ils prirent le parti de soutenir les agents. Il y eut des scènes terribles dans les deux agences, mais quand les soldats s'approchèrent, les Indiens du Nord, qui avaient causé tant d'ennuis et s'étaient montrés si belliqueux, démontèrent leurs tipis et prirent soudainement la fuite, allant chercher un refuge provisoire dans les Badlands. Red Cloud et une partie des Oglalas de l'agence partirent avec eux.

Rowland raconte que lorsque la colonne ne se trouva plus qu'à quelques kilomètres de l'agence, il demanda l'autorisation de partir en avant pour retrouver sa famille. Peut-être espérait-il aussi que les Indiens n'étaient pas au courant de sa mission, et que s'ils ne le voyaient pas en compagnie des soldats, il pourrait continuer à avoir de bonnes relations avec eux. Mais il n'eut pas le temps d'aller bien loin car Fisher, un Cheyenne de la famille de sa femme, apparut et lui fit signe de s'arrêter. Fisher lui expliqua que les Cheyennes sauvages savaient qu'il était allé chercher l'armée, qu'ils voulaient le tuer, et qu'il l'avait attendu dans les collines pour le prévenir. Rowland rejoignit alors prudemment la colonne de Smith. Quelque temps plus tard, il faillit être assassiné par un Cheyenne du nom de Crawls-in-the-Water, qui pénétra chez lui en pleine nuit et lui tira dessus à bout portant. Rowland parvint à dévier le coup et abattit son agresseur, puis il alla se réfugier à Camp Robinson. Saville, prenant tous ses hommes avec lui, sortit du fortin et secourut la femme et les enfants de l'interprète, mais les Indiens incendièrent sa maison et son foin [8].

Le général Smith établit ses quartiers dans le fortin de l'agence, fit placer des sentinelles autour de l'enceinte, et avertit les chefs que ses hommes avaient l'ordre de tuer tout Indien qui tenterait de franchir leur cordon. Des crieurs coururent dans les camps pour annoncer la nouvelle : « Ne vous approchez pas des soldats blancs ! Le chef des soldats blancs a dit à ses guerriers de tirer si les Sioux viennent trop près d'eux ! Ne vous approchez pas des soldats blancs ! » Quelques jeunes guerriers s'avancèrent à cheval jusqu'aux sentinelles, plaçant leurs poneys sur leur chemin pour les empêcher de faire leur ronde, mais les officiers se contentèrent d'écarter les animaux et de sermonner les coupables, en leur enjoignant de ne pas recommencer. De toute évidence, personne ne désirait prendre la responsabilité du premier coup de feu, et la situation se détendit progressivement. Après quelque temps, les militaires quittèrent le fortin et allèrent s'établir sur la White River, à environ deux kilomètres en amont.

Leur camp fut appelé Camp Robinson, en l'honneur du lieutenant du 14e régiment d'infanterie qui avait récemment été tué par les Sioux près de Laramie Peak. Il devint rapidement évident que l'armée serait appelée à rester sur les lieux, et la construction d'un fort fut bientôt entreprise.

Au début du mois de février, les raids des Sioux sauvages sur la Platte avaient causé un émoi considérable parmi les populations du Wyoming et du Nebraska, qui avaient exprimé ouvertement leurs craintes d'une insurrection des tribus des Plaines. Par ailleurs, certains journalistes avaient répandu le bruit que les agents des Oglalas et des Brûlés gardaient par devers eux les rations destinées aux Indiens, que ceux-ci mouraient de faim, et qu'ils n'attaquaient des ranchs que parce que c'était le seul moyen pour eux d'obtenir de la nourriture. Les Indiens du Nord contrôlaient en fait totalement les agences de la White River, empêchant les agents de sortir de leurs fortins et les contraignant par des menaces incessantes à leur distribuer de la viande et des couvertures en quantités illimitées. C'est dans ce contexte que le Bureau indien, ne comprenant pas comment les agents avaient pu en arriver à faire appel à l'armée, demanda à l'évêque Hare et à trois autres hommes d'aller enquêter sur place. Dès leur arrivée, les envoyés de Washington tinrent des conseils avec les chefs dans les deux agences, ce qui donna une nouvelle occasion aux Indiens de montrer leur force et leur détermination. De toutes ses années passées avec les Sioux, Hare déclara plus tard n'avoir jamais été plus en danger que lors de ces quelques jours sur la White River. Protégée par un petit détachement de cavalerie, la commission était entourée de plusieurs milliers de guerriers armés, qui hurlaient et tiraient des coups de feu en l'air, attendant de toute évidence avec impatience que leurs chefs donnent le signal du massacre. Mais si les chefs étaient eux aussi furieux et menaçants, ils eurent du moins la sagesse de ne pas laisser leurs hommes attenter à la vie des délégués.

La commission Hare lava les deux agents de tous les soupçons qui pesaient sur eux, et fit un compte rendu objectif des méfaits dont les Sioux du Nord s'étaient rendus coupables sur la White River en décembre 1873 et en janvier et février 1874. Elle approuva également l'intervention de l'armée, une position qui valut à l'évêque Hare d'être violemment attaqué par les Amis des Indiens : à leurs yeux les soldats n'étaient que des bouchers et le recours à la force armée contre les tribus passait pour un crime injustifiable. Hare était un homme de paix, mais ce qu'il vit et entendit dans les deux agences le convainquit que la présence de l'armée était indispensable pour maintenir le calme et l'ordre dans la vallée de la White River. Sans la protection des soldats, les agents seraient rapidement transformés en esclaves des Indiens, et les agences ne tarderaient pas à devenir les foyers d'une nouvelle guerre.

Le gouvernement avait créé les agences de la White River avec l'espoir d'y attirer les Sioux des camps hostiles, qui viendraient recevoir des rations et finiraient par s'y établir, écartant ainsi progressivement le risque d'un conflit dans la région. La commission Hare constata que les rebelles affluaient effectivement par milliers dans les agences de Red Cloud et de Spotted Tail, mais que loin de s'y installer paisiblement, comme les utopistes l'avaient imaginé, ces Indiens du Nord déstabilisaient leurs parents des agences, créant une situation qui risquait de dégénérer rapidement en guerre ouverte, non plus sur la lointaine Powder River, mais à proximité des zones habitées du Wyoming et du Nebraska. En conséquence, l'évêque Hare et ses compagnons suggérèrent d'une part d'ouvrir une nouvelle agence pour les Sioux sauvages, au nord des Black Hills ou près de la Powder River, et d'autre part d'inviter certains de leurs chefs à Washington, où de meilleures conditions de paix pourraient être négociées. Cette proposition reçut l'approbation du Bureau indien, et la commission Hare fut chargée de la mettre en œuvre.

Le gouvernement avait payé très cher la politique de paix qui lui avait été imposée depuis 1865 par les humanistes et les groupes religieux de l'Est. Outre qu'il avait dépensé des sommes considérables pour l'appliquer [9], il avait autorisé les partisans de la paix à dicter les termes du honteux traité de

1868, et quand tous les chefs sioux, à l'exception des plus abjectement soumis, avaient rejeté ce traité qui leur accordait pourtant tout ce qu'ils demandaient, il leur avait envoyé des hommes pour les convaincre et les corrompre, en leur offrant des cadeaux, des armes, et des munitions. Il avait aussi supporté les caprices de Red Cloud et des autres chefs, et capitulé devant les exigences extravagantes que les Sioux avaient manifestées dans toutes les nouvelles agences. Maintenant, au printemps 1874, il semblait que quelque chose de bon allait enfin pouvoir sortir de tous ces errements, car si les bandes hostiles acceptaient une agence près des Black Hills, elles changeraient peut-être de mode de vie et s'assagiraient peu à peu, et ainsi le risque d'une autre guerre sur la Powder River serait définitivement écarté. Mais au moment même où la commission Hare rédigeait son rapport, plus haut sur le Missouri, dans le Dakota, la nouvelle que de l'or avait été découvert dans les Black Hills se répandait rapidement parmi les Blancs. Lorsqu'il rentra chez lui, à Yankton, l'évêque Hare apprit que le général Custer s'apprêtait à diriger une expédition militaire d'exploration des Black Hills, et que des groupes d'orpailleurs se formaient dans plusieurs villes du Missouri, avec l'intention évidente d'avancer dans le sillage de la colonne de Custer et de s'installer dans la région pour y prospecter.

Le 9 juin, Hare écrivit au président Grant, lui rappelant qu'après avoir entériné le rapport de sa commission, le gouvernement avait décidé de faire un effort particulier pendant l'été 1874 pour apaiser les Indiens du Nord et les convaincre d'accepter une nouvelle agence. Il l'informa également que les journaux de l'Ouest publiaient depuis quelque temps de nombreux articles « incitant le public » à pénétrer dans les Black Hills à la suite des soldats. Si l'opération de Custer n'était pas annulée, expliquait Hare, le pays des Sioux serait rapidement envahi par un essaim d'aventuriers malgré la promesse solennelle du gouvernement ; il deviendrait alors totalement vain d'espérer s'entendre avec les bandes hostiles du Nord, et la guerre ne tarderait pas à éclater. Quelques jours avant d'écrire cette lettre, à Washington, Hare s'était entretenu avec Grant qui avait approuvé l'idée de proposer une agence aux Sioux du Nord. Lorsqu'il avait ensuite été informé du projet de Custer, Hare avait d'abord envoyé une lettre de protestation au secrétaire à l'Intérieur, mais celui-ci, qui ne pouvait pas ou ne voulait pas s'opposer à l'expédition dans les Black Hills, s'était contenté d'« inviter » l'évêque à s'adresser au président. Cet incident prouve de façon certaine que le gouvernement avait été prévenu à temps de ce qui se passerait si Custer était autorisé à s'aventurer dans les Black Hills. S'il n'en a pas été empêché, c'est qu'il était soutenu dans cette affaire par des hommes et des groupes de pression très puissants, qui n'hésitaient pas à courir le risque d'une nouvelle guerre indienne pour satisfaire leurs intérêts. L'envoi d'une colonne de soldats dans les Black Hills était une violation flagrante du traité de 1868, et sachant que le secrétaire à l'Intérieur et le Président avaient été dûment avertis de ses conséquences par l'évêque Hare, nous ne pouvons qu'en conclure que cet acte d'hostilité, loin d'être un accident, fut délibérément préparé et exécuté. Apparemment le Congrès et l'opinion publique commençaient alors à se lasser de cette politique de conciliation consistant à acheter la paix sans jamais l'obtenir, et ils n'étaient plus disposés à voler au secours des humanistes chaque fois qu'ils se plaignaient des menaces pesant sur la politique de paix. Les habitants de l'Ouest et certains groupes de l'Est, comme les promoteurs de la Northern Pacific, attendaient impatiemment depuis des années ce changement des mentalités, et ils ne furent pas longs à saisir l'occasion, faisant pression sur les membres du Congrès et du gouvernement pour les inciter à modifier leur politique indienne.

L'expédition de Custer fut présentée comme une action purement militaire, dont l'objectif était de reconnaître des routes et de chercher des sites favorables pour l'établissement de futurs forts. Ce travail d'exploration avait déjà été effectué en 1859 et 1860 par le capitaine W. F. Raynolds, et lorsqu'on lit les deux rapports sur les Black Hills, on peut se rendre compte que celui de Raynolds fournissait à l'armée toutes les informations d'ordre stratégique dont elle avait besoin, tandis que celui de Custer concernait surtout les possibilités d'exploitation minière, forestière et agricole de la région, ce qui révèle assez clairement quelles influences avait été à l'œuvre pour convaincre le gouvernement et organiser l'expédition de 1875.

Custer partit de Fort Lincoln, près de Bismarck, dans le Dakota du Nord, avec le 7e régiment de cavalerie, des mitrailleuses Gatling, quelques pièces d'artillerie, deux compagnies d'infanterie, soixante éclaireurs indiens et un petit aréopage de savants et de journalistes. Sa colonne regroupait au total mille deux cents hommes et cent dix chariots. Un groupe de prospecteurs avait été autorisé à l'accompagner. Il regagna Fort Lincoln après un périple de soixante jours, pendant lequel il expédia de longues dépêches dans lesquelles il décrivait avec enthousiasme les richesses de la région. Les journalistes qui voyageaient avec lui envoyèrent également de nombreux messages, qui furent évidemment publiés dans les journaux de l'Ouest, informant le public que dans les Black Hills, « l'herbe poussait pratiquement sur de l'or ».

À la suite de cette campagne, des groupes de chercheurs d'or se préparèrent ouvertement à envahir la terre sacrée des Sioux. L'un d'eux, qui partait du Montana, fut arrêté par l'armée, mais un autre, qui venait de Sioux City, atteignit les Black Hills et se mit aussitôt à prospecter. Avant que les premiers gels aient durci le sol, ces hommes trouvèrent assez d'or pour décider de rester et d'hiverner dans French Creek, près de Harney Peak. Les soldats tentèrent plus tard de les contraindre à quitter le territoire indien, mais ils s'y trouvaient encore lorsque de nouveaux groupes commencèrent à arriver au printemps 1875. Les Sioux, en particulier ceux de l'agence de Red Cloud, qui étaient les plus proches des Black Hills, réagirent avec colère à cette invasion. Ils appelaient Custer le « Chef-de-tous-les-Voleurs », et sa route pour les Black Hills la « Piste-des-Voleurs ». Ils menacèrent d'attaquer les Blancs s'ils n'étaient pas tenus à l'écart de leur pays. En novembre 1874, le commissaire aux affaires indiennes expliqua tranquillement que les rapports exagérément enthousiastes de l'expédition Custer avaient été corrigés par des informations plus fiables, qui indiquaient qu'il n'y avait pas d'or en quantité suffisante dans les Black Hills, et que la région était sans valeur pour le développement de l'agriculture. En conséquence, si l'armée et les Indiens ne parvenaient pas à repousser les prospecteurs, ceux-ci, faute d'y trouver ce qu'ils étaient venus y chercher, ne tarderaient pas à partir d'eux-mêmes. Ce responsable qui jouait les autruches d'une manière si complaisante n'allait pas tarder à se retrouver brutalement la tête hors du sable, confronté à la réalité qu'il n'avait pas voulu voir.

En mars 1874, après l'arrivée des soldats et la fuite des Indiens sauvages dans les Badlands, au nord de la White River, l'agence de Red Cloud connut une période d'apaisement. L'armée alla s'installer environ deux kilomètres en amont sur la White River et commença à construire un fort. Les bâtiments de l'agence furent également achevés. Une palissade de bois de 3 m de haut entoura un enclos de 33 m de large et 66 m de long. À l'intérieur de cette enceinte se trouvaient un entrepôt de 300 m^2, avec une aile de 200 m^2, une grange de 300 m^2, trois bureaux de 25 m^2, quatre chambres de la même dimension pour les employés, et le logement de l'agent, composé de deux étages de 80 m^2 chacun. Deer, le marchand, avait son propre fortin et ses bâtisses près de l'agence, et une scierie à eau fonctionnait sur la White River toute proche. Cette scierie avait primitivement été installée dans la forêt, à une quinzaine de kilomètres des autres bâtiments, mais il avait fallu la réinstaller à proximité de l'agence pour éviter qu'elle soit détruite par les bandes hostiles.

En 1874, les Blancs resserrèrent l'étau autour des Oglalas. L'armée s'implantait à demeure sur la White River en construisant un fort près de l'agence de Red Cloud. Au nord, Custer sillonnait les Black Hills à la tête d'une colonne de plus d'un millier d'hommes. Une commission devait également arriver pour acheter aux Sioux leurs droits de chasse, de manière à ce qu'ils ne puissent plus revendiquer la libre jouissance des terrains situés au sud de la Platte, où même de ceux qui s'étendaient entre la Platte et la White River. Pendant l'été, la frontière septentrionale du Nebraska fut reconnue, et quand les arpenteurs s'aperçurent que les agences de Spotted Tail et de Red Cloud se trouvaient au sud de la ligne de démarcation avec le Dakota, les habitants du Nebraska protestèrent violemment. Leurs élus demandèrent alors que les deux agences soient transférées au-delà des limites de l'État. Les Big Badlands, au nord de la White River, étaient considérées par tous comme une terre bien assez bonne pour les Sioux. Personne ne proposa de leur laisser les Black Hills pour y vivre en permanance. Une des innombrables commissions que le gouvernement envoya dans la région eut la brillante idée de résoudre le problème posé par l'emplacement des agences en transférant toute la nation sioux loin vers le sud, dans le Territoire Indien, mais lorsque cette suggestion leur fut faite, les bandes de l'agence de Red Cloud la repoussèrent sans même vouloir en discuter. Finalement, il fut décidé que les Oglalas et les Brûlés resteraient pour l'instant où ils se trouvaient. Les chefs de l'agence de Red Cloud, pour leur part, avaient leur propre solution à cet épineux problème de frontière : ils proposèrent solennellement à la commission que les poteaux des arpenteurs soient déterrés, transportés dans des chariots, puis replantés au milieu du lit de la Platte River. C'était là qu'ils voulaient que soit fixée la frontière entre le Nebraska et le territoire des Sioux, de façon à ce qu'aucun Blanc n'ait plus le droit de s'établir au nord de la Platte.

Les quatre années à l'issue desquelles les humanistes de l'Est avaient promis que les Sioux seraient éduqués et transformés en agriculteurs auto-suffisants s'étaient achevées en 1873. En mai 1874, les Oglalas tinrent un grand conseil sur ce sujet, et après d'interminables disputes, ils décidèrent de protéger désormais ceux d'entre eux qui désireraient cultiver la terre. Jusqu'alors, les jeunes guerriers avaient menacé de sévices, voire de mort, tout Oglala qui osait seulement toucher à un instrument aratoire. L'agent Saville convainquit vingt-cinq hommes de s'inscrire comme fermiers, et ceux-ci acceptèrent courageusement de laisser leurs épouses tenter l'expérience. L'agronome de l'agence, qui avait été si longtemps payé à ne rien faire, mit ses employés blancs au travail, leur ordonnant de construire un petit barrage sur la White River, de creuser un fossé d'irrigation et de labourer quelques acres de terrain. Les femmes indiennes firent des plantations dans leurs jardinets, entamant le processus qui allait leur devenir si familier au cours des années suivantes : elles prirent grand soin de leurs petits carrés, attendirent avec impatience l'apparition des premières pousses, puis vers le milieu de l'été virent tous leurs espoirs anéantis par la sécheresse et les sauterelles.

En 1874, les Sioux du Nord arrivèrent à l'agence plus tôt que les années précédentes. Les premières bandes apparurent dès septembre, et en octobre elles étaient toutes présentes sur la White River, aussi hostiles qu'à l'ordinaire et commençant aussitôt à fomenter des troubles. L'invasion de *Pa Sapa* par Custer agitait encore les esprits, et il fut question d'envoyer une troupe de guerre contre les chercheurs d'or qui continuaient à prospecter dans les Black Hills. La présence des soldats à proximité de l'agence retint cependant les guerriers les plus sauvages, et tout aurait pu se passer presque sans heurts si Saville, par un acte qui sembla tout à fait bénin sur le moment, n'avait pas provoqué involontairement la colère des Indiens.

En octobre, il décida de faire dresser un mât de drapeau à l'intérieur du fortin. Qu'il ait simplement souhaité voir flotter la bannière étoilée sur l'agence ou qu'il se soit entendu avec les officiers de Camp Robinson pour utiliser le drapeau comme un appel à l'aide en cas de crise, les témoignages recueillis en 1875 ne permettent pas de répondre à cette question. Comme le fort était visible de l'agence, hisser les couleurs sur celle-ci aurait très bien pu être un signal convenu avec les soldats. Le 22 octobre, les employés de Saville allèrent couper un grand pin dans les collines, l'ébranchèrent et le rapportèrent à l'agence. Les Indiens virent le mât gisant dans la cour de l'enceinte et demandèrent à quoi il devait servir. On leur répondit que l'agent avait l'intention d'y monter un drapeau. Ils allèrent aussitôt en informer leurs chefs, qui arrivèrent peu de temps après pour tenir un conseil avec Saville. Ils lui expliquèrent qu'ils ne voulaient pas de drapeau sur leur agence, qu'elle était à eux et qu'elle ne devait pas arborer de drapeau, ni rien de ce que les soldats avaient sur leurs forts. L'agent ne prit pas leurs protestations au sérieux, et sitôt le conseil achevé, ordonna à ses hommes de se remettre au travail.

Le lendemain 23 octobre, les Sioux sauvages affluèrent en grand nombre à l'agence. Ils pénétrèrent dans l'enceinte, s'assirent dans la cour et observèrent en silence, le visage fermé, les employés blancs qui continuaient de préparer le tronc. Quelqu'un remarqua qu'ils étaient peints et armés et fit appeler Saville. Celui-ci eut à peine franchi la porte de son bureau que les guerriers bondirent sur leurs pieds, se précipitèrent en hurlant sur le mât, qui reposait toujours sur le sol, et se mirent à le tailler en pièces à coups de haches et de tomahawks. Saville leur cria d'arrêter, mais ils ne lui prêtèrent aucune attention. Il courut jusqu'au bureau où se trouvaient Red Cloud et Red Dog et les pria instamment d'intervenir, mais ils s'y refusèrent, soit parce qu'ils avaient peur de s'opposer aux guerriers, soit parce qu'ils approuvaient leur action. Perdant la tête, Saville ordonna alors à un de ses employés de galoper jusqu'au fort pour demander de l'aide. L'homme sortit à pied du fortin, prit un cheval et s'éloigna aussi discrètement que possible, mais les Indiens, se rendant compte d'une manière ou d'une autre que l'agent avait envoyé chercher les soldats, se ruèrent hors de l'enceinte, sautèrent sur leurs poneys et regagnèrent précipitamment leurs camps, qui s'étendaient à des kilomètres à la ronde autour de l'agence.

À Camp Robinson, le lieutenant Emmet Crawford reçut l'ordre de partir sur-le-champ, à la tête d'un détachement qui ne comptait que vingt-six cavaliers. En descendant la vallée de la White River, il aperçut au loin une masse grouillante d'Indiens rassemblés autour du fortin, tandis que des bandes et de petits groupes de guerriers venus de toutes les directions dévalaient les collines et convergaient vers l'agence. Dès qu'ils virent les soldats, les Sioux se portèrent à leur rencontre au galop, en poussant des cris de guerre et en tirant des coups de feu, puis ils obliquèrent à la dernière seconde et se mirent à tourner en cercles autour du détachement. Crawford et ses hommes continuèrent d'avancer, entourés d'une nuée de plusieurs centaines d'Indiens surexcités, au milieu d'un immense nuage de poussière et de fumée. Quelques jeunes guerriers commencèrent alors à se rapprocher, lançant leurs poneys affolés contre les chevaux des soldats avec l'espoir de les forcer à se battre. Un seul coup de feu tiré par les Blancs à ce moment-là aurait suffi à déclencher une tuerie générale, et la bataille semblait désormais inévitable lorsqu'une nouvelle troupe de Sioux apparut dans les collines, se dirigea rapidement vers le détachement, franchit le cercle des guerriers, fit volte-face et commença à repousser les assaillants à coups de fouets et de massues. C'étaient des Indiens de l'agence, dirigés par Young-Man-Afraid-of-His-Horse, le chef-soldat des Oglalas, et le jeune Oglala Sitting Bull *, le neveu de Little Wound. Ils dressèrent une barrière protectrice autour des soldats et les accompagnèrent jusqu'à l'agence, mais à peine l'avaient-ils atteinte que les guerriers sauvages revinrent à l'attaque en tentant d'y mettre le feu. Les Oglalas de l'agence les repoussèrent une nouvelle fois, puis Old-Man-Afraid-of-His-Horse et Red Dog sortirent et les haranguèrent, finissant par convaincre la plupart d'entre eux de regagner leurs camps. Red Cloud, lui, ne fit rien pour apaiser les guerriers en colère. Quant à l'armée, elle reprocha violemment à l'agent Saville d'avoir fait courir un tel danger à Crawford et à ses hommes. Dans le message qu'il avait envoyé au commandant du fort, Saville n'avait demandé qu'un peloton de cavalerie, sans fournir aucune indication qui puisse laisser supposer que la situation était réellement sérieuse [10].

C'étaient les Indiens du Nord qui avaient détruit le mât et tenté d'arrêter le détachement du lieutenant Crawford. Les

* Voir appendice, nouvelles notes. (*N.d.E.*)

Indiens de l'agence, dans un climat d'extrême tension entre les bandes, leur firent alors savoir qu'ils ne toléreraient plus aucune exaction de ce genre sur la White River. Les Sioux sauvages furent bouleversés par ce soudain revirement de leurs frères de sang en faveur des Blancs. Toute la nuit, ils emballèrent leurs affaires, démontèrent leurs tipis et partirent par petits groupes pour les Badlands. Seuls quelques-uns rejoignirent leurs parents dans les camps de l'agence. Le matin du 24 octobre, tous les Indiens sauvages avaient disparu.

L'affaire du drapeau perturba considérablement les Sioux, et Saville accrut encore leur désarroi en leur annonçant que, sur l'ordre de Washington, ils ne recevraient plus leurs livraisons annuelles tant qu'ils n'auraient pas accepté d'être recensés. Les Oglalas délibérèrent en conseil pendant une semaine entière puis, le 4 novembre à 10 heures du soir, Red Cloud envoya chercher l'agent et, devant tous les chefs réunis, le tança sévèrement pour son insistance à vouloir compter les Indiens, l'avertissant qu'il ne le laisserait pas faire et le prévenant que des troubles risquaient d'éclater s'il persistait dans son projet. Saville écrivit au commandant du fort pour l'informer qu'il s'attendait à des ennuis et lui demander de combien de soldats il disposait. Le commandant, qui n'avait que cent quarante-cinq hommes sous ses ordres, s'abstint de lui donner une réponse alarmante. Mais à ce moment-là, Sword, le neveu de Red Cloud, et Young-Man-Afraid-of-His-Horse réunirent un conseil des guerriers de la tribu, appelèrent un interprète et lui dirent d'annoncer à Saville qu'une partie des Oglalas avaient décidé d'installer leurs tipis près de l'agence pour y être dénombrés. Saville rayonnait. Une fois le mouvement amorcé, toutes les bandes finirent par se présenter l'une après l'autre à l'agence pour se soumettre au comptage. Seuls les Indiens sauvages du Nord qui étaient restés auprès de leurs parents le refusèrent et franchirent précipitamment la White River pour aller se cacher dans les Badlands, comme si le fait d'être comptés par les Blancs, à l'instar de la variole ou du choléra, leur faisait courir un risque mortel. Le recensement fut effectué par les interprètes, les employés de l'agence et les hommes mariés à des squaws, qui allaient de tipi en tipi et comptaient les membres de chaque famille. Le Bureau indien, qui s'était obstiné pendant deux ans à exiger un dénombrement des Sioux, découvrit alors qu'il s'était une fois de plus lourdement trompé. Pendant tout ce temps, ses responsables avaient soupçonné les Indiens, qui affirmaient être environ six mille cinq cents, d'avoir grossièrement exagéré. Or le décompte entrepris par Saville indiqua au contraire qu'ils avaient été sous-évalués : l'agence de Red Cloud rassemblait neuf mille trois cent trente-neuf Sioux, auxquels il fallait ajouter entre huit cents et neuf cents Kiyuksas qui chassaient au sud de la Platte au moment du recensement, mille deux cent deux Cheyennes et mille quatre-vingt-douze Arapahos. Le 10 novembre, les Indiens, ayant reçu leurs couvertures, leur tissu, leurs marmites, leurs couteaux et les autres ustensiles de leur livraison annuelle, repartirent joyeusement sur leurs sites habituels, tandis que Saville s'asseyait derrière son bureau pour écrire au Bureau indien un rapport l'informant de la mauvaise nouvelle.

Red Cloud connaissait lui aussi quelques déceptions à cette époque. Les Oglalas s'habituaient à la vie paisible de l'agence, et perdaient rapidement l'esprit de liberté sauvage qu'il tenait tant à leur voir conserver. Ils appréciaient toujours les querelles dramatiques, avec des galopades effrénées, des cris et beaucoup de poussière soulevée pour peu de choses, mais lorsqu'ils étaient confrontés à de sérieuses difficultés, ils se dérobaient et refusaient de les affronter. Après l'incident du drapeau, ils l'avaient suivi pendant un certain temps, puis s'étaient détournés de lui quand ils s'étaient rendu compte qu'ils allaient au-devant de nouveaux ennuis. Il n'avait pas eu plus de succès avec l'affaire du recensement : sa propre bande elle-même avait refusé de l'écouter et s'était laissé compter.

Mais Red Cloud, toujours aussi hostile, était bien décidé à ne pas modifier son attitude à l'égard de l'agent, aussi conçut-il un plan d'une ingéniosité diabolique pour s'en débarrasser. Puisque les Oglalas ne voulaient pas l'aider à combattre Saville, il allait obtenir l'appui des Blancs. Il se rendit donc à Camp Robinson, pour expliquer à ses amis les chefs des soldats blancs (ainsi les appela-t-il) quel homme méprisable était l'agent des Oglalas. Ils avaient bien vu de quelle manière irresponsable il s'était comporté lors de cette stupide affaire du drapeau, pour laquelle il avait failli déclencher une guerre. De plus, lui et ses amis volaient les Indiens tous les jours. Leurs rations étaient maigres, et les couvertures, le bétail, tout ce qu'ils recevaient était insuffisant et de mauvaise qualité. Lui, Red Cloud, voulait se rendre à Washington pour faire savoir au Père-de-Tous quel mauvais homme il avait pour agent, mais cette petite crapule ne le laisserait jamais partir. Ses amis de l'armée ne pouvaient-ils pas télégraphier de sa part, afin d'informer le Père-de-Tous que Red Cloud désirait le voir et lui parler de choses importantes ?

Les officiers du fort refusèrent d'accéder à sa demande. Cette question n'était pas de leur ressort, et ils préféraient ne pas s'en mêler, mais ils comprenaient et approuvaient la démarche du chef des Oglalas. Ils se doutaient depuis longtemps que tout n'était pas normal à l'agence. Ils n'ignoraient pas que Saville avait inscrit plusieurs de ses parents sur la feuille de paie et qu'il avait accordé des contrats à quelques autres. Ils avaient aussi constaté que les rations n'étaient pas bonnes. L'un d'eux avait vérifié le maïs égrené qui était distribué aux Indiens pour qu'ils le fassent cuire et s'en nourrissent, et avait déclaré à ses compagnons qu'il était si mauvais que l'armée n'en aurait même pas voulu pour ses chevaux. Il se passait encore bien d'autres choses étranges à l'agence, mais surtout l'affaire du drapeau avait valu à l'agent l'animosité de tous les militaires. Sa conduite incohérente avait failli coûter la vie au détachement de Crawford, et ils ne lui pardonnaient par l'erreur d'appréciation qu'il avait commise à cette occasion.

Ayant convaincu Red Dog et plusieurs autres chefs de l'accompagner, Red Cloud prit l'habitude de se rendre régulièrement au fort. Saville, lorsqu'il fut informé de ces visites, en tira ses propres conclusions, et dans un de ses rapports au Bureau indien, il se plaignit amèrement de l'ingérence de l'armée dans les affaires de l'agence. Il va sans dire que les officiers concernés apprécièrent au plus haut point cette réaction de l'agent.

La chance sourit à Red Cloud quand se présenta à lui un allié inattendu, qui allait se révéler plus utile dans la lutte contre Saville que tous les officiers du fort auraient pu l'être s'ils avaient accepté de l'aider. Il s'agissait du professeur O. C. Marsh, de l'université de Yale. Ayant appris que des ossements fossiles d'animaux préhistoriques avaient été aperçus dans les Badlands, au nord de l'agence de Red Cloud, Marsh organisa un groupe et se mit en route à l'automne 1874 pour aller les étudier. À Fort Laramie, l'armée lui donna une compagnie d'infanterie pour l'escorter, et plusieurs officiers demandèrent des permissions afin de pouvoir accompagner l'expédition. L'échauffourée du drapeau venait tout juste de se produire lorsque Marsh arriva dans l'Ouest, et à Cheyenne aussi bien qu'à Fort Laramie, on le prévint que le moment était très mal choisi pour pénétrer sur les terres des Sioux. On parlait beaucoup de la possibilité d'une révolte générale, et certains craignaient le pire pour la petite garnison qui se trouvait près de l'agence de Red Cloud. Mais le professeur était décidé à se rendre coûte que coûte sur les gisements de fossiles. Si pour les hommes de la Frontière, qui l'avaient surnommé « le boss des os », il représentait déjà une énigme, pour les Indiens, il était un mystère total. Il leur inspirait une crainte respectueuse, mais ils se méfiaient aussi de ses intentions.

À l'agence de Red Cloud, Marsh trouva plus de douze mille Indiens, pour la plupart très agités par la récente affaire du drapeau et le chantage que Saville exerçait sur eux pour les contraindre à se laisser compter (Marsh arriva le 4 novembre, le jour même où les chefs, sous l'impulsion de Red Cloud, firent savoir à l'agent qu'ils refusaient d'être recensés). Environ trois mille Miniconjous, Sans Arcs et Hunkpapas campaient alors au nord de la White River. Ces Sioux du Nord étaient en très mauvais termes avec ceux de l'agence, qui les avaient empêchés de massacrer le détachement du lieutenant Crawford le

23 octobre. Les Cheyennes étaient également dans un état d'esprit très belliqueux, car ils venaient d'apprendre qu'ils ne recevraient plus de rations tant qu'ils n'auraient pas consenti à aller s'installer dans le Territoire indien. Quant aux Arapahos, ils avaient récemment été défaits près de la source de la Powder River par le capitaine A. E. Bates, et campaient de fort méchante humeur à peu de distance de l'agence.

Le groupe de Marsh dressa son camp dans la vallée, et un conseil fut tenu avec les chefs pour qu'ils lui accordent l'autorisation de franchir la White River et de pénétrer dans les Badlands. La réunion venait tout juste de commencer lorsque White Tail, un des chefs, se dressa et se lança dans une furieuse harangue, rappelant tous les méfaits commis par les Blancs contre les Indiens depuis cent ans, et accusant le professeur Marsh d'être un voleur d'or, qui cherchait à obtenir l'autorisation des Sioux pour aller prospecter tranquillement dans les Black Hills. Finalement, les chefs proposèrent que l'expédition se rendît dans les Badlands, à condition qu'elle fût escortée par Sitting Bull et ses soldats indiens. Marsh y consentit, acceptant également de payer l'escorte. Mais le lendemain, les Indiens ne se manifestèrent pas, et le jour suivant, Marsh se mit en route pour l'agence avec son groupe, afin de demander des nouvelles de son escorte indienne. La vue des chariots et de la compagnie d'infanterie en marche alerta les camps, des guerriers à cheval dévalèrent bientôt les collines, et lorsque le petit convoi atteignit le fortin, il était entouré d'un grand nombre de Sioux en colère, tous armés de bons fusils et de revolvers Colt. Sitting Bull apparut et expliqua que ses guerriers avaient refusé d'escorter l'expédition par crainte des Indiens du Nord qui campaient de l'autre côté de la White River. C'était de toute évidence un mensonge éhonté. Red Cloud déclara que tous les Sioux étaient persuadés que Marsh cherchait en réalité de l'or, et la masse des guerriers l'approuva bruyamment. Pretty Crow, un leader réputé, se mit alors à hurler que les voleurs d'or devaient être arrêtés, à la suite de quoi les femmes et les enfants qui assistaient à la scène s'éloignèrent rapidement, ce qui était toujours un très mauvais signe. Les guerriers armèrent leurs fusils, les braquèrent sur les soldats, et rapprochèrent leurs poneys pour former un mur à l'avant et à l'arrière du convoi, tandis que des messagers étaient envoyés dans les camps pour rameuter tous les hommes disponibles. Saville, consterné, fit parvenir à Marsh un message impératif, l'informant qu'il devait conduire ses maudits fantassins jusqu'au fort avant que l'enfer ne se déchaînât autour d'eux. C'était effectivement la seule chose à faire, et la petite colonne se mit en route pour Camp Robinson, entourée d'un essaim de Sioux railleurs, qui ne cessèrent d'insulter et de menacer les soldats tout le long du chemin.

Après cet incident, tout le monde pressa le professeur de renoncer à son projet, mais il refusa. Deer, le marchand de l'agence, suggéra alors d'offrir un grand festin à tous les chefs et dirigeants indiens. Régaler plus de cinquante hôtes affamés représentait une dépense considérable, mais Marsh voulait avoir les fossiles à tout prix, aussi approuva-t-il le plan de Deer. Le banquet eut donc lieu, et les chefs, gavés de viande, de riz et de pommes séchées, consentirent de nouveau à fournir une escorte indienne à l'expédition. Sword, le neveu de Red Cloud, fut désigné pour la diriger, tandis que Marsh était averti que les plus grandes précautions devraient être prises pour éviter les Miniconjous campant sur l'autre berge de la White River, qui étaient de mauvais Indiens, prêts à tuer tous les Blancs qu'ils rencontraient. Le lendemain, le professeur fit savoir à sa garde indienne qu'il se tenait prêt à partir, mais on lui répondit que les guerriers avaient une nouvelle fois changé d'avis et refusaient de l'accompagner. Même les interprètes blancs se dérobaient, prétextant la peur que leur inspiraient les Miniconjous et les Hunkpapas.

Marsh perdit alors patience, fit partir son convoi de nuit, passa entre les camps indiens sans être repéré (autant pour la légende selon laquelle les guerriers, à l'instar des animaux sauvages, ne dormaient jamais que d'un œil), et finit par atteindre les Badlands. Il découvrit un riche gisement de fossiles et mit aussitôt ses hommes au travail. Les Indiens rôdaient constamment aux environs, et un grand nombre d'entre eux visitèrent le camp pour voir ce que manigançaient les Blancs. Sword et Spider, le frère de Red Cloud, vinrent informer Marsh que les Miniconjous avaient envoyé leurs femmes et leurs enfants dans les Black Hills et s'apprêtaient à attaquer l'expédition. Le lendemain, le professeur fit charger les fossiles sur les chariots et se remit en route pour l'agence. Lorsqu'il y arriva, il apprit que le jour qui avait suivi son départ pour les Badlands, les Miniconjous avaient envoyé une troupe de guerre pour détruire son camp, mais qu'ayant découvert que les Blancs étaient partis, les guerriers avaient renoncé à les suivre.

Ces faits, bien que n'ayant apparemment que peu de choses à voir avec eux, furent d'une grande importance dans l'histoire des Oglalas. Car le professeur Marsh revint à l'agence dans les meilleures dispositions, rapportant dans ses chariots deux tonnes d'ossements, dont ceux de mammifères disparus depuis longtemps et inconnus des scientifiques. Il ne gardait donc aucune rancune aux Sioux des quelques ennuis qu'ils lui avaient faits en essayant d'arrêter son expédition. Aussi, lorsque Red Cloud vint sous sa tente pour lui présenter ses doléances et celles de son peuple, le professeur l'écouta-t-il avec la plus grande bienveillance. Les Sioux mouraient de faim ; les petites rations qu'ils recevaient étaient immangeables ; leur agent était un très mauvais homme, qui volait les Indiens d'une main et le Père-de-Tous de l'autre. N'était-il donc pas possible de faire quelque chose ? Ému, Marsh posa des questions, auxquelles Red Cloud répondit de bonne grâce, convainquant son interlocuteur qu'il disait la vérité. Furieux et scandalisé par ce qu'il apprenait, le professeur convint qu'il fallait effectivement agir, mais précisa qu'il allait avoir besoin de preuves pour intervenir. Il demanda donc qu'on lui fournît des échantillons des rations, et quand l'interprète eut expliqué à Red Cloud ce que signifiait le mot « échantillon », celui-ci se leva et quitta la tente du savant.

Ici se situe un mystère qui n'a pas pu être élucidé. Qui prit un échantillon de la médiocre farine indienne et lui ajouta généreusement quelques poignées de la poussière crayeuse de la White River ? Qui, dans plusieurs livres du piètre café indien, sélectionna soigneusement tous les mauvais grains pour constituer un échantillon honnête de ce produit ? Qui déterra cette vieille carotte de tabac moisie ? Qui alla ramasser ce morceau de viande de porc, qui avait été parfaitement comestible au moment de sa distribution, mais qui ne l'était évidemment plus après avoir été jeté par les Indiens qui n'aimaient pas le porc ? Nul ne le saura sans doute jamais. Mais cela ressemble beaucoup au travail d'un homme blanc, et peut-être ne serions-nous pas loin de la vérité en désignant l'interprète favori de Red Cloud comme l'artiste qui élabora cette mise en scène de fort mauvais goût. Red Cloud, pour sa part, lorsqu'il fut sommé de s'expliquer sur ce sujet par la commission d'enquête de 1875, essaya misérablement d'en faire porter la responsabilité sur Red Dog.

Quelle qu'ait été la personne qui choisit les échantillons, ce fut néanmoins Red Cloud qui les apporta sous la tente du professeur. Marsh fut très impressionné, en particulier par la viande de porc. Il voulait l'emmener à Washington pour la mettre sous l'auguste nez du président Grant, mais elle n'était réellement plus en condition de faire un quelconque voyage. Le professeur demanda donc ce qu'il en était de la viande de bœuf. Red Cloud le conduisit alors à l'extérieur et lui montra un petit troupeau de bovins du Texas, maladifs et décharnés, en omettant cependant de lui dire que si ces animaux misérables se trouvaient encore là, c'était précisément parce qu'ils n'avaient pas été distribués aux Indiens, Saville les ayant jugés inacceptables et ayant l'intention de les rendre au fournisseur de l'agence.

Le professeur Marsh conserva soigneusement ces échantillons pendant tout l'hiver, et au printemps 1875, bardé de tout son courage, il repartit pour Washington avec la ferme détermination d'obtenir une enquête sur les activités de Saville. Il aurait pu s'épargner tous ces préparatifs minutieux, car il était à peine arrivé dans la capitale et avait tout juste commencé à exhiber ses preuves que les Amis des Indiens volèrent à son aide, prêts comme toujours à croire n'importe quelle accusation lancée contre un agent indien. Le *Tribune* de New York s'empara promptement de l'affaire, et les croisés du Bureau des commissaires indiens, qui considéraient Red Cloud comme leur protégé et leur champion depuis 1870, exigèrent l'ouverture d'une enquête. Le chef des Oglalas arriva dans l'Est peu de temps après, pour participer à une conférence sur les Black Hills, et le naïf professeur Marsh fit appel à lui pour confirmer ses dires. Mais Red Cloud, avec un air de parfaite innocence, nia catégoriquement avoir donné des échantillons de rations au savant et s'être plaint auprès de lui des agissements de son agent. Les autorités tentèrent alors gentiment de faire admettre à Marsh qu'il s'était laissé berner par cet enfant de la nature, mais le professeur persista, préférant croire que Saville avait trouvé un moyen d'obliger Red Cloud à modifier son histoire. Il eut finalement gain de cause, et une enquête fut ordonnée. Le travail de la commission, qui se rendit à cet effet à l'agence de Red Cloud en juillet 1875, sera examiné dans le chapitre suivant.

L'hiver 1874-1875 fut très rude dans les Plaines du Nord, et les Indiens y souffrirent énormément du froid et de la faim. Les violentes tempêtes de janvier et de février 1875 coupèrent toutes les communications, les convois d'approvisionnement furent bloqués par la neige, et les livraisons de bœufs furent considérablement retardées. Les cow-boys qui devaient convoyer le bétail jusqu'à la White River furent pris dans des tempêtes de neige, les troupeaux se dispersèrent, et de nombreux hommes eurent les membres gelés. Une partie des Indiens, qui hivernaient loin de l'agence, ne purent venir chercher leurs rations pendant plusieurs semaines, et comme ils vivaient au jour le jour, ils furent très près de mourir de faim. Ceux qui habitaient plus près de l'agence étaient un peu mieux lotis, mais les distributions étaient maigres et irrégulières, et ils se rendaient souvent à Camp Robinson pour y mendier de la nourriture et se plaindre de leur agent [11].

À la fin de l'automne, une partie des Oglalas et des Brûlés étaient partis chasser le bison sur la Republican River. Les chefs avaient vendu leurs droits de chasse au gouvernement pendant l'année, mais en posant tous comme condition qu'ils devaient être autorisés à chasser une dernière fois, et bien qu'on les ait prévenus que les troupeaux du sud de la Platte avaient presque disparu, les Brûlés de l'agence de Spotted Tail, les Kiyuksas et quelques bandes de Cheyennes de l'agence de Red Cloud tinrent à profiter de cette ultime occasion. Leur camp rassemblait plusieurs milliers de personnes, et lorsqu'ils atteignirent la Platte, les guerriers affamés volèrent quelques têtes de bétail pour nourrir leurs familles. Aucun trouble sérieux n'en résulta cependant, et ils passèrent tranquillement l'hiver sur la Republican River. Les Indiens, pourtant nombreux, ne tuèrent au total qu'une centaine de bisons pendant toute la saison, et regagnèrent leurs agences au printemps avec la triste certitude qu'ils venaient de vivre leur dernière chasse.

XIII

PA SAPA EST VOLÉ
1875

En 1865, lorsque quatre colonnes de soldats avaient sillonné leur pays en tous sens, les Sioux n'avaient pas paru prendre conscience qu'ils étaient en guerre. Leurs chefs n'avaient fait aucune tentative pour unir leurs forces ou pour déterminer une stratégie commune ; chaque groupe était resté où il se trouvait, s'intéressant uniquement à ses affaires quotidiennes, affrontant l'armée chaque fois qu'elle s'approchait de ses camps, puis revenant après le départ des troupes à ses occupations habituelles, sans se soucier de ce qui arrivait aux autres bandes. En 1874, quand les Blancs commencèrent à envahir les Black Hills, les chefs sioux montrèrent la même étrange inertie, la même incapacité à faire face à une situation de crise en s'unissant et en agissant de concert. Red Cloud était engagé dans sa dispute avec Saville lorsque l'expédition Custer pénétra dans les Black Hills, pourtant visibles au loin de l'agence des Oglalas. Ces derniers furent très choqués par l'invasion des soldats et parlèrent beaucoup de les attaquer, mais ne firent strictement rien. Comme l'automne avançait, la nouvelle se répandit que des groupes de prospecteurs étaient entrés eux aussi dans les Black Hills ; les Indiens du Nord arrivèrent, tinrent des conseils avec les bandes de l'agence, vitupérèrent les Blancs à n'en plus finir, mais en restèrent là eux aussi. Red Cloud continua tranquillement de vider sa querelle avec Saville. À moins de soixante-quinze kilomètres en aval sur la White River, Spotted Tail et ses Brûlés, qui étaient tout aussi furieux que les Oglalas à l'idée qu'on était en train de leur voler *Pa Sapa*, réunirent de nombreux conseils, lancèrent les menaces habituelles, mais ne dépassèrent également pas le stade des paroles. Les Indiens des agences du Missouri se comportèrent de la même manière. Tous les Sioux étaient consternés, angoissés et remplis de colère, mais ne savaient comment agir pour sauver leur terre sacrée.

En 1874, Red Cloud fit tout ce qu'il put pour être autorisé à se rendre à Washington, à seule fin de pouvoir expliquer au Père-de-Tous quel mauvais homme il lui avait donné comme agent. Au printemps 1875, il fut convoqué dans la capitale avec un certain nombre d'autres chefs, leur groupe devant effectuer le voyage sous la responsabilité de Saville. À cette époque, les Blancs étaient de plus en plus nombreux dans les Black Hills, et l'inquiétude et la colère des Sioux ne cessaient de croître de jour en jour, mais Red Cloud et les autres chefs n'avaient qu'une idée en tête – l'agent Saville – et qu'un seul sujet de discussion : fallait-il le garder ou s'en débarrasser ? Ils se disputèrent à ce sujet avant leur départ, continuèrent de se disputer pendant tout le parcours et atteignirent Washington « séparés », selon leur propre expression, divisés en deux factions antagonistes.

Mais dans le village du Père-de-Tous, ils se trouvèrent confrontés à une situation qui leur fit complètement oublier la question trivial du renvoi ou du maintien de l'agent. Red Cloud croyait évidemment qu'il avait été mandé dans l'Est uniquement pour pouvoir dire ce qu'il pensait de Saville, mais en arrivant dans la capitale fédérale, il découvrit que Spotted Tail et les chefs des Brûlés s'y trouvaient également, ainsi que des délégations des agences du Missouri. Constatant que tous les autres Sioux avaient été convoqués en même temps qu'eux, les chefs de l'agence de Red Cloud cessèrent de se disputer et se tinrent cois. Que se passait-il ? Pourquoi les avait-on tous réunis ici ? Il devait certainement s'agir de quelque chose d'important, mais quoi ? Ils furent alors reçus par le Père-de-Tous, qui les informa sans ambages qu'ils avaient été amenés à Washington pour résoudre le problème des

Black Hills. Les Blancs voulaient les Black Hills, et les Sioux seraient bien inspirés de les leur céder de bonne grâce. Les Blancs pouvaient difficilement être contrôlés, ils s'empareraient des Black Hills sans que personne soit en mesure de les arrêter, aussi les Sioux avaient-ils tout intérêt à les vendre tant que c'était encore possible. Après cette entrevue, les chefs furent pris en main par les hommes du Bureau indien, qui tantôt les flattèrent, tantôt les intimidèrent, faisant appel à leur raison. Finalement, la plupart d'entre eux reconnurent, la mort dans l'âme, qu'ils feraient peut-être mieux de vendre, mais en précisant qu'ils ne pourraient de toute manière prendre aucune décision sans avoir consulté leurs bandes. On convint donc qu'une commission spéciale se rendrait à l'automne dans l'Ouest, où elle rencontrerait tous les Sioux en conseil et négocierait l'achat des Black Hills.

Red Cloud, que certains auteurs se plaisent à décrire comme un grand soldat et un chef ayant la stature d'un homme d'État, ne se montra guère à son avantage lors de ce séjour à Washington. Confronté à l'ampleur de la crise qui menaçait la terre sacrée des Sioux, il s'obstina à poursuivre sa querelle futile avec Saville. Le professeur Marsh se trouvait alors dans la capitale pour soutenir les accusations qu'il avait portées contre l'agent, mais lorsqu'il fit appel à Red Cloud pour confirmer ses dires, celui-ci nia avoir traité Saville de voleur et avoir donné au savant les échantillons qu'il montrait pour appuyer ses affirmations. Mais tout en refusant d'accuser Saville, Red Cloud ne cessa d'insister pour avoir un nouvel agent. Il expliqua qu'il ne voulait pas d'un autre pauvre Blanc crapuleux qui volerait les Oglalas, ni d'un prêcheur, ni d'un soldat. Il voulait un homme riche et généreux, qui n'aurait nul besoin de voler les Indiens et leur donnerait tout ce qu'ils désireraient. Les responsables du Bureau indien l'écoutèrent avec sympathie, mais ne lui firent aucune promesse, et ordonnèrent à Saville de rentrer dans l'Ouest avec les chefs.

À la fin du conseil qui se tint au Bureau indien, Face, un chef-guerrier oglala, apostropha furieusement Red Cloud :

« Je t'avais dit comment cette histoire finirait quand nous avons commencé ! Nous sommes venus ici séparés. Nous n'avons rien fait. Nous ne pouvons nous en prendre qu'à nous-mêmes ! Notre père (l'agent) est un homme respectable. Il est loyal et courageux. Nous avons essayé de le briser, et nous n'y sommes pas parvenus. C'est lui que nous devons ramener avec nous et garder à l'agence. » Être qualifié de respectable, loyal et courageux par un guerrier comme Face n'était certes par un mince compliment, et tout aussi flatteuse était son opinion selon laquelle Red Cloud et ses sauvages amis avaient vainement essayé de décourager l'agent. Lorsque, au mois d'août de la même année, les membres de la commission d'enquête envoyée à l'agence essayèrent de forcer Bill Rowland à reconnaître que Saville manquait de courage, celui-ci leur répondit simplement : « Le petit docteur a plus de tripes qu'on ne pourrait le croire en le voyant. » Il fallait effectivement beaucoup de « tripes » pour rester à son poste sur la White River pendant les mois de tourmente de l'hiver 1873-1874.

Ayant dressé contre lui les responsables du gouvernement, le professeur Marsh, et même une partie des Oglalas, Red Cloud réussit également, avant de quitter Washington, à choquer profondément les hommes d'Église, dont un certain nombre continuaient de l'admirer sans retenue. Il y avait alors dans la capitale un hôtelier de réputation plus que douteuse, qui s'était spécialisé dans la réception des délégations indiennes. Étant de connivence avec des employés de Bureau indien, il était toujours informé à l'avance de l'arrivée d'une délégation, venait l'attendre à la gare et, en soudoyant les interprètes, il parvenait le plus souvent à faire conduire les chefs en voiture jusqu'à son établissement. Ayant eu vent de cette pratique, le Bureau indien avait pris l'habitude d'envoyer un homme de confiance à la gare, afin qu'il prenne en charge les délégations et les fasse descendre dans des hôtels plus respectables.

Quand les chefs oglalas arrivèrent à Washington, en mai 1875, ils furent donc simultanément accueillis par l'hôtelier véreux et par le représentant du Bureau indien. Écoutant les mauvais conseils de l'incorrigible fauteur de troubles qu'était Leon Palladay et ignorant les protestations du délégué officiel, Red Cloud décida d'aller s'installer avec ses chefs et ses interprètes dans l'hôtel interdit. Palladay ne dessoûla pratiquement pas de toute la durée du séjour, et chaque nuit l'hôtelier emmena les chefs en goguette, les entraînant dans des endroits que les autorités appelaient par euphémisme des « maisons de mauvaise réputation ». Pour parachever l'infamie, le bonhomme eut la suprême effronterie de demander au grand Red Cloud de présenter au Bureau indien la facture détaillée de ces frasques nocturnes, qui incluait des frais de voitures, d'alcool et d'autres dépenses plus scandaleuses encore faites dans les mauvais lieux de la capitale. L'innocent Red Cloud, ne voyant aucun mal dans cette affaire, présenta la note en plein conseil, et tomba littéralement des nues lorsque le commissaire indien, dans un soudain accès de colère, le réprimanda vertement comme un écolier fautif, refusa d'honorer les dettes litigieuses et ne consentit pas à verser un seul cent à Leon Palladay pour des services que son ivresse chronique l'avait de toute évidence empêché de rendre.

Red Cloud, le « Noble Sauvage » qui avait fait fondre le cœur des new-yorkais en 1870, aurait certainement été hué s'il s'était présenté de nouveau, en 1875, devant le public de croyants et d'humanistes du Cooper Institute. Les instigateurs de la politique de paix étaient cruellement déçus par son attitude. Il semble qu'ils aient cru, quand ils avaient volé à son secours cinq ans auparavant, qu'il allait rentrer chez lui, embrasser la religion chrétienne et se mettre à cultiver la terre. Mais la récolte était amère, une moisson de désillusions, et ses anciens admirateurs l'accusaient maintenant d'un crime étrange, en parlant avec hargne de son « indianisme obtus et inguérissable ». Plus fidèle à ses erreurs qu'à ses promesses, le chef des Oglalas tourna alors de nouveau ses regards vers l'Ouest, convaincu que le seul espoir de survie pour son peuple était de maintenir les Blancs à l'écart de ses terres et de préserver par tous les moyens son mode de vie traditionnel [1].

Quand les chefs regagnèrent la vallée de la White River, ils y retrouvèrent les Oglalas encore plus agités qu'à leur départ, à cause des aventuriers qui affluaient maintenant dans les Black Hills. L'armée en avait arrêté certains, et les avait contraints à faire demi-tour, mais de nouveaux groupes apparaissaient pratiquement chaque jour. Les Sioux avaient eux aussi essayé de s'opposer à l'invasion en détruisant les biens d'un marchand qui se rendait dans la région avec l'intention d'y ouvrir un magasin, à la suite de quoi tous les Blancs avaient gémi et crié au meurtre. Le traité de 1868 stipulait que si des intrus pénétraient illégalement dans leurs pays, les Indiens avaient le droit de les chasser, mais lorsqu'ils faisaient prévaloir ce droit, les Blancs exigeaient que les soldats viennent assurer leur protection. Par ailleurs, le gouvernement lui-même venait d'envoyer d'autres hommes dans les Black Hills, escortés par un fort détachement de l'armée. Il s'agissait de l'expédition Jenney, qui était partie de Fort Laramie en mai pour procéder à une nouvelle exploration de cette zone. Custer avait signalé qu'elle recelait d'importants filons aurifères, mais divers experts avaient démenti cette affirmation, et le gouvernement, avant d'acheter aux Indiens une terre riche en or, souhaitait s'assurer de ce qu'elle contenait. Il avait désigné le professeur W. P. Jenney, de l'école des mines de New York, pour diriger cette seconde étude des ressources minières de la région, et celui-ci s'était mis en route avec une équipe de savants et de prospecteurs expérimentés, ainsi qu'avec tout le matériel nécessaire pour effectuer un examen approfondi du sous-sol des Black Hills.

Les chefs informèrent leurs bandes que le Père-de-Tous leur avait demandé de vendre les Black Hills aux Blancs, et des messagers furent envoyés dans la région de la Powder River pour avoir l'opinion des chefs hostiles. Dans toutes les agences, la question fut longuement étudiée et âprement discutée. La violente querelle qu'elle souleva s'étendit sur un territoire de quatre cent cinquante kilomètres de long et trois cents kilomètres de large. Les hommes les plus âgés souhaitaient essentiellement la paix et pour cela, ils étaient prêts à tout, même à céder *Pa Sapa,* leurs collines sacrées, mais ils se disputaient sauvagement pour savoir quel prix il fallait en demander. Quant aux plus jeunes, ils ne voulaient tout simplement pas entendre parler de cette vente, proclamant qu'ils se battraient pour les Black Hills, et qu'ils ne s'inclineraient plus jamais devant la *volonté des Blancs,* qui fondaient sur eux de toutes les directions à la fois et s'emparaient peu à peu de leur pays.

En juillet et en août, à l'agence, la question des Black Hills fut reléguée au second plan par l'enquête sur les rations que le professeur Marsh avait demandée suite aux plaintes de Red Cloud, et qu'il finit par obtenir malgré les rétractations de ce dernier. La commission était composée de deux sénateurs, un ancien gouverneur, et deux autres hommes ayant une longue expérience des affaires publiques. Ses membres commencèrent leurs investigations dans l'Est, puis gagnèrent Omaha, Cheyenne, passèrent par Fort Laramie, et se rendirent enfin sur la White River, dans les agences de Red Cloud et de Spotted Tail. Ils recueillirent suffisamment de témoignages pour remplir un volume de cinq cents pages, mais ne trouvèrent aucune preuve légale permettant d'accuser de fraude les agents ou les fournisseurs avec lesquels ils avaient passé des contrats, ce qui n'a rien d'étonnant si l'on considère que les hommes qui volaient le gouvernement sur les contrats indiens à cette époque étaient assez avisés pour effectuer leurs trafics sans que ceux-ci puissent être découverts.

Ainsi, un de ces hommes avait décroché un contrat pour fournir de la farine à l'agence de Red Cloud. À Omaha, il avait demandé à la fabrique de sacs Bemis de lui préparer plusieurs milliers de sacs de farine de 88 livres. Les gens de Bemis avaient exprimé leur surprise, personne n'ayant jamais entendu parler de sacs de ce genre. Le fournisseur leur avait alors expliqué que le Bureau indien lui avait spécifié que les sacs devaient contenir 88 livres, et cette information, bien qu'inexacte, les avait satisfaits. Les sacs avaient donc été confectionnés, remplis d'une farine de mauvaise qualité spécialement moulue à cet effet, puis transportés d'Omaha à

Cheyenne. Tout cela sentait la fraude à plein nez, mais lorsque la commission voulut établir que ces sacs « allégés » avaient bien été livrés à l'agence de Red Cloud comme des sacs ayant le poids réglementaire, elle se perdit dans un inextricable labyrinthe de preuves contradictoires. Pourtant, la seule explication raisonnable de l'emploi de tels sacs était une volonté délibérée de tricher sur les quantités. La réception et l'enregistrement des livraisons de farine se faisaient dans de telles conditions que n'importe quelle malversation était possible, mais de là à prouver légalement qu'une fraude était commise, il y avait un pas que la commission, malgré tous ses efforts, ne parvint jamais à franchir. Un autre chargement de farine avait été livré dans des doubles sacs, sans que personne ne puisse trouver une justification logique à cet arrangement. Un officier témoigna sous serment qu'il avait entendu parler de la manipulation frauduleuse qu'il permettait : la farine arrivait à l'entrepôt de Cheyenne, était dûment pesée, et l'inspecteur apposait son tampon sur les sacs ; la farine était alors transportée dans une autre pièce, on enlevait les sacs extérieurs, puis le chargement était présenté une seconde fois au pesage et l'inspecteur tamponnait les sacs intérieurs. Le résultat était que l'entrepôt ne recevait en réalité que la moitié du poids de farine noté par l'inspecteur, ce qui signifiait que le fournisseur devait nécessairement être de connivence avec les transporteurs et les agents. De nombreux signes indiquaient effectivement une entente probablement crapuleuse entre les fournisseurs et les agents, mais là encore ces indices ne constituaient pas des preuves recevables par un tribunal. Peu de temps après que l'enquête eut blanchi un de ces fournisseurs, il se présenta à l'agence de Spotted Tail avec un convoi de vivres ne représentant que la moitié de ce qui était inscrit sur sa police de chargement. Il s'attendait à trouver son complice l'agent pour accuser complaisamment réception des marchandises manquantes, mais il découvrit avec horreur que celui-ci avait été récemment muté et remplacé par un officier rigide et intraitable. L'officier refusa de réceptionner les vivres, rendit aussitôt compte de l'incident, et fournit des preuves légales qui permirent de traduire le coupable en justice.

Les agences de la White River recevaient à elles deux assez de viande de bœuf pour nourrir une division d'infanterie sur le pied de guerre. Le coût en était extrêmement élevé, et la rumeur que certains individus se remplissaient les poches aux dépens du gouvernement ne cessait de courir, gênant considérablement les autorités. Les enquêteurs mirent donc le plus grand soin à étudier cette question, mais après avoir recueilli et confronté des dizaines de témoignages, ils ne purent aboutir à aucune conclusion définitive sur ce sujet. Aussi étrange que cela puisse paraître, les convoyeurs de troupeaux du Texas, qui avaient des années d'expérience derrière eux, et les plus gros éleveurs du Wyoming semblaient tout ignorer de leur métier. L'un après l'autre, ils affirmaient sous serment avoir bien vendu des troupeaux de bovins du Texas aux fournisseurs des agences de Red Cloud et de Spotted Tail, et les avoir parfois également accompagnés, mais aucun ne put dire s'ils étaient principalement composés de bœufs ou de vaches, ni de quel type d'animaux il s'agissait. Cet aveu d'ignorance est extraordinaire si l'on se souvient qu'un des postulats de base du commerce du bétail était qu'un homme incapable d'évaluer à vue l'importance d'un troupeau, ou d'estimer correctement le poids des animaux sur pied, avait intérêt à changer rapidement de profession avant d'avoir perdu tout son argent. Un des plus riches éleveurs du Wyoming alla même jusqu'à affirmer à la commission qu'il était totalement impossible de déterminer en le regardant le poids d'un bovin, alors que tous les éleveurs du pays ne prospéraient que parce qu'ils savaient, non seulement estimer à vue le poids du bétail, mais également juger d'après son apparence combien il pèserait après avoir passé six mois sur un bon pâturage.

Les chefs de convois responsables du transport des vivres destinés aux Indiens figurèrent parmi les témoins les plus intéressants qu'entendirent les enquêteurs – et aussi parmi ceux qui leur mentirent le plus effrontément. La plupart des convoyeurs, ignorants et effrayés, travestirent la vérité à mauvais escient, et furent souvent desservis par leurs rares accès de sincérité. Ainsi soulevèrent-ils involontairement des points épineux, et d'autres témoins plus habiles durent être proposés en toute hâte pour corriger les erreurs de ces piètres affabulateurs. L'un d'eux, qui avait une petite histoire de trafic d'armes et de munitions sur la conscience, tenta d'éluder toutes les questions, mentit, oublia le nom de son employeur, affirma ne pas se souvenir de la somme qu'il avait perçue, de celui qui la lui avait payée, ni même de ce qu'il avait transporté dans ses chariots. Finalement, après deux heures de tergiversations désespérées, il se rendit brusquement compte, à son grand soulagement, que ses interlocuteurs n'étaient nullement intéressés par son trafic, mais cherchaient seulement à savoir quelle distance il devait parcourir pour atteindre l'agence de Red Cloud.

Le prix du transport des marchandises jusqu'aux agences était calculé par centaines de livres convoyées sur cent miles (cent cinquante kilomètres), et pendant des années l'évaluation des distances parcourues avait été faite par les transporteurs eux-mêmes, qui ne s'étaient évidemment pas privés de gonfler les chiffres. Un premier odomètre fut envoyé et fixé à la roue d'un chariot qui faisait le trajet jusqu'à la White River. Il fut « accidentellement » brisé en cours de route. Le second ne fut pas détruit, mais en arrivant à l'agence de Red Cloud, il indiquait une distance si considérable que le gouvernement refusa de la tenir pour exacte. Il s'avéra par la suite que le propriétaire du chariot, défendant ses intérêts tout autant que ceux des autres transporteurs, avait à chaque arrêt fait soulever la roue munie du diabolique engin de mesure et avait chargé un conducteur robuste de la faire tourner jusqu'au moment du départ. Malheureusement pour lui, il s'était laissé emporté par son enthousiasme à mal faire, et la distance indiquée par l'odomètre était telle que même le Bureau indien, avec sa crédulité coutumière, avait dû la contester. Finalement, l'armée reçut l'ordre de se charger de l'opération, et la route conduisant à la White River fut mesurée avec précision en une semaine. Là aussi, sur la question du calcul des distances et des frais de transport, la commission d'enquête eut de nombreux soupçons, mais ne parvint pas à les étayer, ne découvrant pas la plus petite preuve légale que le gouvernement avait été floué.

Un témoin réticent, interrogé sur la réputation d'un citoyen de l'Ouest dont le comportement paraissait pour le moins douteux, hésita longuement avant de déclarer : « Eh bien, il est surtout réputé pour être le meilleur de tous ceux qui ont la gâchette facile. » Ensuite il demeura muet comme une carpe, refusant de fournir le moindre détail sur ce qu'il avait avancé.

Les registres et les papiers de Saville présentaient un tel désordre que les enquêteurs pouvaient indifféremment en conclure, soit que l'agent les avait volontairement laissés ainsi afin de couvrir ses opérations frauduleuses, soit qu'il était honnête mais totalement incapable de tenir correctement des comptes. Son système de comptabilité était si approximatif que s'il avait voulu s'entendre avec ses fournisseurs pour voler d'importantes sommes au gouvernement, il aurait pu le faire sans qu'il en restât nulle part la moindre trace, mais la situation était la même à cette époque dans toutes les agences indiennes, où les livres de comptes étaient tous également illisibles. Saville gagnait 1 500 dollars par an – le salaire moyen d'un employé de bureau à Washington. Il devait s'occuper d'environ douze mille Indiens, et le coût de leurs seules rations, pour l'année fiscale 1875-1876, s'éleva à 726 522 dollars et 25 cents. Un officier fit remarquer que le travail qu'il devait accomplir à l'agence et la responsabilité qui pesait sur ses épaules auraient été considérés dans l'armée comme une lourde charge pour un général de brigade, voire un général de division, alors qu'il ne percevait que le salaire d'un lieutenant. Comment un honnête homme pouvait-il accepter un tel fardeau pour seulement 1 500 dollars par an, avec en prime le risque d'être tué par les plus sauvages de ses administrés ? Pourquoi le poste d'agent était-il si recherché, alors que les émoluments étaient si faibles ? C'étaient là, sans aucun doute, des questions fort pertinentes, mais qui ne prouvaient en aucune manière que l'agent de Red Cloud arrondissait ses fins de mois aux dépens de la collectivité. Trois membres de sa famille émargeaient au budget de l'agence, mais que pouvait-on en conclure ? N'était-ce pas alors une pratique très répandue, parmi les membres de l'administration, que de donner du travail à leurs parents et à leurs amis proches plutôt qu'à des étrangers ?

En ce qui concernait Red Cloud et les autres chefs, une enquête rapide révéla que la plupart de leurs griefs ne méritaient pas plus d'attention que des caprices d'enfants gâtés. Un chef oglala très digne montra les plateaux de la balance comme une preuve qu'il y avait manifestement des irrégularités dans la distribution de la viande de bœuf. Les plateaux étaient constitués d'une plate-forme de lourdes planches, mais il n'était pas stupide, affirma-t-il : chaque fois qu'un animal montait dessus, le poids de ces planches était ajouté au sien, et les Indiens ne recevaient jamais la quantité de viande sur pied notée par l'agent. Les récriminations apparemment plus sérieuses au sujet de la farine se résumaient quant à elles, du moins du côté des Indiens, au fait qu'ils ne savaient pas comment l'utiliser, et ils auraient préféré qu'on leur distribuât à la place du maïs égrené, avec lequel ils auraient pu faire de la bouillie. Old-Man-Afraid-of-His-Horse se plaignit que l'agent ne lui donnait pas des rations dignes d'un homme de son rang ; parmi les Indiens des camps sauvages du Nord, beaucoup le considéraient encore comme le grand-chef des Oglalas, et lorsqu'ils lui rendaient visite, il avait honte parce que l'agent ne lui accordait pas les moyens de régaler ses hôtes comme il aurait dû le faire. Red Cloud, pressé de questions, avoua pour sa part que l'hostilité qu'il montrait à l'égard de l'agent avait son origine dans l'affaire du drapeau, quand l'affolement de Saville avait failli provoquer une guerre – ce qui était de toute évidence un nouveau mensonge.

Quant à la qualité des rations distribuées, le gouvernement n'avait jamais prétendu fournir aux agences des produits de premier choix, et certains d'entre eux étaient effectivement d'une qualité « spéciale », très inférieure, mais jugée suffisante pour des Indiens. La plupart du temps, les rations étaient mangeables, et les plaintes des chefs concernaient moins la qualité que la trop faible quantité de nourriture qu'ils recevaient. Le Grand Esprit, expliquaient-ils, avait créé les Sioux selon un schéma particulier : ils devaient manger beaucoup, et il n'était pas juste d'attendre d'eux qu'ils parviennent en quelques années seulement à s'adapter au régime limité des hommes blancs, soit seulement trois repas par jour.

Dans son rapport final, la commission d'enquête sur l'agence de Red Cloud affirma qu'elle n'était pas parvenue à découvrir la moindre preuve légale permettant d'accuser l'agent Saville de manœuvres frauduleuses, mais recommanda néanmoins fermement qu'il soit révoqué. Cette conclusion paraît relativement honnête. Les enquêteurs avaient mis à jour un grand nombre d'irrégularités, et il ne faisait aucun doute que des malversations avaient été commises, mais il leur était totalement impossible de désigner le moindre coupable, tant les faits avaient été ensevelis sous une montagne de faux témoignages. Il y eut probablement plus de mensonges débités à l'agence de Red Cloud pendant cette enquête qu'il n'y en eut jamais ailleurs, dans des circonstances semblables, durant toute l'histoire des États-Unis.

Bien que soixante ans se soient écoulés, il reste difficile pour les historiens de porter un jugement objectif sur le docteur Saville. Peut-être avait-il les mains un peu sales, mais combien d'agents indiens de cette époque les gardaient-ils tout à fait propres ? Comparé à la plupart de ses collègues, Saville était indiscutablement d'une qualité humaine supérieure, car on ne trouve dans son comportement aucun signe de ladrerie ou de petitesse, et dans sa manière de traiter les Indiens, il se révéla infiniment plus compréhensif que ces tristes grippe-sous. Authentique homme de l'Ouest, il se montra toujours généreux avec ses amis, libéral avec ses employés, et sa morale professionnelle, même en admettant qu'il ait commis quelques indélicatesses, resta toujours au-dessus des normes de son temps en pays indien, où voler le gouvernement était considéré comme un sport honorable, dont la seule règle reconnue par tous consistait à ne pas se faire prendre.

Considérant l'œuvre accomplie par Saville, nous ne pouvons qu'exprimer notre admiration pour le petit docteur et pour le travail ingrat qu'il sut mener à bien. À maintes reprises, il perdit tout contrôle sur les bandes les plus sauvages, mais tint bon et parvint chaque fois à rétablir la situation. Il gagna lentement la confiance des chefs et commença à faire d'eux des citoyens responsables – une tâche que ses successeurs peut-être plus honnêtes, mais aussi plus rigides et moins ouverts, ne réussirent pas à assurer. Non seulement ils ne surent pas se concilier les chefs, mais ils eurent également recours à un expédient pour le moins douteux : ils brisèrent leur pouvoir, et le peuple oglala, privé de ses dirigeants, erra à la dérive.

Cette enquête sur les affaires de l'agence se déroula parallèlement à l'organisation du grand conseil sur la vente des Black Hills. Pendant l'enquête, un sous-comité de la commission des Black Hills se rendit sur la White River afin de préparer la réunion des chefs. J. S. Collins, le secrétaire de la commission, qui se trouvait avec le sous-comité, raconte dans ses mémoires que Red Cloud et Spotted Tail s'opposaient alors tous les deux à cette vente, mais qu'ils offrirent leur aide pour préparer le conseil. Red Cloud fut interrogé le premier, car les Blancs continuaient de le considérer comme le plus influent des chefs sioux, mais lorsque les membres du sous-comité arrivèrent à l'agence de Spotted Tail, celui-ci leur fit savoir qu'il ne reconnaissait pas Red Cloud comme le leader de tous les Sioux. Refusant que le conseil eût lieu sur le Missouri, comme le gouvernement l'avait décidé, Spotted Tail indiqua qu'il devait se tenir à Chadron Creek, à égale distance des deux agences de la White River, et demanda au comité d'en informer Red Cloud. Évoquant les Indiens des agences du Missouri, il précisa : « Nous, Brûlés et Oglalas, avons préservé et gardé les Black Hills, et nous sommes les plus nombreux. Les Sioux du Missouri doivent donc venir ici. » Escorté par six jeunes guerriers de Spotted Tail et six autres de Red Cloud, le sous-comité visita plusieurs agences, obtenant chaque fois la promesse que leurs chefs assisteraient au conseil en septembre. Il inspecta également les Black Hills, rencontrant le groupe du professeur Jenney, qui s'efforçait d'en déterminer la valeur aurifère. La région grouillait de prospecteurs, qui découvraient apparemment beaucoup d'or, et les soldats, dont l'ordre était de chasser tous les Blancs des terres indiennes, campaient tranquillement à côté d'eux. Cette situation offrait aux Sioux une nouvelle preuve de la mauvaise foi du gouvernement, car le président de la commission d'enquête leur avait promis qu'avant le 15 août, l'armée aurait mis en fuite ou arrêté tous les intrus qui violaient leur terre sacrée.

Dans ses instructions du 18 juin à la commission chargée de négocier la vente, le secrétaire à l'Intérieur fit preuve de magnanimité, informant les commissaires qu'ils devaient se considérer comme des défenseurs des intérêts des Indiens aussi bien que de ceux du gouvernement. En plus de l'acquisition des Black Hills, ils devaient convaincre les Sioux de céder leurs droits de chasse dans la région de la Powder River et de la Bighorn. Comme la clause du traité de 1868 stipulant que les Sioux devaient être nourris par les Blancs était arrivée à expiration en 1872, le gouvernement n'était plus légalement tenu, en 1875, d'assurer leur subsistance. Néanmoins, il maintenait le système des rations, à la fois pour des raisons humanitaires et parce que c'était le seul moyen de préserver la paix. En concluant un accord pour la cession des Black Hills, la commission devait en conséquence se souvenir que les Sioux étaient nourris et vêtus avec les deniers publics, et prévoir un arrangement pour qu'une partie du prix de vente servît à payer leur nourriture et leurs vêtements ; le reste serait consacré à l'achat de bétail et de matériel agricole, et permettrait également de financer leur éducation – le but du gouvernement étant toujours de parvenir à ce que les bandes produisent elles-mêmes leur subsistance en cultivant la terre.

Lorsque le 4 septembre, la commission atteignit l'agence de Red Cloud, les collines étaient couvertes à des kilomètres à la ronde de camps et de troupeaux de poneys. Collins affirme que vingt mille Indiens étaient présents. Cette énorme foule était alors déchirée par une violente querelle au sujet de l'endroit où devait se tenir le conseil. Les hommes de Red Cloud, qui avaient gagné quelques Sioux du Missouri à leur cause, exigeaient qu'il eût lieu à leur agence. De leur côté, Spotted Tail et ses partisans s'en tenaient à Chadron Creek, un terrain neutre situé à environ quarante kilomètres de chacune des deux agences. Du 4 au 16 septembre, les guerriers des deux factions s'affrontèrent âprement sur cette question, avec une telle rage qu'à plusieurs reprises une bataille générale parut inévitable. Ils acceptèrent finalement de se réunir dans une grande prairie située en bordure de la White River, à douze kilomètres à l'est de l'agence de Red Cloud, au nord de Crow Butte.

Pendant ces deux semaines de tension entre les bandes, les commissaires s'entretinrent avec les chefs, et ne tardèrent pas à se rendre compte que leurs chances de succès étaient extrêmement minces. Il y avait peu d'espoir que les Indiens acceptent de vendre les Black Hills pour un prix que le gouvernement serait en mesure de payer, et la cession de leurs droits de chasse dans la région de la Powder River et de la Bighorn était tout simplement hors de question. Les chefs expliquèrent qu'ils avaient envoyé des messagers dans les camps hostiles de l'Ouest et que la réponse qu'ils en avaient reçue les incitait à la prudence et à ne pas toucher aux terrains de chasse des bandes sauvages. Bref, dans l'intérêt de tous, il valait mieux tenir les Sioux nomades à l'écart des négociations. Le traité de 1868 contenait de nombreuses clauses prévues pour mettre le gouvernement à la merci des Indiens, et l'une d'elles en particulier stipulait que toute nouvelle cession de terres, pour être légale, devait recevoir l'approbation des trois-quarts des adultes mâles de la tribu concernée. Il parut vite absurde d'essayer de convaincre les trois-quarts de cette multitude de Sioux versatiles, aussi la commission décida-t-elle de limiter son objectif à l'obtention d'un bail d'exploitation des ressources minières des Black Hills.

Le conseil devait s'ouvrir le 17 septembre, mais de nouvelles dissensions, sur lesquelles la commission évita discrètement de s'étendre dans son rapport, rendirent toute réunion impossible ce jour-là. On choisit alors la date du 20 septembre. Une grande tente avec un auvent plat à l'avant pour donner de l'ombre fut dressée sous un peuplier isolé. Les membres de la commission prirent place sur des chaises disposées sous l'auvent, tandis que les cavaliers du capitaine Egan se tenaient en ligne derrière la tente pour assurer leur protection. Le sénateur W. B. Allison présidait la commission, et le général Alfred Terry, le révérend S. D. Hinman et le vieux colonel G. P. Beauvais, l'ancien marchand, figuraient parmi les commissaires. Les autres étaient des hommes de l'Est, qui assistaient pour la première fois à un conseil indien. Une tribu après l'autre, les guerriers à cheval dévalèrent des collines, chargeant sauvagement comme s'ils avaient eu l'intention d'attaquer les Blancs, puis obliquant brusquement à proximité de la tente, ils s'éloignèrent paisiblement au trot pour aller se mettre en ligne un peu plus loin. Cette démonstration se poursuivit jusqu'à ce que tous les guerriers fussent rassemblés, formant un large cercle d'hommes armés autour de la tente, après quoi les chefs s'avancèrent et vinrent s'asseoir en demi-cercle devant la commission. On fuma le calumet de paix, puis le président Allison se leva pour ouvrir le conseil. La harangue qu'il adressa aux Indiens fut traduite, phrase par phrase, par Louis Richards. La commission avait apparemment modifié ses plans à la dernière minute, car Allison parla de l'achat des Black Hills et souleva également la question des terrains de chasse de la Powder River et de la Bighorn. Lorsqu'il eut terminé, les chefs se consultèrent et demandèrent qu'on leur laissât le temps de réfléchir aux propositions du gouvernement. Ainsi s'acheva la première séance du grand conseil des Sioux.

Les Indiens recommencèrent aussitôt à se disputer, et pendant les trois jours qui suivirent, les camps furent en continuelle ébullition, avec le risque constant d'un affrontement armé entre factions rivales. La majorité des Sioux étaient maintenant favorables à l'idée de vendre les Black Hills, mais pour un prix très élevé. Seule une minorité continuait de s'opposer à tout accord avec le gouvernement, et cette minorité rassemblait pratiquement tous les hommes en état de combattre. Certains Blancs avaient de toute évidence persuadé les chefs de la grande valeur des Black Hills, car dans son rapport la commission fit état de sa douloureuse surprise en apprenant que des représentants officiels de Washington, comme l'inspecteur Daniels et l'agent des Brûlés, avaient « cru de leur devoir » d'informer les Indiens qu'ils pouvaient demander entre trente et cinquante millions de dollars en échange de leur terre sacrée. Après s'être querellés sans interruption pendant trois jours, les Sioux revinrent en conseil, divisés en deux partis violemment hostiles, tous armés et prêts à se battre.

La seconde et dernière séance du grand conseil, le 23 septembre, commença comme une répétition de la première. Les commissaires et leurs interprètes s'installèrent sous l'auvent et le petit détachement de cavalerie se mit en position derrière la tente, tandis qu'on apercevait au loin des milliers d'Indiens qui se déplaçaient à cheval, marchaient ou se tenaient assis en petits groupes sur les pentes. Vers midi, un grand nuage de poussière s'éleva derrière les collines, et deux cents cavaliers arborant leurs plus belles parures de guerre et montés sur de splendides poneys apparurent sur la crête. Comme la première fois, ils chargèrent en direction des Blancs, obliquèrent à la dernière seconde, tournèrent autour de la tente en hurlant des chants de guerre et en tirant des coups de feu, puis se mirent en ligne en face de la commission. À un signal donné, une seconde troupe dévala les collines, puis une autre, et une autre encore, jusqu'à ce qu'environ sept mille Indiens en armes forment un vaste cercle autour des négociateurs.

Spotted Tail se détacha alors de sa bande de Brûlés et s'avança vers les commissaires bientôt suivi par Red Cloud et par les autres chefs – ceux des Miniconjous, des Sans Arcs, des Hunkpapas, des Blackfeets, des Two Kettles et des Yanktonais. Ils s'assirent en cercle à environ cent mètres de la tente, et se mirent à discuter en fumant. L'interprète expliqua aux commissaires qu'ils essayaient de décider lequel d'entre eux allait être chargé de s'exprimer au nom de la tribu, et que personne ne semblait briguer cet honneur, car certains des guerriers avaient fait savoir qu'ils tueraient le chef qui se prononcerait le premier en faveur de la vente des Black Hills. Ils parlèrent ainsi pendant une heure, tandis que la commission attendait patiemment sous l'auvent, et que les sept mille guerriers, nettement moins patients, tournaient en rond sur leurs poneys en continuant de se quereller, parfois avec une extrême violence.

L'agitation atteignit son comble lorsque le cercle des cavaliers s'ouvrit brusquement pour laisser apparaître Little Big Man, un jeune combattant belliqueux du camp sauvage de Crazy Horse [2]. Il était complètement nu, chevauchant à cru un magnifique poney gris, avec un lasso noué autour de la mâchoire inférieure en guise de bride, brandissant une Winchester dans sa main droite et serrant une poignée de cartouches dans celle de gauche. Il galopa jusqu'à la tente et annonça d'une voix qui résonna comme un coup de canon qu'il était venu tuer tous les Blancs qui essayaient de lui voler sa terre. Des soldats oglalas l'entourèrent aussitôt, saisirent son arme et l'entraînèrent au loin dans la plus grande confusion. Plus excités que jamais, les guerriers allaient et venaient, lançant leurs poneys au galop sur de courtes distances, ce qu'ils faisaient toujours avant une bataille, et certains de leurs leaders hurlaient *Hoka Hey !* le cri de ralliement habituel précédant une charge. Le capitaine Egan se fraya un chemin jusqu'à la tente, parmi les Indiens qui l'entouraient, pour informer le général Terry que son détachement était cerné et que la situation lui paraissait très inquiétante. La plupart des commissaires étaient blêmes, et Louis Richards, l'interprète demi-sang, qui comprenait ce que hurlaient les guerriers, ne cachait pas ses craintes : « J'ai l'impression que l'enfer va se déchaîner ici dans quelques minutes », déclara-t-il à la commission, « les Indiens sont tous fous furieux, et quand ils commenceront à tirer, leurs premières balles seront pour nous ».

Pendant tout ce temps, les Sioux n'avaient pas dit un seul mot aux hommes blancs, à l'exception des insultes que les guerriers lançaient de loin aux commissaires, en les accompagnant de gestes menaçants. Brusquement, une troupe compacte d'Indiens à cheval rompit le cercle et se rua en direction de la tente, mais la dépassa sans s'arrêter et remonta jusqu'aux cavaliers d'Egan, qui se tenaient en selle, leurs fusils à la main, prêts à tenter l'impossible pour sauver les négociateurs. Il ne s'agissait cependant pas d'une attaque : ces guerriers étaient des Oglalas conduits par Young-Man-Afraid-of-His-Horse, qui avait entendu les hurlements des Sioux sauvages se préparant à charger et avait fait avancer précipitamment ses hommes afin qu'ils viennent faire écran entre le petit détachement d'Egan et la masse des guerriers ivres de colère. Ayant assuré la protection des soldats, il galopa ensuite jusqu'au centre du cercle et s'adressa d'une voix forte à tous les Indiens, leur ordonnant de regagner leurs tipis et de ne revenir en conseil que lorsqu'ils auraient recouvré leurs esprits. Les Sioux savaient qu'on ne plaisantait pas avec Young-Man-Afraid-of-His-Horse, et qu'il aurait tué sans hésiter tout homme qui aurait tenté de lui résister. Une bande après l'autre, les guerriers quittèrent donc le cercle et s'éloignèrent en direction de leurs camps. Les commissaires, escortés par le capitaine Egan, regagnèrent l'agence de Red Cloud avec l'impression de revenir de très loin. Ils ne voulaient pas courir de nouveau le risque d'une réunion avec la horde qu'ils avaient affrontée ce jour-là, aussi n'y eut-il plus d'autres conseils de ce genre par la suite [3].

Le 26 septembre, la commission convoqua à l'agence une vingtaine des principaux chefs, et leur fit savoir en termes très nets qu'ils devaient cesser sur-le-champ de se quereller et aboutir dans les plus brefs délais à une position commune. Le lendemain, les chefs revinrent et prononcèrent de nombreux discours, qui révélèrent qu'ils étaient loin d'être parvenus à s'entendre. Certains Blancs leur avaient apparemment fait la leçon, car ils étaient tous en faveur du plan dit des « sept générations » : six générations de Sioux avaient déjà vécu, ils étaient la septième, en conséquence ils demandaient qu'en paiement de leur terre sacrée, le Père-de-Tous s'engageât à nourrir et à vêtir les sept générations suivantes. Red Cloud exprima sans doute le mieux cette idée en affirmant : « Il y a eu jusqu'ici six nations, et je suis la septième. » On rapporte qu'à l'exigence de nourrir sept générations, il ajouta que le gouvernement aurait à verser six cents millions de dollars pour obtenir *Pa Sapa.* Tous les chefs étaient d'accord pour vendre, et tous posaient comme condition qu'une seule route devrait permettre aux voyageurs d'atteindre et de traverser les Black Hills, mais chacun avait fixé son prix et choisi sa route, et nul ne voulait en démordre. L'un d'eux mentionna la route des Voleurs, et lorsque le président de la commission lui demanda à quoi il faisait allusion, le chef lui répondit sans ambages qu'il s'agissait du chemin ouvert par le chef de tous les voleurs, le général Custer. Red Cloud déclara : « La piste qu'ils ont faite à travers le village (l'agence), celle qu'ils empruntent tous, ils peuvent utiliser celle-là. » Little Bear expliqua : « *Pa Sapa* est la Maison de l'Or pour les Indiens. Nous veillons dessus pour devenir riches. » La plupart des chefs considéraient les Black Hills comme la banque des Sioux, et reprochaient amèrement au Père-de-Tous d'avoir permis à ses hommes d'y pénétrer pour la dévaliser. Red Cloud présenta une liste impressionnante de demandes : « Pour les sept générations à venir, je veux que le gouvernement nous fournisse des bœufs du Texas pour notre viande. Je veux que le gouvernement me donne dorénavant de la farine, du café, du thé, du bacon, de la meilleure qualité, et du maïs égrené, et des haricots, et du riz, et des pommes séchées, et du bicarbonate de soude, et du tabac, et du sel et du poivre pour les vieillards. Je veux que chaque famille reçoive un chariot – un chariot léger – avec un attelage de chevaux et six bœufs de labour. Je veux une truie et un verrat, une vache et un taureau, une brebis et un bélier, une poule et un coq pour chaque famille. Je suis un Indien, mais vous voulez faire de moi un homme blanc. Je veux que des maisons d'homme blanc soient construites à cette agence pour les Sioux… avec de beaux meubles noirs et brillants, de la vaisselle, des faux, une faucheuse, et une scierie… » Ces exigences n'étaient pas dépourvues de sens : les Oglalas ne souhaitaient pas devenir comme les hommes blancs, et si le gouvernement tenait tant à ce qu'ils changent de mode de vie, pourquoi ne paierait-il pas le prix de leur transformation en Indiens sédentaires pratiquant l'agriculture et l'élevage ? Mais la seule idée de ce que coûterait cette opération donnait des sueurs froides à la commission. Après trois nouvelles journées de vaines palabres, Spotted Tail demanda brusquement aux commissaires de coucher leur offre par écrit, ce qu'ils s'empressèrent de faire. Ils proposaient d'acheter les droits miniers sur les Black Hills pour quatre cent mille dollars par an, le gouvernement se réservant la possibilité de dénoncer l'accord avec un préavis de deux ans, ou alors d'acquérir purement et simplement les Black Hills pour un montant de six millions de dollars. Les Indiens refusèrent de discuter sur de telles bases, et rompirent les négociations.

Dans leur rapport, les commissaires écrivirent qu'il leur avait été impossible d'aboutir à un accord, et que selon leur point de vue, les Sioux ne changeraient pas d'attitude tant qu'ils n'auraient pas éprouvé concrètement la puissance et la détermination du gouvernement. Ils recommandèrent en conséquence que le Congrès définît une ligne de conduite équitable et ensuite, si les chefs ne consentaient toujours pas à s'incliner, que toutes les distributions de rations et toutes les livraisons annuelles fussent suspendues. La commission s'appuyait sur le traité de 1868 pour justifier sa position : d'après elle, les Sioux s'étaient alors engagés à cultiver la terre et à devenir des agriculteurs autonomes avant 1872. Il en résultait donc, toujours selon ses membres, qu'en refusant de se tourner vers l'agriculture, les Indiens avaient violé le traité – or nous savons très bien qu'aucun des chefs qui l'avaient signé en 1868 n'avait eu la moindre connaissance d'une clause stipulant que les guerriers devaient se transformer en fermiers. En fait de clauses à débattre, voire à imposer, on ne leur avait présenté qu'un papier qu'on s'était bien gardé de leur lire, et sur lequel on avait inscrit leurs noms après qu'ils eurent « touché la plume ». Et ce n'était certainement pas de leur faute si le gouvernement avait à cette occasion délégué ses pouvoirs à un groupe de visionnaires, qui croyaient que des Indiens sauvages, chasseurs et nomades depuis des siècles, pouvaient en l'espace de quatre ans se métamorphoser miraculeusement en paisibles cultivateurs auto-suffisants. Cette tentative des autorités de faire porter aux seuls Sioux la responsabilité de l'échec de la politique de paix était totalement injuste. Avant qu'on leur impose le traité de 1868, les Sioux assuraient parfaitement leur subsistance grâce à la chasse, et s'ils étaient depuis devenus dépendants, nourris à ne rien faire grâce aux fonds publics, c'était à cause de la politique irresponsable du gouvernement. En sept ans, celui-ci avait dépensé pour eux treize millions de dollars. Les idéalistes et les groupes religieux avaient soutiré cet argent au Congrès en martelant leur formule favorite : « Nourrissez les Sioux et vous n'aurez pas à les combattre. » La commission chargée de négocier l'achat des Black Hills venait justement de rencontrer sept mille guerriers qui avaient bénéficié de ces subsides, et elle avait pu constater de ses propres yeux que le fait de nourrir les Sioux ne diminuait en rien leur esprit combattif. Elle souhaitait maintenant que la force fût employée contre eux, mais le traité de 1868 avait été soigneusement élaboré par les Amis des Indiens pour mettre leurs protégés à l'abri de tous les vents contraires de l'histoire, en particulier de toute velléité de coercition de la part du gouvernement des États-Unis. Procédant avec une extrême prudence dans leur recherche d'une solution au problème des Black Hills, les commissaires avancèrent l'idée que le traité de 1868 n'abrogeait pas les traités précédents, mais en rendait seulement caduques les clauses relatives à l'obligation de fournir aux Sioux nourriture, vêtements et autres produits ou instruments dont ils avaient besoin pour vivre dans les agences. Ils attirèrent l'attention sur un traité conclu en 1865 – signé par quelques chefs serviles ne représentant tout au plus qu'eux-mêmes –, qui stipulait que les Sioux « étaient soumis à l'autorité et à la juridiction exclusives (du gouvernement) des États-Unis ». Pourquoi ne ressortirait-on pas ce vieux traité et, en le dépoussiérant un peu, ne s'en servirait-on pas pour rendre légalement acceptable la non-observation de celui de 1868 et le recours à la force armée ? Par le traité de 1868, le gouvernement s'était engagé à n'autoriser aucun Blanc à pénétrer sur le territoire réservé aux Sioux, mais selon l'avis de la commission, les Sioux eux-mêmes n'avaient pas rempli assez scrupuleusement leur part des obligations contenues dans l'accord pour que les autorités fédérales fussent contraintes de s'en tenir strictement à la lettre de ce qu'elles avaient promis. Ainsi, le refus des Oglalas de quitter leur terres pour aller vivre sur le Missouri avait-il constitué d'une certaine manière une violation du traité, qui pouvait justifier que le gouvernement fermât maintenant les yeux sur l'invasion des Black Hills par une armée de chercheurs d'or et d'aventuriers. La commission précisa enfin qu'il lui semblait indispensable que des garnisons fussent installées à proximité de toutes les agences sioux pour y maintenir l'ordre, et il est fort possible que les commissaires aient eu l'arrière-pensée, en proposant cette mesure de « sécurité », de fournir au gouvernement une excellente excuse pour ne pas tenir sa promesse de chasser tous les Blancs de la réserve. En lisant les derniers paragraphes du rapport de la commission d'achat des Black Hills, on a l'impression que ses membres, ayant échoué dans leur mission, cherchaient désespérément un subterfuge permettant aux autorités de sortir de l'impasse dans laquelle elles se trouvaient, soit en soulevant des points de droit jouant en leur faveur, soit en faisant légalement usage de la force.

À cette époque, le gouvernement était effectivement confronté à une situation des plus embarrassantes. En 1868, il s'était engagé à veiller à ce qu'aucun Blanc ne pénétrât sur les terres sioux, allant même jusqu'à promettre que si des intrus envahissaient leur territoire réservé, il les chasserait par la force et autoriserait les Indiens à agir de même. Mais maintenant, un grand nombre de Blancs occupaient les Black Hills, ignorant les mises en garde officielles et se moquant même ouvertement de la proclamation solennelle du Président. Au printemps 1875, l'armée avait arrêté quelques prospecteurs et les avait livrés aux autorités civiles, qui s'étaient empressées de les remettre en liberté – la plupart de ces hommes étaient revenus depuis dans les Black Hills. En réalité, le gouvernement avait peur de prendre des mesures trop sévères contre ses propres citoyens. Après l'échec du conseil de septembre qui avait réuni tous les Sioux, le commissaire aux affaires indiennes nota dans son rapport annuel : « Quelque mauvaise grâce que nous puissions avoir à le reconnaître, les expériences de l'été qui vient de s'écouler prouvent, soit l'inefficacité d'une force militaire importante sous le commandement d'officiers comme les généraux Sheridan, Terry et Crook, soit notre incapacité définitive à empêcher les Américains de pénétrer dans une région où l'on sait que de l'or peut être trouvé, que ce soit par des interdictions légales, par l'emploi de la cavalerie, ou par toute autre considération faisant appel au respect des droits de ses occupants légitimes. »

XIV

LA GUERRE DE SITTING BULL 1876-1877

Après l'échec de la commission la situation dans les Black Hills ne fit que s'aggraver. Jusqu'à présent, la ruée vers l'or avait été limitée à des hommes qui n'attachaient aucune importance à la proclamation solennelle du président Grant et étaient prêts à courir n'importe quel risque pour s'enrichir. Mais dans la mesure où le gouvernement lui-même avait tenté d'acheter aux Sioux leur montagne sacrée, beaucoup considérèrent désormais qu'elle n'était plus un territoire interdit. Les Blancs se mirent alors à affluer dans la région en groupes importants et bien organisés qui ne cherchaient plus le moins du monde à fuir l'armée ou à se dissimuler. Ils bâtirent des villes, se dotèrent d'institutions locales, et commencèrent à exiger des soldats qu'ils les protègent de la colère des Sioux, dont ils volaient les terres sans vergogne. Le gouvernement semblait n'avoir le choix qu'entre deux attitudes : soit ordonner une intervention vigoureuse des militaires pour chasser les envahisseurs, soit essayer de justifier leur invasion en « découvrant » dans le traité de 1868 des clauses miraculeusement restrictives qui n'y avaient jamais figuré. Incapables de choisir entre ces deux solutions, les responsables optèrent pour une troisième, qui consistait à ordonner aux Sioux hostiles de se présenter dans les agences avant une date limite, en les prévenant que s'ils ne s'y rendaient pas de leur plein gré, l'armée serait lancée à leur poursuite et les y amènerait de force.

Cette décision fut prise en novembre 1875, lors d'un conseil auquel participèrent le président Grant, le secrétaire à la Guerre, le secrétaire et le secrétaire-adjoint à l'Intérieur et le commissaire aux affaires indiennes. Avant que la question des Black Hills ne fût devenue pour lui une préoccupation majeure, l'objectif du gouvernement, on s'en souvient, avait été de créer une nouvelle agence à proximité et d'y attirer les bandes errantes en les appâtant avec des rations et des distributions de vêtements. Maintenant, les Sioux sauvages devaient être traqués par l'armée et conduits de force dans les anciennes agences. Lorsque cette nouvelle politique de coercition fut adoptée, et pendant les mois qui suivirent, les autorités nièrent qu'elle ait eu le moindre rapport avec la crise des Black Hills, mais un examen objectif des faits permet de se rendre compte que les deux problèmes étaient au contraire étroitement liés. Le gouvernement ne pouvait pas s'en prendre directement aux Indiens des agences, mais en lançant l'armée contre les bandes nomades de la Powder River, il espérait de toute évidence montrer sa détermination aux Sioux des agences, affaiblir leur résistance, et finalement les convaincre qu'ils n'avaient pas d'autre choix que de vendre les Black Hills. Ce plan était habile. S'il réussissait, et personne ne doutait que les soldats pussent aisément venir à bout des rebelles, les Sioux seraient soumis, les Black Hills et la région de la Powder River et de la Bighorn pourraient être acquises pour une bouchée de pain, et l'opinion publique, qui souhaitait que ces terres fussent ouvertes aux Blancs et que les Indiens reçoivent une bonne leçon d'humilité, aurait toutes les raisons d'être satisfaite. Bien sûr, quelques humanistes ne manqueraient pas, comme à l'habitude, de pousser des cris d'orfraie, mais un grand nombre de leurs dirigeants les plus influents étaient désormais acquis à l'idée qu'aucun progrès ne pourrait être accompli avec les Sioux si l'on continuait à faire preuve d'une trop grande complaisance à leur égard. En proposant des arrangements généreux pour accélérer les programmes d'éducation et d'apprentissage des Indiens, le gouvernement espérait se concilier les bonnes grâces de la plupart des idéalistes et des groupes religieux.

Prétendre que le président Grant et ses conseillers déclenchèrent une guerre avec les Sioux dans le seul but de faciliter ou de légitimer l'invasion des Black Hills serait totalement absurde. Il est évident que personne, à Washington, ne pensait alors que les Indiens offriraient une sérieuse résistance. Les responsables prévoyaient que la plupart des Sioux sauvages se rendraient dans les agences comme des moutons lorsque l'armée leur en donnerait l'ordre ; les plus réticents seraient rapidement contraints d'obéir par quelques compagnies de cavalerie, et toute l'affaire serait terminée avant l'apparition de la nouvelle herbe au printemps suivant.

Le prétexte pour exiger le rassemblement de toutes les bandes errantes dans les agences fut trouvé dans un rapport de l'inspecteur indien E. C. Watkins, daté du 9 novembre 1875, dans lequel il faisait état d'attaques lancées par les Sioux contre des Blancs et des Crows. De telles attaques n'avaient rien d'exceptionnel – on en déplorait un certain nombre chaque année depuis 1866 –, mais le gouvernement voulait prendre des mesures énergiques, et le rapport de Watkins était exactement ce dont il avait besoin pour justifier son changement d'attitude. Tout se passa dans le plus grand secret, pour ne pas dire dans une atmosphère de conspiration, et le commissaire aux affaires indiennes, G. W. Manypenny, laisse entendre dans ses mémoires que ce fut seulement après que le plan eut été élaboré et la décision d'agir arrêtée que les généraux Sherman et Sheridan purent rencontrer Watkins et prendre connaissance de son rapport. Le Bureau indien envoya alors un message aux bandes hostiles, les informant que désormais leurs exactions ne seraient plus tolérées, et les sommant de se présenter dans les agences avant le 31 janvier 1876, faute de quoi les soldats seraient lancés à leur poursuite et les y conduiraient de force. De toute évidence, ce délai était trop court pour permettre à la plupart des Indiens d'obéir à l'injonction du gouvernement, et l'on ne peut s'empêcher de penser que les autorités, qui ne l'ignoraient certainement pas, avaient délibérément choisi cette date pour offrir à l'armée une occasion légitime d'intervenir contre les rebelles. Le message atteignit les agences sioux juste avant Noël, et fut aussitôt transmis à des Indiens de toute confiance et à des demi-sang, qui se mirent immédiatement en route à la recherche des camps, pendant les pires journées d'un hiver exécrable, afin de transmettre la nouvelle et de ramener les réponses des chefs. Le messager parti de l'agence de Standing Rock ne rentra que le 11 février, longtemps après la date fixée pour le regroupement des bandes, et il raconta que les Indiens qui campaient près du confluent de la Powder River – le groupe de Sitting Bull – l'avaient reçu cordialement, mais ne pouvaient pas se déplacer pour l'instant. L'agent de Cheyenne River reçut lui aussi une réponse favorable des bandes hostiles. Le 3 janvier, l'agent de Spotted Tail, E. A. Howard, signala qu'il avait envoyé des messagers, mais qu'ils n'étaient pas encore revenus. L'agent de Red Cloud, J. S. Hastings, indiqua que Sitting Bull s'était rendu sur la Yellowstone en automne et ne pouvait conséquemment pas être joint, mais que ses messagers avaient découvert Crazy Horse et Black Twin campant près de Bear Butte, et que ces deux chefs hostiles avaient déclaré qu'en raison de la neige et du froid ils ne pouvaient entreprendre le moindre voyage ; à cent cinquante kilomètres de Bear Butte, des hommes à lui avaient pu contacter les Cheyennes de la Powder River, mais ils n'avaient pas encore rendu compte de cette partie de leur mission. Il ressort clairement de ces rapports que l'affirmation de l'état-major, selon laquelle les rebelles répondirent par la négative à l'ordre de gagner les agences et défièrent même ouvertement les soldats de venir les chercher, était très exagérée. Que les bandes hostiles n'aient eu aucune intention d'obéir à l'injonction du gouvernement ne fait pratiquement aucun doute. Les Sioux sauvages n'avaient pas été sérieusement inquiétés par l'armée depuis de nombreuses années ; ils ignoraient que la politique indienne des Blancs venait de changer, et même s'ils l'avaient su ou s'ils avaient pu comprendre de quoi il s'agissait exactement, ils étaient trop persuadés de pouvoir repousser sans peine les soldats pour s'inquiéter des ordres donnés par

Washington. Certains auteurs, en parlant de ces événements, ont estimé que le gouvernement demandait l'impossible aux Indiens, à savoir de traverser des contrées enneigées avec leurs femmes et leurs enfants, à une époque de l'année où le froid était si intense que l'armée elle-même n'osait pas se mettre en campagne. C'est oublier que les Sioux n'étaient pas des soldats. C'est oublier aussi que le mauvais temps ne les empêcha pas de voyager cet hiver-là : Sitting Bull déplaça son camp au moins à deux reprises entre décembre et mars, et les Oglalas de Crazy Horse quittèrent Bear Butte en janvier, non pour gagner l'agence de Red Cloud, qui était relativement proche, mais pour un périple beaucoup plus long en direction du Nord et de la Powder River. La vérité semble donc plutôt être que les bandes hostiles refusèrent de se rendre dans les agences, leurs chefs ne se montrant pas le moins du monde impressionnés par la menace des autorités de lancer l'armée à leur poursuite.

Ces Indiens que les soldats allaient devoir pourchasser étaient des Sioux et des Cheyennes qui désiraient garder leur mode de vie ancestral de chasseurs nomades, en se tenant à l'écart des Blancs et en refusant tout ce qu'ils apportaient avec eux, à l'exception des fusils, des munitions et des bonnes couvertures qu'ils distribuaient dans les agences. Leurs chefs n'avaient été qu'un très petit nombre à signer le traité de 1868. À l'exemple de Little Hawk, l'oncle de Crazy Horse, ils ne l'avaient fait que pour recevoir les armes et les munitions promises à toutes les bandes dont les chefs « touchaient la plume » et avaient ensuite directement regagné la région de la Powder River, où ils étaient demeurés depuis – contrairement à Red Cloud et à de nombreux autres. Ils considéraient celui-ci comme un insensé d'avoir accepté de s'établir dans une agence et lié sa vie à celle des hommes blancs. Mais l'attrait des couvertures et des rations obtenues sans effort était très puissant et, les années passant, un nombre de plus en plus grand d'Indiens sauvages parmi les moins intransigeants avaient pris l'habitude de se rendre l'hiver dans les agences, pour y manger la nourriture des Blancs et y recevoir des munitions, des couvertures et d'autres produits utiles ou agréables. Au printemps, leurs bandes repartaient pour la White River, bien nourries, vêtues de neuf et équipées de pied en cap. Ces Indiens qui ne fréquentaient les agences que pendant la mauvaise saison étaient évidemment enregistrés par les agents, et les incurables optimistes du Bureau indien voyaient dans cet accroissement des inscriptions une preuve irrécusable du succès de la politique de paix. En ne s'en tenant qu'aux seuls chiffres, il était en effet facile de démontrer que l'augmentation des inscriptions dans les agences allait de pair avec une diminution de l'importance des camps hostiles ; mais les hommes qui se trouvaient sur le terrain savaient bien, quant à eux, que ce phénomène ne se produisait que l'hiver, et que chaque printemps des milliers de Sioux quittaient les agences pour aller se joindre aux bandes hostiles de la Powder River. Les agents rendaient compte de ce mouvement de va-et-vient annuel entre les agences et les camps, mais sans lui accorder une attention particulière, espérant que les Indiens nomades, après plusieurs années de ce manège, finiraient par y renoncer pour s'installer définitivement sur la White River ou sur le Missouri. L'armée maintenait des garnisons à proximité de toutes les grandes agences sioux, elle n'ignorait donc pas que chaque printemps, leurs bandes sauvages se mettaient en route pour la Powder River. Le fait qu'elle n'ait rien fait, pendant l'hiver 1875-1876, pour prévenir ou restreindre cette migration printanière indique, soit que ses officiers avaient la tête ailleurs, soit qu'ils éprouvaient un tel mépris pour la valeur combattive des Sioux qu'il leur importait peu que ceux-ci se trouvent en plus ou moins grand nombre sur la Powder River, où ils savaient qu'ils allaient devoir aller les affronter [1].

Lorsque dans les premiers jours de février 1876, le Bureau indien donna carte blanche à l'armée pour régler le problème des bandes qui ne s'étaient pas présentées dans les agences à la date fixée par le gouvernement, il évalua leur nombre total à environ trois mille personnes. Selon le rapport de l'inspecteur Watkins, les Indiens hostiles comptaient tout au plus quelques centaines de guerriers, ils n'étaient pas unis, et pouvaient aisément être vaincus par un millier de soldats. Ces chiffres, semblent exagérément faibles, mais ils furent acceptés sans le moindre commentaire par les officiers. Ce ne fut que plus tard, après avoir connu quelques revers, que les responsables de l'armée reprochèrent au Bureau indien d'avoir grossièrement sous-évalué le nombre des Indiens hostiles. Des déclarations furieuses faites par Sheridan et par d'autres généraux après les défaites de Crook et de Custer, on retire l'impression que les troupes en garnison depuis des années près des agences sioux n'avaient recueilli aucune information valable sur leur puissance militaire, et que l'état-major devait dépendre sur cette question cruciale des estimations fournies par les civils du Bureau indien.

Pourtant l'armée était on ne peut plus prête à aller affronter les bandes nomades sur leur territoire. En dix ans de politique de paix, elle avait dû subir sans pouvoir répondre un grand nombre d'insultes et de camouflets de la part des Indiens et de leurs amis de l'Est ; les officiers et les soldats avaient tous de sérieux comptes à régler, en particulier avec les Sioux. L'idée d'une campagne d'hiver contre les camps de la Powder River était discutée depuis plusieurs années dans les cercles militaires, et avait été retenue comme la stratégie à la fois la plus efficace et la plus facile à appliquer. Maintenant, les soldats avaient enfin une chance de la mettre en œuvre, et les unités du Département de la Platte reçurent aussitôt l'ordre de partir, le général Crook en personne prenant leur tête, endurant avec eux toutes les difficultés que ses hommes devaient affronter. Les unités du haut Missouri étaient supposées agir en coordination avec celles de la Platte, mais elles ne bougèrent toutefois pas, prenant prétexte des intempéries pour demeurer sur leurs positions.

Le mauvais temps n'arrêta pas Crook. Le 1er mars, il quitta Fort Fettermann, à l'ouest de Fort Laramie sur la North Platte, à la tête d'une petite colonne très mobile, jugée suffisamment forte pour venir à bout de toutes les bandes hostiles. Il emmenait avec lui dix compagnies de cavalerie, deux compagnies d'infanterie, un convoi de chariots, un convoi de mulets, et tous les Sioux demi-sang qu'il avait pu enrôler – les « Reshaw boys » et les enfants de Janis étant du nombre. Il faisait un froid glacial, le vent soufflait en rafales et la neige tombait en abondance. Peu de temps après son départ de la Platte, des Indiens – qui n'étaient sans doute pas des Sioux – tentèrent de voler les chevaux de la colonne, mais n'y parvinrent pas. Crook laissa ses chariots et son infanterie dans un camp de base situé près de l'emplacement de l'ancien Fort Reno, non loin de la source de la Powder River, et avança rapidement jusqu'à la Tongue River avec ses cavaliers, ses guides et ses mulets. Les guides explorèrent la vallée de la Rosebud, où les Indiens étaient supposés avoir établi leurs camps d'hiver, mais n'en découvrirent aucun. Intrigués, ils descendirent la Tongue River, se rapprochant de la Yellowstone, et finirent par trouver les restes de plusieurs camps importants, dont certains étaient entourés d'une palissade et de nombreux peupliers abattus [2]. Crook fit halte près d'un grand village indien et envoya ses éclaireurs en direction de la Yellowstone. Ils revinrent le 15 mars, en signalant qu'ils avaient découvert une piste se dirigeant vers la Powder River, et le lendemain, Crook obliqua vers l'est pour se diriger vers la Powder. Les soldats n'avaient parcouru que quelques kilomètres lorsqu'ils aperçurent des chasseurs indiens qui les observaient du haut des collines. Crook envoya ses éclaireurs les disperser, puis fit dresser son camp dans le but de faire croire aux rebelles qu'il n'avait pas l'intention de les poursuivre. La nuit venue, il ordonna au colonel J. J. Reynolds, à la tête de six compagnies de cavalerie conduites par les guides demi-sang, de partir à la recherche du camp des chasseurs et de l'attaquer.

Le camp que cherchaient les hommes de Reynolds se trouvait sur la Powder River, à une quinzaine de kilomètres en amont de son confluent avec la Little Powder. C'était un camp sioux de soixante-cinq tipis, que l'on dit avoir été celui des Oglalas sauvages de Crazy Horse ; une bande de Cheyennes forte de quarante tipis, venue de l'agence de Red

Cloud, s'était jointe à eux peu de temps auparavant. Les Cheyennes possédaient de nouveaux tipis en toile qu'ils avaient reçus à l'agence, et transportaient un chargement de provisions, comprenant notamment des boîtes de poudre, qu'ils avaient l'intention d'échanger avec les Sioux [3]. Un groupe de soixante chasseurs de ce camp avait repéré la colonne de Crook le 16 mars, et l'avait signalée à leurs chefs, qui avec leur négligence habituelle, n'avaient pas pris la précaution de placer des sentinelles. Lorsque les hommes de Reynolds firent irruption dans le village, à l'aube du 17, les guerriers endormis furent pris totalement par surprise. Les soldats s'emparèrent de leur troupeau de poneys, et les Indiens s'enfuirent en gravissant la colline escarpée qui se dressait derrière le camp. Mais après avoir mis les femmes et les enfants en sécurité, les guerriers contre-attaquèrent, assaillant les cavaliers avec une telle violence que la progression de ces derniers fut arrêtée et qu'ils durent même reculer en plusieurs endroits. Reynolds, qui avait divisé son détachement en plusieurs groupes, par crainte de voir les Indiens lui échapper s'ils n'étaient pas encerclés, ne réussit pas à rétablir la situation dans le village. Il ordonna donc de l'incendier, fit replier ses soldats, et entama une retraite précipitée en remontant la Powder River, ne s'arrêtant que lorsqu'il eut atteint Lodgepole Creek (Clear Creek). Sa troupe comptait quelques blessés, ainsi que de nombreux hommes souffrant de graves gelures ; il omit de faire monter la garde, et pendant la nuit, les Oglalas et les Cheyennes récupérèrent tous les poneys qu'ils avaient perdus le matin précédent. Mais en rentrant chez eux, les Indiens se heurtèrent à Crook, qui les attaqua et leur reprit environ deux cents poneys.

Le général se montra très en colère lorsqu'il apprit le « gâchis » qu'avait fait Reynolds [4]. Il avait en effet projeté d'utiliser le camp capturé comme base pour la poursuite de ses opérations, en faisant coucher ses hommes dans les tipis et en les nourrissant grâce à la viande séchée que les Indiens gardaient en réserve. Mais la destruction du village par le colonel avait ruiné ses plans, le contraignant à mettre fin à sa campagne et à rentrer en toute hâte à Fort Fetterman. Sur le chemin du retour, quelques groupes d'Indiens hostiles le suivirent et l'attaquèrent à plusieurs reprises, pour essayer de récupérer les deux cents poneys. Finalement, exaspéré, il fit abattre toutes les bêtes, et les guerriers cessèrent de harceler sa colonne.

L'échec de la campagne de Crook laissa les Indiens sauvages libres de prendre l'initiative, et ce qu'ils firent alors mérite d'être détaillé. Quelques années auparavant, ainsi que les Sioux d'aujourd'hui se plaisent à le raconter, Sitting Bull avait été intronisé grand-chef, ou « généralissime », de tous les Sioux tétons, lors d'une imposante cérémonie tenue sur la Yellowstone River. Toute l'affaire avait été organisée par les proches amis et les parents de Sitting Bull, et seule une partie des Tétons y avait assisté ; Crazy Horse, qui était présent, avait été nommé à cette occasion « lieutenant » de Sitting Bull. Le but de ce rassemblement des bandes hostiles était de désigner de nouveaux chefs capables d'empêcher les Blancs de s'emparer du territoire sioux. Quand les Black Hills avaient été envahies, les chefs de l'agence de Red Cloud avaient envoyé un message à ceux de la Powder River, les informant que le gouvernement voulait acheter leur terre sacrée et leur demandant leur avis sur cette question. La réponse de Sitting Bull avait été sans équivoque : « Les Black Hills m'appartiennent. Si les Blancs essaient de les prendre, je me battrai. » Pourtant, il ne s'était pas battu. Tandis que le nombre des prospecteurs tolérés par l'armée s'accroissait de jour en jour dans les Black Hills, il était parti voler des chevaux près de la frontière canadienne. À l'automne 1875, alors que son camp se trouvait sur la Yellowstone, près du confluent de la Tongue River, il avait organisé un autre vol de chevaux, dirigé cette fois contre les Crows. Il avait ensuite établi son camp d'hiver près du confluent de la Powder River, et c'est là qu'il avait eu connaissance de l'ultimatum du gouvernement ordonnant à toutes les bandes errantes de se présenter dans les agences avant le 31 janvier 1876. Une fois encore, ni lui ni les autres chefs n'avaient réagi. Les

Indiens sauvages étaient alors éparpillés, comme chaque hiver : leur camp le plus important, fort de cent cinq tipis, était celui qui avait été découvert et détruit par Reynolds : le camp de Sitting Bull était plus petit ; enfin il existait huit autres camps de moindre importance, quatre sur la Little Powder et quatre sur la Little Missouri. Ces détails sur les camps et leurs mouvements pendant l'hiver 1875-1876 ont été fournis par les Sioux plus de cinquante ans après les événements, mais il semble qu'ils soient exacts. Fin février ou début mars, Sitting Bull partit en direction de l'est, jusqu'à la Little Missouri, mais regagna presque aussitôt la Powder River, où les Oglalas et les Cheyennes du village incendié par Reynolds vinrent le rejoindre et lui demandèrent son aide. Comme ces Indiens avaient perdu leurs tipis, ainsi que la plus grande partie de leurs réserves de nourriture, de leurs vêtements et de leur équipement, il les accueillit dans son camp [5].

Peu de temps après, Sitting Bull envoya un message à tous les camps hostiles pour convier leurs chefs à un conseil sur la Tongue River. Lors de cette réunion, qui se tint en avril, il déclara aux autres chefs que les Blancs voulaient la guerre et qu'ils allaient l'avoir. Il aurait envoyé ensuite des messagers dans « toutes les agences des Sioux, des Cheyennes et des Arapahos », pour inviter tous les guerriers à se joindre à lui. Les Indiens qui, de nos jours, racontent cette histoire semblent ignorer que les Cheyennes et les Arapahos n'avaient pas d'agence propre, puisque les bandes de ces deux tribus étaient prises en charge par l'agence des Oglalas. En affirmant qu'un appel à la lutte fut lancé à tous les guerriers des agences, ils oublient aussi qu'à la fin de l'hiver 1875-1876, il y avait dans les agences plusieurs milliers de Sioux sauvages de la Powder River, qui n'y demeuraient que pour la mauvaise saison, et qui rejoindraient comme chaque année les camps hostiles dès que la nouvelle herbe serait apparue. C'était sur eux que comptait Sitting Bull, non sur les Indiens des agences, et il n'avait nul besoin de leur demander de se regrouper dans la région de la Powder River, car ils le faisaient d'eux-mêmes chaque printemps depuis plusieurs années.

Dans cette version moderne des événements précédant la guerre, les Sioux prétendent que, dès que les Indiens des agences de la White River reçurent le message de Sitting Bull, ils achetèrent toutes les armes et les munitions qu'ils purent, puis se mirent en route en grand nombre pour la Powder River, en désobéissant ouvertement à ceux de leurs chefs – dont Red Cloud – qui n'approuvaient pas leur alliance avec les Sioux sauvages. Toutes ces affirmations révèlent une ignorance des réalités de l'époque qui est proprement stupéfiante. Aucune arme n'avait été vendue dans les agences depuis au moins deux ans, et depuis que l'armée avait commencé à intervenir contre les bandes hostiles, en février, on avait également cessé de distribuer ou d'échanger des munitions. Bien sûr, il était toujours possible de se procurer des armes et des munitions par des moyens illégaux, mais les Indiens des agences n'avaient pas d'argent, et rien de ce qu'ils pouvaient offrir n'intéressait les trafiquants d'armes, qui demandaient des prix très élevés pour leurs marchandises. Quant à Red Cloud, les Sioux d'aujourd'hui n'auraient pas pu commettre une erreur plus grossière qu'en le désignant comme le principal opposant à la guerre. Red Cloud, loin d'empêcher ses guerriers de rejoindre les Indiens hostiles, fut au contraire le seul chef oglala de l'agence à se prononcer en faveur de la guerre. Ce ne fut pas lui qui retint les Oglalas, ce furent eux qui le retinrent. Il autorisa son jeune fils Jack à partir en avril pour la Powder River avec les Bad Faces de Black Elk, et les Sioux qui, de nos jours, racontent cette histoire, s'en servent pour démontrer que presque tous les jeunes hommes de l'agence rejoignirent les rebelles, puisque même le puissant Red Cloud ne put empêcher son propre fils de se joindre à Sitting Bull. Cette affirmation est totalement absurde. Jack est le seul Indien de l'agence de Red Cloud dont le nom soit cité parmi tous ceux qui affluèrent prétendument dans les camps hostiles. Il quitta la White River avant que les Indiens eussent réalisé qu'une véritable guerre était sur le point d'éclater, et son père ne s'opposa nullement à son départ. Lorsque les Sioux évoquent les événements de 1876, ils devraient essayer de se souvenir que cette année-là, les Sioux des agences étaient effrayés, et que la peur était alors leur principale motivation. Ils n'étaient plus des Indiens sauvages ; ils sentaient que de « graves ennuis » se préparaient et craignaient que leurs parents rebelles des camps de Sitting Bull et de Crazy Horse ne les entraînent irrémédiablement dans la tourmente, ce qui aurait donné aux soldats blancs une bonne excuse pour attaquer les agences et « les balayer » toutes. Prétendre que ces Sioux se mobilisèrent en masse et avec allégresse pour aller aider les bandes hostiles à faire la guerre n'est qu'un mensonge sans queue ni tête, qui ne résiste pas à un examen sérieux [6].

Au début de l'hiver 1875-1876, le principal sujet de conversation des Indiens à l'agence de Red Cloud était l'invasion des Black Hills par les Blancs. Les querelles qui étaient apparues lors du grand conseil avec la commission continuèrent d'aller bon train jusqu'à l'arrivée des Indiens du Nord, en octobre et en novembre. Les Sioux sauvages firent alors entendre leur point de vue. Comme à l'accoutumée, ils se montrèrent extrêmement méprisants à l'égard des Indiens de l'agence, multipliant leurs rodomontades, répétant à l'envi les sages paroles de Sitting Bull, Black Moon, Black Twin, et de leurs autres dirigeants – de vrais grands-chefs, ceux-là, qui n'avaient rien à voir avec les misérables valets croupissant dans les agences. Les Blancs n'avaient pas à prendre les Black Hills. Certes ils les avaient déjà prises, mais les grands-chefs, les vrais, allaient intervenir… l'année prochaine, peut-être. Pendant que les guerriers de la Powder River accumulaient les vantardises, les maris blancs des squaws lisaient les journaux et apprenaient aux chefs de l'agence que les Blancs étaient en train de discuter entre eux de la meilleure manière de punir les Sioux. Aussi les chefs étaient-ils très inquiets et ne savaient-ils vraiment plus quoi faire : ils désiraient avant tout la paix, mais les Blancs s'apprêtaient à les punir parce qu'ils refusaient de vendre les Black Hills, et s'ils consentaient à les céder, les hommes de Crazy Horse et de Sitting Bull les menaçaient de représailles.

Le 3 décembre 1875, le docteur Saville fut relevé de ses fonctions. Les Oglalas, dans leur grande majorité, furent désolés de le voir partir. Ils dirent adieu au petit docteur, puis s'ingénièrent aussitôt à élaborer des plans destinés à mettre à l'épreuve leur nouvel homme blanc, James S. Hastings. À ce moment-là, juste avant Noël, arriva l'ordre donné aux bandes hostiles de se présenter dans les agences avant la fin du mois de janvier. La nouvelle créa une grande agitation dans la vallée de la White River. Les Indiens accusèrent une fois de plus les Blancs de fourberie, les jeunes hommes lancèrent leurs menaces habituelles, mais aucun acte de violence semblable à ceux des deux hivers précédents ne fut commis. Alors qu'en 1873 et 1874, les Sioux de la White River s'en étaient pris à leurs agents, allant jusqu'à mettre leur vie en danger, en 1875 ils vinrent les voir et leur demandèrent leur avis sur la meilleure conduite à tenir.

À la fin de février 1876, les bandes de l'agence de Red Cloud avaient retrouvé leur tranquillité. À cette époque, leur principal sujet de préoccupation était la possibilité d'une pénurie de viande de bœuf. Dans leur interprétation moderne de la guerre, les Sioux transforment cette pénurie de bœuf en une véritable famine, qui aurait poussé le camp cheyenne de Two Moon à partir pour la Powder River début mars afin de chercher de la nourriture. D'après les rapports officiels de l'époque, les Indiens ne semblent pas avoir particulièrement souffert de la faim à ce moment-là à l'agence de Red Cloud ; quant aux Cheyennes, ils sont partis pour échanger avec les bandes sauvages les marchandises qu'ils avaient reçues à l'agence, et également par crainte d'être transférés dans le Territoire indien.

En avril, les Indiens du Nord commencèrent à repartir en grand nombre pour la Powder River. Ils quittèrent l'agence de Red Cloud sans se cacher, et il est stupéfiant de constater qu'à cette occasion ni l'agent ni les officiers de Camp Robinson ne s'en inquiétèrent, sachant que ces guerriers allaient renforcer les camps hostiles. Les Indiens de l'agence avaient déjà entendu parler, par leurs propres demi-sang, de l'attaque du village rebelle par le colonel Reynolds le 17 mars. Les Indiens du Nord s'en furent donc sans tenir compte de la menace de guerre, et si l'on en croit les Sioux d'aujourd'hui, les Oglalas de l'agence s'armèrent, défièrent leurs chefs et partirent en masse pour la Powder River dès qu'ils reçurent le message de Sitting Bull. Or nous savons que rien de ce genre ne se produisit. En réalité, ce fut le général Crook, et non Sitting Bull, qui sollicita l'aide des Indiens de l'agence. S'y présentant en avril, il demanda sans vergogne aux guerriers de s'enrôler pour aller combattre leurs parents sauvages, et ils y consentirent. Conduits par Sitting Bull *, le chef-guerrier de la bande des Kiyuksas, Rocky Bear, Three Bears et d'autres dirigeants éminents de la nouvelle génération, les jeunes hommes acceptèrent l'offre de Crook, mais Red Cloud, Red Dog, Red Leaf et plusieurs autres vieux chefs, apparemment soutenus par l'agent Hastings, s'opposèrent à leur démarche et firent échouer l'opération [7]. Crook repartit bouillant de colère, pestant contre la « déloyauté » des Indiens de l'agence, qu'il considérait comme des miséreux assistés par le gouvernement, et donc tenus de lui apporter leur aide. Les Sioux de l'agence, pour leur part, avaient une conception différente de la loyauté. Ils estimaient que l'assistance qu'ils recevaient était le juste paiement des terres auxquelles ils avaient renoncé, et s'ils devaient fidélité, c'était uniquement à leurs propres bandes vivant à l'agence. Red Cloud et quelques autres chefs étaient certes partisans de la guerre, mais ils ne représentaient qu'une minorité impuissante, et leur hostilité se limitait à des paroles belliqueuses. Que ces Indiens aient éprouvé la moindre loyauté à l'égard de Crazy Horse, de Sitting Bull ** ou des autres chefs hostiles est tout simplement inimaginable. Et puisque les Sioux d'aujourd'hui affirment que la quasi-totalité des jeunes guerriers de l'agence de Red Cloud avaient répondu à l'appel de

* Il s'agit là du Sitting Bull oglala, voir appendice, nouvelles notes. (*N.d.E.*)

** Il s'agit bien ici du célèbre grand chef hunkpapa, le vainqueur de Custer. À ne pas confondre avec le précédent. (*N.d.E.*)

Sitting Bull et étaient partis pour la Powder River, nous devons supposer que les éclaireurs que le général Crook essaya d'enrôler en avril étaient dans leur majorité des enfants ou des vieillards.

Le capitaine John G. Bourke, qui accompagna Crook lors de sa visite à l'agence de Red Cloud, rapporte qu'il n'avait jamais vu auparavant des Indiens aussi prospères que les Oglalas de la White River. Ils étaient bien nourris et correctement vêtus. Les hommes portaient des pantalons et des chemises de flanelle bleu sombre ; ils avaient de splendides couvertures, généralement bleu sombre, noires ou vertes, portant pour la plupart une bande transversale de tissu écarlate lourdement ornée de perles. Ils possédaient aussi de bonnes armes et d'importants troupeaux de poneys. À cette époque, l'opinion de Crook était que les Sioux ne livreraient pas une guerre acharnée. À la différence des Apaches, qui n'ayant que leur vie à perdre, s'étaient battus avec l'énergie du désespoir, les Sioux, expliqua-t-il à ses officiers, possédaient de nombreux biens, et dès qu'ils les auraient perdus, leur moral s'effondrerait et ils renonceraient à la lutte. C'était un raisonnement astucieux, mais qui ne s'appliquait malheureusement pas aux Sioux hostiles, car loin de les appauvrir, les batailles qu'ils livrèrent contre les hommes de Custer et de Crook les enrichirent au contraire en chevaux, en armes, en vêtements et en matériel. En 1877, un officier en garnison à l'agence de Cheyenne River signala que sur mille quarante-six chevaux et mulets pris aux rebelles qui s'étaient rendus, huit cent soixante-quatorze portaient la marque de l'armée.

Début mai, le général Crook attendait toujours que des renforts lui soient envoyés sur la Platte. Il avait décidé de ne se remettre en campagne qu'après avoir reçu d'autres unités et un important contingent de guides indiens. Sur le haut Missouri, le général Terry, attendant on ne sait quoi, n'avait toujours pas entamé sa campagne d'hiver. Quant au « général des Indiens », Sitting Bull, il s'était contenté pour l'instant d'envoyer quelques petites troupes de guerre voler des chevaux dans les Black Hills. Les Sioux sauvages, campant sur la

Rosebud, reçurent alors le renfort non négligeable des Indiens du Nord (et non des Indiens des agences). Ils revenaient pour la plupart de la White River, bien nourris, bien équipés, et rapportaient des couvertures, des armes et du matériel à leurs parents des camps de Crazy Horse et de Sitting Bull. Avec eux se trouvaient quelques guerriers des agences de Red Cloud et de Spotted Tail. Ces Indiens n'ignoraient certainement pas qu'une guerre était en cours, mais ils ne renoncèrent pas pour autant à leurs activités habituelles, continuant de chasser dans la vallée de la Rosebud jusqu'à ce que l'herbe et les bisons commencent à s'y faire rares. Vers le 1er juin, ils gagnèrent la Little Bighorn, où ils campèrent pendant quelques jours, à l'endroit où les éclaireurs de Custer devaient les découvrir le 25 juin, mais n'ayant pas trouvé suffisamment de gibier, ils revinrent aux environs du 5 juin sur la Rosebud.

Selon leurs propres déclarations, ils avaient alors sept cercles tribaux de tipis, ce qui est corroboré par les rapports des officiers qui examinèrent les traces de leurs campements, découvrant sept grands cercles à chaque emplacement. Les Sioux d'aujourd'hui ne parviennent pas à se mettre d'accord sur le nom des tribus qui formaient ces sept cercles, et ils affirment que lorsque les rebelles revinrent sur la Little Bighorn, après le 14 juin, ils n'avaient que cinq cercles, correspondant aux Cheyennes, aux Oglalas, aux Miniconjous, aux Sans Arcs et aux Hunkpapas, avec lesquels campaient des Santees, des Yanktonais et des membres d'autres tribus. Il y avait également quelques Brûlés, mais pas assez nombreux pour former leur propre cercle. Deux cercles de tipis, dont la présence était certaine le 14 juin, semblent donc ne pas avoir été pris en compte le 25. Quant au nombre de tipis que comprenait chaque cercle, les estimations à ce sujet sont des plus variables. De nos jours, les Sioux prétendent que les Cheyennes en avaient deux cents, les Oglalas quatre cents, et les autres cercles chacun au moins deux cents. Ces chiffres paraissent très exagérés, le nombre réel des Indiens rebelles ne dépassant sans doute pas les deux-tiers de cette estimation [8].

Le général John Gibbon, stationné dans le Montana, avait reçu l'ordre de descendre la Yellowstone River avec une colonne d'infanterie pour agir de concert avec le général Terry, qui devait se diriger simultanément vers l'ouest en partant du haut Missouri. À la mi-mai, Gibbon se trouva en contact direct avec les rebelles près du confluent de la Rosebud. Tout le pays au sud de la Yellowstone semblait grouiller d'Indiens. Le 17 mai, Terry, accompagné par Custer et son 7e régiment de cavalerie, quitta finalement Fort Abraham Lincoln, près de l'actuelle Bismarck, dans le Dakota du Nord, mais sa progression fut tellement ralentie par son énorme convoi de chariots qu'il lui fallut douze jours pour atteindre la Little Missouri, où il n'arriva que le 29. Il se mit alors à la recherche de Sitting Bull, dont on lui avait dit bien avant son départ du Missouri qu'il hivernait à proximité de la rivière. Pour ajouter encore au ridicule accompli consistant à chercher les Sioux dans leurs camps d'hiver à la fin du mois de mai, Terry donna l'ordre à Gibbon de descendre en toute hâte la Yellowstone pour venir le rejoindre, et ce dernier, qui avait pratiquement le camp du chef des Hunkpapas sous les yeux de l'autre côté de la Rosebud, fut contraint de lui tourner le dos pour aller aider Terry à traquer des fantômes sur la Little Missouri [9].

Aussi tranquillement que s'il n'y avait pas eu la moindre troupe dans leur pays, les Sioux célèbrèrent leur danse du Soleil sur la Rosebud pendant la seconde semaine de juin. Sitting Bull, désigné comme chef des danseurs, eut alors une vision prémonitoire, dans laquelle de nombreux soldats venaient tomber à la renverse dans son camp. Cette vision lui donna confiance en la victoire, et il attendit dès lors sans la moindre crainte l'arrivée des Blancs. Le major M. A. Reno faillit rencontrer les Indiens hostiles pendant qu'ils exécutaient leur danse sacrée. Terry avait finalement renoncé à chercher Sitting Bull sur la Little Missouri et avait chargé Reno, avec la plus grande partie du 7e de cavalerie, de remonter la Powder River et d'explorer la vallée de la Rosebud. Dans celle-ci, le major découvrit les traces du passage des rebelles et de leurs camps, ainsi qu'une grande piste se dirigeant vers la Little Bighorn. Les Sioux se tenaient à ce moment-là entre les deux vallées, un peu à l'ouest de la position de Reno, et le fait qu'ils n'aient pas repéré les soldats relève du miracle. Après avoir trouvé la piste, Reno redescendit la Rosebud pour aller rendre compte de sa découverte au général Terry.

Le 16 juin, un petit groupe de Cheyennes aperçut près de la source de la Rosebud la colonne de Crook, qui était partie de Fort Fetterman le 29 mai pour converger sur la Yellowstone en même temps que celles de Gibbon et de Terry. Les jeunes guerriers se hâtèrent de regagner le camp des rebelles, alors sur Ash (Reno) Creek, un affluent de la Little Bighorn. Ils y arrivèrent après la tombée de la nuit et prévinrent aussitôt le chef-guerrier de leur propre tribu ; celui-ci transmit l'information aux leaders sioux, et un conseil de tous les chefs fut réuni sur-le-champ, tandis que des crieurs annonçaient la nouvelle dans l'immense camp et que les guerriers se préparaient activement pour la bataille. Environ un millier d'entre eux se mirent en route dans l'obscurité en direction de la Rosebud. Comme il était de coutume dans ces occasions, ils avançaient en colonne, encadrés par les membres des sociétés de guerriers qui veillaient à ce qu'aucun combattant ne s'écartât prématurément du chemin et ne courût le risque d'alerter l'ennemi. Un peu avant l'aube, ils firent une halte pour se reposer, puis reprirent leur progression. Au lever du soleil, ils furent disposés en rangs derrière une colline à l'ouest de la Rosebud, près de l'extrémité sud du canyon. Les chefs envoyèrent quelques hommes en avant-garde pour repérer ce qui se passait de l'autre côté, mais comme ils commençaient à gravir la pente, des éclaireurs crows de Crook apparurent brusquement sur la crête. Quelques coups de feu furent échangés, et la masse des guerriers rompant alors les lignes de ceux qui les encadraient et tentaient de les retenir, se rua vers le sommet de la colline. Submergés, les Crows battirent en retraite au grand galop en direction du camp de Crook, qui se trouvait juste dans la vallée voisine, en hurlant *Lakota ! Lakota ! Sioux ! Sioux !*

Ainsi commença, à l'aube du 17 juin 1876, la bataille de la Rosebud. Crook, informé par ses guides que les Indiens hostiles campaient sur la Rosebud, juste en dessous du canyon, était en train de se mettre en route avec l'espoir de les surprendre et de capturer leur village, lorsque les éclaireurs crows dévalèrent la colline, talonnés par les Sioux et les Cheyennes. La charge des rebelles frappa d'abord la cavalerie, qui était concentrée sur le flanc droit de la colonne, près de l'entrée du canyon. Les guerriers fondirent sur les cavaliers, les affrontant parfois au corps à corps. Puis ils remarquèrent que la plupart des éclaireurs crows et shoshones de Crook se trouvaient sur le flanc gauche, avec l'infanterie, et firent porter leur assaut dans cette direction, les attaques et les contre-attaques se succédant sans discontinuer. Des récits indiens de la bataille, il ressort de la manière la plus claire que les Sioux et les Cheyennes n'avaient aucune stratégie d'ensemble et n'obéissaient pas à un commandement unifié. Des groupes de guerriers chargeaient ici ou là, selon leur bon plaisir ou l'opportunité qui s'offrait à eux. Crazy Horse était présent, et participait avec les autres à la mêlée générale. Sitting Bull était également là, si diminué par les tortures subies lors de la dernière danse du Soleil qu'il pouvait à peine se tenir à cheval. Il ne prit pratiquement aucune part à l'affrontement, mais on put l'entendre crier des encouragements et des conseils aux combattants.

Crook semble avoir lourdement sous-estimé la détermination et la puissance des Indiens, même après avoir été témoin de leurs premières charges. Il était toujours décidé à s'emparer de leur village, et peu après le début de la bataille, il fit engager ses cavaliers dans le canyon, en leur donnant l'ordre de progresser aussi rapidement que possible et d'attaquer le camp indien. Les Sioux et les Cheyennes ne tardèrent pas à lui faire comprendre qu'il avait commis une grave erreur en divisant ainsi ses forces. Les attaques lancées contre les fantassins et les guides crows et shoshones qu'il avait gardés avec lui furent si violentes, qu'un désastre total ne put être évité que de justesse. Crook avait conservé quelques cavaliers sur son flanc gauche, mais ils se tenaient en terrain découvert, représentant une cible facile pour les Indiens. Selon le colonel Anson Mills, qui était présent, on put alors voir les rebelles « charger audacieusement, en s'infiltrant dans les rangs des cavaliers, les faire tomber de cheval avec leurs couteaux et leurs lances, sauter à terre et les tuer, puis couper les bras de certains d'entre eux à la hauteur du coude en plein milieu de la bataille et les emportant au loin [10]. » Un groupe de guerriers parvint même à franchir la ligne des soldats et à déboucher sur les arrières de Crook. Leur irruption dut faire prendre conscience au général de la précarité de sa situation, car il renonça aussitôt à toute idée d'offensive et envoya un de ses officiers d'état-major dans le canyon rappeler en toute hâte la cavalerie. Les cavaliers réapparurent juste à temps pour faire avorter une nouvelle charge massive des Indiens, qui aurait pu balayer les défenses de Crook. Déconcertés par l'apparition soudaine des soldats dans leur dos, les rebelles hésitèrent, puis se dispersèrent et rompirent finalement le combat.

Pendant toute l'action, les Indiens montrèrent une pugnacité étonnante. La vieille tactique consistant à se tenir à distance et à tourner en cercles autour de l'ennemi en prenant le minimum de risques semblait appartenir désormais à un passé révolu. Un nouvel état d'esprit animait les guerriers, qui chargeaient au galop sur leurs poneys, surgissant comme des diables au milieu des soldats et les affrontant souvent dans de terribles combats au corps à corps. Un grand nombre d'entre eux venaient parader à cheval à proximité de lignes adverses, adressant des gestes d'insultes à leurs ennemis et les défiant de venir se battre. Les récits indiens de la bataille de la Rosebud sont presque uniquement constitués de relations, généralement très embellies, de ces actes de bravoure individuels, et c'est seulement en lisant les rapports de Crook et les récits de Finnerty et de Bourke que nous pouvons discerner dans ses grandes lignes ce que fut le déroulement de cette importante journée. Bourke estime que la victoire revint finalement à Crook, qui bien sûr exprime un point de vue identique dans son rapport, où il se targue d'avoir contraint les Indiens à battre piteusement en retraite. Cette opinion serait acceptable, à l'exception de l'adverbe « piteusement », si le général s'était trouvé ce jour-là sur la défensive. Mais il avait alors opté pour l'offensive, bien déterminé à détruire le camp des rebelles et à leur porter un coup mortel ; or le combat du 17 juin mit un point final à sa campagne. Le lendemain, il se replia en direction de Goose Creek, où se trouvait son point de ravitaillement – ce qui ne ressemble guère à l'exploitation d'une victoire. Pendant qu'il se retirait vers le sud, les Sioux et les Cheyennes, qu'il avait prétendument mis en déroute, réapparurent en grand nombre et ne cessèrent de le harceler pendant toute sa retraite. Ils rôdèrent autour du camp jusqu'au 20 juin, puis disparurent totalement, et Crook ne les revit plus jusqu'au 10 juillet. Le véritable bilan de la bataille de la Rosebud est qu'à la suite de celle-ci, le général dut renoncer à poursuivre sa campagne, et demeura cloué à son camp de base, impuissant et inutile, pendant que les Indiens hostiles affrontaient Custer sur la Little Bighorn.

Les rebelles avaient engagé entre mille et mille cinq cents guerriers dans la bataille, tandis que la colonne de Crook comptait environ mille trois cents hommes – fantassins, cavaliers et éclaireurs crows et shoshones. Le général signala que ses pertes s'élevaient à neuf tués et vingt et un blessés, mais ces chiffres n'incluaient pas, de toute évidence, les victimes faites dans les rangs des guides indiens, car le capitaine John G. Bourke, de l'état-major de Crook, rapporta pour sa part que l'armée avait eu au total cinquante-sept tués et blessés. Les Indiens, de leur côté, affirment qu'ils ne déplorèrent que onze tués et cinq blessés. L'absence totale de stratégie et d'un commandement unique des forces indiennes – ce qui fut d'ailleurs reconnu ensuite par les Sioux eux-mêmes – paraît si étrange qu'on ne peut s'empêcher de penser, pour tenter de l'expliquer, que les Indiens avaient un plan, mais que celui-ci ayant échoué, les guerriers se retrouvèrent alors contraints de se battre comme ils le pouvaient. Le fait que les chefs aient tenu un conseil avant de quitter le camp, puis que la colonne des guerriers ait été encadrée et surveillée par les membres des sociétés de guerriers, semblerait indiquer que les Indiens avaient l'intention d'employer leur traditionnel stratagème consistant à attirer l'attention de l'ennemi et à le faire tomber dans un guet-apens. Un récit recueilli il y a trente-cinq ans par George Bent auprès du vieux Two Moon laisse en effet entendre qu'un piège était tendu. De même Crazy Horse, après sa reddition, raconta à un jounaliste, qui publia ses propos dans le *Chicago Tribune* du 17 juin 1877, que son plan lors de la bataille de la Rosebud avait été de faire tomber les hommes de Crook dans une embuscade. Certains des officiers de Crook, ainsi que J. F. Finnerty, qui se trouvait avec le général ce jour-là, pensaient également qu'un traquenard avait été préparé par les Indiens ; ils déclarèrent même que le lieux choisi pour l'embuscade était le canyon de la Rosebud, où les rebelles avaient formé des barricades et des barrages avec des troncs d'arbres, empêchant ainsi les soldats de s'enfuir une fois qu'ils auraient été bien engagés dans le défilé. Cette dernière précision est sans doute inexacte, car les Indiens ne disposaient pas d'assez de temps avant la bataille pour dresser des barrières, et celles qui furent observées par les officiers avaient probablement été construites longtemps auparavant, pour contenir les poneys dans le défilé. Mais il est en revanche très vraisemblable qu'un guet-apens avait été tendu par les Sioux et les Cheyennes, et que leur plan fut ruiné lorsque les éclaireurs crows de Crook découvrirent la masse des guerriers cachés derrière la colline [11].

À la fin du mois de mai, après avoir perdu un temps considérable à chercher vainement Sitting Bull sur la Little Missouri, le général Terry s'avança enfin en juin jusqu'à la Powder River, et perdit de nouveau de nombreux jours en établissant un camp de base totalement inutile au confluent de la Yellowstone. La totalité de sa colonne n'atteignit que le 21 juin le confluent de la Rosebud, où il reçut le rapport du major Reno l'informant que les Indiens hostiles étaient repartis en direction de l'ouest, vers la Little Bighorn. Terry tint alors une conférence avec Gibbon, qu'il venait de rejoindre, et Custer, et établit avec eux son plan d'opérations. Pendant cette campagne de 1876, chaque officier supérieur semble avoir été hanté par l'idée que les rebelles lui échapperaient s'il ne divisait pas ses forces pour les faire converger sur eux et les cerner. Le plan de Terry révèle clairement cette crainte. Sa colonne et l'infanterie de Gibbon devaient remonter la Yellowstone et la Bighorn pour atteindre le 26 juin le confluent de la Little Bighorn, qu'elles remonteraient ensuite en arrivant du nord ; pendant ce temps, Custer, avec le 7e régiment de cavalerie, devait remonter la Rosebud, suivre la piste repérée par Reno, atteindre la Little Bighorn et la descendre en venant du sud, de manière à ce que les Indiens hostiles soient pris en tenailles entre ses forces et celles de Terry et de Gibbon. Obsédé par la peur que l'ennemi puissent se dérober, Terry ordonna à Custer de surveiller constamment son flanc gauche, pour s'assurer que Sitting Bull ne s'enfuyait pas en le contournant, et de faire une grande boucle en direction du sud avant d'obliquer vers le nord, afin d'obliger les Indiens à reculer devant lui le long de la Little Bighorn, jusqu'à ce que les deux colonnes de soldats puissent les attaquer simultanément.

À la suite de ses écarts de conduite répétés, Custer avait perdu beaucoup de sa popularité. Tombé en disgrâce auprès du président Grant et du général Sheridan, il avait dû s'humilier et supplier pour qu'on lui accordât l'autorisation de commander son régiment dans cette campagne, et il semble qu'il ait été décidé à saisir la première opportunité de se soustraire au contrôle de Terry et de Gibbon, afin de remporter tout seul une éclatante victoire sur les Indiens. Pour appliquer le plan de Terry, il aurait dû remonter lentement la Rosebud, en n'obliquant pas en direction de la Little Bighorn avant la soirée du 25 juin. Au lieu de cela, il fit forcer l'allure à son régiment, atteignant la piste indienne qui allait de la Rosebud à la Little Bighorn dans la soirée du 24, avec vingt-quatre heures d'avance sur le plan prévu. Sans accorder à ses hommes et à leur chevaux le repos dont ils avaient le plus grand besoin, il ordonna aussitôt une marche de nuit en direction de la Little Bighorn. À l'aube du 25, arrivée en vue de la vallée, il annonça à ses officiers que les rebelles avaient repéré le régiment, ce qui était inexact, et qu'il n'était plus question de différer l'affrontement. Il avança alors aussi rapidement que possible pour attaquer les Indiens. Dans sa hâte de passer à l'action, il ne voulut pas perdre de temps à s'informer de la position et du nombre de ses adversaires et renonça à l'avantage d'une attaque surprise qu'il aurait pu lancer le lendemain au lever du jour. Il franchit la crête à 10 h 30 du matin, et prit ses dispositions pour donner l'assaut au grand village indien au milieu d'une belle journée ensoleillée de juin. Toute son attitude prouve qu'il était persuadé de pouvoir défaire promptement les Sioux, encore plus que ne l'avait été le général Crook à la veille de la bataille du 17 juin. Rien n'est plus révélateur de la certitude de la victoire qui l'habitait ce jour-là que la décision qu'il prit alors de scinder son régiment en trois groupes (quatre, si l'on compte le convoi de mulets et son escorte), enfin d'attaquer les Indiens de plusieurs directions différentes. Il craignait que les guerriers – qui étaient au moins deux fois plus nombreux que ses soldats – prennent la fuite et se dispersent dans les montagnes s'ils n'étaient pas cernés de toutes parts !

Les Indiens campaient sur la rive ouest de Little Bighorn, leur village s'étendant sur quatre à six kilomètres le long de la rivière. Leurs tipis étaient disposés en cinq cercles. Celui des Hunkpapas de Sitting Bull se trouvait le plus en amont, en face et légèrement à l'est du confluent de Reno (Ash) Creek. Les Miniconjous étaient installés en aval des Hunkpapas, à l'ouest du confluent, et le cercle des Oglalas, le plus éloigné du cours d'eau, était situé au sud-ouest de celui des Miniconjous. Les Sans Arcs campaient en aval des Miniconjous, et encore plus en aval, au nord-ouest, se dressait le cercle des Cheyennes. Bien que n'ignorant pas la présence de l'armée à proximité du camp, ses occupants ne montraient aucun signe d'inquiétude. Nous savons, par leurs propres récits, que deux ou trois petits groupes de Sioux et de Cheyennes avaient repéré la colonne de Custer, mais les soldats se trouvaient déjà pratiquement à l'entrée du village lorsque la première alerte fut donnée. Ni Sitting Bull, ni aucun des autres chefs, n'avaient pris la moindre mesure pour assurer la protection du campement.

Le major Reno, avec trois pelotons de cavaliers (cent douze hommes) et une poignée de guides arikaras, avait reçu l'ordre d'attaquer le village par le sud-est. Ayant franchi la Little Bighorn à six kilomètres en amont du camp des Hunkpapas, il fit avancer son détachement à découvert, les sabots des chevaux soulevant un épais nuage de poussière. Ce fut ce nuage roulant au loin dans la vallée qui donna l'alarme aux Sioux. Sitôt l'alerte lancée, les femmes et les enfants se mirent à hurler et à courir en tous sens, puis les vieillards les rejoignirent, et tous s'enfuirent dans la plus grande confusion en direction des autres camps. Les guerriers couraient eux aussi, cherchant leurs armes et leurs poneys, et dès qu'ils les avaient trouvés, ils se dirigeaient au galop vers l'entrée sud du camp pour se porter à la rencontre des soldats. Avec en face de lui la plupart des Hunkpapas, et des dizaines d'autres Sioux et de Cheyennes qui arrivaient des camps situés en contrebas et ne cessaient de venir grossir leurs rangs, Reno n'avait aucune chance de se frayer un passage jusqu'aux tipis, et il semble qu'il s'en soit rapidement rendu compte. Il fit mettre pied à terre à ses hommes avant d'avoir atteint le village et les disposa en ligne, barrant le fond de la vallée, pour résister à l'assaut des guerriers. Les éclaireurs arikaras avaient pour tâche de disperser les troupeaux de poneys des rebelles, mais la vue de l'immense village les remplit de terreur, et lorsque les Sioux lancèrent une charge dans leur direction, ils s'égayèrent et prirent la fuite, la plupart d'entre eux étant si effrayés qu'ils galopèrent sans s'arrêter jusqu'à la Rosebud.

À ce moment-là, plusieurs centaines de guerriers faisaient front au petit détachement de Reno. Sitting Bull se trouvait avec eux, ainsi que Crazy Horse, Black Moon, Big Road, Gall et de nombreux autres chefs réputés, et pourtant personne ne les commandait. C'est un fait reconnu par les Indiens : tout se passait comme lors de la bataille contre Crook, chaque homme, chaque petit groupe agissant pour son propre compte sans se soucier des autres. Mais avec la disproportion des forces en présence, les Sioux n'avaient pas besoin d'un commandement. Reno ne tarda pas à être repoussé dans les bois qui longeaient la rivière, où il tenta vainement de tenir sa position ; contraint de reculer de nouveau, il regroupa ses hommes, les fit mettre en selle et commença à battre en retraite en traversant la Little Bighorn, les Indiens poursuivant et tuant les cavaliers « comme des bisons pendant une chasse ». Entre-temps, le capitaine F. W. Benteen, avec ses trois pelotons, avait atteint le sommet des collines situées à l'est du camp et de la rivière, où Custer l'avait dépêché pour empêcher les rebelles de s'enfuir en remontant la vallée, et ce fut là que le major Reno et les survivants de son détachement le rejoignirent. Benteen, qui assista à la fin de l'engagement de Reno, estima qu'il avait dû affronter environ neuf cents guerriers. Cette évaluation corrobore celle des Indiens. Le village de la Little Bighorn abritait à cette époque approximativement mille cinq cents guerriers, et une partie d'entre eux étaient restés avec les femmes et les enfants, pour assurer leur protection et garder les camps. Les Sioux étaient encore en train de pourchasser les hommes de Reno lorsque des messagers arrivèrent, annonçant que d'autres cavaliers – le détachement de Custer – approchaient du village par le nord-ouest, plus bas dans la vallée. Sitting Bull avait décidément beaucoup de chance. Il avait attendu de longs jours que la vision qu'il avait eue pendant la danse du Soleil s'accomplît – que les soldats tombent du ciel dans son camp à la renverse –, et voilà que le miracle se produisait pour la seconde fois en moins d'une heure de temps.

Aucun mystère ne plane sur l'itinéraire de Custer, ni sur les circonstances de sa mort et de l'anéantissement des cinq pelotons qu'il avait gardés sous son commandement direct. La plupart de nos doutes relatifs à ce qui arriva après qu'il eut divisé son régiment viennent du fait que le capitaine E. S. Godfrey, lorsqu'il écrivit son récit de la bataille, ignora délibérément les observations faites sur le terrain, et basa son histoire sur une théorie personnelle concernant la route suivie par Custer. Tous les rapports officiels de l'époque indiquent clairement quel fut le trajet de Custer, et après plus d'un demi-siècle de controverses, les preuves irréfutables que représentent ces documents de première main ont gardé toute leur valeur. Il est vrai qu'au cours de ces dernières années, on a vu apparaître plusieurs versions indiennes de la bataille de la Little Bighorn qui semblent reprendre la thèse du capitaine Godfrey, mais ces récits, outre qu'ils ne tiennent aucun compte des rapports officiels, sont également en contradiction flagrante avec de nombreuses narrations antérieures dues aux Indiens eux-mêmes.

Rien ne laisse supposer, dans les versions indiennes actuelles, que Custer soit descendu des hauteurs jusqu'au gué proche du camp des Miniconjous, et ait tenté de traverser la Little Bighorn à cet endroit, pourtant les preuves rassemblées immédiatement après la bataille montrent clairement que c'est ce qu'il fit. Sa piste, que seul le capitaine Godfrey refusa de reconnaître comme telle, conduisait à ce gué. Custer s'éloigna un instant de son détachement lorsqu'il obliqua en direction de la rivière et galopa jusqu'au sommet d'une colline, où les hommes de Reno l'aperçurent de loin. Il secoua son chapeau, puis disparut, et ils crurent entendre des acclamations. Ce fut à ce moment-là qu'il envoya le célèbre message, « Benteen, arrivez. Gros village. Amenez mulets », au bas duquel fut griffonné à la hâte le post-scriptum « Amenez mules ». Les mulets du convoi transportaient les réserves de munitions du régiment. En voyant les femmes et les enfants s'enfuir vers le bas de la vallée, Custer et ses officiers avaient cru de toute évidence que les Indiens battaient en retraite. Les deux hommes qui apportèrent à Benteen le dernier message du général étaient eux aussi sûrs de la victoire ; ils réconfortèrent les autres soldats en passant devant eux, en leur criant que les Sioux étaient en train de « foutre le camp ».

Certains des plus anciens récits indiens, recueillis il y a de nombreuses années, indiquent que Custer fut repéré avant d'avoir obliqué en direction de la rivière, et que des messagers furent aussitôt envoyés pour prévenir les chefs qui affrontaient alors le détachement de Reno. Quelques guerriers qui se trouvaient sur place se dissimulèrent dans les buissons, près du camp des Miniconjous. Lorsque les hommes de Custer s'approchèrent du gué, ils ouvrirent le feu sur eux, les contraignant à s'éloigner de la rive avant que les Indiens combattant Reno aient eu le temps d'arriver. Le major Reno, qui examina le terrain après la bataille, conclut que Custer était descendu jusqu'au gué, les traces révélant qu'il avait alors avec lui le peloton C, du capitaine Tom Custer, le peloton I, du capitaine M. W. Keogh, et le peloton E, aux chevaux gris, du lieutenant E. A. Smith. Certaines versions indiennes confirment ce dernier détail : les guerriers virent effectivement près du gué des cavaliers montant des chevaux gris.

Par ailleurs, la carte où figure la position dans laquelle furent découverts les corps des hommes de Custer prouve que le détachement descendit bien jusqu'à la rivière à la hauteur du camp des Miniconjous. Elle semble également indiquer qu'après avoir renoncé à franchir le gué, Custer divisa ses forces, les pelotons de Keogh et de Calhoun remontant le ravin jusqu'à une crête élevée, tandis que ceux de Tom Custer, de Yates et de Smith restaient plus près du gué mais en dehors du ravin, et suivaient une route située à mi-hauteur entre la rivière et la crête. Les deux colonnes avançaient parallèlement, en descendant la Little Big Horn, de toute évidence à la recherche d'un autre gué à franchir près de l'extrémité nord-ouest du camp indien [12].

Custer venait tout juste de s'éloigner de la rive, poursuivi par les Sioux qui l'avaient repoussé, quand les guerriers revenant de l'affrontement avec Reno descendirent la rivière. À en croire les récits indiens, il semblerait qu'environ quatre cents d'entre eux, suivant la rive est de la Little Bighorn, remontèrent le ravin sans s'arrêter et allèrent aussitôt assaillir le peloton de Calhoun, qui commençait à progresser le long de la crête. Dans le même temps, plusieurs centaines d'autres, demeurés sur la rive ouest, pénétraient dans le village. Ils étaient conduits par Black Moon, Crazy Horse et plusieurs autres leaders. Observant du camp les guerriers qui harcelaient les soldats, les chefs sioux et cheyennes auraient alors, pour la première fois depuis le début de la bataille, convenu d'un plan d'action. Une partie des guerriers, dirigés par Black Moon et d'autres chefs, devaient traverser le gué que Custer n'était pas parvenu à franchir et attaquer les cavaliers par le sud, tandis que les autres, conduits par Crazy Horse et d'autres chefs, devaient descendre jusqu'au gué situé près du camp des Cheyennes, franchir la Little Bighorn et se rabattre sur les soldats en arrivant du nord [13].

Les récits sioux de l'attaque contre Custer recueillis par Stanley Vestal sont intéressants et extrêmement précis, mais semblent ne pas tenir compte de certains éléments découverts après la bataille. Ainsi, ils mentionnent que les pelotons chevauchant sur la crête (ceux de Calhoun et de Keogh) furent les premiers objectifs visés par les Indiens, qui ignorèrent la progression des trois pelotons s'éloignant à mi-pente, entre la crête et le lit de la rivière. Or les traces laissées par les cavaliers paraissent indiquer que les pelotons les plus proches de la Little Bighorn furent attaqué les premiers, car leur piste était jalonnée de cadavres dès le départ du gué, et les empreintes laissées par les chevaux, indistinctes et confuses, montrent que les soldats n'étaient pas en ordre de marche, mais devaient se battre en avançant. À l'inverse, la piste des hommes de Keogh et de Calhoun était profonde et nette, révélant qu'ils gagnèrent la crête en colonne serrée et ne furent attaqués que lorsqu'ils eurent atteint les hauteurs dominant la vallée. Cette différence ne peut s'expliquer que si nous considérons, contrairement aux versions indiennes les plus récentes, que les guerriers du camp traversèrent la Little Bighorn et attaquèrent les trois pelotons qui se trouvaient sur la pente immédiatement après le repli précipité de Custer, tandis que ceux qui revenaient du combat contre Reno ne gravirent le ravin pour s'en prendre aux unités de Calhoun et de Keogh que quelques minutes plus tard.

La nature de ces traces, ainsi que la position des cadavres, permettent de réfuter un grand nombre des affirmations des

Indiens d'aujourd'hui. La piste des trois pelotons sur la pente près de la rivière s'achevait brutalement sur un amoncellement de cadavres, plus bas dans la vallée, entre le cours d'eau et la colline où Custer trouva la mort. Parmi ces cadavres figuraient ceux du capitaine Tom Custer et du capitaine Yates, tandis qu'à proximité gisaient les corps de nombreux cavaliers ayant appartenu au peloton de chevaux gris du lieutenant Smith. Il est clair que leurs trois pelotons furent brusquement assaillis de toutes parts et taillés en pièces. Les récits des Sioux récemment publiés ne rendent pas compte de ce fait, mais les narrations plus anciennes l'intégraient : alors que les soldats poursuivaient leur difficile avance, harcelés sur leurs arrières par les guerriers du village, une troupe importante de Cheyennes et de Sioux franchit le gué proche du camp cheyennes, se dissimula dans un ravin, puis chargea soudainement, attaquant frontalement et latéralement les trois pelotons.

Lorsque Custer atteignit la colline où il fut tué, il avait certainement compris que son détachement était condamné. La moitié de ses officiers et de ses hommes avaient déjà péri. Les autres avaient été divisés en petits groupes, et chacun d'eux était assailli par une nuée de guerriers à pied et à cheval, se jetant dans la mêlée avec ardeur et bien décidés à ne faire aucun quartier. Les récits indiens rapportent tous que le combat fut terrible, les soldats se défendant avec l'énergie du désespoir. Mais dès l'instant où ils avaient été cernés sur leur position finale, les cavaliers et leurs chefs n'avaient plus eu la moindre chance de survivre.

De leur colline en amont, les détachements de Reno et de Benteen avaient perçu le bruit de la fusillade, puis le silence oppressant qui l'avait suivi. Le capitaine et le major attendirent dans la plus grande angoisse, essayant de savoir où se trouvait Custer et quelle décision ils devaient prendre. Les mulets transportant les réserves de munitions ne les avaient pas encore rejoints, et Reno ne voulait pas se mettre en marche sans eux. Finalement, vers cinq heures de l'après-midi, les mulets arrivèrent, et les cavaliers s'avancèrent prudemment le long de la crête, dans la direction où Custer avait disparu. Ils se trouvèrent bientôt en vue du champ de bataille, toujours couvert d'un épais nuage de poussière et de fumée. Des groupes d'Indiens galopaient ici et là, où se tenaient rassemblés au sommet des collines, et l'on pouvait encore entendre au loin quelques coups de feu isolés.

Les guerriers ne tardèrent pas à repérer eux aussi les soldats, et de nouveaux nuages de poussière s'élevèrent aussitôt dans la vallée tandis qu'ils se précipitaient vers les hauteurs où les détachements s'étaient arrêtés. Reno ordonna sur-le-champ à ses hommes de se replier, et ils regagnèrent en bon ordre leur position de départ sur la colline. Les Indiens les attaquèrent en force, lançant charge sur charge, essayant de semer la confusion dans leurs rangs et de s'emparer de leurs chevaux, mais ils avaient maintenant en face d'eux des adversaires solidement accrochés à leur terrain, et aucun de leurs efforts n'aboutit. Après de nombreux assauts à cheval, ils renvoyèrent leurs poneys à l'arrière et tentèrent de poursuivre la lutte à pied, sans parvenir à briser la ligne de défense des soldats ni à s'approcher de leurs montures. La bataille se poursuivit ainsi jusqu'au crépuscule, puis reprit dès l'aube le lendemain 26 juin. Mais vers midi, les Indiens apprirent que d'autres cavaliers étaient en train de remonter la Little Bighorn (certainement ceux de Terry et de Gibbon) ; ils renoncèrent alors à massacrer les détachements de Reno et de Benteen et regagnèrent leur village. Quelque temps plus tard, les soldats les virent mettre le feu aux prairies de la vallée, et peu avant le coucher du soleil, dans les éclaircies de l'épais rideau de fumée qui s'élevait vers eux, ils aperçurent une longue colonne d'Indiens remontant lentement la rivière en direction des monts Bighorn.

Que les Sioux et les Cheyennes n'aient éprouvé aucun désir de demeurer sur place et d'affronter les troupes fraîches de Terry n'a rien de vraiment surprenant. Ils s'étaient suffisamment battus pour un été. Les deux victoires, dont une éclatante, qu'ils avaient remportées en deux semaines, ainsi que la quantité exceptionnelle d'armes, de matériel, de chevaux et de mulets dont ils s'étaient emparés, semblaient les avoir amplement satisfaits. Ils avaient durement combattu et souhaitaient maintenant se retrouver en paix, afin de danser et de festoyer, de jouir de leur butin et de se quereller pour le partager. Forts de cette résolution, ils quittèrent donc la Little Bighorn pour aller se réfugier dans les montagnes, où l'armée ne pourrait pas venir les chercher et les laisserait tranquilles pendant un moment.

La nouvelle de la défaite de Custer fit soudainement prendre conscience au pays tout entier qu'une véritable guerre était en cours dans la région de la Powder River, où d'autres conflits avec les Sioux avaient déjà eu lieu en 1865, 1866 et 1867. Le revers de Crook sur la Rosebud avait pu être présenté comme une victoire à l'opinion publique, mais il était totalement impossible de lui cacher que la bataille de la Little Bighorn s'était soldée par un désastre sans précédent. L'armée, qui s'était vantée de pouvoir aisément et rapidement contraindre les Indiens hostiles à rejoindre les agences, cherchait maintenant désespérément à justifier son échec. Les généraux tentèrent tout naturellement d'en faire porter la responsabilité au Bureau indien, en lui reprochant avec véhémence de les avoir induits en erreur avec des rapports inexacts sur le nombre des rebelles, et d'avoir laissé pratiquement tous les guerriers des agences en état de se battre s'enfuir pour aller rejoindre les camps de Sitting Bull et de Crazy Horse. Mais ces accusations, nous le savons déjà, étaient dépourvues de sens. Les chiffres communiqués par le Bureau indien correspondaient à la population d'hiver des camps hostiles, et les guerriers qui avaient quitté les agences en grand nombre au printemps n'étaient pas leurs occupants habituels, mais des Indiens sauvages qui ne venaient ordinairement y vivre que l'hiver. Les officiers en garnison près des agences avaient vu ces Sioux se mettre en route pour la Powder River au printemps 1876, et n'avaient rien fait pour les retenir. Crook lui-même avait appris en mars que les bandes sauvages commençaient à s'éloigner des agences pour rejoindre les camps nomades, et n'avait pas tenté de les arrêter. Cette année-là, les militaires – Sheridan, Crook, les officiers et jusqu'aux simples soldats – avaient tous été si sûrs de leur supériorité et de leur prochaine victoire qu'ils ne s'étaient pas souciés le moins du monde du nombre d'Indiens qui quittaient les agences pour aller grossir les rangs de leurs adversaires.

Pendant tout le mois de juillet, la colonne de Crook resta dans son camp sur Goose Creek, continuant d'attendre des renforts. Terry, après avoir secouru les rescapés du régiment de Custer, se retira sur la Yellowstone pour y camper, attendant lui aussi des renforts. Terry et Crook avaient sous leurs ordres environ deux mille hommes au total, mais ni l'un ni l'autre n'estimaient prudent de poursuivre la campagne avant d'avoir reçu d'autres forces. Dans leur crainte de voir les Indiens leur échapper, les généraux avaient élaboré une stratégie d'encerclement, et jusqu'au désastre du 25 juin, ils n'avaient pas semblé se rendre compte que leur plan d'attaque donnait aux rebelles l'inappréciable avantage de pouvoir opérer sur leurs lignes intérieures. Au début du mois de juillet, les Sioux et les Cheyennes auraient pu profiter de cette circonstance et vaincre séparément Crook et Terry, mais étant des Indiens, avec d'autres traditions de guerre, une telle idée ne leur vint naturellement pas. Au lieu de cela, ils dansaient et festoyaient, allaient chercher des troncs pour leurs tipis dans les monts Bighorn, revenaient dans les plaines, et se remettaient incontinent à festoyer et à danser. Ce fut le plus grand été de leur vie – l'été de la victoire, et quelle victoire ! Pour bien comprendre ce que cette situation avait de stupéfiant, il faut se souvenir que pendant des années, de nombreux officiers avaient attendu impatiemment, voire fébrilement, qu'on leur donnât enfin l'ordre de marcher contre les Sioux, et que certains d'entre eux s'étaient même vantés de pouvoir les vaincre sans difficulté en les affrontant à un contre cinq. Maintenant, en juillet 1876, l'armée exigeait une confortable supériorité numérique, avant de s'aventurer, sans promesse de succès, sur leur territoire. L'esprit combattif qui avait animé les Sioux pendant dix jours avait été suffisant pour accomplir ce miracle. Quelques-uns des plus hauts responsables militaires, manipulant effrontément les chiffres, tentèrent d'expliquer ce brutal changement d'attitude en faveur de la prudence en affirmant qu'il y avait entre dix mille et quinze mille guerriers dans la région de la Powder River. Mais les officiers qui avaient participé aux combats de juin et examiné les camps désertés estimaient généralement que les rebelles n'étaient pas plus de trois mille, et même ce chiffre paraît avoir été exagéré.

Si l'on en croit les récits indiens récemment publiés, aussitôt après la bataille de la Little Bighorn, Sitting Bull envoya des messagers, qui chevauchèrent sans discontinuer, pour porter la bonne nouvelle aux Indiens des agences et les inviter à le rejoindre. Ils affluèrent bientôt dans son camp, probablement après avoir voyagé jour et nuit, et là il leur annonça qu'il s'apprêtait à frapper un nouveau coup. Ces affirmations sont contredites par tous les rapports de l'époque, et les Sioux d'aujourd'hui, en prêtant à leurs ancêtres de 1876 des attitudes et des préoccupations qui leur étaient totalement étrangères, ne font que déformer la réalité de façon grotesque. Sitting Bull, qu'ils décrivent en train de préparer activement la suite de la guerre, ne fit rien de ce genre. La colonne de Crook, réfugiée sur Goose Creek était à sa merci, mais il ne l'attaqua pas. Il ne menaça pas davantage les colonies blanches des Black Hills et la frontière du Montana qui se trouvaient à sa portée. Aucun de ceux qui connaissaient un peu la situation à cette époque, ainsi que la manière de penser et d'agir des Sioux sauvages, ne croyait sérieusement à de nouvelles épreuves de force.

La vérité est que, dès l'instant où ils en eurent fini avec Custer, les Indiens hostiles oublièrent la guerre et revinrent à leurs occupations habituelles. La fin du mois de juin était le moment de l'année où ils se rendaient ordinairement dans les monts Bighorn afin de couper des troncs pour leurs tipis, et c'est exactement ce qu'ils firent. Puis arriva le temps de commencer leur migration d'automne vers l'est, et ils se mirent en route, passant à côté du champ de bataille où avait péri

Custer, chassant sur la Rosebud, puis se dirigeant vers la Tongue River. Pendant qu'ils se trouvaient sur la Rosebud, seuls quelques groupes de guerriers remontèrent la rivière jusqu'au camp de Crook, échangèrent des coups de feu avec les soldats et essayèrent de voler leurs chevaux. Les rebelles allumaient des incendies au fur et à mesure qu'ils progressaient, si bien que pendant plusieurs semaines, toute la région comprise entre la Bighorn et la Powder River fut recouverte d'un lourd nuage de fumée, et lorsque les pluies d'automne arrivèrent, après que les forêts des montagnes eurent brûlé, le pays tout entier n'était plus qu'une vaste étendue carbonisée. Les officiers crurent que les Indiens avaient agi ainsi pour rendre plus difficiles les mouvements de l'armée, mais il semble que les Sioux sauvages faisaient toujours brûler l'herbe en cette saison, afin que la nouvelle herbe apparût plus tôt au printemps suivant.

À Blue Stone Creek, sur la Powder River, dans le district que les informateurs sioux de Stanley Vestal ont appelé les monts Blue, le grand camp des rebelles se scinda au mois d'août [14]. Une partie d'entre eux remontèrent la Powder River, tandis que la majorité prenait la direction de la Little Missouri. La guerre de Sitting Bull était maintenant bien terminée, et les guerriers n'éprouvaient aucune envie de livrer de nouvelles batailles. Crook et Terry, ayant enfin reçu d'importants renforts, étaient à ce moment-là prêts à reprendre leurs opérations, mais lorsqu'ils se mirent en campagne, le premier remontant la Rosebud et le second la descendant, ils ne trouvèrent pas un Indien à combattre. Ils firent leur jonction, suivirent la piste des rebelles en direction de l'est jusqu'à la Powder River, puis se séparèrent de nouveau, Terry gagnant le nord de la Yellowstone, où il ne découvrit aucun Indien, et Crook prenant la piste de plus en plus ténue qui se dirigeait vers l'est. Les Sioux, qui s'étaient divisés en plusieurs camps et cherchaient les terrains où ils avaient l'habitude d'hiverner, furent proprement scandalisés lorsque Crook et ses hommes vinrent les déranger en s'avançant à l'est de la Little Missouri. L'esprit combattif qui les avait animés en juin s'était éteint.

Ils n'avaient subi aucune défaite, avaient eu leur content de combats pour l'été, et un grand nombre d'entre eux, aussi inimaginable que cela puisse paraître, se hâtaient maintenant vers les agences, convaincus en toute bonne foi que le gouvernement allait les nourrir pendant tout l'hiver, les équiper de neuf, puis les laisser repartir au printemps pour une nouvelle saison de chasse et de guerre. Crazy Horse, comme chaque automne, remontait la Little Missouri pour se rendre dans le district de Bear Butte. Il n'envisageait pas de se rendre dans une agence, mais la plupart des trois cents tipis de Sioux et de Cheyennes qui l'accompagnaient en avaient l'intention. Le vieux American Horse (Iron Shield) se dirigeait également vers Bear Butte avec quarante tipis de Miniconjous, son objectif étant d'aller ensuite passer l'hiver à l'agence de Spotted Tail. Comme tous les ans à la même époque, un important groupe de Hunkpapas, de Sans Arcs et de Miniconjous campaient plus loin à l'est à Antelope Buttes, engraissant leurs poneys avant la mauvaise saison et essayant de faire du troc avec les Arikaras pour obtenir du maïs et d'autres produits alimentaires. Sitting Bull, avec environ cent tipis, avait repris lui aussi ses habitudes automnales, chassant quelque part dans la basse vallée de la Yellowstone.

Le général Crook fit tout ce qu'il put pour accrocher les rebelles, mais sans aucun succès, jusqu'à ce que le colonel Anson Mills tombât par hasard sur le camp d'American Horse à Slim Buttes. Mills lança une attaque surprise et s'empara du camp, mais jugeant la situation dangereuse, il appela aussitôt Crook à son aide. Les Miniconjous, de leur côté, firent appel à Crazy Horse, qui se porta immédiatement à leur secours. Lorsque la colonne de Crook arriva, elle fut assaillie par les Oglalas et les Cheyennes, mais toute leur ardeur au combat s'était évanouie, et ils furent aisément battus.

La plupart des Indiens sauvages durent renoncer à se rendre dans les agences jusqu'au retour de la belle saison. Crook dérangeait leurs plans, et certaines de leurs bandes avaient entendu dire que des soldats les attendaient dans toutes les agences, et que les guerriers qui s'y rendraient seraient désarmés et privés de leurs poneys. Une partie des Sioux se joignirent alors à Crazy Horse et repartirent vers l'ouest, en direction de la Powder River, de toute évidence avec l'espoir d'y hiverner en paix, tandis que les autres remontaient vers le nord pour rejoindre Sitting Bull au-delà de la Yellowstone. Le dirigeant des Hunkpapas n'avait pas plus l'intention de poursuivre la guerre que les autres chefs ; il envoya même des messages aux soldats pour leur demander de s'en aller, afin qu'il pût chasser le bison en toute tranquillité. Mais les soldats ne partirent pas. Le colonel Nelson A. Miles, à la tête d'un régiment d'infanterie, parvint alors à découvrir le camp des Hunkpapas et de leurs alliés. Sitting Bull avait à ce moment-là avec lui environ un tiers des bandes hostiles, mais il ne souhaitait pas se battre, et lorsque Miles l'attaqua, il ne montra aucune de ses prétendues qualités militaires, se laissant aisément déloger de la position de force qu'il occupait pourtant dans les collines et les ravins. Après la bataille, Miles poursuivit les Indiens, mais dans la nuit, Sitting Bull et son camp personnel parvinrent à s'échapper et s'enfuirent en direction du nord. Les autres bandes se dirigèrent vers la Yellowstone, et comme Miles les talonnait, leurs chefs demandèrent à discuter avec lui et lui offrirent des otages comme gage de leur engagement à se rendre tous sur-le-champ à l'agence de Cheyenne River – une promesse qu'ils s'empressèrent d'oublier dès qu'ils se trouvèrent hors d'atteinte de l'armée. Finalement, le 11 février 1877, la police montée canadienne du Nord-Ouest signala que Sitting Bull, avec cent neuf tipis Sioux, avait franchi la frontière pour se réfugier au Canada. Il fut rejoint peu de temps après par environ cent autres tipis hunkpapas.

XV

LA FIN DE LA LIBERTÉ
1876-1877

Pendant tout l'été 1876, les Oglalas de l'agence de Red Cloud furent mal à l'aise et gravement préoccupés. Un grand nombre d'entre eux manifestèrent même une réelle frayeur. Les Blancs s'étaient emparés des Black Hills sans plus parler de les acheter, puis avaient déclenché une guerre contre les Indiens du Nord, et les membres les plus âgés de la tribu estimaient que tout ceci était très inquiétant pour l'avenir et infiniment regrettable. Un des chefs déclara : « Dites aux Blancs que cette guerre n'est pas une guerre indienne ; c'est une guerre de l'homme blanc, et nous souhaitons qu'il y mette fin. » À l'exception des jeunes hommes les plus sauvages, de Red Cloud et de sa poignée de partisans, tous les Oglalas redoutaient d'être entraînés dans le conflit, et tous, partisans ou adversaires de la guerre, commençaient à souffrir de la faim. Les rations distribuées à l'agence, qui avaient déjà été réduites, seraient bientôt épuisées, et aucun convoi ne livrait plus de ravitaillement. Les Blancs mariés à des squaws lisaient les journaux et informaient les Indiens de ce qui se passait au grand conseil de Washington : il apparaissait que certains chefs blancs étaient très en colère contre les Sioux proférant à leur endroit des choses extrêmement déplaisantes. Ils menaçaient de les affamer, et parlaient également de contraindre la tribu à émigrer, soit sur le Missouri, soit dans le Sud, dans un pays étrange qu'ils appelaient le Territoire indien. Toutes ces nouvelles alarmaient grandement les Oglalas. Seul un petit nombre d'entre eux avaient vécu à l'agence de Whetstone, sur le Missouri, entre 1868 et 1871, mais tous avaient entendu parler des privations que les Brûlés et les Loafers y avaient endurées. Beaucoup de Sioux étaient morts sur cette terre, des vieillards et des enfants qui n'avaient pas pu supporter le froid et la faim, et la seule idée de devoir y retourner remplissait de crainte tous les Oglalas.

Le Congrès demeura en session tout le printemps et l'été, mais mis de longs mois à voter les crédits nécessaires pour subvenir aux besoins des Sioux des agences. Le refus de céder les Black Hills, pour un prix que les Indiens estimaient dérisoire, était perçu comme un acte de malveillance. Ces Indiens étant entretenus avec les fonds publics, on les accusait d'être des ingrats, de mordre la main qui les nourrissait, et de nombreux élus étaient partisans de les punir en leur coupant les vivres. Que la nation se soit engagée sur l'honneur, en concluant le traité de 1868, à ce que les Black Hills demeurent pour toujours la propriété des Sioux, ce fait ne perturbait pas particulièrement les membres du Congrès. À leurs yeux, des bénéficiaires de « l'aide publique » n'avaient aucun droit à revendiquer une quelconque propriété ; les sénateurs et les représentants étaient bien décidés à mettre la main sur les Black Hills, la région de la Powder River et celle de la Bighorn, même s'il fallait pour y parvenir laisser mourir de faim les bandes des agences. Mais tout cela devait néanmoins être accompli sous le manteau de la légalité, en maintenant les apparences d'un comportement généreux, et de ce fait la procédure à suivre n'était pas facile à déterminer. Au début de l'année tout le monde avait espéré que la sévère correction que l'armée allait administrer aux Sioux sauvages mettrait un peu de plomb dans la tête de leurs parents des agences et leur ferait comprendre qu'ils n'étaient pas en position de négocier. Mais les mois s'écoulèrent, et l'armée n'avait toujours pas maté les Sioux nomades. Crook échoua une première fois en mars, et lorsqu'il affronta Crazy Horse sur la Rosebud en juin, sa victoire à la Pyrrhus n'améliora pas sensiblement la situation. Alors arriva la nouvelle stupéfiante du désastre de la Little Bighorn.

À la suite de cette tragédie, le général Sheridan demanda que les quatre grandes agences sioux – celles de Red Cloud, de Spotted Tail, de Cheyenne River et de Standing Rock – fussent placées sous le contrôle de l'armée, et après quelques hésitations, le département de l'Intérieur y consentit et donna les instructions nécessaires. Les garnisons des agences de Red Cloud et de Spotted Tail furent renforcées ; les agents indiens disparurent, remplacés par des officiers qui firent rapidement comprendre aux Indiens qu'ils relevaient désormais de la loi militaire, et qu'aucune désobéissance de leur part ne serait plus tolérée. Les Oglalas et les Brûlés ressentirent durement cette humiliation. Ils se plaignirent d'être traités comme des criminels, alors qu'ils n'avaient rien fait de mal. Les mauvais Indiens se trouvaient tous dans le Nord, sur la Rosebud, pourquoi les chefs blancs n'emmenaient-ils pas leurs hommes là-bas, où il y avait tant de mauvais Indiens dont les soldats pourraient s'occuper ? À l'agence de Red Cloud, les hommes âgés avaient peur, et les jeunes hommes se sentaient frustrés. Ils ne pouvaient plus se peindre, sauter sur leurs poneys, galoper jusqu'au fortin et tourner autour de la palissade en lançant des cris de guerre pour effrayer leur père l'agent. Le petit chef de soldats hargneux qu'ils avaient maintenant pour père était aussi désagréable que tous les autres chefs de soldats, et il ne les comprenait pas. Un jour ou l'autre, il pouvait faire quelque chose de très mal, et ils souhaitaient vivement qu'il s'en aille.

Lorsque le 26 juillet 1876 les agences furent prises en main par l'armée, le colonel R. S. Mackenzie se rendit à celle de Red Cloud avec huit pelotons de cavalerie. Le général Sheridan soupçonnait les Indiens des agences de fournir des armes et des munitions aux bandes hostiles, et d'envoyer leurs jeunes hommes combattre à leur côté, mais il semble qu'il n'y ait eu aucun départ de guerriers pour la Powder River après le mois d'avril. Le contrôle des agences par les soldats était sans doute une sage précaution, mais pour être juste à l'égard des Sioux qui y vivaient, il faut reconnaître qu'ils n'avaient aucune intention de se joindre aux rebelles.

La plupart d'entre eux considéraient leurs parents sauvages comme de mauvais Indiens, qui leur attiraient une quantité considérable d'ennuis. Par ailleurs, ils ne pouvaient plus se procurer de nouvelles armes dans les agences depuis deux ans, et les distributions de munitions avaient cessé dès le moment où avait été décidée la campagne contre les camps hostiles.

La première initiative des soldats à l'agence de Red Cloud fut de compter les Indiens qui venaient chercher des rations. On découvrit qu'ils étaient quatre mille sept cent soixante, et les officiers scandalisés comparèrent aussitôt leurs résultats avec les listes de l'agent, qui affirmait nourrir douze mille huit cent soixante treize personnes. À coup sûr, ils tenaient là la preuve irréfutable, soit que des milliers d'Oglalas et de Cheyennes étaient partis faire la guerre sur la Powder River, soit que l'agent volait au gouvernement environ les deux tiers des provisions et des marchandises placées sous sa responsabilité. Il est à espérer que les officiers de Camp Robinson, qui étaient en garnison près de l'agence depuis deux ans, ne participèrent pas à cette tentative peu scrupuleuse d'utiliser les chiffres pour déformer la vérité. Ils savaient très bien que pratiquement tous les Indiens de l'agence étaient présents, et que la plupart de ceux qui n'avaient pas été recensés ne se trouvaient pas pour autant avec Crazy Horse et Sitting Bull. Un petit nombre d'entre eux étaient effectivement partis rejoindre les rebelles, mais les autres chassaient près de l'agence, ou campaient à bonne distance du fortin, effrayés par les soldats. Les deux mille Cheyennes qui s'étaient enfuis en juin – trop tard pour prendre part à la guerre – étaient partis parce que le gouvernement leur avait coupé les vivres essayant de les contraindre ainsi à accepter leur transfert dans le Territoire indien. Parmi les autres absents, deux mille étaient peut-être des Indiens du Nord, qui avaient quitté l'agence en avril pour regagner leurs camps de la Powder River. Le refus des autorités militaires de prendre en compte ces Indiens du Nord était pour le moins parfaitement malhonnête. Les officiers savaient parfaitement qu'ils ne vivaient pas en permanence à l'agence, mais qu'ils y passaient seulement l'hiver. Ils n'ignoraient pas non plus qu'en été, la population de l'agence était à peu près deux fois moindre que pendant la mauvaise saison. Quant à accuser l'agent Hastings d'être un fraudeur, c'était tout simplement absurde. Hastings avait été choisi avec le plus grand soin pour son honnêteté, son bon sens, son courage, ses dons d'administrateur – toutes qualités dont son prédécesseur, le docteur Saville, était supposé avoir été dépourvu. Cela n'empêcha néanmoins pas les officiers de l'agence d'essayer de démontrer que depuis son arrivée, trois mois auparavant, Hastings avait été impliqué dans de graves malversations. Ils n'avaient pour étayer leurs accusations que les chiffres qu'ils avançaient, et s'il y eut un jour sur terre un endroit où l'on put faire dire aux chiffres absolument tout ce que l'on voulait et son contraire, ce fut bien à l'agence de Red Cloud, sur la White River, entre 1872 et 1882.

Le 15 août, le Congrès adopta enfin la loi de finances concernant les Sioux. Grâce à elle, les Indiens allaient enfin pouvoir être nourris avant l'hiver, mais elle contenait aussi une clause stipulant qu'aucun crédit ne serait plus jamais voté pour les Sioux s'ils ne cessaient pas de revendiquer les Black Hills, la région de la Powder River et celle de la Bighorn, et s'ils n'acceptaient pas d'être transférés sur le Missouri ou dans le Territoire indien. Il était également prévu par la loi qu'une commission fut nommée et envoyée sur-le-champ dans les agences, afin de convaincre les chefs de signer un accord. Ce que le Congrès appelait « convaincre les chefs » signifiait en réalité une capitulation totale des Sioux, qui devaient renoncer sans aucune compensation à presque tout ce qu'ils avaient de plus cher au monde. Et comme si les idéalistes et les hommes de bonne volonté, qui avaient été à l'origine de la politique de paix, n'avaient pas assez souffert en voyant leurs innocents protégés livrés aux brutalités de la soldatesque, le gouvernement décida de désigner certains des plus éminents d'entre eux comme membres de cette nouvelle commission chargée de se rendre dans l'Ouest pour voler aux

Indiens leur terre sacrée et leurs derniers terrains de chasse. Les commissaires avaient les mains totalement liées, car avant même de se mettre en route, ils reçurent pour instruction d'obtenir des chefs ce que le Congrès exigeait, sans modifier d'un iota les termes de « l'accord » prévu. Cela ne les empêcha cependant pas, dans leur rapport, d'essayer de réveiller l'intérêt du public pour la cause indienne en reprenant le vieux refrain qui leur avait tant réussi entre 1866 et 1870 : les injustices commises contre les Indiens ; la cupidité des Blancs ; la manière dont les Sioux avaient été poussés à la révolte par la faim et les mauvais traitements ; les brutalités de l'armée. Ils affirmèrent que toutes les guerres indiennes survenues depuis vingt ans avaient eu pour cause unique les torts faits aux Sioux, et ils n'oublièrent pas de mentionner, pour que la mesure soit pleine que certains chefs, en évoquant avec une sincérité véhémente la mauvaise foi des Blancs, les avaient faits rougir de honte au nom de leur pays. En 1866, ce genre de rhétorique avait profondément ému la nation américaine, et donné naissance à la politique de paix, inspirée et contrôlée par les humanistes et les groupes religieux. Mais en 1876, encore traumatisée par le massacre de Custer, l'opinion publique ne prêta aucune attention au plaidoyer désespéré des Amis des Indiens [1].

La commission se rendit directement à l'agence de Red Cloud pour commencer sa tâche, car à tort ou à raison, les Blancs continuaient de considérer le chef des Oglalas comme le plus influent des chefs sioux. Lorsque le conseil s'ouvrit, l'évêque Whipple pria avec ferveur pour les malheureux Indiens. Puis les commissaires informèrent Red Cloud et les autres chefs qu'ils étaient venus en amis, pour préserver leur peuple de la destruction qui le menaçait. Mais quand ils entrèrent dans les détails, en précisant que les Oglalas auraient leur salut assuré s'ils abandonnaient les Black Hills, ainsi que les régions de la Powder River et de la Bighorn, et s'ils acceptaient d'aller vivre sur le Missouri ou dans le Territoire indien, les chefs commencèrent à se demander s'ils désiraient réellement être sauvés à ce prix-là. Le gouvernement avait envisagé la possibilité que les dirigeants des Sioux puissent ne pas se rendre compte de la chance inouïe qui leur était offerte, aussi avait-il pris soin, à côté des humanistes et des bons pères, d'intégrer à la commission quelques hommes d'une autre trempe, qui sauraient appeler un chat un chat, comme par exemple le procureur général adjoint Gaylord. Les Oglalas se montrant peu enthousiastes à l'idée de devoir renoncer à leurs terres et à leur liberté, Gaylord s'adressa à eux sans mâcher ses mots, avec une franchise brutale, qui leur fit brusquement prendre conscience qu'ils allaient au-devant des plus sérieux ennuis s'ils refusaient de signer l'accord. Il leur expliqua froidement que s'ils résistaient, le gouvernement les affamerait, ainsi que leurs femmes et leurs enfants, et enverrait peut-être même l'armée contre eux. Cette forme de persuasion qui ne s'embarrassait d'aucun euphémisme sut convaincre les chefs. Ils conclurent l'accord dans un délai exceptionnellement court, puisqu'il ne fut que de deux jours, alors que dans des circonstances normales, les Oglalas auraient examiné la proposition du gouvernement pendant au moins un mois avant de donner leur réponse.

De l'agence de Red Cloud, la commission se rendit ensuite à celle de Spotted Tail, où le même scénario se répéta : Whipple ouvrant le conseil en priant pour les Sioux, puis Gaylord prenant le relais des prières pour informer les chefs que s'ils refusaient de signer, les Brûlés seraient privés de nourriture et contraints de se soumettre par la force armée. En entendant cela, Spotted Tail ne put se contenir. Il se leva d'un bond et quitta la salle du conseil pour consulter Red Cloud et les chefs oglalas, qui attendaient à l'extérieur. Il comptait sur eux pour rejeter ensemble l'accord, mais les quelques mots qu'il échangea avec Red Cloud le firent changer d'opinion. Les Oglalas avaient déjà signé, et Spotted Tail avait assez de bon sens pour se rendre compte que toute résistance était dès lors inutile. Revenu dans la salle du conseil, il s'entretint gravement avec ses chefs, ainsi qu'avec Red Cloud et Red Dog, puis se retourna pour s'adresser à tous les Brûlés présents, leur déclarant simplement : « Si nos amis en amont (les Oglalas de l'agence de Red Cloud) n'avaient pas signé l'accord, je les aurais aidés à se défendre, mais puisqu'ils l'ont déjà signé, je demande maintenant à tous les hommes justes qui se sentent responsables de venir et de signer. » Il se dirigea ensuite vers la table pour parapher l'accord, et l'un après l'autre, tous les chefs brûlés l'imitèrent. Peut-être était-il préférable que Red Cloud et ses chefs, en capitulant les premiers, n'eussent pas laissé à Spotted Tail une chance d'unir les Sioux et de repousser les exigences du gouvernement. Ce dernier n'aurait en effet pas hésité à affamer la tribu tout entière pour la soumettre [2].

En dépit des prières de l'évêque Whipple et des protestations d'amitié de toute évidence sincères de certains des commissaires, les Indiens se montrèrent extrêmement suspicieux. Ils évoquèrent avec amertume les traités antérieurs, qui avaient signifié une chose pour eux et une autre pour les Blancs. Les chefs étaient tous très préoccupés par l'allusion au Territoire indien. On leur expliqua qu'une délégation de Sioux pourrait aller le visiter, et qu'ils décideraient ensuite s'ils avaient ou non envie de s'y installer. Ils craignaient en fait, s'ils acceptaient de signer, de se retrouver ensuite obligés de partir pour le Sud. Ils ne cessaient d'affirmer qu'ils n'avaient pris aucune part à la guerre, et qu'il était injuste que leurs guerriers fussent traités comme des ennemis vaincus et chassés de leur pays. Selon leur propre expression, le papier qu'on leur demandait de signer ne portait pas de sang – ce n'était pas un traité de paix destiné à mettre fin à une guerre. L'un d'eux déclara : « Vous me parlez d'un autre pays, d'un pays très éloigné de celui-ci. Je pense que vous auriez mieux fait de ne rien en dire du tout. Mes ancêtres et mes parents ont toujours vécu ici. Il n'y a pas de sang sur ce papier, nous ne sommes pas en guerre avec vous. En conséquence, quand vous parlez pour nous d'une terre étrangère, une terre où nous n'avons pas été élevés, une terre lointaine, mes chefs et mes guerriers sont très mécontents, et ils veulent que je vous dise combien ils sont mécontents. » Spotted Tail, de son côté, ajouta sombrement qu'il accompagnerait la délégation envoyée dans le Territoire indien uniquement pour défendre les intérêts de son peuple, mais qu'il garderait les oreilles, la bouche et les yeux clos pendant tout le voyage, car il n'était pas question pour lui que les Sioux soient convaincus ou contraints par qui que ce fût d'aller vivre dans un autre pays que le leur.

Dans les agences du Missouri, la commission eut moins de difficulté à persuader les chefs de signer l'accord. Après avoir écouté, comme ceux de la White River, quelques discours mielleux et infantiles, suivis d'explications claires et de menaces concrètes, ils se montrèrent tous anxieux de savoir quel dédommagement ils allaient recevoir pour les Black Hills et les autres territoires qu'on leur demandait de céder. La position du Congrès sur ce sujet était que le gouvernement n'était nullement tenu de nourrir les Sioux, et que le coût de leur entretien représentait à peu près la valeur des terres auxquelles ils devaient renoncer. Ce point de vue fut violemment contesté par certains chefs. L'un d'eux, Long Mandan, expliqua d'une manière fort pertinente que lorsque le gouvernement, par le traité de 1868, avait obligé les Sioux à abandonner la chasse et à s'établir dans ses agences, il les avait privés de leurs moyens de subsistance et s'était engagé à assurer leur survie ; en conséquence les Black Hills, ainsi que les régions de la Powder River et de la Bighorn, qui n'entraient pas dans l'arrangement de 1868, devaient en toute justice leur être payées séparément, indépendamment de tout problème concernant leur nourriture.

Aucun chef sioux, à cette époque, ne sembla se souvenir de la clause du traité de 1868 stipulant qu'à l'avenir, aucune cession de terre par les Indiens ne pourrait être légale si elle n'était pas signée par au moins les trois-quarts des adultes mâles de la tribu. En 1876, le document que les Sioux furent contraints de parapher sous la menace ne portait que la signature d'un petit nombre de chefs des agences, et les autorités justifièrent ce fait en expliquant que la clause du traité de 1868 concernait uniquement les futurs traités, alors que ce que la commission venait de négocier n'était qu'un simple accord. Mais en 1883, quand les Blancs s'intéressèrent de nouveau aux terres des Sioux et essayèrent de convaincre leurs chefs de céder la moitié de ce qui leur restait en signant un nouvel accord, le Congrès, secoué par une noble indignation, dénonça fermement cette tentative de violer le traité de 1868 et exigea que le document soit signé par les trois-quarts des Sioux mâles adultes. En réagissant ainsi, les membres du Congrès reconnaissaient implicitement que l'accord de 1876 était illégal. Cet aveu fut immédiatement utilisé par un éminent juriste du Dakota, qui argua que, puisque la cession des Black Hills en 1876 avait été reconnue valable tout en violant le traité de 1868, un précédent avait été créé par le gouvernement, faisant jurisprudence et libérant définitivement celui-ci de toute obligation à l'égard du traité.

Lorsqu'à la fin du mois de juillet, l'armée prit le contrôle des agences, certains Indiens furent si effrayés qu'ils prirent la fuite, mais ils n'allèrent pas très loin et poussés par la faim, la plupart d'entre eux ne tardèrent pas à revenir. Il y avait peu de gibier dans la réserve, et la majorité des Sioux des agences avaient trop peur de leurs parents hostiles pour se risquer à aller chasser dans la région de la Powder River. A l'agence de Red Cloud, un grand nombre d'Oglalas s'enfuirent de cette manière, mais revinrent bientôt chercher des rations et se soumirent aux ordres de l'officier qui avait remplacé leur agent. Red Cloud et son ami Red Leaf, refusant d'obéir, allèrent installer leur camp sur Chadron Creek, à une cinquantaine de kilomètres à l'est de l'agence, et n'en bougèrent plus. Red Cloud passait le plus clair de son temps à élaborer des plans d'attaque et parlait beaucoup de faire la guerre, mais il n'avait pratiquement aucune influence à l'extérieur de sa petite bande. Les autres chefs oglalas sympathisèrent avec les officiers, et tentèrent de les convaincre d'emmener leurs soldats ailleurs. À cette époque, l'accord de cession des Black Hills avait été signé, et les chefs suggérèrent poliment au colonel Mackenzie d'y conduire ses hommes, afin qu'ils puissent y chercher de l'or et s'enrichir comme les autres Blancs.

Mais le général Sheridan avait d'autres plans. Il voulait neutraliser les Sioux des agences en leur prenant leurs armes et leurs poneys et en les contraignant à camper à proximité des fortins, où les soldats pourraient plus facilement les surveiller et empêcher les Indiens hostiles de se joindre subrepticement à leurs bandes. En juillet, après l'échec de Crook et la défaite de Custer, il avait proclamé avec colère que tous les Sioux des agences en âge de se battre étaient allés rejoindre les camps de Sitting Bull et de Crazy Horse. À peine un mois plus tard, en août, il affirma avec une égale conviction qu'il y avait tellement de guerriers armés dans les agences que ses soldats n'étaient pas assez nombreux pour les affronter. En conséquence, il décida de n'entreprendre aucune action avant que Crook et Terry eussent achevé leur campagne, et se trouvent suffisamment près des agences pour pouvoir intervenir en cas de besoin.

En septembre, lorsque Crook pénétra dans les Black Hills par le nord, Sheridan lui demanda de laisser ses hommes et de descendre jusqu'à la ligne de la Union Pacific pour tenir une conférence avec lui. Lors de cet entretien, les généraux évoquèrent l'attitude de Red Cloud depuis la prise de contrôle des agences par l'armée, et Crook reçut l'ordre de régler le problème. Red Cloud refusait toujours de se soumettre aux soldats, demeurant à l'écart dans son camp de Chadron Creek, et il parlait ouvertement de faire la guerre. Ce n'était certes pas la première fois qu'il se livrait à des manifestations de ce genre depuis qu'il avait accepté de s'établir dans une agence en 1871, mais Sheridan et Crook craignaient qu'il ne finît par fomenter de sérieux troubles. Crook aurait préféré attendre que sa colonne fût arrivée des Black Hills pour affronter Red Cloud, mais un rapport signalant qu'une rébellion était sur le point d'éclater sur la White River le convainquit d'agir sur-le-champ. Le 23 octobre, à la tête de son 4e régiment de cavalerie et d'un détachement d'éclaireurs pawnees, le colonel Mackenzie se mit secrètement en route pour Chadron Creek. À l'aube du 24, les « Indiens hostiles » des camps de Red Cloud et de Red Leaf se réveillèrent cernés par les soldats. Pendant leur sommeil, les Pawnees s'étaient approchés sans bruit et leur avaient dérobé tous leurs poneys. La tête basse, les deux grands chefs virent leurs guerriers sortir l'un après l'autre de leurs tipis et déposer leurs fusils et leurs autres armes sur le sol. Mackenzie ordonna que les tipis fussent démontés, et tout le village fut ramené sous bonne escorte à l'agence [3].

La dignité de Red Cloud fut mortellement blessée lors de cet incident. Une touche comique lui fut ajoutée par la présence d'une sous-commission des humanistes qui avaient convaincu les Sioux de céder les Black Hills quelques semaines auparavant. Ils étaient revenus à l'agence pour constituer une délégation d'Oglalas et la conduire dans le Territoire indien, avec l'espoir de persuader leurs chefs de s'y établir. À leur arrivée, les commissaires furent sèchement informés par les officiers qu'ils ne pourraient pas communiquer avec Red Cloud tant qu'une certaine opération, dont ils ne purent rien apprendre, n'aurait pas été achevée. Le lendemain, ces âmes pieuses furent profondément choquées de voir apparaître leur protégé Red Cloud et sa bande gardés par les soldats. Mais le pire n'était pas là : lors des conseils sur les Black Hills, plusieurs chefs sioux avaient exprimé leur crainte que l'armée ne leur enlevât leurs armes et leurs troupeaux, et les idéalistes de la commission, qui n'avaient aucune autorité pour le faire, leur avaient alors donné l'assurance qu'aucun indien des agences ne serait lésé dans sa personne ou dans ses biens – maintenant les chefs les accusaient de les avoir odieusement trompés.

Crook réunit bientôt les chefs en conseil et s'adressa à eux en termes très durs. Il ne les bénit pas, comme l'évêque Whipple, et ne les couvrit pas non plus de fleurs pour mieux les enterrer, comme l'avaient fait les humanistes de la commission, mais les informa crûment qu'ils devaient changer immédiatement d'attitude. Cinquante-trois compagnies de soldats se trouvaient à l'agence ou à proximité, et il leur suggéra de se demander combien de temps ils pourraient résister en face d'une telle force s'ils décidaient de ne pas obéir à ses ordres. Il ajouta que Red Cloud s'était montré insolent une fois de trop, qu'il était maintenant déchu de ses fonctions, et que les deux agences de la White River seraient désormais placées sous l'autorité de Spotted Tail une mesure qui dut ravir ce dernier, qui n'aimait pas plus Red Cloud que Red Cloud ne l'aimait. En conclusion, le général annonça aux chefs que, puisqu'ils étaient nourris et vêtus par le gouvernement, il attendait d'eux une plus grande loyauté à son égard, pas seulement en mots, mais également en actions. En premier lieu, il voulait qu'ils lui donnent un certain nombre de leurs jeunes hommes pour servir comme éclaireurs dans la guerre contre les rebelles, et il les prévint que s'ils essayaient de décourager leurs guerriers de s'enrôler, il serait très fâché contre eux [4]. Les chefs l'écoutèrent en silence. Cet homme, qui ne s'habillait pas comme un grand chef des soldats, leur tenait des propos vraiment difficiles à entendre. Qu'ils étaient loin, les jours heureux où les Oglalas assiégeaient l'agent Saville dans son fortin, exigeant sans cesse de nouvelles rations, et menaçant de tuer tous les Blancs du pays si on ne leur donnait pas ce qu'ils demandaient !

Red Cloud refusa de diriger la délégation d'Oglalas qui se préparait à aller visiter le Territoire indien. Il prétexta qu'il ne pouvait pas abandonner sa bande dans la triste condition où elle se trouvait, privée de poneys et surveillée de près par les soldats blancs. Les caractères différents de Red Cloud et de Spotted Tail apparaissent très nettement lors de cette période de crise, et il semble incontestable que le second fut un plus grand chef que le premier. Spotted Tail n'essaya pas de s'opposer à l'armée, car il savait très bien que toute résistance était vaine. Il accepta de se rendre dans le Territoire indien, non pour convaincre son peuple de s'y établir, mais pour y recueillir toutes les informations qu'il pourrait utiliser ensuite pour essayer de faire échouer le projet du gouvernement consistant à déporter les Sioux loin de leur terre natale. Il avait été prêt à lutter contre le vol des Black Hills et des régions de la Powder River et de la Bighorn, si Red Cloud n'avait pas capitulé avant lui et signé l'accord. L'opposition de Red Cloud aux ambitions des Blancs était constante, mais souvent peu avisée. À l'inverse, Spotted Tail accepta de coopérer avec le gouvernement chaque fois que celui-ci tenta de venir en aide aux Sioux. S'il demeura fermement opposé aux injustices les plus flagrantes, comme la cession forcée des terres sioux en 1876, il ne le fit cependant pas à la manière de Red Cloud, en proférant d'inutiles menaces de guerre, mais en essayant plutôt de faire appel au sens de l'honneur du peuple américain. Charles A. Eastman, qui en tant que Sioux aurait dû être capable d'apprécier cette différence entre les deux chefs, s'obstine à présenter le chef des Brûlés sous un jour entièrement négatif. Relatant les événements de 1876, Eastman en donne une version proprement stupéfiante, n'hésitant pas à écrire que Spotted Tail fut le seul chef sioux qui accepta de vivre dans une agence avant 1876. Red Cloud n'y aurait consentit que cette année-là, et lorsque Spotted Tail fut désigné comme grand-chef par le général Crook, les guerriers s'y seraient opposés si violemment qu'il aurait été contraint d'aller se mettre sous la protection de l'armée, à Camp Sheridan. En réalité, les bandes de la White River ne manifestèrent aucune hostilité à l'égard de Spotted Tail en 1876.

Les Oglalas et les Brûlés répondirent sans enthousiasme à l'appel que Crook leur avait lancé pour qu'ils s'enrôlent et aillent combattre sous son commandement leurs amis et leurs parents de la Powder River. Dans les deux agences, le général ne recruta que cinquante-neuf guides, dont la plupart étaient des demi-sang. James Twiss, le fils sioux du vieil agent Twiss, se trouvait parmi eux. À l'agence de Red Cloud, quelques Cheyennes du Nord et un grand nombre d'Arapahos du Nord s'engagèrent également. Le 15 novembre 1876, avec les guides indiens, onze pelotons de cavalerie et une forte colonne d'infanterie, Crook quitta Fort Fetterman pour diriger une nouvelle campagne d'hiver contre les rebelles.

Les Cheyennes du Nord, connus sous le nom de bande de Dull Knife, regroupaient environ cent soixante quinze tipis. Ils s'étaient enfuis de l'agence de Red Cloud en juin, parce que le gouvernement essayait de les contraindre par la faim à émigrer dans le Territoire indien. Le docteur Grinnell, dans *Fighting Cheyennes,* écrit qu'ils prirent part aux combats contre Crook et Custer. Mais leur bande avait quitté l'agence trop tard pour pouvoir se trouver sur la Rosebud et la Little Bighorn le 17 et le 25 juin, et il n'existe par ailleurs aucune preuve qu'elle se soit jointe à un moment quelconque aux Indiens hostiles. En novembre, ces Cheyennes du Nord étaient dans leur camp d'hiver, dans un canyon situé près de la source de la Powder River. Lorsque Crook repéra leur position, il chargea Mackenzie de les attaquer avec la cavalerie et les auxiliaires indiens. Mackenzie les surprit le 25 novembre, et, après un combat acharné, les mit en fuite, détruisit leur village et s'empara de la plus grande partie de leurs poneys. Vaincus et démunis de tout, les Cheyennes remontèrent alors jusqu'à la Tongue River, où Crazy Horse hivernait à ce moment-là, et se présentèrent à son camp. Selon le capitaine John G. Bourke, de l'état-major de Crook, Crazy Horse refusa l'hospitalité aux Cheyennes affamés et transis de froid, qui, la mort dans l'âme, se remirent en route en direction de l'agence de Red Cloud. Ils y arrivèrent par petits groupes à la fin décembre et au début janvier, et selon le capitaine, la plupart des guerriers s'y enrôlèrent alors comme éclaireurs, exprimant un vif désir de combattre Crazy Horse afin de se venger du mauvais accueil qu'il leur avait réservé. Par la suite, les Cheyennes nièrent farouchement avoir été mal reçus par Crazy Horse sur la Tongue River, déclarant au contraire qu'il leur avait donné de bons tipis, de la nourriture, des vêtements, et un grand nombre de poneys. Les rapports officiels indiquent par ailleurs que très peu de Cheyennes du Nord apparurent à l'agence de Red Cloud cet hiver-là, et que la plupart furent au côté du chef des Oglalas sauvages lors de ses derniers affrontements avec le colonel Miles. Une partie d'entre eux se rendirent à Miles, tandis que les autres se trouvaient parmi les guerriers de Crazy Horse lors de sa reddition au printemps 1877.

En affirmant que la défaite des Cheyennes du Nord et leur enrôlement ultérieur dans les rangs des guides indiens convainquirent les rebelles de l'inutilité de toute résistance, le capitaine Bourke accorde une trop grande importance aux conséquences de la bataille contre Dull Knife. Les propres rapports de Crook révèlent que ses éclaireurs sioux l'avaient informé, avant même la destruction du village cheyenne, que les Indiens hostiles étaient anxieux et désiraient se rendre, à condition de recevoir l'assurance qu'ils seraient correctement traités. Dans son récit, Bourke soutient qu'aussitôt après le combat contre Dull Knife, Crook se hâta de rejoindre l'agence de Red Cloud afin d'y entamer des pourparlers avec ses chefs en prévision de la capitulation des rebelles. Mais même avant cela, dans son camp au confluent de la Tongue River, le colonel Nelson A. Miles était parvenu à ouvrir des négociations de paix avec le groupe de Crazy Horse, qui hivernait alors près de la source de la rivière. Miles semble avoir été sur le point d'obtenir la reddition des Oglalas sauvages et des Cheyennes vers la mi-décembre, mais lorsque cinq chefs rebelles s'approchèrent de son camp pour parlementer, ses éclaireurs crows se ruèrent sur eux et les massacrèrent. Miles fit aussitôt désarmer les Crows, leur prit leurs poneys et les envoya aux Sioux avec un message exprimant ses regrets pour l'attitude inexcusable de ses auxiliaires, mais les pouparlers furent néanmoins rompus [5].

Pendant l'hiver 1876-1877, les rebelles se retrouvèrent dans une situation dramatique. La plupart des Indiens sauvages hivernant traditionnellement dans les agences, ceux qui demeuraient dans la région de la Powder River passaient généralement la saison froide dans des camps très éloignés les uns des autres et ne comptant qu'une cinquantaine de tipis chacun. Mais Crazy Horse avait maintenant avec lui six cents tipis – représentant les deux tiers des guerriers qui s'étaient battus sur la Little Bighorn le 25 juin – rassemblés en un seul grand village près de la source de la Tongue River. Il était impossible en plein hiver de nourrir pendant longtemps une telle concentration d'Indiens grâce à la chasse, et les soldats ne laissaient par ailleurs aucun répit à leurs adversaires, les coupant de leurs sources habituelles d'approvisionnement en munitions et en autres produits de première nécessité.

Le colonel Miles, après l'échec des négociations de la mi-décembre, poursuivit les Indiens hostiles avec une force d'environ cinq cents fantassins, les affrontant à plusieurs reprises entre le 1er et le 8 janvier 1877. Le 8, à Battle Butte, six cents guerriers conduits par Crazy Horse essayèrent contre Miles la ruse de guerre favorite des Sioux, mais le colonel ne tomba pas dans le piège, et après cinq heures de combat acharné, ses hommes parvinrent à mettre leurs assaillants en déroute. Les Sioux d'aujourd'hui nient que Miles les ait vaincus ce jour-là ; pourtant, immédiatement après la bataille, Crazy Horse battit en retraite vers l'est jusqu'à la Powder River, tandis que certaines bandes qui avaient jusqu'alors fait partie de son camp s'enfuyaient encore plus loin juqu'à la Little Missouri.

Sur la White River, le colonel J. W. Mason, qui était un ami très proche de Spotted Tail, essayait pendant ce temps de convaincre le chef des Brûlés de quitter son agence pour un temps et de se rendre dans le Nord afin de tenter de négocier une paix immédiate avec les rebelles. Spotted Tail était en effet l'oncle de Crazy Horse, et les Sioux des agences avaient dit au général Crook que les chefs des camps hostiles l'écouteraient avec plus de respect que n'importe lequel d'entre eux. Il finit par accepter la mission qui lui était offerte, à condition d'avoir carte blanche pour l'accomplir, et se mit en route en février, accompagné par deux cent cinquante guerriers de son agence soigneusement sélectionnés. Au nord de la White River, il rencontra une petite bande de cinquante tipis qui errait dans la région et la convainquit de se rendre. Puis il gagna la Little Missouri, où il découvrit des camps plus importants. Après de longues tractations, tous les chefs acceptèrent de cesser les combats. Spotted Tail se rendit ensuite sur la Powder River, au camp de Crazy Horse, et le chef des Oglalas sauvages lui promit qu'il se soumettrait dès la fin de l'hiver. Le capitaine Bourke commet une erreur lorsqu'il affirme que Spotted Tail regagna son agence à la fin du mois de janvier : les rapports officiels indiquent qu'il ne quitta pas la White River avant février, qu'il demeura absent cinquante jours, et fut de retour sur la White River le 6 avril.

La mission de Spotted Tail irrita grandement le colonel Miles, qui y vit une tentative du général Crook pour lui voler sa victoire sur les Indiens hostiles. Il avait repris les négociations avec eux en février, et il était parvenu à convaincre de nombreux chefs d'accepter la paix selon ses propres termes – c'est-à-dire une capitulation sans conditions. Mais le 17 mars, un groupe considérable de rebelles se présenta et fit savoir à Miles que Spotted Tail se trouvait sur la Little Missouri et offrait des conditions de paix nettement moins rigoureuses. Le 22 avril, Miles reçut la reddition de trois cents Indiens, en majorité des Cheyennes, mais dans le même laps de temps Spotted Tail avait obtenu d'un nombre au moins dix fois plus important de Sioux sauvages la promesse qu'ils se rendraient au général Crook.

Les Sioux devraient toujours se souvenir avec reconnaissance de cette tournée diplomatique effectuée par Spotted Tail dans les camps hostiles, pendant les pires semaines de l'hiver, à seule fin d'épargner à son peuple de nouvelles souffrances inutiles. Pendant toute cette période décisive de leur histoire, seul Spotted Tail fit preuve parmi les chefs d'assez d'envergure et de conscience de ses responsabilités pour voir plus loin que les étroites limites de sa propre bande et se soucier des intérêts de la tribu tout entière.

La tentative de Red Cloud pour s'opposer à la prise de contrôle de son agence par l'armée s'était achevée assez piteusement, le 24 octobre, lorsque le colonel Mackenzie ayant cerné son camp et dépouillé ses guerriers de leurs armes et de leurs poneys, les reconduisit à l'agence sous bonne escorte. Le grand-chef s'était alors mis à bouder dans son coin, et comme il s'obstinait à essayer de fomenter des troubles, Crook l'avait déposé pour confier à Spotted Tail la responsabilité des deux agences de la White River. Mais en janvier 1877, tous ces désagréments définitivement oubliés, Red Cloud s'était réconcilié avec ses ennemis de l'automne et déjeûnait régulièrement avec les officiers de Crook. Il restait toujours en très mauvais termes avec Spotted Tail, mais les deux chefs se comportaient avec beaucoup de dignité lorsqu'ils se côtoyaient à la table de Crook, s'ignorant mutuellement comme deux gentlemen soucieux de ne pas étaler leurs querelles devant leur hôte. Il est évident que Red Cloud était jaloux de l'influence grandissante de Spotted Tail, et qu'en gagnant les bonnes grâces des militaires, tout comme en se proposant pour aller combattre les rebelles, il cherchait seulement à se faire reconnaître de nouveau comme un grand-chef. Mais son offre de service arriva trop tard, car au moment où il conçut l'idée de s'enrôler pour aller affronter les Indiens hostiles, Spotted Tail s'apprêtait à rejoindre leurs camps pour les persuader de se rendre. La nouvelle du succès remporté par son rival donna alors une autre idée à Red Cloud, et il se mit à harceler Crook afin qu'il le chargeât également d'une mission dans le Nord. Spotted Tail était l'oncle de Crazy Horse ? La belle affaire ! N'était-il pas lui aussi, Red Cloud, un parent par alliance du grand-chef des rebelles ? À cette époque, le général attendait impatiemment à Camp Robinson l'arrivée des premières bandes hostiles, aussi Red Cloud lui laissa-t-il entendre que s'il était envoyé au-devant d'elles, il pourrait les inciter à se présenter plus tôt à l'agence. Il dit à Crook qu'il voulait emporter avec lui des rations et d'autres produits indispensables, lui expliquant que sans nourriture, les Indiens sauvages devraient ralentir leur avance pour avoir le temps de chasser. Finalement, Crook donna son accord, et aux premiers jours du printemps, Red Cloud partit pour le Nord à la tête d'une imposante expédition. Il emmenait avec lui un demi-sang qui savait écrire, et il envoya en cours de route de nombreux messages au lieutenant W. P. Clarke, qui était chargé de superviser l'opération. Le capitaine Bourke a conservé celui-ci :

15 Avril 1877

Monsieur Mon Cher j'ai rencontré quelques indiens sur la route et les indiens seront à bear lodge creek le 16 avril et j'ai pensé vous le faire savoir et je pense que je vous ferai savoir mieux après que j'aurai atteint le camp aussi je vous envoie le jeune homme avec cette lettre il a été déjà été au camp il s'appelle arm-blow-off.

Red Cloud

De la date et du sens de ce message, il ressort clairement que Red Cloud quitta l'agence après que Spotted Tail y fut revenu, sa mission accomplie avec la réussite que l'on sait. Quant à Red Cloud, son seul succès consista à prendre la tête de la colonne de Crazy Horse lorsque les Indiens hostiles de son camp se présentèrent à l'agence pour leur reddition ; il s'assura ainsi une publicité intelligente mais largement imméritée.

Spotted Tail rentra le 6 avril, en signalant qu'un groupe de rebelles de cent cinq tipis n'allait pas tarder à arriver, et que Crazy Horse, avec deux cents autres tipis, était également en chemin, mais se trouvait encore très loin de la White River. Le 14 avril, le groupe de cent cinq tipis atteignit l'agence de Spotted Tail, où les hommes livrèrent aux soldats leurs armes et leurs poneys. Les neuf cent dix-sept Indiens qui se rendirent ce jour-là étaient les Miniconjous de Touching-the-Clouds et les Sans Arcs de Red Bear et de High Bear.

Vers la fin avril, les premiers membres du groupe de Crazy Horse commencèrent à apparaître à l'agence de Red Cloud – il s'agissait de Sioux ayant encore de bons chevaux, et qui avaient pu en conséquence voyager plus vite que le reste du camp. Des Cheyennes se présentèrent également. Finalement, début mai, la nouvelle courut que Crazy Horse n'était plus très loin. Le lieutenant Clarke sortit alors pour se porter à sa rencontre. Il découvrit le camp des rebelles à quelques kilomètres au nord de la White River, et fut reçu comme un ami par Crazy Horse, qui fuma le calumet avec lui. Le chef des Oglalas sauvages avait déjà donné son bonnet de guerre et les autres pièces de sa parure à Red Cloud, mais un de ses lieutenants, He Dog, offrit son bonnet et sa chemise de guerre au lieutenant en gage d'amitié [6]. Les Indiens hostiles se mirent en route et se rendirent le 5 mai à midi. Le lieutenant Clarke,

Red Cloud et les Oglalas de la police indienne conduisaient la marche. Derrière eux avançaient de front les leaders les plus éminents des rebelles : Crazy Horse, Little Big Man, Little Hawk, He Dog, Old Hawk et Big Road. Ensuite venaient les guerriers en rangs, suivis par le reste du village – les femmes, les enfants, les vieillards. L'ordre et le silence régnaient sur la colonne, qui s'étendait sur plus de trois kilomètres. En atteignant Camp Robinson, les Sioux se mirent à chanter, et les guerriers, entonnant leurs chants de guerre, défilèrent fièrement, en rangs compacts, jusqu'à l'endroit où les attendaient le général Crook et ses officiers. Selon le capitaine Bourke, le village de Crazy Horse regroupait cent quarante-six tipis, abritant deux familles pour la plupart et rassemblait au total entre mille cent et mille cent cinquante Indiens, dont trois cents guerriers, avec un troupeau de quelque deux mille cinq cents poneys. Pendant que les femmes commençaient à dresser le camp, les soldats prirent les poneys, puis le lieutenant Clarke et ses hommes firent le tour des tipis pour récupérer toutes les armes à feu. Leur fouille fut systématique, mais ils n'en découvrirent que cent dix-sept, en majorité de vieilles carabines de l'armée, ainsi que quelques Winchester. Comme lors de toutes les autres redditions du printemps 1877, le nombre de bons fusils trouvés en possession des Indiens hostiles s'avéra très faible, si faible qu'il rendait totalement ridicules les affirmations répétées des militaires, selon lesquelles chacun des guerriers sioux qu'ils avaient eus à combattre était armé d'un fusil de modèle récent.

Le capitaine Bourke évalue à un peu moins de quatre mille cinq cents le nombre des rebelles qui se rendirent aux agences de Red Cloud et de Spotted Tail au printemps 1877. Environ la moitié d'entre eux appartenaient au camp d'oglalas de Crazy Horse et au camp de Sans Arcs et de Miniconjous qui s'était présenté à l'agence de Spotted Tail en avril. Les deux mille deux cent cinquante autres étaient des Cheyennes et des Sioux de diverses bandes sauvages de la Powder River. Ces chiffres montrent clairement que, contrairement aux allégations de l'armée et à certaines versions sioux actuelles de la guerre, seule une infime minorité des Indiens des agences avaient rejoint les camps hostiles en 1876.

Après la capitulation de Crazy Horse, les seuls Sioux demeurant encore en liberté sur le territoire des État-Unis étaient les Miniconjous du camp de Lame Deer, fort de cinquante et un tipis. Le lendemain du jour où Crazy Horse se présenta à Camp Robinson, le colonel Miles les attaqua, tuant leur chef et quelques guerriers, détruisant leur village et s'emparant de la plus grande partie de leurs poneys. Les survivants s'enfuirent et parvinrent à échapper à toutes les poursuites pendant plusieurs mois, jusqu'à leur reddition à l'agence de Spotted Tail en septembre 1877. Ainsi s'acheva la laborieuse mise en œuvre du petit plan imaginé l'année précédente par l'inspecteur Watkins. Les généraux, qui s'étaient si avidement emparés de l'idée de Watkins, avaient escompté une campagne aussi rapide que facile, une marche glorieuse de quelques semaines ponctuée, avec un peu de chance, par une ou deux belles batailles. L'affaire leur avait pris en réalité plus de dix-huit mois, et le prix payé en sang, en souffrances et en argent se révélait exorbitant. Mais en fin de compte, l'objecif principal du gouvernement avait été atteint, puisque sous le couvert de la guerre, il avait pu s'emparer des Black Hills ainsi que des régions de la Powder River et de la Bighorn. L'apparence d'un accord régulier, assorti d'un paiement honnête, que le Congrès avait mise en place pour légitimer ce vol manifeste, n'avait nullement trompé les Indiens. Leurs chefs savaient très bien qu'ils avaient été purement et simplement dépouillés, contraints de signer l'accord de cession en ayant le couteau sous la gorge. Voilà de la viande de bœuf, de la farine et des couvertures, leur disait le gouvernement des État-Unis, en compensation des terrains de chasse des plaines de Laramie et des fourches de la Platte que nous vous avons pris en 1865 ; voilà maintenant, leur répétait le gouvernement américain, la même viande de bœuf, la même farine et les mêmes couvertures, en échange des terres du Nebraska que vous nous avez cédées avant 1870 ; voilà enfin, leur serinait toujours le gouvernement, l'air plus généreux que jamais, une nouvelle fois la même viande de bœuf, la même farine, les mêmes couvertures, en paiement des Black Hills et des terres de la Powder River et de la Bighorn que nous vous enlevons aujourd'hui. En toute objectivité, il semble que ce soit bien là la vraie signification de l'« accord » de 1876, par lequel les Sioux durent troquer contre leur mise en captivité les dernières terres de valeur qui leur restaient.

XVI

RETOUR À PINE RIDGE
1877-1878

La guerre était maintenant terminée, mais les Oglalas de l'agence de Red Cloud étaient cependant encore loin de connaître la paix. Depuis qu'ils avaient été privés de leurs poneys, en octobre 1876, tous les camps sioux s'étaient concentrés à proximité du fortin, les plus éloignés se trouvant à moins de cinq kilomètres de distance. Des rumeurs alarmistes ne cessaient de circuler au sein de cet énorme rassemblement d'Indiens désemparés et effrayés, provoquant un état d'agitation pratiquement permanent. Au début de l'été 1877, la déportation brutale des Cheyennes dans le Territoire indien raviva leur crainte d'avoir à subir un jour le même sort. Même si on ne les obligeait pas à partir pour le Sud comme les Cheyennes, ils savaient que le gouvernement avait la ferme intention de les transférer tous sur le Missouri. Par ailleurs, les rebelles qui venaient de se rendre étaient encore des hommes sauvages, très méfiants, mal à l'aise dans leur nouvel environnement, et Crazy Horse était de toute évidence en train de préparer quelque chose. Ses discours étaient des plus inquiétants, et une grande partie des Indiens de l'agence pressentaient qu'il n'allait pas tarder à créer de nouveaux problèmes.

À la même époque, alors que les dernières bandes d'Indiens hostiles se rendaient, les Nez-Percés se révoltèrent, vainquirent les soldats, s'enfuirent de l'Idaho, traversèrent les montagnes Rocheuses et arrivèrent dans les régions de la Powder River et de la Bighorn, d'où les Sioux et les Cheyennes sauvages venaient tout juste d'être chassés. Toutes les unités de l'armée disponibles furent aussitôt dépêchées dans le Wyoming et le Montana pour combattre Chef Joseph et son peuple. Le bruit courait que les Nez-Percés avaient l'intention de se diriger vers le sud ou le sud-ouest, pour atteindre le pays des Shoshones, et peut-être même pour descendre jusqu'aux agences des Sioux. Quelle serait l'attitude de ces derniers, si les Nez-Percés faisaient leur apparition dans la vallée de la White River, et leur demandaient de les aider à lutter contre les soldats blancs ?

Le général Crook, à la tête de tous les hommes dont il disposait, partit dans le courant du mois d'août pour Camp Brown, afin de repousser les Nez-Percés s'ils tentaient de pénétrer dans le pays des Shoshones en franchissant Gray Bull Pass. Mais il s'inquiétait beaucoup des réactions possibles des Sioux, en particulier de celles des guerriers du camp de Crazy Horse. Le 1er août, le général avait rédigé un rapport optimiste, dans lequel il affirmait que Crazy Horse semblait avoir finalement accepté l'idée de vivre dans une agence ; mais depuis cette date, de nombreux messages alarmants lui étaient parvenus de la White River : le chef des Oglalas sauvages était presque certainement en train de tramer un mauvais coup.

Au cours des dernières années, plusieurs ouvrages ont essayé, de prouver que Crazy Horse fut l'innocente victime d'un complot machiavélique ourdi par Frank Grouard, le guide favori de Crook, et par les chefs de l'agence, qui étaient jaloux de son prestige ou avaient peur de lui. Il semble qu'il y ait très peu de vrai dans ces allégations – assez cependant pour leur conférer du piquant, et fournir à leurs auteurs la possibilité d'en tirer de longues histoires propres à émouvoir le public. Si Frank Grouard commit effectivement une erreur en interprétant les propos adressés par Crazy Horse au général Crook, il n'y a en revanche aucune raison de supposer qu'il le fit avec l'intention délibérée de trahir son vieil ami et provoquer ou faciliter sa mort. Depuis le jour de sa reddition, Crazy Horse s'était montré renfermé et peu coopératif dans la plupart de ses relations avec les Blancs. Il ne dissimulait pas qu'il les haïssait, ni qu'il se tenait prêt à saisir la première opportunité qui se présenterait à lui pour leur fausser compagnie et retourner à son vieux mode de vie sauvage dans le Nord. D'une manière significative, ses plus proches amis, les leaders de son propre camp, s'éloignèrent progressivement de lui, comprenant qu'il n'avait envisagé à aucun moment de tenir la promesse faite à Crook de vivre désormais en paix à l'agence de Red Cloud. Ils essayèrent probablement de le détourner de son projet, mais Crazy Horse n'était pas un homme à qui l'on pouvait donner des conseils. Animé par une volonté de fer et un courage indomptable, il refusait d'entendre que son plan n'avait aucune chance de réussir, et concevait encore plus difficilement que ses propres partisans pussent l'abandonner. Quant aux chefs de l'agence, il est hors de doute qu'aucun d'eux n'était prêt à le suivre. Ils le considéraient tous comme un fauteur de troubles, qui leur attirerait inévitablement des ennuis s'ils le laissaient poursuivre ses manigances. Il était surveillé, et même espionné, par tout le monde. L'armée avait ses éclaireurs et des agents dans son camp. Les Indiens des autres bandes signalaient à leurs chefs tout ce qu'il faisait, et ceux-ci en faisaient fidèlement part aux officiers de Camp Robinson.

L'objectif de Crazy Horse était de s'échapper en remontant vers le Nord, avec sa bande et celle de son ami Touching-the-Clouds – ce qui représentait au total environ deux mille personnes –, afin d'aller reprendre l'ancienne vie nomade des Sioux sauvages, soit sur la Powder River et la Bighorn, soit plus au nord, entre la Yellowstone et la frontière du Canada. Mais à la fin du mois d'août, il s'aperçut qu'il ne pouvait pas compter pour cela sur Touching-The-Clouds et son camp de Miniconjous et de Sans Arcs. De fait, il ne pouvait même pas compter sur son propre camp, qui refusait de s'associer à toute tentative d'évasion. Il demanda alors que sa bande soit autorisée à aller chasser le bison sur la Bighorn. Il y avait eu, semble-t-il, des discussions sur d'éventuelles chasses au printemps précédent, et le général Crook avait apparemment fait une promesse aux Indiens à ce sujet. Mais la situation n'était désormais plus la même, et avec les Nez-Percés en guerre à l'est des montagnes Rocheuses, permettre à Crazy Horse de se rendre sur la Bighorn avec plusieurs centaines de guerriers sioux aurait été une pure folie. Le but du chef des Oglalas sauvages était clair : dès que sa bande aurait été hors d'atteinte de l'armée, il aurait reformé sa société de guerriers, qui aurait contraint les hommes et les chefs réticents à obéir à ses ordres, et il aurait alors pu les conduire où il le désirait.

Apprenant qu'une crise couvait à l'agence de Red Cloud, Crook abandonna ses préparatifs de guerre contre les Nez-Percés et regagna en toute hâte la White River. A Camp Robinson, les informations qu'il obtint sur les activités de Crazy Horse le convainquirent qu'une crise était effectivement sur le point d'éclater, mais il semble qu'il ait cru qu'une rencontre en tête-à-tête avec le chef rebelle pouvait suffire à ramener le calme dans tous les esprits. Il se mit donc en route pour le camp de Crazy Horse avec le capitaine Bourke et plusieurs autres officiers, mais son ambulance fut arrêtée en chemin par Woman's Dress, porteur d'un message des chefs de l'agence qui l'informait que Crazy Horse avait juré de le tuer lors du prochain conseil s'il n'accédait pas à sa demande d'aller chasser sur le Bighorn [1]. Crook eut la sagesse de prendre cette menace au sérieux et rentra à Camp Robinson, où il convoqua aussitôt tous les chefs en conseil. Crazy Horse ne s'y présenta pas. Lorsque les chefs furent réunis, le général leur déclara sans ambages que le chef des Oglalas sauvages les mettait tous en danger. Ils lui répondirent qu'ils le savaient très bien, qu'ils n'approuvaient pas la conduite de Crazy Horse, et qu'ils étaient prêts à suivre ses instructions. Il leur suggéra alors de prouver leur loyauté en arrêtant eux-mêmes les chef rebelle. Après en avoir discuté entre eux, ils firent savoir à Crook qu'ils ne refusaient pas d'intervenir, mais que Crazy Horse était un homme acculé au désespoir, capable de tout, et qu'il serait plus avisé de le tuer. Crook s'y opposa, expliquant qu'il ne pouvait cautionner un meurtre. Finalement, il fut convenu que les chefs essaieraient d'aller arrêter

Crazy Horse dans son camp le lendemain, avec l'appui de l'armée. Après avoir donné les ordres nécessaires au général L. P. Bradley, le commandant de Camp Robinson, Crook se prépara à repartir pour Camp Brown.

Ces événements se produisirent le 3 septembre 1877. Le soir venu, Crazy Horse, averti de ce qui se tramait contre lui, ou simplement alerté par les incidents de la journée, décida d'agir sans attendre plus longtemps. Ainsi, dans la nuit du 3 septembre, tandis que les chefs de l'agence constituaient le détachement qui devait l'arrêter, ordonna-t-il que les tipis de son camp soient démontés et que sa bande se mette en route sur-le-champ en direction du nord et de la liberté.

Pratiquement tous les Indiens de l'agence étaient alors hostiles à Crazy Horse et faisaient bloc derrière le général Crook, comme l'indique les noms des leaders qui se portèrent volontaires pour procéder à son arrestation. Red Cloud, Little Wound, Young-Man-Afraid-of-His-Horse et Yellow Bear, représentant toutes les bandes d'Oglalas, conduisaient le détachement. Black Coal était également là avec ses Arapahos et Big Road, Little Big Man et Jumping Shield, trois des principaux dirigeants des Oglalas sauvages, accompagnaient les guerriers de l'agence. Le 4 septembre, à neuf heures du matin, huit compagnies du 3e régiment de cavalerie et quatre cents Indiens partirent de Camp Robinson pour se rendre au camp de Crazy Horse, qui se trouvait à une dizaine de kilomètres. Lorsqu'ils l'atteignirent, les soldats et les guerriers découvrirent qu'il avait été démonté, et que la plupart des tipis avaient disparu. Mais de nombreux tipis et la plus grande partie du matériel gisaient encore sur le sol, indiquant que les Oglalas avaient agi dans la plus grande précipitation. Les Indiens amicaux se lancèrent aussitôt à leur poursuite, et il apparut bientôt que Crazy Horse s'était entièrement trompé en croyant que sa bande était prête à le suivre. Dès qu'il leur avait donné l'ordre de se mettre en route pour le Nord, ses hommes s'étaient bien enfuis, mais dans leur grande majorité pour aller se réfugier loin de lui, au sein des bandes des agences de Red Cloud et de Spotted Tail. Un petit groupe lui était resté fidèle, mais il fut rapidement rattrapé par les guerriers lancés à ses trousses et ramené sous bonne garde à Camp Robinson. Crazy Horse, presque seul, échappa à ses poursuivants, mais il n'avait désormais plus rien à attendre de son propre peuple, et il se présenta quelques heures plus tard à l'agence de Spotted Tail, peut-être avec l'espoir que son vieux camarade, Touching-the-Clouds, les Miniconjous et les Sans Arcs qui avaient autrefois fait partie de sa troupe de guerre, accepteraient de lui venir en aide. Détruisant ses dernières illusions, les Indiens de l'agence l'arrêtèrent, et le conduisirent le 5 septembre à Camp Robinson pour le remettre aux autorités militaires. Un groupe d'officiers et de gardiens se trouvait dans le poste de police du camp lorsque Crazy Horse y pénétra, suivi par plusieurs chefs. Il sortit alors brusquement deux poignards qu'il avait dissimulés sur lui et se rua sur un des officiers, mais un de ses amis les plus proches, Little Big Man, qui avait été un des porteurs de chemise de sa bande, lui sauta promptement sur le dos et lui immobilisa les bras en le saisissant par les coudes. Ce qui se passa ensuite demeurera pour toujours un sujet de controverse. Il est certain qu'un des gardes, armé d'une baïonnette, se précipita vers Crazy Horse, qui tenait toujours ses poignards et tentait vainement d'échapper à l'étreinte de Little Big Man. Selon l'histoire la plus couramment admise, le garde, volontairement ou emporté par son élan, aurait plongé sa baïonnette dans le ventre de Crazy Horse. Mais en 1881, Little Big Man raconta au capitaine Bourke une autre version des faits : son ami, alors qu'il le serrait toujours par les coudes, avait tenté de porter un coup avec un de ses poignards, et Little Big Man en détournant ce bras meurtrier pour l'empêcher d'atteindre sa cible, avait lui-même sans le vouloir dévié l'arme vers l'abdomen de Crazy Horse. Il ajouta que le garde qui s'était jeté sur le chef ne l'avait pas atteint, ne frappant que la porte de la salle de police, sur laquelle on pouvait encore voir, en 1881, la marque laissée par la baïonnette.

Crazy Horse fut conduit sur-le-champ à l'infirmerie du camp, où les médecins mirent tout en œuvre pour le sauver, mais il expira à minuit, entouré de son père, de sa mère et de son vieux compagnon Touching-the-Clouds. Lorsqu'il eut cessé de respirer, Touching-the-Clouds posa une main sur sa poitrine et déclara : « C'est bien ainsi. Il cherchait la mort, et elle est venue [2]. »

La fin brutale de Crazy Horse mit en ébullition les Sioux des agences de Red Cloud et de Spotted Tail. Les chefs n'accusèrent pas les Blancs de l'avoir assassiné, et Little Big Man et Jumping Shield, ses amis et compagnons de lutte, attestèrent que les soldats n'avaient pas voulu le tuer et qu'il était mort par sa propre faute, mais les guerriers et leurs familles ne l'entendirent pas de cette oreille. Un grand nombre des hommes de sa bande, qui l'avaient abandonné lors de sa fuite, le 4 septembre, proclamaient maintenant, à peine deux jours plus tard, qu'il fallait faire la guerre aux soldats qui avaient lâchement tué leur grand leader. Les chefs de l'agence demeurèrent cependant vigilants et empêchèrent que des troubles sérieux ne se produisent. Mais ils n'étaient pas sortis d'embarras pour autant, car le problème épineux du transfert des Indiens de la White River devait maintenant être réglé dans les plus brefs délais. En votant la loi de finances pour l'entretien des Sioux, le Congrès y avait en effet inclus une clause stipulant que les vivres destinés aux agences de Red Cloud et de Spotted Tail devraient être livrés sur le Missouri, et que les Brûlés et les Oglalas de la White River ne recevraient dorénavant plus aucune aide tant qu'ils n'auraient pas consenti à quitter leurs anciennes agences. La plupart d'entre eux étaient fermement opposés à l'idée d'aller s'établir sur le Missouri, mais à la fin de l'été 1877, leurs rations étaient pratiquement épuisées. Aucun convoi n'était plus venu les ravitailler depuis plusieurs mois, aucun n'était prévu dans les mois à venir, et leurs chefs avaient fini par prendre douloureusement conscience que les menaces du gouvernement n'étaient pas vaines – il ne leur laissait le choix qu'entre obéir ou mourir de faim. Les chefs avaient pratiquement réussi à convaincre tous les guerriers que le transfert était inévitable lorsque survint la mort de Crazy Horse. Et l'émoi fut alors tel que la majorité des Indiens changèrent brusquement d'opinion, refusant obstinément de partir pour le Missouri.

La situation était dramatique. Il n'était pas impossible qu'une partie des Sioux, sous l'aiguillon de la faim, s'enfuient de la White River pour regagner la région de la Powder River. Les nouvelles agences de Red Cloud et de Spotted Tail étaient prêtes, à 375 kilomètres au nord-est, et les rations des Indiens s'y trouvaient déjà, mais rien ne pouvait les convaincre de s'y rendre. L'hiver approchait et il n'y avait pas de temps à perdre. Les chefs étaient impatients de trouver une solution, mais il fallait que ce soit un compromis, et ils n'entendaient négocier avec personne d'autre que le Père-de-Tous lui-même. Ainsi, peu après la mort de Crazy Horse, Red Cloud, Spotted Tail et quelques autres chefs se mirent-ils une nouvelle fois en route pour Washington. Dans la capitale fédérale, ils tinrent un conseil avec le président Hayes, qui finit par leur donner l'assurance que si leurs bandes allaient passer l'hiver sur le Missouri, ils pourraient choisir au printemps la région qui leur conviendrait le mieux dans la réserve des Sioux pour y transférer leurs agences. De retour sur la White River avec la promesse du Père-de-Tous (Red Cloud avait rapporté une copie imprimée des paroles du Président, sur laquelle il avait soigneusement souligné au crayon bleu les passages concernant le droit accordé aux Sioux de choisir leurs agences), les chefs parvinrent enfin à convaincre leurs guerriers de partir, et l'exode pour le Missouri commença le 27 octobre. Ce fut un bien étrange spectacle qu'offrirent ce jour-là les Oglalas de l'agence de Red Cloud. Précédés par deux pelotons de cavalerie, les chefs avançaient en tête, sur une seule ligne, et derrière eux suivaient quatre mille six cents Sioux. Les sabots des poneys et les poteaux des tipis traînant sur le sol soulevaient un immense nuage de poussière. Lorsque l'armée avait enlevé leurs montures aux Indiens, certaines bandes, comme celles de Red Cloud et de Red Leaf, avaient perdu presque tous leurs poneys, mais les autres, jugées moins dangereuses, avaient pu en conserver la plus grande partie. À la suite de cadeaux ou d'habiles échanges, la plupart des familles possédaient maintenant assez d'animaux pour transporter tous leurs biens. Celles qui n'en avaient pas voyageaient dans les chariots des Blancs mariés à des squaws ou dans ceux des demi-sang. Cent vingt énormes chariots emportaient les rations, et des cow-boys conduisaient un troupeau de deux mille bovins. À six kilomètres de distance, s'élevait un autre grand nuage de poussière, signalant la progression de la colonne de Spotted Tail et de ses Brûlés. Avec les Brûlés se trouvaient les Indiens hostiles qui avaient capitulé au printemps – les Oglalas de Crazy Horse et les Miniconjous et les Sans Arcs de Touching-the-Clouds –, ainsi que le père et la mère de Crazy Horse, qui emportaient avec eux, pour un dernier voyage, la dépouille de leur fils vénéré.

Alors que le convoi des Oglalas poursuivait tranquillement sa route à environ une centaine de kilomètres à l'est de l'ancienne agence, des cavaliers apparurent en grand nombre sur les hauteurs dominant le sud de la vallée, puis quelque deux mille Sioux sauvages dévalèrent les collines et vinrent se mêler, dans un désordre indescriptible, aux Indiens de l'agence de Red Cloud. Il s'agissait de l'ancienne bande de Crazy Horse, conduite par Big Road, qui avait décidé de profiter du transfert pour tenter une percée désespérée en direction de la Little Missouri, de la Powder River... et de la liberté. Beaucoup de Miniconjous et de Sans Arcs se joignirent à elle, ainsi que les parents de Crazy Horse avec les restes de leur fils [3]. En invitant les Oglalas de Red Cloud à s'associer à leur tentative, ces Indiens provoquèrent un tel émoi qu'un affrontement général sembla un moment inévitable. Les deux pelotons de cavalerie ne pouvaient rien faire, et leurs officiers eurent la sagesse de les tenir à l'écart de cette gigantesque empoignade de plusieurs milliers de Sioux. Le nouvel agent de Red Cloud, le docteur James Irwin, fit également preuve d'un remarquable sang-froid, conseillant tranquillement aux guerriers de l'agence de ne pas s'enfuir avec les rebelles, et en même temps apaisant la fureur de ces derniers en leur faisant distribuer en grandes quantités des rations et des vivres pour l'hiver. Les Oglalas de Red Cloud montrèrent ce jour-là à quel point ils avaient changé depuis qu'ils vivaient dans une agence. Les Sioux sauvages les cajolèrent, les menacèrent, se moquèrent d'eux, mais ne parvinrent pas à en persuader un seul de partir avec eux. Ils finirent par renoncer, et après avoir proféré quelques derniers sarcasmes à l'adresse de leurs parents, ils s'éloignèrent en direction des Badlands, en route pour la Little Missouri et la Powder River. Ils parvinrent effectivement à s'enfuir, mais ne retrouvèrent pas pour autant la liberté tant espérée. Ils se sentirent très seuls dans la région de la Powder River, et sachant que les soldats avaient de nouveau été lancés à leur poursuite, ils ne tardèrent pas à remonter vers le nord pour aller rejoindre Sitting Bull au Canada. Là, ils découvrirent rapidement, pour leur plus grand dam, que les tuniques rouges de la Mère-de-Tous ne toléraient pas plus leurs exactions que les tuniques bleues du Père-de-Tous. Lorsqu'ils se risquèrent à faire quelques petits raids sur le territoire des États-Unis, ils furent accueillis à leur retour par les officiers de la police montée du Nord-Ouest. Ceux-ci se montrèrent fort en colère, confisquèrent leur butin et les chevaux qu'ils avaient volés, puis les réprimandèrent durement pour avoir violé une ligne qu'ils ne pouvaient pas voir, mais à laquelle tous les Blancs, avec leurs étranges idées, semblaient attacher la plus grande importance, au point de la considérer comme sacrée. Dès lors, les Oglalas sauvages furent malheureux. Ils avaient très froid, souvent très faim, souffraient d'être loin de leur terre et de leur peuple, et devaient en plus subir les sermons que leur faisaient sans cesse les tuniques rouges. Ils supportèrent ce régime infernal pendant plusieurs années puis, imités par la plupart des Sioux réfugiés au Canada, ils franchirent une dernière fois la frontière en direction du sud et allèrent offrir leur reddition aux tuniques bleues. Sitting Bull et quelques irréductibles restèrent encore quelque temps, mais finirent eux aussi par suivre leur exemple [4].

Après le départ de la bande de Crazy Horse, les Indiens de l'agence de Red Cloud se remirent en route en direction du

Missouri. Leurs nouvelles agences se trouvaient près de la Grande Boucle, où leurs ancêtres avaient franchi le fleuve un siècle auparavant pour se lancer à la conquête des grandes plaines de l'Ouest. Les responsables qui avaient décidé d'établir les nouvelles agences des Sioux dans ce district ignoraient totalement qu'il avait été autrefois le foyer des Oglalas, et ceux-ci ne se doutaient pas le moins du monde qu'ils étaient en train de revenir sur les traces de leurs grands-parents. Ils avaient complètement oublié que leur tribu avait vécu un jour sur le Missouri. Ce n'était pour eux qu'une région étrangère, hostile, où les Blancs les obligeaient à se rendre. Mais ils savaient qu'ils n'y resteraient qu'un seul hiver, et qu'au printemps ils seraient de retour chez eux, sur leurs terres familières de la White River, d'où ils pourraient de nouveau apercevoir au loin les hauteurs sacrées de *Pa Sapa*.

L'évêque Whipple et les autres membres de la commission qui avaient contraint les Sioux à renoncer aux Black Hills en 1876 avaient fortement mis l'accent dans leur rapport sur le soin qui devait être apporté à choisir des sites convenables pour les nouvelles agences. Il fallait avant tout que le sol y fût fertile, afin que les Indiens pussent se transformer en fermiers, et assurer un jour leur propre subsistance. Le problème n'était pas facile à résoudre, mais le gouvernement, cherchant une solution élégante pour l'agence de Spotted Tail, n'inventa rien de mieux que de réquisitionner les terres de la petite tribu amicale des Ponkas, situées près du confluent de la Niobrara, en envoyant leurs occupants légitimes vivre dans le Territoire indien sous le prétexte fallacieux que s'y trouvaient déjà d'autres tribus parlant des langues voisines de la leur. Cette mauvaise action, pour une fois, ne profita pas longtemps à ses auteurs, car il apparut rapidement que les terres des Ponkas n'étaient pas suffisantes pour nourrir tous les Brûlés, nettement plus nombreux, et que ceux-ci étaient fermement décidés à ne pas demeurer définitivement sur le Missouri. Finalement, les Blancs du Nebraska, pour leur plus grand honneur, prirent fait et cause pour les malheureux Ponkas, traînèrent le gouvernement des États-Unis devant la justice, et obtinrent un jugement autorisant tous les Ponkas qui le désiraient à rentrer au Nebraska. Le choix du site de l'agence de Red Cloud ne fut pas plus heureux. La commission chargée de prendre la décision était si limitée dans ses possibilités par les exigences du Congrès, ainsi que par la pénurie de bonnes terres à proximité du Missouri, qu'elle ne put proposer que le confluent de Yellow Medicine Creek, en amont de la Grande Boucle. L'année qui suivit la construction de l'agence sur cet emplacement, la commission, qui se rendit dans l'Ouest pour entériner l'installation des Sioux dans les régions qu'ils avaient choisies eux-mêmes, écrivit dans son rapport qu'il y avait quelques pâturages sur Yellow Medicine Creek, « mais que le sol y était de même nature que celui des Badlands, très alcalin, couvert de larges étendues de pâturin, impropre à l'agriculture, avec une eau alcaline très mauvaise, et sans forêts pour le bois de construction ». Fort heureusement pour eux, les Oglalas n'avaient pas attendu ce rapport pour refuser d'aller vivre dans un endroit aussi insalubre.

Ils passèrent l'hiver 1877-1878 dans la vallée de la White River, où ils pouvaient trouver de l'eau potable, du bois et de l'herbe en abondance, leurs camps les plus proches de la nouvelle agence étant dressés à plus de cent kilomètres de Yellow Medicine Creek. Pendant toute la saison froide, ils se nourrirent des rations et des réserves de l'agence, mais personne n'aurait pu les convaincre d'aller s'y établir, ou même de s'installer plus près du Missouri. Le printemps venu, ils se mirent à attendre impatiemment l'arrivée des hommes blancs qui devaient leur être envoyés par le Père-de-Tous pour les ramener chez eux. Ils avaient déjà choisi les terres sur lesquelles ils souhaitaient vivre, et demandaient que leur agence fût située sur White Earth Creek (l'actuelle Big White Clay), aussi loin que possible du Missouri sans sortir du Dakota, le Nebraska leur étant interdit par une décision du Congrès. Les Brûlés de Spotted Tail, quant à eux, désiraient se fixer sur la South Fork de la White River, leur agence devant se trouver sur Rosebud Creek. La commission chargée d'examiner ces terres en 1878 estima que les Indiens, à tous les points de vue, avaient sélectionné les meilleurs emplacements de toute la région.

Ce transfert de 1878, pour une fois totalement désiré, fut l'ultime migration des Sioux de Red Cloud et de Spotted Tail. Les Oglalas s'établirent à l'agence de Pine Ridge, ainsi qu'elle fut nommée par les Blancs, les Brûlés à celle de Rosebud, et ils y sont tous demeurés jusqu'à l'époque actuelle.

Cette installation définitive des Oglalas à Pine Ridge peut être considérée comme l'événement qui mit fin à la longue histoire de leurs errances. Ils n'étaient désormais plus un peuple libre, décidant seul de la vie qu'il entendait mener, mais un groupe captif, qui devait dorénavant cheminer de gré ou de force sur la route semée d'embûches conduisant à la civilisation. Déjà en 1878, les vieux liens tribaux avaient commencé à se relâcher, et l'on pouvait difficilement considérer encore les Oglalas comme une véritable tribu. Red Cloud et plusieurs autres chefs déployaient tous leurs efforts pour maintenir l'unité et l'identité de leur peuple, et pour cette raison se voyaient qualifiés d'« adversaires du progrès » par les agents du gouvernement américain, qui faisaient tout ce qui était en leur pouvoir pour détruire leur influence. En étudiant cette époque, on ne peut s'empêcher d'admirer l'étonnante résistance au « progrès » de ces quelques hommes, en particulier de Red Cloud. Sans doute le gouvernement aurait-il été plus avisé, en cherchant un moyen d'améliorer la condition des Oglalas, s'il avait employé une autre méthode que celle consistant à écarter impitoyablement les seuls dirigeants qu'ils étaient prêts à reconnaître, ou même capables de comprendre. Red Cloud et ses compagnons évoluaient peut-être lentement, mais ils allaient de toute évidence dans la bonne direction. Incapables d'attendre que l'arbre portât ses fruits, les responsables officiels préférèrent cependant les combattre, et finirent par les briser. Dans cette période troublée, les Oglalas furent peu à peu conduits par les Blancs à tourner le dos à Red Cloud, Old-Man-Afraid-of-His-Horse, Red Dog et Little Wound. Aujourd'hui, ils vénèrent ces chefs comme les grands héros de leur peuple.

APPENDICE

NOUVELLES NOTES (1957)

Depuis la mort de He Dog, Joseph Eagle Hawk reste peut-être le meilleur informateur vivant sur la famille de Red Cloud. Il affirme que le grand-père du chef des Oglalas était Two Arrows, que l'on appelait parfois aussi Red Cloud, et que le fils de Two Arrows s'appelait également Red Cloud. Cela signifierait que le père de Red Cloud, nommé Isna Wica par He Dog, avait lui aussi Red Cloud comme second nom, et qu'ainsi trois générations successives de la famille portèrent ce nom. Eagle Hawk indique par ailleurs que le grand Red Cloud, quand il était enfant, portait le nom de son grand-père, Two Arrows, et que lorsqu'il participa pour la première fois à une expédition guerrière, à l'âge de douze ans, il prit le nom de Tall Hollow Horn, qui était encore le sien lorsqu'il tua le chef Bull Bear en 1841. Deux ans plus tard, toujours selon Eagle Hawk, Tall Hollow Horn, après avoir vaincu un Shoshone lors d'une bataille, rejoignit les autres Sioux au galop en brandissant le scalp de sa victime et en hurlant qu'à dater de cette victoire, il s'appellerait Red Cloud, comme avant lui s'étaient appelés son père et son grand-père.

Adolescent, Red Cloud était très sauvage et indiscipliné, et son oncle maternel White Hawk, qui avait une place importante dans la hiérarchie de la tribu, lui faisait souvent la leçon, lui répétant que s'il apprenait à contrôler ses impulsions, il deviendrait certainement un jour un grand chef. Quand il prit de l'âge, White Hawk céda son rang dans la tribu à Red Cloud. Il fut tué plus tard par le chef Bull Bear dans une querelle d'ivrognes, et en 1841, Red Cloud tua Bull Bear lors d'une autre rixe semblable.

Eagle Hawk raconte également que le chef Smoke, le rival de Bull Bear, avait une fille nommée Bega dont le fils sioux, appelé Spotted Bear, fut surnommé Bad Face. Bega épousa plus tard le marchand français Dion, dont elle eut plusieurs enfants demi-sang, qui formèrent le clan Dion. La femme de Spotted Bear était une véritable harpie. Elle s'adressait souvent à lui en hurlant : *« Ita kin sil yela ! »* (Eh, toi, l'horrible !). Leurs voisins, que ces cris amusaient beaucoup, prirent l'habitude d'appeler Spotted Bear « Bad Face » (« Vilain Visage », et ce surnom fut ensuite appliqué à tous les occupants de son camp.

Black Twin. Il était quatrième chef des Bad Faces en 1867, et devint leur premier chef lorsque Red Cloud accepta de s'installer dans une agence. C'est la raison pour laquelle Red Cloud refusait de prendre des décisions importantes sans avoir consulté au préalable Black Twin, qui était le véritable dirigeant des Bad Faces. Black Twin est identifié comme le frère aîné de No Water, et les Sioux d'aujourd'hui affirment qu'il avait bien un frère jumeau, nommé White Twin. Black Twin mourut dans le camp de Crazy Horse, après sa reddition au printemps 1877. White Twin mourut au Canada, où il s'était enfui avec Sitting Bull.

Sitting Bull l'Oglala. Il figurait parmi les chefs et les leaders qui s'avancèrent au-devant des guerriers quand les Sioux vinrent parlementer avec le colonel Miles sur la Tongue River. Il fut tué lors de l'attaque soudaine des éclaireurs crows, et sa Winchester ornée d'or fut récupérée par les Blancs.

Le meurtre du chef Yellow Bear. Mekeel, se méprenant sur les explications de He Dog, situe cet événement près de la source de la Tongue River. Il se produisit en réalité dans

Rawhide Butte Creek, à l'est de Fort Laramie, où les Sioux campaient en 1870, en attendant le retour de Red Cloud de son voyage à Washington.

L'agent Thomas Twiss. Son épouse oglala était Wanikiyewin, une femme de la bande du Foie du chef Yellow Bear. Louis Twiss, un de ses petits-fils, affirme que lorsque l'agence de Red Cloud fut créée, l'ancien agent acheta quarante acres de terrain près de Rulo, dans le Nebraska. Il essaya d'exploiter un verger, mais mourut peu de temps après, et sa sœur vint de l'Est pour régler sa succession. Elle prit avec elle un des fils demi-sang de l'agent, William, le père de Louis, le ramena dans l'Est et tenta d'assurer son éducation, mais avec peu de résultats. William revint plus tard à l'agence de Red Cloud et y retrouva ses trois frères, Charles, James et Frank, vivant avec la bande du Foie. Vêtus comme les Indiens, ils partageaient leur vie sauvage et étaient élevés par le frère de leur mère, He Crow, alias Drags-the-Rope. Deux d'entre eux servirent comme éclaireurs lors des campagnes du général Crook en 1876, le troisième fut l'une des premières recrues de l'École indienne de Carlisle en 1879.

APPENDICE A

LES RECENSEMENTS DES OGLALAS

ANNÉE	POPULATION	GUERRIERS	TIPIS	BANDES	SOURCES ET REMARQUES
1804	360	120	60	2	Lewis et Clark. Six personnes, dont deux guerriers par tipi.
1825	1 500		300	4	Rapport du colonel Atkinson.
1835	2 000				Révérend Sam Parker, d'après les informations des marchands. Bull Bear avait 100 tipis dans son camp.
1840	2 500		250		Révérend S. R. Riggs.
1850			400	6	Schoolcraft : *Indian Tribes.*
1856	3 200		400		Schoolcraft : *Indian Tribes.*
1857	3 680	736	460		Lieutenant G. K. Warren. Il semble avoir compté les Wazhazhas comme les Oglalas.
1865			500		Lieutenant-colonel W. O. Collins.
1866		1 000	500		Estimation des Sioux. Red Cloud et Man-Afraid-of-His-Horse avaient chacun 250 tipis.
1867	2 100		350		Rapport du Bureau indien. Sous-évaluation (plusieurs bandes omises).
1868	3 000				Commission de paix. Sous-estimation.
1870	4 200		600		Estimation de Red Cloud. 7 personnes par tipi.
1874	6 320				« Sioux majoritairement Oglalas » de l'agence. Les tribus commencent à se mélanger.
1874	7 000		1 000		Estimation des Oglalas eux-mêmes : 400 tipis de plus en 4 ans !
1877	6 035				« Sioux » de l'agence de Red Cloud. Les Wazhazhas, absents, ne sont pas comptés.
1882	7 202				« Oglalas » de Pine Ridge. 14 bandes. Plus 556 Oglalas à Standing Rock.
1890	4 452				« Oglalas » de Pine Ridge. Plus environ 600 autres à Standing Rock.
1902	6 602				« Oglalas » de Pine Ridge.

APPENDICE B :
L'ORGANISATION SOCIALE DES OGLALAS

Vers 1850, Prescott, qui avait longtemps vécu parmi les tribus du Minnesota, écrivit (dans *Indian Tribes*, de Schoolcraft, vol. II) qu'avant l'arrivée des Blancs, les Sioux n'avaient jamais eu de chefs tribaux, que leurs chefs ne dirigeaient que des clans totémiques parentaux, et qu'à moins d'être soutenus par de puissants groupes familiaux, ils n'avaient pratiquement aucune autorité sur la tribu. Il est fort probable que cette information soit exacte, car nous pouvons voir chez les Oglalas et les autres tribus des Tétons de nombreux signes indiquant l'existence d'une ancienne organisation en groupes totémiques de parents, dans laquelle certains patronymes se transmettaient à l'intérieur des familles – l'une portant des noms rattachés à l'ours, une autre au canard, une autre encore au bison, etc. Par ailleurs, les Oglalas, de même que les autres Tétons, ont toujours affirmé que le système des chefs tribaux et des grands-chefs était étranger à leur organisation sociale séculaire, et leur avait été imposé par les représentants du gouvernement des États-Unis qui négociaient avec eux.

Aux XVIIe et XVIIIe siècles, les Sioux du Minnesota étaient organisés en sept groupes, appelés tribus, villages, ou conseils des feux. Les Tétons, qui portaient le nom de Village-de-la-Prairie, constituaient une de ces sept divisions, et les anciens Oglalas formaient de toute évidence une sous-division, ou un groupe parental, à l'intérieur du groupe des Tétons.

Lorsque, vers 1700, les Oglalas et les autres Tétons quittèrent leur vieux foyer du Mississipi pour entamer leur longue migration vers l'Ouest, à travers le Coteau des Prairies, en direction du Missouri, ils cessèrent peu à peu d'être en contact avec les Sioux de l'Est ; leurs chefs ne vinrent plus siéger aux conseils des feux des Sioux, et les liens basés sur l'intérêt mutuel qui les avaient rattachés pendant des siècles aux autres groupes se relâchèrent progressivement, puis finirent par se rompre. Les Tétons sauvages du Coteau, qui menaient une vie nomade, assurant difficilement leur subsistance en poursuivant les troupeaux de bisons, n'avaient presque plus rien en commun avec les bandes de Sioux établies le long du Mississipi ou dans la basse vallée de la Minnesota, qui vivaient la plupart du temps dans des villages permanents et se procuraient au moins une partie de leur nourriture en cultivant le sol. Dès 1730, nous trouvons des indices montrant que les Tétons avaient rejeté l'ancienne autorité des chefs sioux. Dans leurs camps errants, chaque homme était l'égal de tous les autres ; leurs chefs ne dirigeaient tout au plus que des groupes familiaux, et n'avaient en général aucune autorité en dehors des petits camps de parents qui les reconnaissaient comme leurs leaders héréditaires. Quand Truteau rencontra des Tétons sur le Missouri à l'automne 1794, ils lui dirent qu'ils n'avaient pas de chefs ni d'hommes importants dans leurs camps. Ils avaient erré sur le Coteau à la recherche de nourriture, et ne trouvant pas ou trop peu de gibier, étaient venus jusqu'au Missouri. Les chasseurs de leur camp ne reconnaissaient aucune autorité, passant la plus grande partie de leur temps libre à se quereller et à se battre pour des chevaux, des fusils, des femmes ou d'autres richesses qu'ils s'enviaient les uns les autres. L'hiver qui suivit, James Mackay rencontra lui aussi ces Tétons sur le Missouri ; reconnaissant certains des plus influents d'entre eux comme des chefs, il leur offrit des médailles et des drapeaux espagnols. Nous avons ici une preuve irréfutable que les Oglalas et les autres Tétons disent la vérité lorsqu'ils affirment qu'ils n'avaient jamais eu de chefs disposant d'un pouvoir sur toutes leurs bandes avant que les Blancs interviennent et désignent arbitrairement certains d'entre eux pour les représenter tous.

Le sept et le quatre sont des nombres sacrés pour les Sioux. Ils apparaissent constamment dans tous les domaines de leur vie qu'ils considèrent comme essentiels. Il y avait ainsi sept tribus de Sioux dans le Minnesota, et les Tétons, qui représentaient l'une de ces tribus, étaient eux-mêmes divisés en sept groupes. Lorsqu'ils eurent franchi le Missouri, les sept groupes tétons devinrent à leur tour sept tribus indépendantes, et il semblerait que chacune de ces sept nouvelles tribus ait alors essayé de s'organiser en sept divisions, ou bandes, afin de reformer le cercle traditionnel du camp tribal sioux. Mais si cet objectif était clair, les conditions d'existence à l'Ouest du Missouri, où les bandes nomades ne cessaient de se faire et de se défaire, de s'unir ou de se séparer, firent qu'il fut extrêmement difficile, pour ne pas dire impossible, à l'ensemble des Tétons de l'atteindre.

Avant que les Oglalas acceptent de s'installer dans une agence, leurs bandes hivernaient où bon leur semblait, chacune menant sa propre vie à l'écart des autres, sans se soucier le moins du monde du reste de la tribu. Au printemps, les bandes se rassemblaient et formaient le cercle de camp tribal, en prélude aux activités de l'année à venir. Les tipis étaient dressés de manière à dessiner un vaste cercle, dans lequel chaque bande occupait la position correspondant à son rang, la bande dirigeante se trouvant à la place d'honneur, à l'entrée, ou corne, du cercle. Chaque bande avait ses chefs et ses « soldats », mais ces leaders n'avaient aucune autorité en dehors des étroites limites de leurs petits camps. Lorsque le cercle tribal se réunissait au printemps, le conseil de la tribu désignait quatre hommes, appelés *wakicunsas* (chefs de camp), pour le diriger. Les *wakicunsas* n'étaient pas choisis parmi les chefs, mais parmi les guerriers les plus réputés (*ogle tanka'uns* = porteurs de chemise). Red Cloud n'était encore qu'un porteur de chemise, entre 1866 et 1871, quand les représentants du gouvernement américain s'obstinèrent à faire de lui le grand-chef des Oglalas. Stanley Vestal semble avoir confondu deux notions tout à fait différentes en assimilant à des chefs héréditaires les porteurs de chemise des Miniconjous de 1866. Chez les Oglalas du moins, les porteurs de chemise n'étaient pas des chefs. Tant qu'il ne fut qu'un porteur de chemise, Red Cloud n'eut pas le droit de s'exprimer en conseil, parce qu'il n'était pas un chef.

Les quatre *wakicunsas* disposaient de tous les pouvoirs sur les Indiens du camp jusqu'à la dissolution du cercle tribal, qui avait lieu au début de l'automne. C'était sur leur ordre, et non sur celui des chefs, que le grand camp se déplaçait, et ils contrôlaient la quasi-totalité de ses activités. Au moment de leur désignation, au printemps, une des sociétés militaires, ou fraternité de guerriers, de la tribu était également choisie pour assurer la police dans le camp et veiller à ce que les ordres des *wakicunsas* soient exécutés. Le grand tipi appartenant à cette société de guerriers était alors utilisé pour les réunions du conseil de la tribu. Toutes les informations concernant les déplacements des bisons, ou l'approche d'une troupe de guerre ennemie, aboutissaient à ce tipi ; le conseil en discutait, les *wakicunsas* prenaient les décisions qui s'imposaient, puis donnaient leurs ordres et le chef de guerre (*akicita-itacan*) les faisait appliquer. Les véritables chefs (au sens où l'entendaient les Blancs) n'avaient d'autorité que sur les questions qui concernaient uniquement leurs propres camps. Ils représentaient et défendaient au conseil les intérêts de leurs bandes, mais tant que le cercle tribal était réuni, du printemps à l'automne, la direction réelle de la tribu était assurée par les seuls *wakicunsas*.

Une telle forme d'organisation mettait naturellement en avant les guerriers les plus éminents, et empêchait les chefs héréditaires (sauf lorsqu'ils étaient assez forts et résolus pour s'imposer) de jouer un rôle trop important dans les affaires de la tribu. Elle conduisit souvent le gouvernement américain, qui n'en comprenait pas toutes les complexités, à prendre un guerrier de premier plan pour un « grand-chef », dont les décisions auraient eu force de loi pour tous les Sioux. Ce fut en commettant une erreur de ce genre que les responsables officiels en vinrent à remuer ciel et terre pour tenter de convaincre Red Cloud de signer un traité avec eux et d'accepter de vivre dans une agence. Ils le considéraient comme un « grand-chef », alors qu'aux yeux des Oglalas eux-mêmes, il n'était qu'un de leurs guerriers de premier plan, et même lorsqu'il hésitait à prendre la parole en conseil, ou à assumer une décision avant d'avoir consulté les vrais dirigeants de la tribu, ils persistaient à voir en lui une sorte de dictateur qui pouvait imposer sa volonté à son peuple où et quand il le désirait.

Les Oglalas de Pine Ridge qui décrivirent ce système de gouvernement tribal ont omis d'expliquer ce qui se passait lorsque la tribu était divisée en deux groupes très éloignés l'un de l'autre, ne pouvant pas se rassembler chaque année du printemps à l'automne, comme ce fut le cas la plupart du temps pour eux entre 1855 et 1877. La réponse à cette question est toutefois évidente : les Oglalas du Sud, qui vivaient au sud de la Platte, avaient leur propre cercle tribal indépendant, organisé de la manière qui vient d'être décrite, et les Oglalas du Nord, regroupés sur la Powder River avaient également le leur, organisé lui aussi de façon autonome. Plus tard, lorsqu'après 1871 la majorité des Oglalas se retrouvèrent dans l'agence de Red Cloud, ils se dotèrent de nouveau d'une organisation tribale complète, tandis que le petit camp d'Oglalas sauvages demeurés sur la Powder River, composé essentiellement de Bad Faces, avait de son côté son propre gouvernement, avec des *wakicunsas*, des porteurs de chemise, etc. Ces Sioux sauvages considéraient les chefs de l'agence comme des imposteurs, et assez bizarrement, un grand nombre des Oglalas de la White River semblaient partager le même point de vue, affirmant que leur vrais chefs et leurs authentiques soldats se trouvaient tous dans le camp des Bad Faces, sur la Powder River.

Des deux bandes d'Oglalas signalées par Lewis et Clark en 1804, la première, celle des True Oglalas, demeura longtemps à la tête de la tribu, tandis que la seconde, celle des Shiyos (Tétras-à-Longue-Queue), ne tarda pas à s'en éloigner pour rejoindre les Brûlés. En 1825, les Oglalas étaient divisés en quatre bandes importantes, mais nous ne connaissons le nom que de deux d'entre elles : les True Oglalas et les Kiyuksas. En 1835, les Kiyuksas avaient écarté l'ancienne bande dominante des True Oglalas pour prendre sa place et avaient fait de leur guerrier Bull Bear le véritable dirigeant de la tribu.

Dans la liste établie par Schoolcraft en 1850, les Oglalas sont supposés être organisés en six bandes. Mais cette liste ne mentionne pas les Kiyuksas, dont il est prouvé qu'à cette époque ils faisaient partie de la tribu, et présente par ailleurs Whirlwind, le chef des Kiyuksas, comme le leader des True Oglalas. Nous considérons donc, pour notre part, qu'au milieu du XIXᵉ siècle, les Oglalas comptaient au moins sept bandes :

1. Les *True Oglalas*, alliés aux Kiyuksas à la tête de la tribu.

2. Les *Kiyuksas*. Leur bande resta au sein de la tribu et devint la bande dominante des Oglalas du Sud.

3. Les *Minishas*, ou bande de Red Water. C'était la bande du chef Red Water. Elle disparut du cercle tribal des Oglalas entre 1849 et 1860. Le vieux Red Water mourut peut-être du choléra pendant l'épidémie de 1849, sa bande quitta la Platte pendant la guerre des Brûlés de 1854. Elle semble avoir alors regagné ses anciennes terres, entre les Black Hills et le Missouri, et pourrait avoir rejoint ensuite les Sans Arcs, dont la bande dominante, après 1860, était parfois appelée Minisha.

4. Les *Old-skin-necklaces*. Cette bande n'a plus été mentionnée par la suite. Wolf-skin-necklace était un nom répandu parmi les Sioux.

5. Les *Peshlas*, ou Cheveux-Courts. Cette bande faisait encore partie des Oglalas en 1880.

6. Les *Night Clouds*. On ignore tout de cette bande, qui dut disparaître peu de temps après 1850.

7. Les *Red Lodges* (Tipis Rouges). On ne sait rien de cette bande, sinon que certains camps d'Oglalas avaient effectivement un tipi rouge plus confortable que les autres, dans lequel ils recevaient les marchands. En 1850, le chef de cette bande était Yellow Eagle. Il devint plus tard l'un des chefs de la bande des Hunkpatilas de Man-Afraid-of-His-Horse, mais il rejoignit les Bad Faces lors de la guerre de 1866-1868, et fut alors l'un des chefs de la bande de Little Hawk.

Ainsi, en 1850, les Oglalas avaient-ils un cercle de camp tribal comptant sept divisions, selon le modèle traditionnel des Sioux. Mais la tribu se divisa alors, à la suite du meurtre de Bull Bear par les partisans de Smoke. Les Kiyuksas, les True Oglalas, ainsi que plusieurs bandes de moindre importance, allèrent s'établir au sud de la Platte, tandis que les Smoke People, le Peuple de Smoke, conduit par les Bad Faces, remontait vers le nord. Chacun de ces deux grands groupes de la tribu organisa alors son propre cercle tribal.

Lorsque Red Cloud quitta la région de la Powder River en 1870 pour se rendre à Fort Laramie, il avait avec lui cinq bandes d'Oglalas : les Bad Faces (sa propre bande), les Oyukhpes (l'ancienne bande dominante des Smoke People, conduite par Red Dog), les Hunkpatilas (le camp de Man-Afraid-of-His-Horse), les True Oglalas (dirigés par Sitting Bear et le jeune American Horse), et les Wazhazhas de Red Leaf. Les Wazhazhas n'eurent pas droit aux cadeaux offerts aux Oglalas par les Blancs, qui les considéraient comme des Brûlés, et il semble que cette opinion ait été au moins partiellement partagée par les Oglalas eux-mêmes, qui jusqu'en 1875 continuèrent de parler des Sioux de l'agence en disant toujours « les Oglalas et les Wazhazhas ». Mais les Wazhazhas avaient néanmoins leur place dans le cercle tribal des Oglalas. À cette époque, les Kiyuksas et les Loafers, ainsi que quelques groupes mineurs d'Oglalas, se trouvaient à l'agence de Whetstone, ainsi le cercle de sept bandes représentatives de la tribu était-il complet.

En 1875, les Oglalas de l'agence de Red Cloud étaient divisés en quatre bandes principales : les True Oglalas (la bande dominante), les Kiyuksas de Little Wound, les Oyukhpes de Red Dog et les Wazhazhas de Red Leaf. Les trois autres bandes du cercle tribal étaient les Bad Faces de Red Cloud, dont la plus grande partie se trouvait alors dans les camps hostiles de la Powder River, les Hunkpatilas de Man-Afraid-of-His-Horse, dont le groupe venait d'éclater et qui n'avait plus que quelques partisans avec lui, et les Loafers, qui vivaient à l'agence de Spotted Tail avec les Brûlés.

Le célèbre recensement de l'agence de Red Cloud, réalisé, comme nous le pensons, en 1878 par les Oglalas eux-mêmes sous forme de pictogrammes colorés, indique qu'ils avaient alors sept bandes – ou huit, si l'on compte les Bad Faces de Red Cloud, qui se trouvaient à cette époque presque tous au Canada dans le camp de Sitting Bull. Ces bandes étaient les True Oglalas, les Kiyuksas, les Oyukhpes, les Wazhazhas, les Tapishlechas (ou bande du Foie), les Payabsas (le nouveau nom des Hunkpatilas) et les Loafers. Si nous leur rajoutons les Bad Faces en écartant les Wazhazhas, dont le statut demeurait particulier, nous retrouvons une nouvelle fois les sept divisions de la tribu.

En 1879, alors que les Blancs venaient seulement de commencer à détruire l'organisation sociale traditionnelle des Oglalas, leur cercle tribal était composé de la manière suivante, qu'il nous paraît intéressant d'indiquer ici pour montrer quelle était la situation de la tribu juste avant que l'action du gouvernement ait brisé le pouvoir de ses chefs. Les numéros donnés aux bandes se réfèrent à leur position dans la hiérarchie de la tribu, la bande portant le n° 1 occupant la place d'honneur, à l'entrée, ou à la corne, du cercle :

1. Les *Payabsas* (Mis-de-Côté). Il s'agissait des anciens Hunkpatilas de Man-Afraid-of-His-Horse. « Mise de côté » (écartée de la place d'honneur) et presque anéantie par les Bad Faces de Red Cloud entre 1864 et 1874, leur bande, avec l'aide du gouvernement, avait maintenant repris sa position dominante.

2. Les *Tapishlechas*, ou bande du Foie (d'un animal). Cette très ancienne bande, de nouveau puissante, était parfois également appelée *Shkopa* (Courbée) ou Split Liver (Foie Coupé).

3. Les *Kiyuksas* (Qui-Séparent). Selon certains, ce nom viendrait de la violation des coutumes de mariage tribales par les membres de ce camp. Leur bande était aussi appelée Cut-off (Coupe) et Bit-the-Snake-in-Two (Déchire-le-Serpent-en-Deux-avec-les-Dents). Ce dernier nom aurait fait allusion à une vieille pratique, qui consistait à utiliser un serpent pour vérifier la virginité des femmes : l'une d'elles, après que le test eut montré qu'elle n'était plus vierge, aurait été prise d'une telle colère qu'elle aurait coupé le serpent en deux d'un coup de dents. D'après certains Oglalas d'aujourd'hui, le nom *Kiyuksa* aurait été donné à cette bande après la mort de Bull Bear en 1841, lorsque ses membres se séparèrent du reste de la tribu. Mais il fut également un nom de bande répandu parmi les Sioux de l'Est jusqu'en 1730. Les Kiyuksas oglalas semblent avoir en fait quitté la vallée de la Minnesota au sein du groupe des Saones, mais leur nom est certainement plus ancien, car on le retrouve dans d'autres tribus sioux.

Ces trois premières bandes de 1879 représentaient le premier des deux grands groupes de la tribu, connu sous le nom de Bear People, ou bande de Bear – la plupart de leurs membres ayant été autrefois des partisans du chef Bull Bear. Elles s'établirent sur Medicine Root Creek et d'autres petits cours d'eau, dans la partie la plus orientale de la Réserve des Oglalas, et demeurèrent toujours en contact étroit avec les Brûlés, qui se trouvaient un peu plus loin à l'est. Leurs principaux dirigeants étaient Man-Afraid-of-His-Horse et Little Wound.

4. Les *Wazhazhas.* L'origine de leur nom est inconnue, mais je pense qu'il est en rapport avec l'idée de serpent. Dans l'ouvrage qui fait autorité sur cette question, *Indian Handbook,* il est indiqué que Wazhazha signifie Osage, mais lorsqu'on regarde le mot Osage, on apprend seulement qu'il signifie Wazhazha. C'est en réalité un nom très ancien, que l'on retrouve dans plusieurs tribus sioux. Les Wazhazhas alliés aux Oglalas étaient à l'origine des Brûlés, qui se joignirent aux Oglalas à l'époque de l'expédition de Harney, en 1855. C'était une bande très sauvage, qui prit toujours le parti de Red Cloud. Ils s'établirent sur Porcupine Tail Creek, entre les deux grands groupes des Oglalas, à l'est des Bear People et à l'ouest des Smoke People.

5. Les *Iteshichas* (Bad Faces). La bande de Red Cloud. Les Bad Faces étaient très peu nombreux à Pine Ridge en 1879, la plus grande partie d'entre eux se trouvant alors au nord de la Yellowstone River ou au Canada avec Big Road. La bande de Red Cloud s'installa au sud-ouest de la Réserve, près de l'agence et de l'actuel village d'Oglalas, où Red Cloud fut enterré.

6. Les *Oyukhpes* (Jetés-par-Terre, ou Où-Ils-Ont-Posé-leurs-Paquets). Il s'agit de l'une des plus puissantes et des plus anciennes bandes d'Oglalas. Ils dressèrent leur camp à l'est de celui des Bad Faces, sur Wounded Knee Creek et dans les environs immédiats. Leur grand-chef, Red Dog, vécut jusqu'à un âge très avancé, demeurant jusqu'à la fin de ses jours un « adversaire résolu du progrès ».

7. Les *Waglukhes* (Loafers – Mendiants ou Suiveurs). Il semble qu'ils aient dû ce nom à leur manière de vivre en parasites des Blancs, suivant les convois d'émigrants qui remontaient la Platte pour obtenir quelques aumônes, ou traînant autour de Fort Laramie pour mendier leur nourriture auprès de la garnison. Leur bande comprenait de nombreux sang-mêlé (les « enfants des interprètes »), ainsi que les familles dont les filles avaient épousé des hommes blancs, et regroupait aussi bien des Brûlés que des Oglalas. Ils suivirent les Brûlés à l'agence de Whetstone, et s'installèrent ensuite avec eux à l'agence de Spotted Tail, sur la White River, mais en 1879, tous les Loafers de la tribu des Oglalas vinrent s'établir à Pine Ridge.

Ces trois dernières bandes de 1879 constituaient la seconde moitié des Oglalas, les Smoke People, ou bande de Smoke – les anciens partisans du chef Smoke. Leur groupe obéissait à Red Cloud, mais en 1881, accusé d'être un « adversaire du progrès », celui-ci fut destitué par l'agent et remplacé à leur tête par Young-Man-Afraid-of-His-Horse. Au même moment, le jeune American Horse était nommé chef des Bear People, le vieux Little Wound, qui s'était toujours efforcé de plaire aux Blancs, étant jeté au rebut comme un vieux mocassin troué par l'agent parce qu'il ne parvenait pas à se détacher assez vite des habitudes du passé.

Chacune de ces sept bandes de 1879 était divisée en plusieurs petits camps, dont chacun portait son propre nom. Parmi ces camps mineurs, relégués dans l'oubli, se trouvaient aussi des bandes qui avaient été puissantes et dominantes dans des temps plus anciens, comme celle des True Oglalas, qui avait autrefois dirigé la tribu, mais qui n'était désormais plus assez importante pour avoir sa place dans le cercle tribal. Tenir le premier rang dans la tribu pouvait aussi bien permettre l'ascension que précipiter la chute d'une bande d'Oglalas. Un petit camp jusqu'alors ignoré, dirigé par un leader énergique, se propulsait soudain sur le devant de la scène, s'imposait aux autres camps, devenait en peu de temps la bande dominante, puis un autre camp pourvu lui aussi d'un chef résolu, mais plus jeune, se dressait contre lui, l'écartait du pouvoir et le renvoyait dans l'obscurité. À l'époque où les Oglalas vivaient encore en liberté, de tels changements se produisaient constamment, les vieilles bandes disparaissant, de nouvelles bandes apparaissant sans cesse pour prendre leur place.

Aussi longtemps que la tribu put conserver son ancien mode de vie nomade, elle ne manqua jamais de chefs authentiques et respectés, qui surent maintenir la cohésion des Oglalas en s'appuyant sur le système de gouvernement issu de leur cercle de camp tribal. Mais à Pine Ridge, le gouvernement américain, en utilisant tous les moyens de coercition dont il disposait, parvint à briser en quelques années le pouvoir de ces chefs. Le résultat fut que la stabilité de la tribu fut détruite, que ses bandes les plus puissantes se scindèrent en de multiples petits groupes, et que des hommes sans talents ni envergure, qui n'auraient pas osé auparavant regarder en face Red Cloud, Red Dog ou Man-Afraid-of-His-Horse, se mirent en avant en proclamant leur droit à être reconnus comme des chefs. En 1879, les Oglalas étaient divisés en sept bandes, fortes et bien organisées. Quatre ans plus tard, en 1883, l'agence de Pine Ridge n'en comptait pas moins de quatorze, et près d'une centaine de petits groupes sortis on ne sait d'où exigeaient d'être traités comme de véritables bandes, à l'instar des Kiyuksas ou des Oyukhpes. Selon une plaisanterie indienne de cette époque, n'importe quel individu qui trouvait par terre une étiquette de bouteille avec quelques mots écrits dessus en Anglais pouvait prétendre qu'il s'agissait d'une nomination au titre de chef, qui lui donnait le droit d'organiser aussitôt sa propre bande. On peut supposer que les vieux chefs ressentaient amèrement l'absence des *wakicunsas* et des sociétés de guerriers des temps anciens, qui n'auraient pas eu de peine à remettre à leur place ces usurpateurs en quête de quelques miettes de pouvoir. Mais les soldats indiens étaient maintenant devenus des policiers, payés par le gouvernement, qui aidaient l'agent à parachever la destruction des structures ancestrales de la tribu.

APPENDICE C : NOTES COMPLÉMENTAIRES

Sur le nom de Red Cloud. Si les Oglalas des deux dernières générations ont connu un jour l'origine du nom des Bad Faces, il semble qu'ils l'aient aujourd'hui complètement oubliée, car au cours des trente-cinq dernières années, ils ont avancé au moins une douzaine de théories contradictoires à son sujet. Le *Indian Handbook*, choisissant l'une des plus invraisemblables, écrivit par exemple que les milliers de guerriers qui suivaient Red Cloud, lorsqu'ils s'asseyaient sur les collines en se drapant dans leurs couvertures rouges, faisaient songer de loin à un immense nuage rouge – d'où le nom de « Nuage Rouge » donné à leur grand chef. Cette affabulation infantile, imaginée par les Oglalas eux-mêmes, ne tient pas compte du fait que Red Cloud s'appelait déjà ainsi alors qu'il n'était encore qu'un jeune guerrier inconnu, suivi seulement par son ombre, et ignore également qu'à l'époque où il eut des milliers de partisans sous ses ordres, pendant la guerre de 1866-1868, les Sioux de la Powder River n'avaient plus fait de troc depuis plusieurs années déjà, et étaient en conséquence pratiquement dépourvus de couvertures – rouges ou de n'importe quelle autre couleur. Un auteur récent a affirmé pour sa part, en s'appuyant lui aussi sur l'autorité des Oglalas, que la famille de Red Cloud dut son nom à la vision d'un bison surmonté d'un nuage rouge qu'avait eue un de ses ancêtres, et que le père de Red Cloud avait un tipi sur lequel étaient peints un nuage rouge et un bison. Cette théorie suppose que Red Cloud était le nom générique d'une famille d'Oglalas, ce qui n'a jamais été le cas, ce nom n'étant que celui qui fut donné à un enfant au sein d'une famille qui en comptait de nombreux autres. Par ailleurs, le père de Red Cloud mourut aux environs de 1825, et à moins d'un miracle, on ne voit pas comment les Oglalas d'aujourd'hui pourraient savoir à quoi ressemblait son tipi. Le nom « Red Cloud » apparaît à plusieurs reprises dans les chroniques d'hiver des Sioux, et de nombreuses représentations pictographiques furent exécutées du vivant du chef des Bad Faces, vraisemblablement sous ses propres yeux. Aucun de ces pictogrammes ne montre le moindre bison, alors que tous font apparaître Red Cloud avec un nuage rouge au-dessus de sa tête. La véritable raison pour laquelle il reçut ce nom ne pourra jamais être établie d'une manière scientifique, mais elle semble néanmoins évidente à qui veut bien se donner la peine d'y réfléchir : Red Cloud naquit pendant l'hiver où une météorite, apparaissant sous la forme d'une boule de feu rouge, traversa le ciel d'ouest en est au-dessus du pays des Sioux. Cette météorite fut observée à Fort Snelling, près du confluent de la Minnesota, pendant la nuit du 20 au 21 septembre 1822 ; dans les chroniques des Sioux, elle est mentionnée pendant « l'hiver 1821-1822 » – l'époque où naquit Red Cloud. Le passage fugitif de cet astre flamboyant, illuminant le ciel d'une lueur rougeâtre, impressionna sans doute beaucoup les Indiens, et un grand nombre des enfants qui virent le jour pendant cet hiver-là reçurent un nom qui rappelait cet événement exceptionnel. Mais le nom que nous traduisons par « Red Cloud » ne fut cependant pas créé à cette occasion, car il était déjà employé chez les Sioux avant 1750. Le mot *makhpiya* peut en effet signifier indifféremment « ciel » ou « nuage » – si bien que lorsque les Sioux semblent parler d'un « nuage bleu », il s'agit en réalité pour eux d'un « ciel bleu ». En 1822, il servit de toute évidence à nommer la météorite. Inkpaduta, par exemple, eut cette année-là deux jumeaux, et il nomma l'un Roaring Cloud (Nuage Rugissant), tandis que l'autre recevait le nom de Fire Cloud (Nuage-de-Feu). J'ai connu également un vieux Cheyenne nommé Red Cloud, qui avait à peu près le même âge que le chef des Oglalas. Son père était un Oglala, sa mère une Cheyenne du Nord, il était né vers 1822, et comme son célèbre homonyme oglala, il avait été nommé ainsi en souvenir du passage de la météorite.

Il ressort clairement de tout ce que l'on sait d'eux que ni Red Cloud, ni Man-Afraid-of-His-Horse, ni aucun des autres vieux chefs des Oglalas, ne s'intéressèrent d'une manière ou d'une autre à la signification de leur nom. Cet intérêt fut et reste le fait de leurs descendants, qui essayent de « dorer le blason de leurs familles » en inventant des théories fumeuses sur leurs origines héroïques, qui révèlent toutes de leur part une lamentable ignorance de ce qu'étaient les coutumes et les conditions de vie de leurs ancêtres.

Sur les parents de Red Cloud. En 1931, He Dog, le fils de la sœur de Red Cloud, indiqua que le nom du père de celui-ci avait été Ishna Witca (de *ishnala*, esseulé, et *wichasha*, homme). Lone Man (Homme Seul) était un chef des Brûlés, et ce nom fut porté plus tard par plusieurs chefs des Lower Brûlés. La mère de Red Cloud s'appelait Walks-as-she-Thinks (Parle-en-Marchant). C'était probablement une Saone, car le vieux chef Smoke, qui était un Saone, l'appelait « ma sœur ». Lorsqu'ils devinrent orphelins, il prit ses enfants dans son camp, où ils grandirent tous. Selon He Dog, le père de Red Cloud appartenait à la bande des Kuhees, ou Kuhinyans (Ceux-qui-Sont-à-l'Écart), que l'on appelait ainsi parce qu'ils campaient habituellement seuls, loin des autres bandes. Il s'agit de toute évidence de la bande de Brûlés dont le lieutenant Caspar Collins entendit parler en 1863 comme d'un groupe vivant isolé sur le Missouri : les *Coolaweechashas*, ou la Bande-qui-Vit-Loin-des-Autres (*Coola* correspondant au Kuhee de He Dog, et *w(ee)ichasha* signifiant ici peuple ou gens). J'ai vainement cherché la mention d'une bande de ce nom parmi les Brûlés, et je soupçonne qu'il s'agissait en réalité d'une corruption du nom donné à toute la tribu des Upper Brûlés : *Kheyatawichashas* (les Lower Brûlés étant appelés *Kutawichashas*). Le père et la mère de Red Cloud sont probablement morts tous les deux vers 1825, car He Dog précisa que leurs enfants étaient tous encore très jeunes lorsque Smoke, le parent de leur mère, les prit avec lui dans son camp. La description donnée par Charles A. Eastman du soin avec lequel Red Cloud fut élevé et entraîné par son père n'est donc qu'une pure affabulation.

Sur American Horse. J'ai écrit dans cet ouvrage que le jeune American Horse dirigeait en 1870 la bande des True Oglalas, mais une nouvelle étude des rapports officiels m'a permis de découvrir depuis qu'au conseil qui se tint à Fort Laramie en octobre de cette année-là, les True Oglalas furent représentés par Sitting Bear, qui s'exprima en tant que chef de leur bande.

À plusieurs autres endroits, les rapports désignent effectivement American Horse. Mais dans la chronique d'hiver qu'il tint lui-même, American Horse situait la naissance de son père, Sitting Bear, au printemps 1840. Il en découle qu'en 1870, Sitting Bear, âgé d'environ trente ans, était bien le chef des True Oglalas, et que son fils American Horse ne pouvait pas l'être, puisqu'il avait alors tout au plus une dizaine d'années. Pourtant, les rapports officiels de 1870 le décrivent comme un adulte accompli, chef de sa bande, et il est également désigné à maintes reprises, entre 1871 et 1877, comme un des leaders de l'agence de Red Cloud. Les Oglalas eux-mêmes semblent incapables d'éclaircir ce mystère. Mon opinion est que Sitting Bear était peut-être également connu sous le nom de American Horse, et que dans les rapports sur les conseils de Fort Laramie, il fut alternativement désigné sous ses deux noms. Quant au premier American Horse, le plus ancien, c'était un des fils du vieux Smoke, et il dirigeait une bande des plus sauvages. Il ne se montra jamais à l'agence de Red Cloud, vivant dans celle de Spotted Tail chaque fois qu'il se rendait sur la White River. He Dog, qui le connut très bien, a toujours affirmé qu'il n'avait aucun lien de parenté avec le jeune Américan Horse, qui était un Oglala du Sud et le fils de Sitting Bear. Ceux qui prétendent que le vieux American Horse (tué en 1876), fut le père ou l'oncle du plus jeune finissent tous par se contredire eux-mêmes lorsqu'ils essayent d'étayer cette affirmation avec d'autres faits. Ainsi, Eastman explique qu'après la mort du vieil American Horse, sa bande fut amenée à l'agence par son neveu, le jeune American Horse, qui s'y présentait à cette occasion pour la première fois. Or, tous les rapports indiquent que le jeune American Horse demeura à l'agence en permanence entre 1871 et 1879. Ils montrent également qu'il appartenait à une autre bande, faisant elle-même partie des Bear People, alors que son prétendu oncle ou père homonyme était un des chefs des Smoke People, la faction opposée – et antagoniste – des Oglalas.

NOTES

CHAPITRE I

1. En français dans le texte (NdT).

2. Les sources concernant cette période lointaine sont si nombreuses qu'il est impossible de les citer toutes ici. Les textes français, éminemment précieux, peuvent être trouvés dans les ouvrages de Margry, Archives du Canada, et dans Thwaites, *Jesuit Relations*. Une bonne réimpression de Perrot et de la Potherie figure dans Blair, *Indian Tribes of the Upper Mississipi*, vol. I. Les traditions indiennes recueillies vers le milieu du XIXe siècle remontent rarement aussi loin sous forme de récits détaillés et ne nous offrent qu'une vision vague et fort incomplète de cette époque éloignée. Une excellente présentation de ce que fut l'ancienne patrie des Sioux dans la région du haut Mississipi existe dans l'édition Coues des *Notes de Zebulon Pike*, vol. I.

La carte de de l'Isle « de 1708 » dont il est fait mention dans les pages suivantes est en réalité une copie falsifiée, qui fut publiée par Neill en 1858 dans *The History of Minnesota* et reprise par Hodge en 1907-1910 dans *Handbook of American Indians* (NdT).

3. Il peut paraître difficile de croire que les Oglalas de l'époque moderne ne savaient même plus quelle avait été exactement l'origine du nom de leur tribu, mais tout semble indiquer que c'était bien le cas. Ils avaient à ce sujet trois ou quatre histoires contradictoires, plutôt insignifiantes, et la plupart des autres tribus de Tétons étaient dans la même situation. Un grand nombre de ces mythes semblent d'origine récente et certains révèlent une étonnante ignorance, de la part de ces Indiens, des conditions dans lesquelles vécurent leurs ancêtres du XVIIe et du XVIIIe siècles.

4. En 1794, Truteau rencontra quelques Yanktons dans le camp des Tétons sur le Missouri, mais il indique clairement qu'il s'agissait de visiteurs venus de la vallée Des Moines. En 1858, les Yanktons

cédèrent aux États-Unis les terres du Missouri situées au sud de la Grande Boucle. Ceci provoqua la fureur des Tétons, qui affirmèrent que ces terres leur appartenaient. Ils expliquèrent que longtemps auparavant, les Yanktons étaient venus les supplier de leur donner de la viande et des chevaux, qu'ils leur avaient permis d'occuper leurs terres bordant le Missouri, et que les Yanktons les leur volaient maintenant pour les vendre aux Blancs.

5. En français dans le texte (NdT).

6. En français dans le texte (NdT).

7. Une description détaillée des ruines des Arikaras visibles près de Pierre peut être trouvée dans *South Dakota Historical Society Collections,* vol. III.

8. Il s'agit de la guerre de Sept Ans (1756-1763), également appelée *Indian War,* pendant laquelle les Français et leurs alliés indiens s'opposèrent aux Anglais et aux colons américains, achevée par le traité de Paris, qui mit fin aux ambitions françaises en Amérique du Nord (NdT).

9. Jusqu'à ce jour, aucune étude complète de la migration des Tétons et des Saones en direction du Missouri n'avait encore été publiée. Dans ce chapitre, l'auteur a utilisé toutes les sources disponibles sur ce sujet et tenté de rédiger un récit cohérent de ces événements, en comparant les déplacements de chaque tribu avec ceux des autres. Depuis une cinquantaine d'années, les Tétons n'ont plus aucun souvenir de cette période lointaine, mais jusqu'en 1910 les membres du groupe des Saones se souvenaient encore de certains faits remontant jusqu'à 1740. Le manuscrit non publié du Dr Beede, *Sioux Traditions,* s'inspire essentiellement de la tradition des Saones, qui indique clairement que ceux-ci progressèrent jusqu'au Missouri en suivant une route septentrionale ; l'absence dans cette tradition de toute référence aux Oglalas et aux Brûlés confirme sans ambiguïté possible que ces deux tribus ne se trouvaient pas avec les Saones lors de leur migration jusqu'au Missouri.

Aujourd'hui (dans la version corrigée de 1857, NdT), je pense que l'origine du nom *Oglala* se trouve dans un événement dont Tabeau a rendu compte (p. 104). Il affirme que les Oglalas et les Shiyos se mêlèrent un temps aux Arikaras et devinrent agriculteurs. Dans ce contexte, le mot *oglala* aurait un rapport avec le fait de répandre, d'éparpiller de la terre, et pourrait fort bien avoir été appliqué par dérision aux nouveaux cultivateurs par les Sioux demeurés chasseurs et nomades, qui estimaient honteux pour un Sioux de devenir sédentaire et de travailler le sol. Oglala signifierait donc péjorativement « Ceux-qui-Répandent-la-Terre ». Tabeau ajoute qu'une guerre entre les Arikaras et les Sioux contraignit ensuite les Oglalas à reprendre leur mode d'existence antérieur.

CHAPITRE II

1. Journal de S. R. Riggs, dans *South Dakota Historical Collections,* vol. XIII, p. 339.

2. Pour Mackay, voir les notes des journaux de voyage de Truteau. Mackay devait remonter le Missouri pour rejoindre Truteau, mais n'y parvint pas. Il donna aux chefs des Tétons des médaillons espagnols et des drapeaux, dont certains furent retrouvés chez les Brûlés par Lewis et Clark en 1804.

3. En français dans le texte. En anglais, les pictogrammes des Sioux sont appelés *winter-counts* (comptes d'hiver). Certains auteurs les appellent calendriers, ou calendriers d'hiver. Le terme « chroniques d'hiver » nous paraît présenter l'avantage de mieux exprimer l'idée qu'ils ne rendaient compte que des événements que les Indiens jugeaient intéressants de rapporter (NdT).

4. Les chroniques d'hiver peuvent être trouvées dans le quatrième et le dixième rapports annuels du Bureau américain d'ethnologie. Les interprétations des dessins présentés dans ces volumes sont très fantaisistes, montrant clairement que même avec l'aide de ces pictogrammes, les Sioux n'avaient que peu de souvenirs des événements qui s'étaient déroulés plus de cinquante ans auparavant.

5. La première partie des journaux de voyage de Truteau (1794) a été publiée dans *American Historical Review,* vol. XIX, n° 2. La seconde partie se trouve dans *Missouri Historical Collections,* vol. IV, n° 1, et a été reproduite dans *South Dakota Historical Collections,* vol. VII. Je n'ai pas cité le journal de Charles LeRaye (*South Dakota,* vol. IV), que je considère comme un faux. Aucun des marchands dont parle LeRaye n'apparaît dans les archives du commerce des fourrures du haut Missouri, et la description qu'il donne des Tétons n'est qu'une grotesque affabulation.

6. L'emploi du nom *Bois Brûlé* indique que parmi toutes les légendes des Brûlés concernant l'origine de leur nom, celle qui se réfère à un feu de prairie dans lequel ils auraient été pris à l'est du Missouri est probablement la plus proche de la vérité. En 1840, S. R. Riggs les appela Sichangus, ou Yakotas, signifiant Tétons du Bois Brûlé.

7. *Report of the Commissioner of Indian Affairs,* 1875, p. 200.

8. Owawicha Creek, mentionnée par Nicollet, pourrait tenir son nom du Bad Wound de 1804. Elle est située sur la rive ouest du Missouri, juste en dessous de la Bad River, et désignée par Lewis et Clark sous le nom de Smoke Creek.

9. George Bird Grinnell, dans *The Fighting Cheyennes,* chap. III, décrit en détail la capture de ce village crow. Selon un passage du compte rendu de Lewis et Clark, il semblerait que les Sioux qui furent

tués vers 1801 aient été des Crazy Dogs (« Chiens Fous »), qui s'attachaient à des pieux avec des brides pour chiens afin de ne pas reculer pendant les batailles.

10. Il naquit l'année où la comète traversa le ciel au-dessus du pays sioux, et dut son nom à la lueur cuivrée dont elle emplit le firmament. J'ai découvert que cette comète fut observée à Fort Snelling, près du confluent de la Minnesota, dans la nuit du 20 septembre 1822 (voir Keating, *Expedition to the Sources of the St Peters River,* Philadelphie, 1824, vol. I, p. 316). En 1870, Red Cloud déclara qu'il était né près de la fourche de la Platte. Cette affirmation est démentie par toutes les informations dont nous disposons à son sujet, et semble avoir été un des mensonges politiques dont le chef était coutumier. Il travestit apparemment la réalité dans l'espoir de convaincre les autorités que sa demande de vivre sur la Platte avec son peuple était justifiée.

11. Le compte d'hiver des Brûlés indique : « Père Blue Blanket tué hiver. » Mais il m'est revenu que le père s'appelait également Blue Blanket.

Les Astoriens étaient les membres de l'équipe de John J. Astor, de la Compagnie américaine des fourrures, qui fonda Fort Astoria à l'embouchure de la Columbia River, dans l'Oregon, en 1811-1813. Voir à leur sujet *Astoria,* de Washington Irving (1836) (NdT).

12. Les rapports officiels de la campagne de 1823 contre les Arikaras ont été réimprimés dans leur intégralité dans *South Dakota Historical Collections,* vol. I. Dans la même série, vol. III, on trouve également un récit détaillé de ces événements.

13. Le rapport Atkinson se trouve dans *American State Papers, Indian Affairs,* vol. II, p. 606. Les traités figurent dans C. J. Cappler, *Indian Laws and Treaties,* vol. II.

14. Les registres de Fort Tecumseh se trouvent dans *South Dakota Historical Collections,* vol. IX, pp. 93 et suivantes. Dans la même série, vol. XII, pp. 282-83, la position d'Oglala Post dans Rapid Creek est clairement indiquée.

15. Le Race Track (« Piste de la Course ») fait référence à un événement important de la mythologie des Sioux – une course entre les hommes et les animaux qui se produisit dans des temps très anciens. Il était matérialisé par une piste de rondins faisant le tour des Black Hills (NdT).

CHAPITRE III

1. H. M. Chittenden, *History of the American Fur-Trade of the Far West,* New York, 1902, p. 305.

2. L'article de Powell a été reproduit dans *Wyoming Historical Collections,* vol. I.

3. Samuel Parker, *Journal of an Exploring Tour Beyond the Rocky Mountains,* Ithaca, New York, édition de 1842, p. 66.

4. Grinnell, dans *The Fighting Cheyennes,* offre une bonne description de la bataille de Medicine Arrow. J'ai par ailleurs en ma possession d'autres récits des Cheyennes et des Pawnees, non publiés. L'affirmation de la chronique d'hiver des Brûlés selon laquelle leur tribu reprit les flèches aux Pawnees est inexacte. Le capitaine L. H. North, des Pawnee Scouts, m'a confié que selon les anciens Skidis, leurs chefs offrirent deux des flèches aux Yanktons lors d'un conseil de paix, et que ceux-ci les donnèrent où les revendirent ensuite aux Brûlés. Les Skidis avaient encore les autres flèches en leur possession il y a quelques années.

5. Le meilleur récit de cette bataille se trouve dans *Nebraska Historical Society Transactions,* première série, vol. II, pp. 152-156.

6. Rufus B. Sage, *Rocky Mountain Life,* Boston, 1857, p. 196. Le groupe de Samuel Parker, conduit par Lucien Fontenelle, passa à Cedar Bluff en juillet 1835 et n'y découvrit aucune trace des Pawnees, mais entendit raconter que les Arikaras se trouvaient à proximité. Je suppose que les marchands, déçus par le fait que le colonel Dodge n'avait finalement pas mis au pas les Arikaras, s'arrangèrent pour que les Oglalas se chargent de cette besogne à sa place.

7. Wislizenus, *A Journey to the Rocky Mountains in 1839,* Saint Louis, 1912, pp. 58-138.

8. Les lettres de l'agent indien, Andrew Drips, concernant le trafic de l'alcool dans les camps sioux se trouvent dans *South Dakota Historical Collections,* vol. IX, p. 170 et suivantes. Chittenden et Sage ont également beaucoup écrit sur ce sujet.

9. Charles A. Eastman, *Indian Heroes and Great Chieftains,* Little, Brown and C°, Boston, 1920, p. 11. Cet ouvrage mérite à sa manière d'être lu. Écrit par un authentique Sioux, essentiellement à partir d'informations qu'il recueillit auprès des anciens de sa tribu, il illustre d'une manière assez effrayante les distorsions, volontaires ou involontaires, d'une mémoire tribale. Presque toutes les dates et pratiquement tous les faits rapportés sont inexacts. L'histoire des premières années de Red Cloud et des autres chefs sonne faux, et toutes les vérifications qui peuvent être faites à partir de sources fiables confirment cette impression. La tentative de rabaisser Spotted Tail est étonnante, surtout venant d'un Sioux, mais ne prête pas à conséquence, l'argumentation étant de toute évidence d'une telle mauvaise foi qu'aucun chercheur ne saurait l'approuver.

Il existe un portrait à l'aquarelle de Bull Bear reproduit dans *The West of Alfred Jacob Miller,* Norman, University of Oklahoma Press, 1951. Le chef y apparaît comme un bel homme dans la fleur de l'âge, aux traits typés, à l'air autoritaire. On raconte que Little Wound aurait été un fils de Bull Bear, et qu'il aurait haï Red Cloud jusqu'à sa mort à cause du meurtre de son père. Little Wound devint le grand-chef des Bear People, et même en 1890 il s'opposait encore à Red Cloud.

CHAPITRE IV

1. Hafen & Ghent, *Broken Hand,* Denver : The Old West Company, 1931, p. 133.

2. A. J. Allen, *Ten Years in Oregon : The Travels of Dr E. White & Lady,* Ithaca, New York, 1850. Edwin Bryant, *What I saw in California,* New York, 1849.

3. Écrit pour l'édition de 1937 (NdT).

4. Les Indiens ne sachant évidemment pas écrire, chaque chef posait sa main sur la plume pendant qu'un des négociateurs blancs écrivait son nom au bas du traité. Cette pratique de « toucher » ou « tenir » la plume était parfois également appelée « tenir le petit bâton ».

5. Vol. III, p. 629.

6. Archives de Drips, dans *South Dakota Historical Collections,* vol. IX, p. 199.

7. Man-Afraid-of-His-Horse signifie « Homme-Effrayé-par-Son-Cheval » (NdT).

CHAPITRE V

1. *Report of the Secretary of War,* 1852. Le prix élevé du transport du grain pour les chevaux était la raison principale de l'envoi de fantassins à Fort Laramie, de même que le coût du transport de l'approvisionnement de l'infanterie était l'excuse avancée pour réduire la garnison du fort à une poignée d'hommes. En 1850, l'entretien mensuel d'un cheval coûtait 27,72 $ à Fort Kearney, et atteignait 34,24 $ à Fort Laramie.

2. « Journal de Mme Maria A. Belshaw », publié dans *New Spain & the West,* Lancaster, Penn., vol. II, p. 225 : « 16 juin... Beaucoup d'Indiens en déplacement ; je suppose qu'ils se préparent pour une bataille avec les Blancs. Ils vont mettre leurs familles en sûreté. L'un d'eux voulait traverser la rivière avec un soldat, mais le soldat a refusé de le prendre avec lui. L'Indien a fait feu sur lui, le soldat est rentré au fort et a appelé les autres. Ils ont poursuivi les Indiens sur 5 kilomètres. En ont tué trois, blessé deux et fait deux prisonniers ; ils pensent maintenant qu'ils se préparent à combattre. Les Indiens ne sourient plus, ils

ont l'air tristes et graves. Nous sentons ce soir que nous sommes en danger. Nous prions notre Père de veiller sur nous cette nuit. »

3. *Ibid.*, p. 227.

4. Le témoignage des officiers et des marchands sur l'affaire Grattan figure dans *House Documents, Thirty-third Congress, second session, doc. 63*. Le *Report of the Commission of Indian Affairs* de 1854 contient un *affidavit* signé par Bordeaux et les autres marchands qui offre un récit très objectif de la bataille. En 1912, les Oglalas et les Brûlés n'avaient plus que des souvenirs très confus de ces événements, et les informations qu'ils m'ont fournies ne m'ont pratiquement rien appris. Dans *New Sources of Indian History* (University of Oklahoma Press, Norman, 1934), M. Stanley Vestal propose une version sioux moderne de l'affaire Grattan. C'est un assez joli travail de broderie littéraire indienne, mais sa valeur historique est extrêmement limitée.

5. Il s'agit peut-être de Chug Creek. Il n'existe pas de Cherry Creek dans ce secteur.

6. Sir Richard Burton, *The City of the Saints*, New York, Harper & Brother, 1862, p. 132.

7. Pour la campagne de Harney, voir *Report of the Secretary of War*, années 1855 et 1856 ; J. S. Morton, *History of Nebraska*, vol. II ; *South Dakota Historical Collections*, vol. XI.

8. G. K. Warren, *Explorations in Nebraska and Dakota*, Washington, 1875.

9. Pour un récit détaillé de cette campagne contre les Cheyennes, voir George Bird Grinnell, *The Fighting Cheyennes*, chap. X.

10. Alors situé entre le Kansas et le Texas, à l'emplacement de l'actuel État de l'Oklahoma (NdT).

CHAPITRE VI

1. He Dog a omis de préciser le nom de ce fils de Smoke qui fut surnommé Bad Face, mais il indiqua qu'il était le père de Woman's Dress, l'Oglala qui en 1877 arrêta le général Crook et le prévint que Crazy Horse se préparait à le tuer. Le lieutenant Caspar Collins dut entendre une version différente de l'histoire de He Dog sur la Upper Platte en 1863, car il affirme dans ses notes : « Les Bad Faces viennent des Oglalas. Ils doivent ce nom à leur caractère emporté et au fait qu'ils se sont querellés avec leur propre nation. » Ce texte est la plus ancienne référence écrite aux Bad Faces (Spring : *Life of Caspar Collins*, p. 177).

2. L. B. Dougherty, dans *Missouri Historical Review*, juillet 1930.

3. W. F. Raynolds, *Exploration of the Yellowstone and Missouri Rivers in 1859 and 1860* (40e Congrès des États-Unis, 1re session,

document 77 du Sénat, 1868). C'est sur la suggestion de l'agent Twiss que les marchandises destinées aux Crows furent envoyées à son agence de la Upper Platte. On ignore ce qu'il en fit, mais elles n'atteignirent jamais leurs destinataires.

4. Les Crows ayant tué Big Crow, le fils de Black Shield, celui-ci fit circuler un calumet et rassembla une troupe de guerre d'une importance exceptionnelle, dont les Oglalas parlent encore aujourd'hui. Un livre récent affirme tenir des Sioux eux-mêmes que Big Crow était en réalité le fils d'un Miniconjou, Chief Breast. Cette hypothèse est en contradiction avec les déclarations des Oglalas, ainsi qu'avec les chroniques d'hiver de la tribu.

5. Chez les Oglalas, les chefs déléguaient leur pouvoir à des hommes plus jeunes, les « porteurs de chemise », ainsi appelés en raison de leur tenue spéciale, qui dirigeaient le camp et dont les décisions étaient appliquées par des « soldats » commandés par un « chef-soldat » désigné parmi eux (NdT).

6. Stanley Vestal, dans son *Sitting Bull,* chap. XIII, tient pour établi que chez les Hunkpapas les « porteurs de chemise » étaient les « grands-chefs ». Mais les choses sont en réalité moins simples. Les hommes qui conduisirent le camp de Crazy Horse lorsqu'il se rendit en 1877 étaient tous des porteurs de chemise. Crazy Horse portait une chemise mais n'était pas un chef, de même que He Dog et Little Big Man, qui se trouvaient dans le groupe dirigeant la colonne. On ignore si Red Cloud parla effectivement au nom de la tribu des Oglalas au conseil de Fort Laramie de 1866. S'il le fit, il avait déjà été nommé chef, car seuls les chefs avaient le droit de s'exprimer au nom de la tribu dans les conseils. Il nous semble en revanche évident qu'il était chef en 1870, puisqu'il se rendit à Washington cette année-là et y parla au nom des Oglalas.

7. Spring, *Life of Caspar Collins,* p. 135.

CHAPITRE VII

1. Un bon compte rendu de cette montée de la tension entre les Blancs et les tribus du sud de la Platte peut être trouvé dans George Bird Grinnell, *The Fighting Cheyennes,* p. 124 et suivantes.

2. Voir à ce sujet les *Official Records of the Union and Confederate Armies,* séries 19, 62, 64 et 83. Mes informateurs indiens étaient surtout des Cheyennes, et leur récit est très proche de celui de Grinnell. Sur l'essentiel, la version indienne de ces événements est certainement vraie.

3. Eugene F. Ware, dans son livre *The Indian War of 64,* écrit qu'il y eut deux conseils, que le général Mitchell était présent et que

Spotted Tail le défia. Ces affirmations, ainsi que les dates avancées par Ware, sont en contradiction avec les rapports officiels de l'armée.

4. Les Arapahos du Nord étaient descendus rendre visite à leurs parents du sud, mais lorsqu'ils avaient appris que ceux-ci s'étaient retirés au sud de l'Arkansas River et qu'il serait dangereux de tenter de les réjoindre, ils avaient dressé leur camp d'hiver sur la Republican Fork.

5. Ce cours d'eau n'a pas pu être identifié, mais je pense qu'il se trouvait au nord de l'Arikaree Fork et au sud de la South Platte, à peu de distance de Summit Springs, où le général Carr affronta la bande de Tall Bull quelques années plus tard.

6. Les rapports concernant ces événements figurent dans les *Official Records of the Union and Confederate Armies,* séries 101 et 102. Le récit de Eugene F. Ware, comme sur beaucoup d'autres points, est en contradiction avec les rapports originaux.

7. Général Curtis au général Halleck, 31 janvier 1865.

CHAPITRE VIII

1. Rapport de l'agent Loree, dans *Report of the Commissioner of Indian Affairs,* année 1864. Il est possible que le Reshaw signalé par Loree dans la liste des prisonniers ait été le vieux John Richards lui-même. Son fils demi-sang John s'était marié avec une Oglala à Fort Laramie à l'automne 1862, et on imagine mal comment il aurait pu se trouver deux ans plus tard à la tête d'une famille de sept personnes. Les Oglalas que j'ai interrogés à ce sujet affirment que le jeune John Richards avait épousé les sœurs (au pluriel) de Yellow Bear.

2. Cela paraît indiscutable si l'on considère l'attaque massive, regroupant près de 3 000 guerriers, qui frappa Platte Bridge le mois de juillet suivant. De telles expéditions, conduites selon les règles de la guerre indienne, n'étaient organisées qu'après que le calumet de guerre ait été présenté et accepté. Par ailleurs, les Sioux qui firent leur reddition à Fort Laramie en avril 1865 affirmèrent que les Indiens hostiles venus du sud de la Platte essayaient de convaincre ceux de la Powder River de se joindre à eux dans la guerre contre les Blancs.

3. George Bent, le fils demi-sang de William Bent, qui figurait parmi les attaquants, fut aperçu par les soldats, mais ils le confondirent avec Bill Comstock, un hors-la-loi qui devint un héros au Kansas quelques années plus tard en servant comme éclaireur dans la compagnie du colonel Forsyth.

4. Charles A. Eastman, dans *Indian Heroes and Great Chieftains,* appelle les deux chefs pendus Two Face et Thunder Bow. Avec sa tendance habituelle à dénigrer Spotted Tail, il écrit que celui-ci livra lui-

même les deux hommes aux soldats. Les rapports officiels prouvent que c'est inexact.

5. Le meilleur compte rendu de cet épisode figure dans les *Official Records of the Union and Confederate Armies,* séries 101 et 102. À la même époque, l'armée décida également d'envoyer à Fort Kearney les Indiens amicaux de Fort Halleck et de Fort Collins, dans le Colorado. Ils s'enfuirent tous, à l'exception de Friday (« Vendredi »), un Arapaho au nom bien trouvé qui aimait tellement les Blancs qu'ils lui étaient devenus aussi indispensables que l'air qu'il respirait.

6. Ce récit de la bataille de Upper Platte Bridge est dû en grande partie aux informations que me fournit George Bent, qui participa à l'opération avec les Cheyennes du Sud. Les récits indiens de l'affrontement semblent être très honnêtes, ne différant des rapports officiels que sur quelques points d'importance mineure.

7. Le récit du colonel Patte de la tentative des Sioux de faire sortir la garnison de Fort Rice pour l'attirer dans un piège figure dans *South Dakota Historical Collections,* vol. V. Le général Sully, qui se trouvait alors à Fort Rice, affirma que Sitting Bull avait employé 500 guerriers pour tendre son guet-apens manqué (*Official Records of the Union and Confederate Armies,* série 102, p. 1173).

8. Stanley Vestal, dans *Sitting Bull,* chap. XII, affirme que le 8 septembre, les soldats furent attaqués par environ 400 guerriers de Sitting Bull. Il semble que la date qu'il avance soit erronée, la bataille conduite par Sitting Bull ayant probablement eu lieu quelques jours plus tard. Sitting Bull était supposé être plus engagé dans la lutte contre les Blancs et plus clairvoyant quant à ses enjeux que la plupart des autres chefs des Tétons, mais il paraît ne pas avoir eu une seule fois l'idée d'unir les forces des Indiens ou de proposer une stratégie commune avant qu'il soit trop tard pour agir efficacement dans ce sens. À l'exception d'un combat en 1865, qui demeura sans conséquences, il ne se joignit à aucune des tentatives que firent les Indiens du sud ou ceux du groupe de Red Cloud pour défendre leur territoire entre 1865 et 1870. Lorsque trois postes militaires furent établis sur la Powder River et la Bighorn en 1866, il n'engagea aucune action contre leurs garnisons.

9. Le secrétaire Stanton télégraphia au général Grant, le 28 juillet 1865, que le seul coût du transport des provisions que le général Dodge faisait envoyer aux soldats en campagne dans le pays indien s'élevait à deux millions de dollars par mois.

CHAPITRE IX

1. Également appelée (rivière) Souris sur les cartes (NdT).

2. Ils recensèrent 10 300 Sioux, dont seule une petite partie était représentée par les chefs qui signèrent le traité, la majorité étant alors en guerre et ignorant tout de l'accord conclu. Les camps hostiles comptaient à cette époque au moins 3 000 tipis, regroupant au minimum 18 000 personnes. Quelques observations assez curieuses concernant la signature du traité peuvent être trouvées dans le Rapport Dawes (Documents du Sénat, 48e Congrès, première session, 1884), où il est dit que Newton Edmunds était le chef de file du « lobby indien » du Dakota, et que le traité fut conclu à son profit.

3. Il s'agit en réalité de Big Ribs, comme l'écrit George Hyde dans la réédition de 1974 de *Spotted Tail's Folk,* p. 124 : « Big Ribs et quelques autres Sioux amicaux… » (NdT).

4. *Report of the Commissioner of Indian Affairs,* 1865. Comme Taylor n'écrivit son rapport que le 1er octobre, sa volonté de dissimuler les faits était, de plus, parfaitement délibérée.

5. Ici, et pour tout le récit des événements qui se déroulèrent près de Fort Phil Kearny, je m'inspire du *Dossier Carrington,* dans les Documents du Sénat, vol. I, 50e Congrès, première session, document 32.

6. He Dog, Short Bull et Black Elk vivaient tous les trois dans le même camp que Crazy Horse. S'il avait été le principal dirigeant de la bataille, pourquoi auraient-ils attribué, comme ils le firent, l'honneur de cette victoire à un Miniconjou ? Il semble étrange que White Bull, qui était lui-même un Miniconjou, ait pu sous-estimer à cette occasion le rôle d'un autre Miniconjou, High-Back-Bone, que les Oglalas d'aujourd'hui continuent unanimement de présenter comme l'un des meilleurs chefs que les Sioux eurent jamais. C'est lui que Stanley Vestal, dans *Warpath,* appelle High Hump et High Back. Ce nom fait référence aux côtes de la bosse du bison. Il fut également porté par le chef Miniconjou que l'on connaît généralement sous le nom de Hump, et qui pourrait avoir été un des fils ou un des neveux de High-Back-Bone.

7. Les Sioux avaient un grand respect pour ces « demi-hommes » et faisaient souvent appel à leur divination, particulièrement pour tous les sujets concernant la guerre. Selon ce qu'ils racontèrent au lieutenant Caspar Collins en 1863, un de ces individus, « un fou qui se prenait pour une femme », incita un jour une bande de Sioux à déposer tous leurs arcs sur une colline pendant qu'il célébrait un rite, et un groupe d'ennemis, apparu à cet instant précis, mit tous les guerriers désarmés en déroute. Cet incident amusa beaucoup les autres bandes de Sioux, qui auraient alors donné le nom de Sans Arcs à ceux qui en avaient été les victimes.

8. Grinnell, *The Fighting Cheyennes,* p. 228. J'ai moi-même entendu parler du rôle de ce « demi-homme » par d'autres Indiens. Il s'agissait probablement d'un Miniconjou.

9. Le rapport de Sully sur cet événement se trouve dans *Report of the Commissioner of Indian Affairs*, 1867.

10. Général George Armstrong Custer, *My Life on the Plains*, New York, 1874, pp. 83-84.

Les soldats étaient équipés des nouveaux fusils Springfield à répétition de l'armée (NdT).

11. Henry M. Stanley, *My Early Life and Experiences*. Stanley assista au conseil de North Platte et en rendit compte dans un journal. Le rapport de la commission se trouve dans Documents exécutifs, 40e Congrès, deuxième session, vol. XI. Les Sioux du conseil de North Platte pouvaient encore être considérés comme amicaux au printemps 1867, mais depuis cette date leurs guerriers avaient fait des raids, aussi n'auraient-ils pas dû recevoir de munitions.

12. Granville Stuart, *Forty years on the Frontier*, vol. II, pp. 64-66. M. Granville commet une erreur de date en parlant de la Danse du Soleil. Elle ne s'était achevée que depuis peu de temps lorsque les Indiens se mirent en route pour Fort Phil Kearny, dans la dernière semaine de juillet. John Reshaw était l'un des fils du vieux John Richards, et sa mère était une Oglala. En 1870, il tua Yellow Bear dans un camp d'Oglalas de la Tongue River, et fut immédiatement mis en pièces par les Sioux.

CHAPITRE X

1. La copie définitive du traité laisse entendre que tous les commissaires étaient présents lorsque les Oglalas le signalèrent, mais le rapport et les lettres de la commission indiquent clairement que ce n'était pas le cas.

2. Le rapport de Geren figure dans les *Reports of the Commissioner of Indian Affairs* de 1868.

3. L. F. Crawford, dans *Rekindling Camp Fires* (Bismarck, Dakota du Nord, 1926) décrit longuement ce conseil, p. 161 et suiv. Il se trompe en affirmant que les Oglalas, les Brûlés et les Cheyennes y assistèrent, peut-être parce qu'il a omis de tenir compte du fait que le traité fut signé en plusieurs fois, dans des lieux et à des dates différents.

4. La lettre de Sanborn figure dans le *Report of the Board of Indian Commissioners* de 1870.

5. Charlie Elliston fut l'un de ceux qui conduisirent les Indiens à Whetstone. Il raconta en 1875 que lui-même et d'autres Blancs avaient quitté leurs foyers à Fort Laramie et à Denver pour accompagner les Sioux, parce qu'on leur avait promis qu'ils recevraient sur le Missouri des chariots, des attelages, du matériel agricole et des terres,

ou se verraient accorder des licences commerciales. Ils ne reçurent strictement rien, et lorsqu'ils réclamèrent, on leur répondit qu'ils n'avaient pas le droit de rester dans la réserve, où ils exerçaient une mauvaise influence sur les Indiens. Certains de ces hommes, comme Elliston, avaient rendus d'inestimables services au gouvernement.

6. Le camp d'Oglalas de Little Wound semble avoir été détruit lors de ces opérations. En 1870, il déclara qu'il avait été « balayé » par les soldats.

7. Grace R. Hebart, dans son livre *Chief Washakie,* affirme qu'en 1868, le fils de Red Cloud fut tué alors qu'il dirigeait une troupe de guerre partie combattre les Shoshones. Si c'est exact, l'expédition de Red Cloud de 1869 pourrait avoir eu pour objectif de venger sa mort.

8. La « Fourche Sèche » (NdT).

9. À ne pas confondre avec le chef Arapaho du même nom. Le chef dont il est question ici était parfois appelé « l'homme-médecine des Cheyennes ». Je pense qu'il s'agit du vieux Maple Tree, le ventriloque. Sa bande, connue plus tard sous le nom de camp de Two Moon, rassemblait les plus sauvages de tous les Cheyennes du Nord, et comptait environ cinquante tipis. Ils avaient été associés aux Bad Faces et aux Miniconjous de High-Back-Bone lors du massacre de Fetterman en 1866 ; ils rejoignirent Crazy Horse en mars 1876, et furent les seuls Cheyennes présents lors des batailles contre Crook et Custer en juin 1876.

10. Les quatre bandes d'Oglalas étaient les Bad Faces de Red Cloud, les Oyuhkpes de Red Dog, les Hunkpatilas de Man-Afraid-of-His-Horse et les True Oglalas de American Horse. Little Wound était présent, mais sa bande de Kiyuksas semble s'être trouvée à cette époque à l'agence de Whetstone, ou près du Missouri. Red Leaf et ses Wazhazhas étaient également là, mais étaient considérés comme des Brûlés.

11. Pour ce chapitre, je me suis inspiré des rapports officiels et des journaux de l'époque. J'ai également utilisé des informations fournies par les Oglalas, ainsi que par le major Jordan, qui fut marchand à Pine Ridge après 1880 et qui connut la plupart des Blancs et des Indiens qui avaient accompagné Red Cloud lors de son voyage dans l'Est.

CHAPITRE XI

1. Cette première agence de Red Cloud se trouvait dans le Wyoming, juste à côté de la frontière, à environ un kilomètre et demi à l'ouest de l'actuel village de Henry, dans le Nebraska ; elle était située quarante-huit kilomètres à l'est de Fort Laramie, selon l'estima-

tion de Wham. L'irrigation de cette région en a aujourd'hui totalement modifié le paysage, les camps des sauvages Oglalas ayant cédé la place à de plus paisibles champs de betterave à sucre.

2. Ces Bad Faces demeurés dans le Nord avaient une population hivernale d'environ cinquante tipis, mais l'été, de nombreux Oglalas de l'agence de Red Cloud venaient se joindre à eux, portant parfois leur camp à plus de deux cents tipis. Ils étaient associés aux Miniconjous et à la bande la plus sauvage des Cheyennes du Nord, celle de Medicine Man, connue plus tard sous le nom de camp de Two Moon. Crazy Horse, leur principal guerrier, était généralement considéré comme leur chef. Jusqu'à ce que Red Cloud aille s'établir sur la Platte, les Oglalas, les Miniconjous et les Cheyennes du Nord de son groupe n'avaient pratiquement jamais eu de contacts avec les bandes hostiles de Sitting Bull et de Black Moon, mais après 1871, ils commencèrent à s'en rapprocher.

3. Voir le témoignage sous serment de Spotted Tail dans *United States vs. Coe & Carter,* publié dans le *Nebraska Magazine of History,* vol. XV, n° 1, pp. 50-51. Spotted Tail et Leon Palladay affirmèrent tous les deux que Red Cloud demeura tout l'hiver avec eux sur la Republican.

4. Spotted Tail ne faisait qu'imiter la politique de Red Cloud, consistant à obtenir tout ce qu'il pouvait du gouvernement chaque fois que sa bonne volonté était sollicitée. En 1870, il avait été autorisé à choisir l'emplacement de son agence sur la White River, et l'avait établie à un endroit où le bois était rare et l'eau insalubre. Dans le propre intérêt des Indiens, le gouvernement souhaitait maintenant que l'agence des Brûlés soit déplacée de quelques kilomètres, jusqu'à un site plus accueillant, mais Spotted Tail exigea – et obtint – de nombreux présents avant de consentir à ce nouveau transfert.

5. Selon les informations recueillies par la commission de paix envoyée à Fort Peck, No Neck, avec quatre cents tipis, campait sur la Powder River, où il préparait l'offensive annuelle contre les Crows. Sitting Bull et Black Moon, avec chacun trente tipis de partisans proches, se trouvaient alors loin du camp principal, mais il semblerait que Sitting Bull l'ait rejoint à la fin du mois de juillet et ait en conséquence été présent lors de la bataille avec les hommes du colonel Baker.

6. H. H. Bancroft, dans *History of Montana,* relate les détails de l'expédition du colonel Brown. On peut dire qu'en 1873, le gouvernement surestima la puissance des Sioux, alors qu'il la sous-estima au printemps 1876.

CHAPITRE XII

1. Le témoignage d'Ecoffey sur cette affaire figure dans le rapport de 1875 du Red Cloud Investigation Committee.

2. Un monument commémoratif fut inauguré sur l'emplacement de cette agence le 9 mai 1932. On y voit encore quelques restes des premiers bâtiments construits par Saville. Le site se trouve 2,2 kilomètres à l'est de Fort Robinson et à la même distance à l'ouest de la ville de Crawford. Dans son rapport de décembre 1873, Saville écrivit que les bâtiments se trouvaient sur une petite élévation de terrain, un peu plus de 40 mètres au-dessus du niveau de la rivière, et que l'eau provenait d'une source distante d'environ un kilomètre et demi.

3. En français Crête des Pins (NdT).

4. Pour une description des Badlands, voir chap. II (NdT).

5. La route la plus fréquentée par les transporteurs allait de Cheyenne, dans le Wyoming, jusqu'à l'ancienne agence de Red Cloud, distante de cent quarante kilomètres, traversait la Platte à un bon gué quelques kilomètres en aval de l'agence, suivait la rivière pendant un certain temps pour contourner les collines de sable, puis obliquait vers le nord et remontait en droite ligne jusqu'à la nouvelle agence, qu'elle atteignait après un parcours d'environ deux cent trente kilomètres. La route du courrier franchissait la Platte à la hauteur du comptoir de Nick Janis, en face de l'ancienne agence, et montait ensuite tout droit jusqu'à la White River. Lors de la crue d'été de la Platte, en juin, les convois utilisaient le ferry de Fort Laramie, puis suivaient l'ancienne piste des marchands ou de Fort Pierre jusqu'à l'agence. Cet itinéraire était supposé être un peu plus long que les autres. Une nouvelle route partant de Sydney Barracks, sur la voie ferrée, et remontant vers le nord jusqu'à la White River commença a être utilisée en 1874.

6. Les agents de Red Cloud et de Spotted Tail furent accusés d'avoir cédé à la tentation cet hiver-là, et d'avoir gonflé leurs chiffres pour faire croire qu'ils avaient dû distribuer des rations à un plus grand nombre d'Indiens que ceux qui se trouvaient réellement dans les agences. Lone Horn affirma à un inspecteur que les Indiens du Nord descendus jusqu'à la White River en 1873 représentaient seulement trois cents tipis – un peu plus de deux mille personnes. L'inspecteur releva que les deux agents avaient rajouté 12 000 Indiens sur leurs listes entre l'été et le début de l'hiver, et y vit la preuve évidente qu'ils avaient commis une fraude. Les chefs des agences, toutefois déclarèrent que l'estimation de Lone Horn était largement erronée, expliquant que les Indiens du Nord étaient beaucoup plus nombreux qu'il le disait, que des bandes misérables du Missouri affluaient également dans les agences « riches » des Oglalas et des Brûlés, et

jugeant pour leur part que la White River reçut cette année-là au moins 8 000 visiteurs. Lorsque l'on sait qu'une grande partie de ceux-ci faisaient allègrement le va-et-vient d'un bout à l'autre de la vallée, recevant des rations et des couvertures dans les deux agences, il est difficile de reprocher aux agents de s'être trompés sur le nombre d'Indiens qu'ils avaient à leur charge. Il est exact, par ailleurs, que dans une telle situation, la tentation de truquer les chiffres devait être très grande.

7. Ce récit des événements survenus à l'agence de Red Cloud est basé sur les rapports mensuels de Saville, reproduits dans le rapport du Red Cloud Investigation Committee, et sur le rapport de la commission Hare. J'ai également utilisé des récits des Indiens, quelques informations du major Jordan, ainsi que le manuscrit Rowland.

8. Rowland fit ce récit au Dr George Bird Grinnell, qui en rédigea une version écrite, qu'il eut plus tard l'amabilité de me communiquer. En 1875, Rowland était U.S. marshal à l'agence de Red Cloud.

9. La nourriture et les vêtements donnés aux Sioux coûtèrent au gouvernement 142 490 $ en 1868, 485 784 $ en 1869 (la première année d'application du traité de 1868), 1 608 600 $ en 1870 ; le crédit budgétaire fut de 120 000 $ en 1870, 2 024 000 $ en 1871, 1 911 800 $ en 1872, 1 900 000 $ en 1873. Le coût des rations distribuées à la seule agence de Red Cloud, pour l'année fiscale 1875-1876, s'éleva à 726 522 $ et 25 cents.

10. Le récit de cet incident tel qu'il apparaît dans *Black Elk Speaks* de J. G. Neihardt, montre bien avec quelle prudence il faut considérer les souvenirs d'un grand nombre de Sioux. Black Elk se trouvait à l'agence lorsque ces événements eurent lieu. Il raconte que quelques petits garçons indiens coupèrent le mât, que les soldats arrivèrent en force et s'apprêtaient à massacrer les Sioux, qui étaient trop nombreux pour se défendre, lorsque Red Cloud prit la parole, expliquant que des hommes sérieux ne devaient pas se battre pour des bêtises de gamins, et qu'en l'entendant les officiers furent pris de honte et ordonnèrent à leurs hommes de se retirer. Les « petits garçons » étaient en réalité les plus farouches des Indiens du Nord, les soldats « arrivés en force » n'étaient que vingt-six, et Red Cloud n'intervint en aucune manière ce jour-là pour tenter d'apaiser les esprits.

11. Avant de vivre dans une agence, les Oglalas avaient souvent souffert de la faim pendant l'hiver. Leur problème à l'agence de Red Cloud venait essentiellement de l'habitude qu'ils avaient de festoyer, les rations distribuées pour cinq jours étant le plus souvent épuisées en deux jours. Les années 1871-1878 furent les années « grasses » de l'agence, pendant lesquelles les Indiens connurent un sort bien meilleur que celui qu'ils durent affronter par la suite, lorsque leurs

rations furent réduites d'une manière draconienne, et qu'ils vécurent dans un état de semi-famine permanent.

CHAPITRE XIII

1. Pour ce récit de la visite de Red Cloud à Washington en mai 1875, je me suis inspiré des rapports officiels et des journaux de l'époque, ainsi que de quelques informations recueillies auprès des Indiens et des Blancs de Pine Ridge. Red Cloud a été accusé de nombreuses choses au cours de sa vie, mais jamais d'être alcoolique ou de courir après des femmes de petite vertu. En faisant le tour des mauvais lieux de la capitale en compagnie de cet hôtelier, il ne courait vraisemblablement pas plus de risques qu'il en avait couru en faisant la tournée des hauts lieux de New York avec ses mentors religieux en 1870 – et il s'en trouvait certainement plus heureux, les responsables de l'hôtel ayant assez de bon sens pour ne pas contraindre les chefs sioux à porter des chemises empesées, des redingotes noires et des chapeaux hauts-de-forme, ce qu'avaient faits les Amis des Indiens en 1870.

2. Little Big Man était également appelé Chasing Bear. La forme sioux de son nom était *Chasa Tonga,* une abréviation de *Wachasha* (Man) *Tonka* (Big). *Chasa Tonga* étant également le nom de son père, ceux qui parlaient de lui devaient ajouter *Chikala* (Little) pour le désigner tant que son père était encore en vie. De nombreux noms sioux étaient ainsi abrégés dans le langage courant. Little Big Man était un des porteurs de chemise du camp de Crazy Horse. Il tint la promesse qu'il avait faite au général Crook après la reddition de 1877, ne participa pas aux tentatives d'évasion de Crazy Horse ou de Big Road, et fut nommé policier indien à Pine Ridge en 1879. Sa fille et son fils vivaient encore à Standing Rock il y a quelques années (écrit en 1937, NdT).

3. Dans *Across the Plains in '64* (Omaha, Nebraska, 1904), J. S. Collins, qui était présent, offre un excellent récit, très détaillé, de ce conseil du 23 septembre. Pour illustrer de quelle manière quelques euphémismes sans danger peuvent permettre de masquer des vérités gênantes, le récit de ces événements par la commission de négociation mérite d'être cité : « Bien que tous fussent présents le 23, le conseil ne fut pas réuni. Aucune proposition ne fut faite par les Indiens, et aucun de leurs chefs ne s'adressa à la commission. Ils se séparèrent après avoir discuté un moment, sous la direction des chefs les plus importants, sans avoir fixé de date pour de futures réunions. »

CHAPITRE XIV

1. Quand le traité de 1868 fut signé, on comptait entre 10 000 et 15 000 Sioux sauvages dans la région de la Powder River. En 1871, lorsque Red Cloud renonça à la vie nomade, il en entraîna environ 5 000 avec lui, qui s'établirent et ne quittèrent bientôt plus son agence. En 1874, quelque 5 000 autres Sioux sauvages étaient enregistrés dans les agences de Red Cloud et de Spotted Tail, mais ils n'y vivaient que l'hiver et repartaient pour la Powder River dès l'arrivée du printemps. À la même époque, d'autres groupes de Sioux venaient chercher des rations dans les agences du Missouri, et la plupart d'entre eux s'y installaient à demeure. Le problème posé pour la migration annuelle des bandes était plus aigu sur la White River que sur le Missouri. Le Bureau indien, en estimant en février 1876 que la population hivernale des camps hostiles s'élevait à environ 3 000 personnes, n'était pas loin de la vérité, mais ce chiffre était probablement encore trop élevé.

2. Ces camps dataient sans doute de l'hiver ou des hivers précédents. Les palissades avaient probablement pour but d'empêcher les Crows venus voler des chevaux de s'approcher des troupeaux pendant la nuit.

3. Cette affirmation concernant l'identité des occupants du camp s'appuie sur les déclarations faites par une femme sioux qui y fut capturée. Lorsqu'elle indiqua qu'il s'agissait du village de Crazy Horse, elle savait ce qu'elle disait. Les demi-sang sioux de Crook savaient également très bien à quelle bande ils avaient livré bataille. Les Indiens d'aujourd'hui qui prétendent que Crazy Horse n'était pas présent sont de toute évidence mal informés. J'ai un récit cheyenne de ce combat, recueilli en 1912, dans lequel il est dit que lorsque les Indiens s'enfuirent, Crazy Horse fut aperçu gravissant la colline en courant avec un enfant sur les épaules.

Note du traducteur : le texte et la note ci-dessus de George Hyde ont été rédigés en 1937. Par la suite, Hyde revint sur ce jugement, écrivant notamment dans les éditions de 1961 et de 1974 de *Spotted Tail's Folk* (note 1, p 246) : « Lorsque j'écrivis *Red Cloud's Folk,* j'étais induit en erreur par des informations indiennes récentes, qui m'amenèrent à conclure que le camp attaqué par Reynolds était celui de Crazy Horse. Dans la brève description de la bataille que je fais ici, j'utilise le rapport d'un frère du chef Bull Eagle, qui se rendit à l'agence de Cheyenne River à la mi-avril et fit une déclaration à ce sujet au lieutenant Ruhlin. Il affirma que le jour de l'attaque, Crazy Horse se trouvait dans un grand camp près du confluent de la Rosebud et de la Yellowstone, et que le camp détruit par Reynolds comprenait cinquante-cinq tipis de Cheyennes et dix tipis d'Oglalas (*Rapport du lieutenant Ruhlin,* 19 avril 1876). »

4. Crook fit traduire le colonel devant une cour martiale pour les erreurs qu'il avait commises aussi bien pendant l'attaque du village que pendant la retraite qui suivit (NdT).

5. Comme l'auteur a affirmé par la suite (note 3) que le camp détruit, contrairement à ce qu'il avait écrit en 1937, n'était pas celui de Crazy Horse, il m'a semblé préférable de ne pas désigner ici les Indiens démunis de tout qui rejoignirent Sitting Bull comme « les guerriers de Crazy Horse et les Cheyennes qui se trouvaient avec eux », ainsi qu'il le fait, mais comme « les Oglalas et les Cheyennes du village incendié par Reynolds », ce qui est à la fois exact et concilie ses deux versions de l'affaire, celle de 1937 et celle de 1964. Selon certains ouvrages consacrés aux événements de 1876, les Indiens attaqués par Reynolds auraient d'abord été accueillis dans le camp de Crazy Horse, qui les conduisit ensuite jusqu'à celui de Sitting Bull (NdT).

6. Les Sioux d'aujourd'hui, qui racontent sans réfléchir que les Indiens des agences rejoignirent par milliers les camps hostiles en avril 1876, ne semblent pas se rendre compte qu'ils justifient ainsi la répression brutale que les soldats exercèrent à l'encontre des habitants des agences à la fin de l'été de cette même année. La justification de ces violences donnée par l'armée, à savoir que les guerriers des agences s'étaient mobilisés comme un seul homme à l'appel de Sitting Bull, était totalement inexacte, les officiers ayant confondu les Indiens du Nord, qui regagnaient chaque printemps – qu'il y ait une guerre ou non – la région de la Powder River, avec les véritables Indiens des agences. Les Sioux d'aujourd'hui font la même confusion, mais ce sont des Sioux, et ils ne devraient pas, en tout état de cause, commettre cette erreur. En 1876, pratiquement tous les chefs des agences affirmèrent avec une évidente bonne foi que tous leurs guerriers se trouvaient avec eux, qu'ils n'avaient rien fait de mal, et qu'il était en conséquence parfaitement injuste de les traiter comme des rebelles. Je pense que les Sioux d'aujourd'hui ont mieux à faire que de déformer la vérité – et faire apparaître ces chefs comme des menteurs alors qu'ils ne l'étaient nullement.

7. Le général Crook perdit probablement toutes ses chances de trouver des éclaireurs à l'agence de Red Cloud en déclarant publiquement en mars que le camp hostile que le colonel Reynolds avait détruit le 17 regorgeait de munitions et d'autres marchandises que les rebelles avaient obtenues à l'agence. L'agent Hastings, furieux, répondit par voie de presse qu'il savait par les guides demi-sang de Crook que les « marchandises » découvertes dans le village s'élevaient en tout et pour tout à cinq livres de poudre, vingt livres de plomb et une petite boite d'amorces. Pour faire bonne mesure, il ajouta que les guides lui avaient également appris que les seuls Indiens tués par les 900 soldats de Crook avaient été une femme et deux enfants, et que

les 700 poneys capturés par les hommes de Reynolds, à l'exception de 70, avaient tous été récupérés par les rebelles. L'agent était toujours en colère lorsque Crook se présenta à l'agence pour enrôler des éclaireurs, et ne leva pas le petit doigt pour venir en aide au général.

8. Accorder quatre cents tipis aux Oglalas et deux cents aux Cheyennes en juin 1876 est une pure et simple affabulation. Ces mêmes Indiens – Oglalas et Cheyennes réunis – n'avaient que trois cents tipis au total lorsqu'ils se trouvèrent sur la Little Missouri le 8 septembre, et ils n'étaient certainement pas plus nombreux en juin. Charles A. Eastman, lui-même de sang sioux, étudia soigneusement cette question vers 1900, et aboutit à la conclusion qu'en 1876, il y avait neuf cents tipis d'Indiens en guerre, abritant pour la plupart deux guerriers chacun, certains abritant également des guerriers supplémentaires venus des agences, qui ne se trouvaient là qu'en visite. C'était approximativement le nombre des Indiens hostiles lorsqu'ils affrontèrent Crook et Custer. Auparavant, en mai, alors qu'ils campaient sur la Tongue River, ils n'avaient que 360 tipis, avec assez de guerriers venus des agences pour en occuper 400. Mitch Boyer, l'éclaireur, avança ce chiffre après avoir soigneusement examiné les restes de leur camp en juin. Le camp de la vallée de la Tongue rassemblait tous les Indiens sauvages qui n'étaient pas allés passer l'hiver dans les agences ; fin mai et dans les premiers jours de juin, lorsqu'ils furent rejoints par les Indiens du Nord arrivant des agences, leur nombre doubla. Je pense que Eastman a raison en attribuant seulement cinquante cinq tipis aux Cheyennes qui se trouvaient avec Sitting Bull cet été-là. Le docteur Grinnell, en évaluant leur nombre à deux cents tipis, semble n'avoir pas tenu compte du fait que pratiquement tous les Cheyennes restèrent à l'agence de Red Cloud jusqu'au-delà du 1er juin – après quoi ils s'enfuirent, mais trop tard pour pouvoir se joindre aux rebelles.

9. Les Indiens d'aujourd'hui, on s'en doute, sont incapables de fournir les dates exactes des déplacements du camp des rebelles pendant le printemps et l'été 1876. Les rapports de l'armée indiquent qu'à la mi-mai, le lieutenant J. H. Bradley, de la colonne de Gibbon, découvrit le camp des Indiens hostiles sur la Tongue River, le 19 mai, les éclaireurs crows de Gibbon virent les Indiens sauvages s'éloigner de la Tongue en direction de la Rosebud, et le 27, Bradley aperçut la fumée d'un grand camp établi sur la Rosebud, environ vingt-sept kilomètres en amont de son confluent. Les Indiens repérés sur la Tongue étaient ceux qui n'avaient pas hiverné dans les agences. L'examen de l'emplacement de leur camp montra qu'ils avaient 360 tipis, répartis en sept cercles (Mitch Boyer en signala neuf, mais il est fort possible qu'il se soit trompé). Sur la Rosebud, ils furent rejoints par les Indiens du Nord revenant des agences, qui représentaient environ

cinq cents tipis, ce qui porta le nombre total des Indiens en guerre à environ neuf cents tipis, abritant probablement 2 000 guerriers.

10. Le récit du colonel Anson Mills figure dans *South Dakota Historical Collections,* vol. XV, p. 362. Couper les bras des ennemis tués était une pratique habituelle des Cheyennes, et je pense que c'est cette coutume de guerre, et non celle qui consistait à se taillader les bras pendant un deuil, qui valut à cette tribu le nom qu'elle portait dans le langage gestuel des Indiens. Dans plusieurs tribus, la tradition exigeait que les hommes se tailladent les bras pendant une période de deuil.

11. Dans son premier rapport, rédigé le 20 juin, Crook écrivit que le canyon était « couvert », à savoir que les rebelles étaient prêts à se rabattre sur les soldats pour leur couper la retraite s'ils entraient dans le défilé. Il nota par ailleurs que ses éclaireurs indiens refusèrent de pénétrer dans le canyon, affirmant qu'ils y trouveraient la mort.

12. Une carte montrant où furent découverts les corps des hommes de Custer, ainsi que la route qu'ils suivirent, figure dans *South Dakota Historical Collections,* vol XV, p. 628. Une autre se trouve dans *Warpath,* de Stanley Vestal, p. 202.

Une carte de la bataille de la Little Big Horn est reproduite dans l'édition française de *Sitting Bull* (« Sitting Bull, champion of the Sioux »), de Stanley Vestal, Éditions du Rocher, 1992 (NdT).

13. C'est du moins la version qui fut donnée au capitaine Pollard, à l'agence de Standing Rock, par quelques Sioux des bandes hostiles qui s'y présentèrent un mois après la bataille. Ils affirmèrent que Black Moon fut tué aussitôt après avoir franchi le gué, et que Gall prit alors le commandement des guerriers. Les Sioux d'aujourd'hui prétendent, quant à eux, que l'attaque fut lancée et entièrement conduite par Gall. Ils nient que Black Moon et Crazy Horse se soient entendus avant de traverser la rivière, convenant de ne pas se joindre aux guerriers qui affrontaient déjà Custer, mais de l'attaquer en tombant sur lui de deux autres directions.

14. Horned Horse affirma en 1876 que les Indiens hostiles se séparèrent à Blue Stone Creek, sur la Powder River, et la piste suivie par les soldats confirme ce fait. Les Sioux d'aujourd'hui ne sont pas d'accord sur l'endroit où le grand camp fut disloqué. La vérité est que de nombreuses bandes commencèrent à se détacher du groupe principal aussitôt après la bataille contre Custer, et que d'autres s'en furent de leur côté entre juin et août, mais la séparation la plus importante eut effectivement lieu sur la Powder River.

CHAPITRE XV

1. Le rapport complet de la commission figure dans *Senate Executive Documents,* 2ᵉ session, quarante-quatrième Congrès, document n° 9.

2. Que Gaylord n'ait pas usé de ménagements pour s'adresser aux Sioux est clairement indiqué par la réponse que lui fit un de leurs chefs, Standing Elk : « Vos paroles m'ont assommé comme si un homme m'avait frappé sur la tête avec une massue. Ce que vous avez dit nous fait très peur à tous. Quoi que nous fassions, où que nous allions, on attend de nous que nous disions toujours oui ! oui ! oui ! oui ! – et si nous ne sommes pas tout de suite d'accord avec ce que vous nous demandez en conseil, vous répondez chaque fois : Vous n'aurez plus rien à manger, vous n'aurez plus rien à manger ! » À partir de 1871, chaque fois que les Sioux des agences firent mine de s'opposer à une des exigences du gouvernement, celui-ci brandit la hideuse menace de les soumettre par la faim, et cette mesure fut appliquée à plusieurs reprises.

3. Cinquante fusils furent pris aux bandes de Red Cloud et de Red Leaf ce jour-là, ce qui montre bien que l'armée était loin de la vérité lorsqu'elle affirmait que chaque guerrier sioux avait au moins une Winchester. Les soldats récupérèrent 705 poneys, qui furent conduits à Fort Laramie et vendus aux enchères pour moins de 5 $ par tête. Un grand nombre de ces animaux avaient été donnés aux Oglalas l'année précédente, en paiement de leurs droits de chasse dans le Nebraska, et leur prix fut alors évalué à 120 $ chacun.

4. D'après le ton agressif de son discours, on peut supposer que Crook était déjà très « fâché » contre les Indiens, et qu'il avait la ferme intention de faire payer aux Sioux des agences toutes les humiliations que lui avaient infligées les Sioux sauvages. Il est clair, en tout cas, qu'un de ses objectifs était de contraindre les Indiens des agences à combattre leurs propres parents. La justification qu'il donnait, à savoir que les bandes vivaient alors de la « bonté du gouvernement et ne pouvaient refuser de le servir sans se montrer déloyales, était une grossière falsification de la réalité : la valeur des terres auxquelles les Sioux venaient de renoncer peu de temps auparavant correspondait au coût de leur entretien pour au moins soixante ans.

5. Stanley Vestal, dans *New Sources of Indian History,* p. 182, présente une version sioux moderne de cet épisode, selon laquelle les Sioux tués par les Crows n'étaient pas des chefs, mais des jeunes guerriers qui avaient volé des chevaux aux soldats, et qui les ramenaient parce que les chefs de leur camp leur en avaient donné l'ordre. Dans son rapport, Miles affirme quant à lui que les cinq chefs avançaient en ligne, suivis de loin par un groupe important de guerriers, et que les Crows se précipitèrent sur eux et les tuèrent.

6. He Dog, alors âgé de quatre-vingt-quatorze ans, vivait toujours à Pine Ridge en 1931. Il avait été un des porteurs de chemise du camp de Crazy Horse en 1876-1877. Stanley Vestal appelle ces porteurs de chemise des grands-chefs. S'il avait raison, on pourrait dire que le petit camp connu comme celui de Crazy Horse, qui comptait environ cinquantes tipis en hiver et quatre fois plus en été, se caractérisait, comme certaines armées, par une pléthore de « généraux » et une pénurie de « soldats ».

CHAPITRE XVI

1. Woman's Dress était le petit-fils du vieux chef Smoke, et le fils du chef qui avait été surnommé Bad Face, dans le camp duquel Red Cloud et Crazy Horse furent élevés.

2. Crazy Horse semble avoir été âgé de trente-trois ans en 1877. Il était le fils d'un Oglala, également appelé Crazy Horse, et de la sœur de Spotted Tail. Un de ses frères avait été enterré près de Fort Laramie avant 1860, un autre avait été tué par les soldats en 1865. Sa vie durant, Crazy Horse était toujours resté très lié avec les Cheyennes, préférant souvent se joindre à eux dans les batailles plutôt que de combattre au côté des Sioux ; ce n'était pas un chef au sens véritable du mot (il est cependant difficile de ne pas lui accorder ce titre), mais un des quatre porteurs de chemise du camp que les Blancs considérèrent toujours comme le sien, dont le vrai chef était son oncle, Little Hawk.

3. Selon les rapports officiels de l'époque, les fuyards emmenèrent le corps de leur ancien chef avec eux. Mais une version sioux moderne affirme que les ossements de Crazy Horse furent déposés à la nouvelle agence de Spotted Tail, d'où ils disparurent mystérieusement par la suite. Il y a environ une quinzaine d'années, un aimable déterreur de cadavres, écrivant de l'agence de Pine Ridge, proposa à un collectionneur de curiosités de l'Omaha de lui vendre « les ossements de Crazy Horse, pétrifiés et très beaux » pour le prix d'une petite voiture Ford.

4. Lorsqu'ils firent leur reddition, ces Oglalas furent conduits à l'agence de Standing Rock, mais la plupart d'entre eux vinrent se joindre par la suite aux Oglalas de Pine Ridge. Quelques-uns demeurèrent au Canada, où plusieurs vivent encore avec leurs enfants. Big Road (« Grande Route », mais la traduction exacte de son nom devrait plutôt être « Large Piste ») fut accueilli à Standing Rock comme le chef de leur bande. En septembre 1877, il avait participé à l'arrestation de Crazy Horse, accusé de préparer la fuite de son camp, et à peine deux mois plus tard, il exécuta lui-même le plan de Crazy Horse. C'était de toute évidence un bon chef au combat, mais ses capacités en dehors du champ de bataille paraissent avoir été plutôt limitées.

BIBLIOGRAPHIE SOMMAIRE

De nombreuses sources secondaires utilisées dans le cours de l'ouvrage et mentionnées dans les notes qui lui font suite ne sont pas citées ici.

ALLEN, A. J., *Ten Years in Oregon : Travels and Adventures of Dr E. White and Lady,* Ithaca, N.Y., 1850.

American State Papers, Indian Affairs Washington, 1832-1834. 2 vol.

AUDUBON, J. W., *Adubon's Western Journal : 1849-1850,* Cleveland, 1906.

BEACH, W. W. (éd.), *The Indian Miscellany,* Albany, N. Y., 1877.

BEEDE, Dr A. McG., « Sioux Traditions » (manuscrit). Documentation recueillie auprès des Saones et des Yanktonais. Le docteur Beede mourut à son domicile de Fort Yates (Dakota du Nord) en 1934. Il me fit découvrir de nombreux documents du plus grand intérêt sur la migration des Sioux jusqu'au Missouri.

BLAIR, E. H. (éd.), *Indian Tribes of the Upper Mississipi,* Cleveland, 1911, 2 vol.

BRACKENRIDGE, H. M., *Journal of a Voyage up the River Missouri.* Paru dans *Early Western Travels,* éd. Thwaites, vol. VI.

BRADBURY, John, *Travels in the Interior of America.* Paru dans *Early Western Travels,* éd. Thwaites, vol. V.

BRYANT, Edwin, *What I Saw in California,* New York, 1849.

Bureau des affaires indiennes. Rapports annuels. Les rapports antérieurs à 1827 figurent dans *American State Papers, Indian Affairs* ; les rapports ultérieurs qui n'ont pas été publiés séparément se trouvent inclus dans ceux du Département de la Guerre et du Département de l'Intérieur.

BURTON, Sir Richard F., *The City of the Saints*, New York, 1862.

CARVER, Jonathan, *Three Years Travels*, Philadelphie, 1796. Il semble que Carver ait écrit le récit de son prétendu séjour chez les Sioux de l'Ouest en utilisant des informations recueillies auprès des marchands.

CHARDON, F. A., *Journal at Fort Clark, 1834-1839*. Édité par A. H. Abel, Pierre, Dakota du Sud, 1932.

CHITTENDEN, H. M., *The American Fur Trade of the Far West*, New York, 1902, 2 vol. et 1 atlas.

CHITTENDEN, H. M., et RICHARDSON, A. T. (éd.), *Life, Letters and Travels of Father Pierre-Jean DeSmet, 1801-1873*, New York, 1905, 4 vol.

CLARK, W. P., *The Indian Sign Language*, Philadelphie, 1885.

COLLINS, J. S., *Across the Plains in '64*, Omaha, Nebraska, 1904.

Congrès des États-Unis, Commission spéciale des deux chambres. *Condition of the Indian Tribes*. Également publié dans le Rapport du Sénat n° 156, 39e Congrès, seconde session.

COUES, Elliot (éd.), *History of the Expedition under the Command of Lewis and Clark*, New York, 1893, 3 vol. et 1 atlas.

CUSTER, G. A., *My Life on the Plains*, New York, 1874.

DORSEY, J.O., « Siouan Sociology ». Dans « Quinzième Rapport Annuel », Bureau américain d'ethnologie, Washington, 1897.

DUNN, J. P., *Massacres of the Mountains*, New York, 1886.

FEATHERSTONHAUGH, George, *A Canoe Voyage Up the Minnay Sotor River*, Londres, 1847, 2 vol.

FINNERTY, J. F., *War-path and Bivouac*, Chicago, 1890.

FRÉMONT, J. C., *The Exploring Expedition to the Rocky Mountains*, Auburn et Buffalo, 1854.

FRENCH, B. F. (éd.), *Historical Collections of Louisiana*, New York, 1846-1853, 5 vol.

GRINNELL, G. B., *The Fighting Cheyennes*, New York, 1915.

HAFEN, L. R., et GHENT, W. J., *Broken Hand, the Life Story of Thomas Fitzpatrick*, Denver, 1931.

HAYDEN, F. V., *Contributions to the Ethnography and Philology of the Indian Tribes of the Missouri Valley*, Philadelphie, 1862.

HEBARD, G. R., *Washakie*, Cleveland, 1930.

HODGE, F. W. (éd.), *Handbook of American Indians*, Bureau américain d'ethnologie, bulletin n° 30, Washington 1907-1910, 2 vol.

JAMES, Edwin, *Account of an Expedition from Pittsburgh to the Rocky Mountains... under the Command of Major Stephen H. Long*, Philadelphie, 1822-1823, 2 vol. et 1 atlas.

KAPPLER, C. J., *Indian Affairs. Laws and Treaties*, Document 319, 58e Congrès, seconde session, Washington, 1904, 2 vol.

KEATING, W. H., *Narrative of an Expedition to the Source of St Peter's River*, Philadelphie, 1824, 2 vol.

KING, Charles, *Campaigning with Crook*, New York, 1890.

MACKENZIE, Alexander, *Voyages from Montreal... to the Frozen and Pacific Oceans*, New York, 1802.

MALLERY, GARRICK, « Pictographs of the North American Indians », dans « Quatrième Rapport Annuel », Bureau américain d'ethnologie, Washington, 1886.

MARGRY, Pierre (éd.), *Découvertes et établissements des Français dans l'Ouest*, Paris, 1876-1886, 6 vol.

MOONEY, James, « Calendar History of the Kiowa Indians », dans « Dix-septième Rapport annuel », Bureau américain d'ethnologie, 1re partie, Washington, 1898.

MORTON, J. S., *Illustrated History of Nebraska*, Lincoln, Nebraska, 1905-1906, 2 vol.

NEIHARDT, J. G., *Black Elk Speaks*, New York, 1932.

NEILL, E. D., *The History of Minnesota*, Philadelphie, 1858.

PALMER, H.E., « History of the Powder River Indian Expedition of 1865 », dans *Transactions*, de la Nebraska State Historical Society, vol. II, Lincoln, Nebraska, 1887.

PARKER, Samuel, *Journal of an Exploring Tour Beyond the Rocky Mountains*, Ithaca, N.Y., 1838.

PARKMAN, Francis, *The California and Oregon Trail*, 8e édition.

RICHARDSON, A. D., *Beyond the Mississipi*, Hartford, 1867.

RIGGS, S. R., *Grammar and Dictionary of the Dakota Language, Smithsonian Contributions to Knowledge*, vol. IV, Washington, 1852.

Dakota-English Dictionary (éd. par J. O. Dorsey), dans *Contributions to North American Ethnology,* vol. VII, Washington, « US Geographical and Geological Survey of The Rocky Mountain Region », 1892.

Journal of a Tour from Lac-qui-parle to the Missouri. Dans South *Dakota Historical Collections,* vol. XIII, Pierre, Dakota du Sud, 1926. Reproduit du *Missionary Herald,* vol. XXXVII, avril 1841.

ROOT, F. A., et Connelley, W. E., *The Overland Stage to California,* Topeka, Kansas, 1901.

SAGE, R. B., *Rocky Mountain Life,* Boston, 1857.

SCHOOLCRAFT, H. R., *Historical and Statistical Information Respecting... the Indian Tribes of the United States,* Philadelphie, 1851-1857, 6 vol.

Narrative Journal of Travels... from Detroit... to the Sources of the Mississipi River, Albany, 1821.

SPRING, A. W., *Caspar Collins,* New York, 1927.

STANLEY, H. M., *My Early Travels and Adventures,* New York, 1895, 2 vol.

STANSBURY, Howard, *Exploration and Survey of the Valley of the Great Salt Lake,* Washington, 1853, 1 vol. et 1 atlas.

STUART, Granville, *Forty Years on the Frontier,* Cleveland, 1925, 2 vol.

THWAITES, R. G. (éd.), *Early Western Travels,* Cleveland, 1904-1907, 32 vol.

TRUTEAU, J. B., « Journals ». Première partie publiée dans *American Historical Review,* vol. XIX, n° 2 (janvier 1914) ; seconde partie dans *Missouri Historical Society Collections,* vol. IV (Saint Louis, 1913).

WARREN, G. K., *Exploration in the Dacota Country,* Document exécutif du Sénat n° 76, 34e Congrès, première session, Washington, 1856.

WIED-NEUWIED, Maximilian Alexander Philip, prince de, *Maximilian, Prince of Wied's Travels.* Paru dans *Early Western Travels,* éd. Thwaites, vol. XXII-XXIV.

INDEX

B

C

D

E

F

L

M

N

O

P

S

T

U

V

W

Y

TABLE DES MATIÈRES

NUAGE ROUGE

(Collection dirigée par Olivier Delavault)

La première collection
consacrée
aux Indiens d'Amérique

LA FLÈCHE BRISÉE — 494 pages
Elliott Arnold — 135 F
La légende authentique d'un chef emblématique, Cochise, et, à travers lui, le destin tragique des Apaches chiricahuas. Un roman d'une rare exactitude ethno-historique et d'une portée émotionnelle très forte.

LITTLE BIG MAN — 450 pages
Thomas Berger — 140 F
Porté à l'écran par Arthur Pen, ce roman s'avère être l'un des meilleurs en matière d'histoire et de peinture sociale d'une tribu indienne — les Cheyennes — dans la seconde moitié du XIXe siècle.

DANSE AVEC LES LOUPS — 350 pages
Michael Blake — 98 F
Porté à l'écran par Kevin Costner, c'est l'histoire de John Dunbar, lieutenant de cavalerie qui gagne l'amitié des Comanches et apprend à vivre parmi eux. Sous l'aspect d'un livre d'aventures, le texte, outre sa beauté crue, dégage un message d'amitié et d'harmonie.

PLEURE, GÉRONIMO — 332 pages
Forrest Carter — 140 F
L'auteur, Indien cherokee, raconte sous une forme romanesque la vie de Géronimo, chef et chamane de guerre des Chiricahuas. Cette œuvre est un roman initiatique qui puise son lyrisme dans l'imaginaire et la mystique apaches. Une plongée extraordinaire au sein du monde chiricahua.

PETIT ARBRE — 298 pages
Forrest Carter — 129 F
Ce roman s'inspire des souvenirs d'enfance de l'auteur, un Indien cherokee. Orphelin recueilli par ses grands-parents à l'âge de cinq ans, Petit Arbre apprendra à connaître le « grand livre ouvert » de la nature et ses secrets.

LES INDIENS ZUNIS,
LES DIEUX DANSENT À CIBOLA 272 pages
Jean Cazeneuve **130 F**
Indiens sédentaires du Nouveau-Mexique, les Zunis ont su conserver, malgré les Conquistadores, leur culture et leurs traditions. L'auteur, lors de son séjour parmi eux, a pu assister à toutes les cérémonies rituelles importantes, dont il révèle les significations profondes. Un des rares ouvrages français à figurer dans les monographies américaines, une œuvre majeure de l'ethnologie.

LES APACHES CHIRICAHUAS,
DE LA GUERRE À LA RÉSERVE 236 pages
Donald C. Cole **139 F**
L'auteur, Apache chiricahua, décrit les origines de sa tribu, son histoire et sa religion. Des informations inédites sur la mythologie et la cosmogonie de ce peuple, rendu célèbre par ses chefs prestigieux, Cochise et Géronimo.

LE DERNIER DES MOHICANS 520 pages
James Fenimore Cooper **89 F**
Le classique de la littérature américaine. Fort William Henry, août 1757. Après un siège éprouvant, la coalition anglo-iroquoise se rend aux forces franco-huronnes de Montcalm. Cet épisode historique, où interviennent Natty Bumpo dit « Bas-de-Cuir » et Uncas, le dernier des Mohicans, restera le plus sanglant de la guerre de Sept Ans.

LA PRAIRIE 571 pages
James Fenimore Cooper **95 F**
Ce roman marque la fin du cycle « Bas-de-Cuir » et nous emmène dans les grandes plaines de l'Ouest américain. Natty Bumpo y retrouvera son vieil ami Ducan Heyward, parti à la recherche de sa fiancée. Ils tomberont aux mains des Sioux avant d'être sauvés par les Pawnees. Natty mourra parmi eux, laissant avec lui s'éteindre le vieux rêve de la conquête pacifique.

GÉRONIMO, L'APACHE 468 pages
Angie Debo **139 F**
De la naissance du célèbre chef chiricahua-bedonkohe à sa mort en captivité à Fort Sill dans l'Oklahoma en 1909, la vie de Géronimo et celle de son peuple. Un texte érudit et captivant.

HANTA YO 527 pages
Ruth Beebe Hill **139 F**
L'histoire d'une famille d'Indiens, les Sioux titonwans, entre 1750 et 1830, à une époque où leur civilisation millénaire conserve

encore toute sa pureté mais paraît déjà menacée par les premiers pionniers européens. Fruit d'une collaboration exceptionnelle entre un Indien et l'Américaine Ruth Beebe Hill, ce grand roman restitue la vie quotidienne des Sioux de l'époque.

HONDO, L'HOMME DU DÉSERT 233 pages
Louis L'Amour **120 F**
Après deux ans d'une paix fragile, la guerre embrase à nouveau l'Arizona. En cette année 1880, le chef apache Victorio met la région à feu et à sang. Dépassées, les autorités militaires font appel à un homme qui connaît le pays et les Apaches : Hondo Lane... Ce roman de Louis L'Amour, personnage aussi mythique en Amérique que James Dean ou Marilyn Monroe, fut porté à l'écran en 1953, avec John Wayne dans le rôle principal.

L'HOMME-MÉDECINE DES SIOUX,
FOOLS CROW, 1890-1989 352 pages
Thomas E. Mails **135 F**
Auteur de plusieurs livres sur les Indiens d'Amérique du Nord, et non des moindres, Thomas E. Mails rapporte ici les propos de l'un des plus grands hommes-médecine des Sioux tétons. Fools Crow évoque presque un siècle de sa vie sur la réserve de Pine Ridge et à travers son récit, l'histoire de son peuple. Un témoignage sur la tradition lakota par un de leurs plus grands chefs cérémoniels.

LA MAISON DE L'AUBE 278 pages
N. Scott Momaday **120 F**
Prix Pulitzer en 1969, ce roman d'un Indien kiowa et cherokee est « l'acte de naissance de la littérature peau-rouge », écrit Yves Berger. La presse a salué de façon unanime ce « livre d'une exceptionnelle beauté, empreint d'une poésie ensorcelée où la force des images se confond avec l'ingéniosité architecturale du récit ». (Laurent Sagalovitsch, *Libération.*)

COCHISE, CHEF DES CHIRICAHUAS 600 pages
Edwin R. Sweeney **156 F**
Cette biographie très attendue ne fut publiée qu'en 1991 aux États-Unis. Une foule impressionnante d'informations inédites retrace la généalogie et le parcours de ce grand chef, depuis les années 1830 — bien avant son avènement — jusqu'à sa mort en 1874.

SITTING BULL 460 pages
Stanley Vestal **149 F**
La biographie de référence sur Sitting Bull : homme-médecine, stratège militaire, diplomate, tribun, poète, chanteur. Une œuvre inspirée qui dresse moins le portrait du guerrier que celui du chef charismatique.

LE LIVRE DU HOPI 468 pages
Frank Waters 165 F
Un texte aussi fondamental que la Bible, le Coran ou le Popol Vuh des Mayas. Conté par trente sages, ce récit cosmogonique retrace la genèse du peuple hopi, la constitution de ses clans, les migrations séculaires sur le continent américain, la rencontre de l'homme blanc et les conflits avec les Navajos.

L'HOMME QUI A TUÉ LE CERF 299 pages
Frank Waters 140 F
Un roman initiatique, l'histoire d'un jeune Indien hopi qui, retournant à la réserve après des années passées dans une école américaine, éprouve toutes les difficultés à se réintégrer dans la société traditionnelle et hermétique de son peuple.

LE LIVRE DES INDIENS NAVAJOS 516 pages
Paul G. Zolbrod 179 F
Un grand texte sacré. Il s'agit de la première transcription de la Création du monde selon une tradition orale séculaire. Par métamorphoses successives dans cinq mondes, les Navajos se rapprochent de la configuration humaine pour aboutir à l'Émergence finale.

À PARAÎTRE

DISCOURS DU CHEF SEATTLE
Ce petit livre est comme un livret, son message visionnaire donné en 1855 sur l'homme et la terre reste le symbole de la sagesse des Indiens d'Amérique du Nord. On y reviendra toujours car il porte les paroles essentielles.

JOSEPH, CHEF DES NEZ PERCÉS
Helen Addison Howard
L'histoire de la tribu des Nez Percés, Indiens de l'Oregon, à travers la vie de leur chef, grand stratège, qui sut les guider et organiser une résistance exceptionnelle contre l'armée américaine à la fin du XIXe siècle.

LES GARDIENS DE LA SAGESSE
Harvey Arden-Steve Wall
Les Gardiens de sa Sagesse, ce sont ici les Anciens Sages des Indiens d'Amérique du Nord qui expriment dans leur superbe oralité leurs inquiétudes face aux périls qui menacent aujourd'hui la

terre et l'homme, aussi bien du point de vue physique que spirituel. Les photographies en couleurs qui illustrent l'ouvrage permettent au lecteur de connaître les récitants et de se faire une petite idée de ce qu'est de nos jours une réserve indienne. Un des grands messages spirituels de cette fin de siècle.

L'ÉPOPÉE DES PEAUX-ROUGES
Jean Pictet
Un impitoyable récapitulatif de toutes les guerres indiennes de toutes les tribus de l'Amérique du Nord, du milieu du XVIe siècle à 1890 à Wounded Knee dans le Dakota, endroit et date qui symbolisent la fin de ces guerres. Le réquisitoire, ses drames, ses heures de gloire et d'espoir, ses désespoirs, reste captivant.

LA RELIGION DES SIOUX OGLALAS
William K. Powers
Ce grand chercheur étudie les Sioux depuis plus de trente ans. Il séjourne très souvent parmi eux. Son étude montre comment le peuple oglala a su conserver une identité sociale et culturelle très marquée grâce à la religion, et comment il s'est adapté à la réalité américaine tout en restant fidèle à ses valeurs.

YUWIPI, UN RITUEL RELIGIEUX SIOUX
William K. Powers
Cet ouvrage fait suite à *La Religion des Sioux oglalas*. Il décrit et interprète le rite de guérison Yuwipi, clé de voûte de la religion oglala. Une mise en scène précise et passionnante.

CRAZY HORSE
Mari Sandoz
La biographie de référence sur le plus énigmatique et le plus étrange des chefs des Sioux oglalas de la seconde moitié du XIXe siècle. Incorruptible, irréductible, il combattra les Blancs jusqu'à la fin, jusqu'au jour de sa mort en 1877, assassiné par un soldat avec l'aide d'Indiens sioux. Un chef-d'œuvre littéraire où la biographe entre en osmose avec son sujet/héros en utilisant souvent un langage imagé directement issu des expressions lakota.

LES COMANCHES,
PRINCES DES PLAINES DU SUD
Ernest Wallace - E. Adamson Hoebel
Les Comanches avaient la réputation d'être les meilleurs cavaliers du monde. Des années durant, cette tribu guerrière tint en échec tous ses ennemis, Indiens et Blancs. Le Kwawadi Quana Parker, symbole de la résistance comanche, fut leur dernier grand chef.

CET OUVRAGE A ÉTÉ REPRODUIT
ET ACHEVÉ D'IMPRIMER SUR ROTO-PAGE
PAR L'IMPRIMERIE FLOCH À MAYENNE
EN JANVIER 1994

Éditions du Rocher
28, rue Comte-Félix-Gastaldi
Monaco

Dépôt légal : janvier 1994.
N° d'édition : CNE section commerce et industrie
Monaco : 19023.
N° d'impression : 35331.
Imprimé en France